오금성 저작집 5

등 용 문

중국의 과거시험 1300년

오 금 성

지식산업사

등용문–중국의 과거시험 1300년

제1판 1쇄 인쇄 2023. 10. 18.
제1판 1쇄 발행 2023. 10. 25.

지은이 오금성
펴낸이 김경희
펴낸곳 (주)지식산업사

본사 • 10881, 경기도 파주시 광인사길 53
전화 (031)955-4226~7 팩스 (031)955-4228
서울사무소 • 03044, 서울특별시 종로구 자하문로6길 18-7
전화 (02)734-1978 팩스 (02)720-7900
한글문패 지식산업사
영문문패 www.jisik.co.kr
전자우편 jsp@jisik.co.kr
등록번호 1-363
등록날짜 1969. 5. 8.

책값은 뒤표지에 있습니다.

ISBN 89-423-9123-3　93910

이 책을 읽고 저자에게 문의하고자 하는 이는
지식산업사 전자우편으로 연락 바랍니다.

오금성 서작집 5

등 용 문

중국의 과거시험 1300년

오 금 성

지식산업사

차례

서문   7

제1편 과거제의 성립과 정착

제1장 과거제 맹아기의 관인선발   11

     제1절 문명의 시작과 초기 국가   11

     제2절 사학의 흥기   15

     제3절 통일제국의 성립과 관인선발   23

     제4절 분열시대의 관인선발   39

제2장 과거제의 성립   53

     제1절 과거제의 시작   53

     제2절 과거제의 정착   58

제3장 과거제의 객관화   83

     제1절 송조의 통일과 과거제   83

     제2절 교육의 보급   100

제4장 이민족 왕조의 과거제 채용   115

     제1절 요·금시대의 과거제   115

     제2절 원대의 과거제   119

제2편 과거제의 성숙과 종말

제1장 과거제의 학교 포괄   141

     제1절 명대의 교육   141

     제2절 명대의 과거제   161

제2장 과거제의 세밀화   171

     제1절 청대의 교육   171

     제2절 청대의 과거제   182

제3장 과거제의 개혁과 폐지   187

제1절 내우외환과 과거제 개혁론 216

제2절 과거제의 폐지 221

제3편 과거제의 정치·사회적 기능

제1장 귀족제 사회의 소멸 243

제1절 호족에서 문벌귀족으로 243

제2절 귀족층의 소멸 252

제2장 사대부사회의 성립 261

제1절 사대부계층의 성립 261

제2절 서민문화의 발달 277

제3장 신사층의 형성 289

제1절 사인층의 대두 289

제2절 신사층의 성립 296

제3절 신상의 출현 303

제4편 과거시험에 목멘 인간 군상

제1장 역대 장원의 향방 317

제2장 과거 불운자의 향배 333

제1절 불운을 딛고 일어선 사람들 333

제2절 불운을 화로 푼 사람들 349

제3장 명청시대 과거시험의 부정행위 355

걸어 373

참고문헌 382

색인 399

서문

한반도는 겨우 22만㎢ 남짓한 좁은 땅덩어리이고, 말끝마다 '단일민족'이라 하면서도, 이미 70년 이상 분단되어 있다. 그런데 중국은 세계 4대문명 발상지의 하나이고, 광대한 영토와 방대한 인구·다기한 언어와 방언에도 불구하고, 가끔 분열을 겪으면서도, 역사와 문화의 단절 없이 고대부터 현대까지 수천 년 동안 그 정체성이 유지되어 오는 세계 유일한 나라이다. 어떻게 그러한 기적같은 일이 가능하였을까?

사람은 누구나 좀 더 나은 삶을 위해 최선을 다한다. 현대사회에서는 개인의 재능에 따라 다양한 길을 선택할 수 있다. 그러나 중국의 전통시대에는 서민이 출세할 수 있는 길은 관료가 되는 길밖에 없었고, 그 방법은 과거시험밖에 없었다. 과거는, 외형상 모든 사람에게 개방된 객관적인 시험이었고, 유교 경전의 내용을 한문으로 대답하는 수준 높은 '논술'시험이었다. 그러므로 사전事前 교육이 필수적이었지만, 역사적으로 공교육이 만족스러웠던 적은 그리 많지 않았으므로, 교육은 줄곧 사숙私塾이나 서원과 같은 사교육이 담당하였다. 중국은 세계 최초로 사학이 시작된 나라 가운데 하나이고, 과거제도 세계 최초로 시작하여 1,300년 동안이나 지속한 나라이다.

주변 4강의 예측할 수 없는 각축 속에서, 한반도의 안보상황과 국가경쟁력은 갈수록 어려워지고 국론은 극도로 분열되어 있다. 한반도는 고대부터 동아시아문화권에 속하여, 일찍부터 중국문화의 영향을 받아왔다. 한반도에서 살아온 우리로서는, 중국의 존재는 고대부터 변함없이 큰 부담이 되어 왔고, 오늘날에는 더욱 더 복잡하게 얽혀가고 있다. 그러므로 이렇게 우리가 처한 복잡한 현실을 직시하고, 눈앞의 위기를 '메기효과'로 이용하여 전화위복으로 반전시킬 수 있도록, 국론을 통일하여 현명하게 대

처해야 한다.

아널드 토인비(1889~1975)는, '역사로부터 교훈을 얻지 못하는 민족에게는 밝은 미래는 결코 오지 않는다'고 하였다. '역사만큼 큰 스승은 없고 역사의 교훈만큼 정확한 교훈도 없다'. 2,500년 이상 지속되어 온 공사公私교육, 관료 선발제도로 1,300년 동안 지속되면서 무수한 인재를 배출한, 중국 과거제의 공功·과過를 '반면교사'로 반추해 봄으로써, 참으로 난감한 우리의 현실을 돌파해 나갈 희망을 가져본다.

이 책이 나오기까지 5년 가까운 산고를 겪었다. 그 사이에 참으로 여러분에게 귀중한 도움을 받았다. 김홍길·정하현·김병준·하원수·이근명·이준갑·김유리·구범진·조영헌 여러 교수에게 어려운 교열의 도움을 받았다. 또한 지식산업사 김경희 사장은 어려운 출판 여건에서도 흔쾌히 출판을 허락하셨고, 권민서 편집자는 난삽한 원고를 이렇게 보기 좋게 정리해 주었다. 모든 분들에게 깊은 감사를 드린다. 2007년 2월 정년 할 때 동학들에게, 그동안 진 '감사의 빚'이 많아 눈감을 때까지 책 몇 권을 집필해 갚고 싶다고 공언하였다. 그리고 16년 만에 겨우 두 번째 책을 드리게 되어 참으로 민망하기 그지없다. 그렇지만 그때의 공언은 아직도 유효하다.

끝으로 부끄럽지만, 이 책을 하나님께 바치고 싶다. 그리고 점차 철없는 아이로 변해가는 멋없는 사내를 변함없이 지켜주는 아내도 이 책으로 적은 위안을 받았으면 좋겠다.

2023년 1월 1일
상도동 일우에서
吳 金 成

일러두기

1. 대학의 시대사에서 언급되는 내용(과거제 이해를 위해 전후 맥락을 설명한 것)은 주석을 생략하였다.

2. 지명地名은 성도省都와 기타 대도시까지만 현대 중국음으로 적었다.

3. 인명은 현대인만 중국음으로 적었다.

4. 과거제는 문과거文科擧만 적었고 무과거武科擧는 생략하였다.

5. 본서에 기재된 날짜는 신해혁명까지는 음력이고, 그 이후에는 양력이다.

6. 인용문 표기는 " "과 ' '로 되어 있다. " "는 원사료를 그대로 번역한 것이고, ' '는 고문 투가 현대어로 맞지 않거나 너무 길고 난삽하기 때문에, 앞뒤 논지에 어긋나지 않는 선에서 현대어에 맞게 생략하여 번역한 것이다.

7. 인용문의 원사료는 거의 생략하였는데, 혹 독자 가운데 필요하다고 하는 분에게는 언제든지 제공할 수 있도록 준비해 두었다.

제1편 과거제의 성립과 정착

제1장 과거제 맹아기의 관인 선발

제1절 문명의 시작과 초기 국가

  인류는 지구상에 등장한 이래 '구석기→ 신석기→ 청동기→ 철기' 시대를 거치며 문화를 발전시켜 왔다. 구석기와 신석기시대에는 문자가 없어 구체적인 역사를 알 수 없으므로 선사先史시대라고 한다. 중국의 경우, 후기後期 구석기시대(5만년 전-기원전 12000년)에는 화북지방 전 지역에서 살았던 듯한데, 베이징北京 서남부 주구점周口店 용골산에서 발견된 산정동인(호모사피엔스 사피엔스=현생인류)은 동굴에 거주하면서 뗀석기(打製石器)를 사용하여 사냥·어로漁撈·채집생활을 하였고, 현재의 중국인으로 연결되는 특징이 확인되었다.

  1만 년 전 쯤부터 기후가 조금씩 따뜻해지자, 인류는 동굴에서 나와 평지나 강가에 움집을 지어 살면서 간석기(磨製石器)를 사용하여 농사를 짓고

(定着農耕生活), 야생동물을 길들여 가축으로 사육하고, 배를 만들어 어로생활을 하였다. 중국의 신석기인들은 초기에는 모계 중심의 씨족공동체를 이루고 수십에서 수백 명 단위로 생산 활동을 같이 하였고, 생산물도 공유하였던 듯하다. 그러나 인구가 조금씩 늘어가면서 조직력과 지도력이 필요하게 되자 부계父系 중심의 공동체로 바뀌어갔다. 한편, 그들에게는 자연은 늘 두렵고 경이로운 존재였으므로, 종교적인 지도자도 출현하였다.

신석기시대에는 농업생산이 조금씩 증가하면서, 개인의 능력과 경제력에 따라 빈부貧富와 사회적인 영향력에 차이가 생기고 계급이 분화되기 시작하였다. 인구가 증가하고 촌락의 규모가 점차 커지는 과정에서, 먼저 큰 촌락으로 발전한 유력 씨족은 약한 씨족을 통합하였고, 이들을 통솔하는 지도자도 등장하였다. 말기부터는 점차 청동기를 사용하기 시작하였고, 문자가 출현하면서 역사시대가 시작되었다.

중국에서 문명이 발생한 유적으로서 가장 전형적인 곳은 황허黃河의 중·하류 지역이다. 이 지역에서는 뒤에 하夏·상商·주周와 같은 초기 국가가 성장하여 '**세계 4대 문명 발상지의 하나**'로 일컬어지기도 하는데, 그 뒤 기원후 1천년쯤까지 역대 왕조의 정치와 경제의 중심지였다. 그러나 고고학적 발굴이 진행되면서 남부의 양쯔강 유역, 내몽골과 동북부의 랴오허遼河 지방에서도 황허 중하류 지역에 비견될만한 문명의 흔적들이 확인되었다. 그러므로 초기의 역사는 황허 일대에 한정되지 않고 여러 지역에서 꽃을 피웠다고 보아야 하지만, 후대 중국의 역사와 연결되는 점에서 황허 문명에 주목하게 된다.

황허의 중류 바로 남쪽에 위치한 낙양洛陽 언사偃師현의 이리두二里頭에서는 초기 형태의 국가가 존재한 것으로 보이는 다양한 흔적이 발견되었다. 중국에서는 이를 근거로, '기원전 2천년 무렵에 하夏 왕조가 건국되었다'고 주장한다. 그러나 현재까지는 유적과 유물만을 근거(이 유적을 상商대의 것으로 보기도 함)로 추정할 뿐, '은허殷墟(安陽)'에서 발굴된 유물·유적과

'**갑골문자**'¹⁾의 해독으로 상商(殷)나라의 존재가
입증된 것과 같은, 문자 자료는 발견되지 않았
다.

상商나라(기원전 18세기경-11세기경)는 황허
중·하류 유역을 중심으로 존재하였다. 처음에
는 왕이 제사장을 겸하는 제정일치祭政一致의
신권神權 정치를 펴면서 점차 초기 국가의 형태
로 발전하였다. 상나라의 영향력은 중원中原을
중심으로, 허베이河北·산둥山東·산시陝西와 양
쯔강 중류 유역에까지 미쳤으나, 왕은 안양에
서 서쪽으로 대략 200km 되는 지역까지만 직접
지배하였고, 나머지는 도시국가(읍제국가)들에
게 맡겨 간접적으로 지배하였다. 상대商代에는

갑골문자 : 상나라는 제정일
치의 신권정치를 폈으므로
정치, 전쟁, 사냥, 농업, 질병
등 모든 것에 대하여 점을 쳤
다. 이때 거북의 복골이나 소
뼈에 문자를 적어 점을 칠 때
사용한 문자를 갑골문자라
한다.

청동기가 발달하였는데 875kg에 달하는 초대형 제기祭器까지 발견되어, 청
동기의 단계적 발전을 확인할 수 있다.

상나라를 이은 주周나라(기원전 11세기경-256B.C.)는 황허 중류의 지류인
위수渭水 유역에 있었던 상나라의 제후국이었는데, 무왕이 강족羌族 등 여
러 부족과 연합하여 상을 멸망시키고 호경鎬京(오늘날 시안西安 부근)에 도읍
하였다. 주나라의 영향력은 양쯔강 하류에까지 미쳤지만, 왕은 수도 부근
만 직접 통치하고 나머지 지역은 왕족과 공신들을 제후로 임명하여 세습시
키는 종법봉건제宗法封建制를 시행하였다.

종법봉건제는 왕이 제후에게 토지와 그 지역의 백성을 통치하도록 위임

---

1)   상나라 시대에 점을 칠 때 사용한 귀갑龜甲(거북의 腹甲)과 우골牛骨(짐승의 어
깨뼈)에 새긴 문자인데 복사卜辭라고도 하고, 한자의 기원이 되었다. 이를 연구
한 결과, ① 반경盤庚 때부터 상 말까지 약 2백여 년에 걸친 내용이고, ②《사
기》에 보이는 상 왕조의 왕계王系)도 정확한 것임이 증명되었다.

(이를 分封이라 함)하는 대신, 제후는 왕에게 경제적 공납貢納과 군사적 보호의 의무를 지게 하는 제도였다.[2] 주나라는 왕족인 동성同姓제후들을 수도 부근과 요충지에 봉하여 군사적인 울타리 역할을 하게 하였고, 이성異姓제후들은 이전의 상나라 지역에 봉하였다. 제후는 책명策命 받은 지역으로 가서 중심지에 도성都城(흙을 다져 벽을 쌓은 성곽도시)을 건설한 뒤에 점차 주변 지역으로 세력을 확장해 나가는, 말하자면 '군사적 식민' 과정이었다. 제후도 자기에게 분배된 토지와 백성을 역시 종친이나 영향력 있는 경卿·대부大夫에게 나누어 주어 다스리게 하였고(이를 채읍采邑이라 함), 경·대부도 예하의 사士에게 분배하였다.

주나라는 종법봉건제를 시행하면서 약 3백여 년 동안 유지되었다(이 시기를 서주西周라 함. 11세기-771B.C.). 그런데 시간이 지날수록 주나라 왕실과 제후국 사이의 혈연관계가 멀어지면서 왕의 권위와 영향력이 약화되었고, 그와는 달리 제후국들은 제후의 능력과 환경에 따라 영토와 경제력에 차이가 생기는 가운데 점차 독립성을 강화시켜 나갔다. 주나라는 유왕幽王 때에 후계를 둘러싼 분쟁과 이민족(대융犬戎 족)의 침입 등 내우외환 때문에 수도 호경을 버리고, 평왕이 동쪽에 있는 낙읍洛邑으로 천도(770B.C.)하였는데 그 이후를 동주東周(770-221B.C.)라 한다.

동주東周시대 550여 년 동안은 정치와 사회상에 따라 보통 2시기로 나눈다. 전반기는 《춘추春秋》라는 책에서 이름을 따서 '춘추시대'라 부르고,[3] 후반기는 전쟁이 많았다 하여 '전국戰國시대'라 한다. 낙읍으로 천도한 뒤로, 주나라 왕의 권위는 거의 상실되어, 왕을 중심으로 하는 봉건적 질서는 이름뿐이었고, 제후국이 각자도생各自圖生하는 분열과 전쟁의 시대로 변하였다.

---

2) 제후들은 주나라 왕과 혈연관계, 혹은 그에 준하는 관계로 맺어져 있었다.
3) 《춘추》는 기원전 722년에서 481년까지 일어난 중요한 사건들을 순서대로 적어 놓은, 현존 최초의 연대기年代記이다.

춘추시대(770–453B.C.)에는 480여 차례의 전생이 있고, 170여 개나 되는 제후국들 가운데 10여개 남짓한 제후국만 살아남을 정도로 치열하게 경쟁하던 시대였다. 춘추시대 초기에는, 제齊의 환공桓公(685–643B.C.)이나 진晉의 문공(636–628B.C.)처럼, 제후 가운데 강력한 힘을 가진 패자霸者가 '주왕을 보호한다(尊周攘夷=尊王攘夷라 함)'는 명분으로 중원지역의 정치질서를 유지시켰다. 그러나 시간이 지나면서 야만시野蠻視 되던 남방의 강자 초楚가 패자로 부상하고, 말기로 가면 변방의 후진국 오吳·월越이 패자가 되자, '존왕양이'의 명분이 사라지게 되었다. 그 뒤로 강력한 제후들은 점차 주변의 약소국을 병합하여 영토를 확대해 나갔다.

기원전 453년에는, 주왕으로부터 직접 제후로 책봉되었고 춘추시대 두 번째 패자였던 진晉나라에서, 강력한 3귀족이었던 한韓·위魏·조趙씨가 3국으로 분리 독립하였다. 그 뒤로는 제후국 사이에 끝없이 경쟁하는 전국시대(453–221B.C.)가 시작되었다.[4] 전국시대를 거치는 동안 그 많던 제후국들 가운데 7개국 정도가 남게 되었다.

제2절 사학私學의 흥기

이러한 과정에서, 제후국들은 약육강식하는 환경에서 살아남기 위해 경쟁적으로 개혁(變法)을 추진하였다.[5] 통일된 법률을 제정하고 중앙군을 양

---

4) 춘추시대와 전국시대의 연대에 대해서는 여러 가지 설이 있다.
5) 李成九, 〈春秋戰國時代의 國家와 社會〉, 서울대학교동양사학연구실 편, 《강좌 중국사 I –고대문명과 제국의 성립-》, 지식산업사, 1989, pp.133–148. 이하에

성하여 군주권을 강화하고, 지방에서 세력을 확대해가는 귀족들을 제압하여 백성을 직접 장악하고, 토지를 새로 개간하고 농업과 상·공업을 장려하고, 새로운 조세 수취방법을 고안하는 등 **'부국강병' 정책**을 추진하였다. 제후들은 그러한 목적을 위해, '빈부귀천貧富貴賤을 묻지 않고' 오직 덕행이나 학식, 언변이나 군공軍功 등 개인의 능력만 보고, 경쟁적으로 인재를 등용하였다. 심지어 전과前科도 묻지 않았고, 잡기에 능한 사람이나 무뢰無賴(폭력배)도 등용하였다.[6] 이러한 개혁을 가장 성공적으로 추진한 것은, 효공孝公(361~338B.C.)이 상앙商鞅을 등용하여 추진(기원전 356, 350)한 진秦나라였다.

전국시대의 이러한 경쟁 과정에서, 상·주시대부터 이어져 오던 '세습 귀족'이 점차 몰락해갔고, 그와는 반대로, '군공軍功'을 세웠거나 '사학私學'을 통해 지식을 터득한 '서민이 추천 등을 통해 관직에 임용'되는 **'사士의 시대'**가 나타났다.[7] 중국 역사에서 능력을 갖춘 서민을 관인으로 등용한 것은 전국시대부터였다.

춘추시대 중기까지의 교육은 왕궁이나 귀족가문에서 가학家學과 비전祕傳의 형태로만 행해졌으므로, 지식은 폐쇄적이고 제한적으로 전수되었다. 그러다가 대략 춘추시대 말기부터 '사학私學'이 시작되면서, 지식이 비로소 귀족가문의 담장을 넘어 만인萬人에게 개방되기 시작하였다. 전국시대에는 학자들이 다투어 사학私學을 개설하였다.

서는, 앞에서 인용한 論·著를 편의상, '李成九, 1989'와 같이 약칭함.

6) 余英時, 《士與中國文化》, 上海人民出版社, 1987, p.16; 何懷宏, 《選擧社會-秦漢至晚淸社會形態硏究》, 北京大學出版社, 2011, pp.64~66.

7) Hsu, Cho-yun, *Ancient China in Transition : An Analysis of Social Mobility*, 722~222B.C., Stanford U.Pr., 1965, Ch.2; 余英時, 1987, p.99; 李成珪, 〈諸子의 學과 思想의 理解〉, 서울대학교동양사학연구실 편, 《講座中國史 1-古代文明과 帝國의 成立-》, 지식산업사, 1989; 李成九, 1989 참조. 전국시대 각국의 상직相職을 맡은 인물 중 귀족이나 세족출신은 없었다.

만세사표 편액(베이징, 대성전 大成殿 소재), 綦曉芹, 《科擧》, 重慶, 重慶出版社, 2007, p.109. 청조의 강희제는 공자를 '만세사표'로 반포하고, 편액을 각 학교에 걸도록 하였다.

'**만세사표**萬世師表'로 추앙받는 공자(551-479B.C.)는 중국 역사상 처음으로 '사학'을 시작하였다고 전해진다.[8] 공자는 평생 길러낸 제자가 3천여 명이고 그 가운데 신통육예자身通六藝者가 72인이었다는 것은 유명하다.[9] 공자는 천하를 주유하다 68세에 고국인 노魯나라로 돌아와 본격적으로 강학을 펼치는 한편 육경六經(시경·서경·예기·역경·춘추·악경)을 정리하여 후세에 유가 경전으로 남겼다. 《사기》에는, 공자의 제자들 가운데 "**우수한 사람은 (군주의) 사**師**·부傅·경**卿**·상**相**이 되고, 조금 처지는 사람은 사대부를 가르쳤다**"[10]고 전하고 있다.

---

8) 《禮記》〈王制〉에 "天子命之敎, 然後爲學, 小學在公宮南之左, 大學在郊. 天子曰辟雍, 諸侯曰頖宮"이라 하고, 〈學記〉에도 "家有塾, 黨有庠, 術有序, 國有學"이라하고, 《孟子》〈滕文公, 上〉에도 "夏曰校, 殷曰序, 周曰庠, 學則三代共之, 皆所以明人倫也"라 하여, 夏·商·周시대의 학교를 전하고 있다. 그러나 상·주 시대에있었다는 庠·序 등의 학교를 '왕공·귀족들의 종교행사, 군사훈련이나 예악 교육 기관'으로 보기도 한다. 謝靑·湯德用 主編, 《中國考試制度史》, 合肥, 黃山書社, 1995, pp.312-315: 林友春, 〈書院(1), 書院と學校との性格上の關連〉, 多賀秋五朗編著, 《近世アジア敎育史硏究》, 東京, 文理書院, 1966, pp.621-629.

9) 《史記》卷47, 〈孔子世家〉

10) 司馬遷, 《史記》권121, 〈儒林列傳〉.

공자와 그 제자들 : 류웨이·장첸이(허유영 역), 《중국 역사 대장정》, 웅진지식하우스, 2009, p.77. 공자와 그 제자들이 공부하는 모습, 명대의 화가의 그림.

　공자는 ① '현재를 등용하는 것(擧賢才)이 정치의 요체 가운데 하나'[11]라 하고, ② "공부하면 재물은 저절로 얻을 수 있다(學也祿在其中矣)"[12]고 격려하였고, ② "신분의 제한 없는 교육(有敎無類)"[13]을 주장하면서 '교육을 널리 개방'[14]하였다. 또 수제자인 자하子夏가 "공부하여 우수한 자가 벼슬을 한다(學而優則仕)"[15]고 한 것을 보면, 공자와 그 제자들의 사상은 가문家門이 아니라 '능력우선주의(meritocracy)'였음을 알 수 있다. 공자가 특히 '현재등용(擧賢才)'과 '유교무류'를 주장한 것은 세습 귀족이 지배하던 당시의 사회에서는 감히 상상도 할 수 없는 획기적인 제안이었고, '빈부귀천의 차별 없이, 교육을 받은 현재賢才 선발의 이상을 세계 최초로 표현한 것'이었

---

11)　《論語》, 〈子路〉

12)　《論語》, 〈衛靈公〉

13)　《論語》〈衛靈公〉.

14)　《論語》〈述而〉편에, "子曰: 自行束脩以上, 吾未嘗無誨焉"

15)　《論語》, 〈子張〉篇.

다. 공자의 이러한 이상은 그 뒤 맹자孟子(기원전 372?-289?)[16]와 순자荀子(기원전 313?-238?)[17]로 계승되었고, 묵자墨子(기원전 480?-390?)도 상현尚賢(현사賢士 존중)을 주장하였는데,[18] 이러한 전통은 훗날 과거제가 탄생하는 먼 배경이 되었다.

공자의 《논어論語》를 펼치면 바로 **"배우고 때때로 익히면 또한 기쁘지 아니 한가? 벗이 먼 곳에서 찾아오니 또한 즐겁지 아니한가?"**[19]란 말이 나온다. 이 두 구절은 공자가 살던 당시에 진행되던 다양한 사회변화를 반영하는 것이다. '**교육**'은 이전같이 귀족만의 특권이 아니고, 모든 백성에게 보편적으로 개방되고 있음을 반영하는 말이었다.[20] 공자가 주장한 "유교무류"는 바로 그러한 사회변화를 상징하는 것이었다.

전국시대에는 **"사를 얻으면 흥하고 사를 잃으면 망한다**(得士者昌, 失士者亡)"는 풍조가 생겨, 군주는 물론 귀족들도, 자기의 세력을 키우기 위해 인재를 모았다. 그 선구적인 인물이 위魏나라의 문후文侯(446-397B.C.)였다. 그는 인재를 예禮로 대우하였으므로, 수도인 안읍安邑에는 인재들이 많이 모였다. 자하子夏·이회李悝(李克)·서문표西門豹·오기吳起 등 유능한 인물

---

16) 《孟子》〈梁惠王 下〉에서는 "左右皆曰賢, 未可也; 諸大夫皆曰賢, 未可也; 國人皆曰賢, 然後察之, 見賢焉, 然後用之"라 하고, 〈公孫丑 上〉에서는 "賢者在位, 能者在職"이라 하고, 〈告子 下〉에서는 "不用賢, 則亡"이라 하였다.

17) 《荀子》〈王制〉篇에는 "雖王公士大夫之子孫也, 不能屬于禮義, 則歸爲庶人. 雖庶人之子孫也, 積文學正身行, 能屬于禮義, 則歸之卿相士大夫"라 하였다. 순자의 두 제자 韓非(280?-233B.C.)와 李斯(???-208B.C.)는 한사람은 법가사상의 집대성자이고 또 한 사람은 법가사상의 실천자였다.

18) 《墨子》〈尚賢 上〉에서는 "古者聖王之爲政, 列德而尚賢, 雖在農與工肆之人, 有能則擧之, 高子之爵, 重子之祿 …故官無常貴, 而民無終賤, 有能則擧之, 無能則下之"라 하였고, 〈法儀〉에서는 "人無幼長貴賤, 皆天之臣也"라 하였다.

19) 《論語》〈學而〉.

20) 王學泰, 《發現另一個中國》, 中國檔案出版社, 北京, 2006, p.140

이 문후의 정사를 도왔다. 제齊나라에는 '직하稷下의 학學(357-265B.C.)'[21] 이 번성하여 '직하학사'들을 배출하였다. '전국시대의 4군자(齊의 孟嘗君·趙의 平原君·魏의 信陵君·楚의 春申君)'같은 유력한 귀족이나 진秦나라의 재상 여불위呂不韋 같은 실력자는 식객이 많으면 수천 명을 헤아렸다고 한다. 진나라에 대적하기 위해 6국에 합종설合從說을 설파한 소진蘇秦(??-284B.C.), 연횡책連橫策을 설파한 장의張儀(??-309B.C.), 진秦나라의 재상 이사李斯(??-208B.C.) 등도 사학을 통한 양사養士의 덕으로 성장한 인물이었다.

춘추시대 말기부터 전국시대에 걸쳐, 이렇게 양사養士 풍조가 확산되면서 '교육을 통하여 지식을 습득하는 전통'이 발생하고 서민에게까지 교육이 보급되었다. 그 가운데 유가儒家나 묵가墨家는 많은 제자들을 교육하여 일종의 학파로 발전하였다. 그에 따라 이른바 '백가사상百家思想'이 나타났다.[22] 그 가운데 유가사상은 면면히 이어지던 세습적 지배구조와 타협하고 왕과 황제로 대표되는 군주통치의 정당성을 인정하였고, 후대에는 불교와 도교사상의 일부도 수용할 정도로 절충성·합리성·포용성 등 유연성을 두루 갖추어 사상계의 주류를 이루게 되었다. 그러면서도 빈부귀천을 가리지 않는 교육의 중요성을 강조하여, 뒤에 나타나는 과거제에 이론과 사상적 근거를 제공하였다.

이렇게 교육이 서민에게까지 개방되자, 이전의 세습 지배층은 점차 몰락해가는 대신, 한미寒微한 서민층에서 추천을 통하여 새롭게 발탁된 '사士'가 정치·사회·문화의 각 분야에서 중요한 역할을 담당하게 되었다. 춘추말·전국시대에, 사학私學을 통하여 '사'로 상승하고 나아가 공경公卿의 지

---

21) 齊의 수도 臨淄의 남문인 稷門 밖에 학당을 짓고 학사들을 널리 모아 매일 강론하였다. 적을 때는 70-100명, 많을 때는 수백-1천명이었다. 鄒衍·荀子 등 유능한 '사'들이 그 멤버였다.

22) 儒家·墨家·法家·道家·名家·農家·兵家·陰陽家·縱橫家·雜家 등 九流十家를 일컫는다.

위에까지 올랐던 인물들 가운데는 혈통이나 가문, 재부財富가 아니라 학식이나 언변으로 얻은 서민들도 많았다.[23] 《여씨춘추呂氏春秋》에는 **"공자와 묵자의 제자들이 온 나라에 널리 퍼져 있다"[24]**고 하였다.

전국시대는 이렇게 **'사士의 시대'**라 할 만큼, '사'가 각국에 많이 등용되었다. '사士'는 상·주 시대에는 '지배계급의 최하위' 신분으로 전쟁에도 참여하는 전사戰士나 무사武士의 개념이 강한 존재였다. 그런데 전국시대부터는 **'신분이나 혈통과는 상관없이, 학식을 기반으로 관직을 얻은 개인'**, 즉 **'글을 읽는 독서인'**을 일컫는 개념이 새로 부가附加 되었다.[25] 말하자면 **'혈통을 중시하는 사회'**에서 **'학식(學而優則仕)을 존중하는 사회'**로 바뀌어 간 것이다. 이렇게 '학식'을 중히 여기고 '독서인을 존중'하는 **'능력우선주의(meritocracy)'** 전통은 청말까지 이어졌다. 《예기》〈예운〉 편에는 **"큰 도道가 행해지던 시대에는 천하가 공평하였다. (왕은) 어질고 유능한 사람을 뽑아 그 능력에 따라 직분을 맡겼다**(大道之行也, 天下爲公, 選賢與能)"고 되어 있는데, 이 내용은 아마도 서민도 관인으로 등용되던 전국시대의 이상을 반영한 사상일 것이다.

그런데 전국시대에 '사士'가 **"지식을 기반으로 관직을 얻은 개인"**으로서 **'새로운 지배계층'**으로까지 상승하였다면, 그들은 어디에서 누구에게 교육을 받았을까? 전국시대에는 '광범한 서민을 위해 국가가 설립한 관학官學'은 아직 없었다(후술하는 각주 62 참조). 그런데도 제후국들은 치열한 경쟁에

---

23) Hsu, Cho-yun, 1965, Ch.2; 余英時, 1987, p.16; 何懷宏, 1911, 제6장; 李成九, 1989, pp.113, 131.

24) 《呂氏春秋》〈有度〉에 "孔墨之弟子徒屬, 充滿天下"라 함. 진秦나라의 제민지배체제 확립에 주도적으로 참여한 것은 묵가집단이었다. 李成珪, 《中國古代帝國成立史研究—秦國齊民支配體制의 形成—》, 一潮閣, 1984, 제3편 참조.

25) 顧頡剛, 〈武士與文士之蛻化〉, 《史林雜識初編》, 中華書局, 北京, 1963. '사' 중에는 일부 귀족이 몰락하여 '사'가 된 경우도 있었지만, 교육을 받은 서민이 상승한 경우가 더욱 보편적이었다.

서 살아남기 위해 경쟁적으로 인재를 등용하였는데, 그렇게 등용된 인재들은 이미 상당한 교육을 받은 '사'가 대부분이었다.

춘추·전국시대에 진행된 광범한 **사회변화**[26] 과정에서 특기할 점은 바로 이점이다. 전국시대에 백가사상이 발전하고, '사'가 새로운 지배계층으로 대두할 정도로 **사회적 계층이동**(Social Mobility)'이 활발하게 이루어진 배경은, 국가가 설립한 관학 때문이 아니었다. 춘추시대 말기부터 공자를 필두로 하여 '사학'을 시작한 이래, 민간에서 주도한 사학을 통해 교육이 광범하게 평민에게까지 개방되었기 때문이었다. 사학은 그 후로 2천 수백년 동안, 가장 기초적인 **동몽교육**童蒙敎育(기초 교육)'으로부터 대학 수준의 고등교육에 이르기까지 중국의 가장 효율적인 교육기관으로 존재하였다.

중국은 광대한 영토와 수많은 인구, 다기한 언어와 방언에도 불구하고 역사와 문화의 단절 없이 고대부터 현대까지 그 정체성이 지속되어 오는 세계 유일한 나라이다. 그런데 중국은 세계 최초로 사학이 시작된 나라 가운데에 하나이고, 후술할 과거제도 세계 최초로 시작하여 1,300년 동안이나 지속시킨 나라이다.

서양에서는 중세 봉건시대까지는 귀족은 항상 귀족이고 평민은 항상 평민이었을 뿐, 평민이 귀족이 되는 것은 거의 불가능하였다. 그러나 중국에서는 이미 전국시대부터 서민이 재능에 따라 등용되어 중앙 고관이 되는 관례가 생기면서, 그 뒤의 중국사에서 사회적 계층이동이 자연스럽게 받아들여지는 전통이 생겼다. '**교육은 나라의 백년대계**百年大計'라고 하는데, 중국은 그 전형적인 국가의 하나라 할 수 있다.

---

26) 춘추·전국시대에는 광범한 사회변화가 진행되었다. 특히 수많은 전쟁으로 봉건질서가 무너지고 100여 개의 약소국들이 멸망하면서, 대대로 지배권을 행사하던 세습 귀족이 몰락하고, 반대로 평민층에서 지배층인 '사士'로 상승하는 경우가 많았다. 이러한 계층이동(Social Mobility) 현상은 전국시대 말기로 갈수록 더욱 심화되었다.

제3절 통일제국의 성립과 관인 선발

춘추·전국 시대 550여 년 동안 분열되었던 사회를 중국 역사에서 처음으로 통일한 사람은 진秦나라의 시황제였다. 진나라는 효공(재위 361-338B.C.)이 등용한 상앙商鞅의 2번에 걸친 개혁(356, 350B.C.)으로 부국강병에 성공하면서 국력을 키우다가, 시황제(221-210B.C.) 때에 6국을 병합하여 전국을 통일하였다.

시황제는 전국을 통일(221B.C.)한 뒤에 겨우 10년 남짓 통치하였지만, 130여 년 전에 상앙이 시도했던 개

시황제 초상

혁들을 정착시켜서, 그 후 2,100여 년 동안 역사와 문화의 전통이 이어지게 하는 기초를 닦았다. 시황제는 ① 처음으로 '**황제제도**(법法 위에 군림하는 신神적인 존재)'를 확립하였고, ② 통일 후, 패망한 6국의 왕족과 귀족 12만 호를 수도 함양으로 옮기고 그들이 지배하던 토지와 농민을 황제가 직접 지배하는 제민齊民으로 삼고, 사유재산을 인정하고 조세를 납부토록 하였다. ③ '**봉건제**'를 폐지하고, 중앙에서 임명한 관인을 전국에 파견하는 '**군현제**郡縣制'로 중앙집권을 강화하고(廢封建), ④ 문자를 통일하여 행정 효율을 높이고, ⑤ 화폐와 도량형을 통일함으로써 전국을 하나의 경제체제로 통합하여 상공업의 발전을 도모하였다. ⑥ 마차 수레바퀴의 폭을 통일하고, 전국의 변경에 이르는 광폭廣幅의 도로 수천 킬로미터를 새로 건설하

시황제의 통일 개념

○ 문자 통일의 사례

○ 진의 화폐 반량전(半兩錢, 카이펑開封 음식
　문화박물관 소장)

○ 도량형 원기(原器, 저울추, 말, 시황제가 도량형 단위를 측정할 때 사용했던 원기, 앤 팔루던(이동
　진, 윤미경 역), 《중국 황제》, 갑인공방, 2002, p.27

였는데, 이러한 도로망은 로마제국의 도로 6천 킬로미터를 능가하는 것이
었다. 또 ⑦ 약 30만 명을 동원하여 전국시대에 북방 여러 나라가 각각 쌓
았던 장성을 연결하는 대 토목사업으로 '만리장성'을 건설하였다.

　진시황秦始皇이 이룩한 '통일'은 그 뒤 실로 굉장한 위력을 발휘하였다.

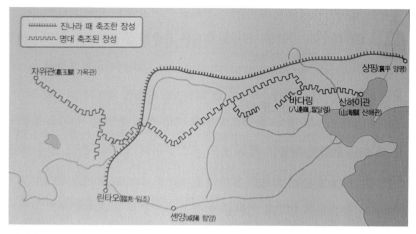

만리장성 개념도(김인현 등, 《통으로 읽는 중국사》, 삼양미디어, 2011, p.184) : 오늘날 볼 수 있는 만리장성은 진나라의 장성보다 남쪽에 위치하는데, 15-17세기 명대에 건설된 것이다.

중국은 그 뒤로 몇 번의 분열을 겪으면서도, 2천년 가까이 통일국가의 틀과 이념을 유지하면서 오늘에 이르렀다. 중국을 "China"라고 하게 된 것은 진나라에서 유래한 것이다. 그런데 진나라가 6국을 병합하고 그처럼 통일을 정착시킬 기초를 닦을 수 있었던 것은 새로운 무기나 **전법**戰法이 아니라, **'국가를 조직해서 운영하는 방식'**을 발견하여 만든 **'관료제'**의 결과였다.

그러므로 진 제국이 전국을 통일한 뒤로는 정치적인 면에서나 현실적인 면에서 '관인선발제'가 전국시대보다 더욱 절실하게 요구되었다. 전국시대에는 군현제가 확산되었음에도 불구하고 아직은 봉건제의 비중이 큰 국가들이 많았으므로, 귀족의 영향력이 많이 남아있었다. 그런데 진 제국은 통일 후에 전국을 군郡과 현縣으로 나누고 중앙에서 관인을 직접 파견하여 **'중앙집권제'**를 실시하였다. 그 때문에 방대한 통치기구에 새로이 유능한 관인을 파견해야 하였으므로, 그에 맞는 통일된 관인선발제가 절실하였다. 그러나 진 제국은 국가의 수명이 너무 단명(221-207B.C.)하였기 때문

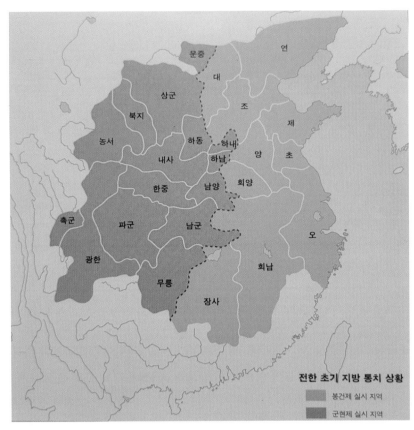

전한 초기 지방 통치 상황

봉건제 실시 지역

군현제 실시 지역

한 초의 군국(郡國)제도 개념도 (박한제 등,《아틀라스 중국사》, 사계절, 2015 증보판, p.34)

에, 통일 전부터 시행하던 '군공작軍功爵제' 외에는, 특별한 관인선발제를 만들지는 못하였다.[27]

27) 진시황은 법치法治를 지향하면서 "以吏爲師"라 하여, 관官 위주의 식자識者 양성과 관리 선발제도를 구상한 것 같다. (趙光懷,《吏員制度與秦漢政治》, 濟南, 山東人民出版社, 1992, p.45) 그리고 최하급 이원(吏員)인 '史(기록담당)'에게 한자를 교육하고 시험하는 제도가 있었는데(睡虎地秦墓竹簡整理小組,《睡虎地秦墓竹簡》,〈內史雜〉, 文物出版社, 1978 pp.106-107) 이것은 漢代에도 계승되었다(《張家山漢簡二年律令》,〈史律〉).

그런데 6국을 병합할 정도로 강력했던 진 제국이 어찌 그리 단명하였을까? 한漢 나라 초기의 학자 가의賈誼(201-169B.C.)는 〈과진론過秦論〉에서, '**권력을 쟁취하여 유지하는 과정에서 인仁·의義를 베풀지 않았기 때문**'이라고 하였다. 진 제국의 멸망과 한 제국 창업의 정당성을 부각시키기 위한 의미였다. 또 송나라 때의 소식蘇軾(1037-1101)은 〈양사론養士論〉에서, '사士'를 '모든 백성의 우두머리(天民之秀杰)'라고 하면서, '수많은 범과 이리를 산속에 풀어놓아 굶주리게 하면서도, 그것들이 장차 사람을 해칠 수 있음을 깨닫지 못하였다'[28)고 하였다. '**사를 우익羽翼으로 포섭하지 않은 것이 진 제국 단명短命의 최대 원인**'이라는 논리였다. 위의 두 지적은, 이미 전국시대부터 "사를 얻으면 흥하고 사를 잃으면 망한다"는 격언이 있었는데도, 진나라가 이를 무시했다는 것이었다. 진나라는 묵가墨家집단을 중심으로 한 '사士'의 도움으로 천하통일을 이룩했는데도,[29) 사학私學을 금지하고 분서갱유焚書坑儒로 그들을 내치고 대우하지 않았다. 토사구팽兎死狗烹이라 할 수도 있었다.

진나라 말기에 '사士'가 반란 봉기 집단에 많이 가담한 것은 중국사에서도 특이한 일이었다. 공자의 8대손 공부孔鮒도 진승陳勝 수하에 들어가 박사관을 맡았고, 범증范增·한신韓信·장량張良·소하蕭何·진평陳平 등도 모두 실의失意한 '사'라 할 수 있다. 진 제국 말기의 혼전混하던 시기에 모든 여건이 유리했음에도 불구하고, 항우가 유방에게 패사敗死한 것도 '사'를 가까이 하지 않았기 때문이라 할 수 있다.[30) 그 뒤로 '사 계층(士→士大夫→紳士)'을 얼마나 우익으로 포섭하느냐 하는 문제는 역대 왕조 통치자들의 최대의 과제가 되었다.

---

28) 王林, 《燕冀貽謀錄》, 卷1(李兵, 《書院與科擧關係研究》, 武漢, 華中師範大學出版社, 2005, p.28 轉引)
29) 李成珪, 1984, 제3편 참조.
30) 진정(金諍 지음, 김효민 역), 《중국과거문화사》, 동아시아, 2003, p.48.

진나라는 반란 때문에 겨우 15년 만에 망하고, 평민출신 유방劉邦(高祖)이 두 번째로 중국을 통일하고 한漢(前漢, 206B.C.-기원후 8)나라를 건국하였다. 그러나 고조高祖는 전 국토의 1/3 남짓 한 서부지역, 즉 수도 장안長安과 그 주변의 근기近畿 지방만 황제가 직할하는 군현제를 실시하고, 관동 지방(이전 6국 지방)에는 형제와 아들 10명을 제후왕으로 봉하고 통치를 위임하였다. 이것이 곧 한 초의 '**군국제도**郡國制度'이다. 그러다가 무제武帝(141-87B.C.) 연간에 제후왕의 권한을 박탈하여 규모를 줄이는 등 봉건제적인 통치 방식을 대대적으로 축소하고, 전국에 걸쳐 군현제를 실시하고 사방으로 영토를 넓히면서 강력한 중앙집권 제국으로 발전하였다.

한나라 초기에는, 어쩔 수 없이 진나라 말기 전쟁 기간의 공신과 그 자제들을 중용할 수밖에 없었는데, 그러한 관행은 고조에서 문제文帝에 이르기까지 50여 년 정도 이어졌다.[31] 그러는 과정에도, 고조는 제11년(196B.C.)에 '**유능한 인재를 추천하면 등용하겠다**'[32]는 '**구현조**求賢詔'를 내렸다. '만일 현재가 있는데도 추천하지 않으면 해당 지방관을 파면하겠다'는 조건을 달았다. 이 조칙은 중국 역사에서 최초의 '구현조'였다. 그러나 구체적으로 과목을 지정하지 않았고, 고조가 그 다음 해에 죽었으므로 그 후의 결과는 알 수 없다.

중국 최초의 관官人인 선발은 문제(180-157B.C.) 연간에 시작되었다. 문제는 제2년(178B.C.)에, '**현량방정**賢良方正 · **직언극간**直言極諫**할 수 있는 인재를 추천하도록 명령**'하였다.[33] 또 15년(165B.C.)에도 제후 · 왕공 · 군수들에게 같은 과목으로 추천하도록 명령하였고, 추천된 인재에게는 '**책문**策問'

31) 何懷宏, 2011, p.66.

32) 班固,《漢書》卷1,〈高帝紀〉. 한 초에는, 정치제도는 진의 제도를 계승하고, 문화적으로는 황노술黃老術을 숭상하면서도 전국시대의 백사사상을 제한하지는 않았다.

33) 司馬遷,《史記》卷10,〈文帝紀〉

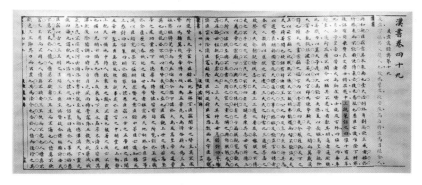

조조晁錯의 대책對策(상하이 중국과거박물관 소장)

을 부과하였다.[34] 이러한 시험방식을 '찰거제察舉制'[35]라 한다. 책문은 당시의 정치·경제·국방·문화 등 중요한 문제에 대해서 묻고, 응시자는 죽간竹簡이나 목간에 자기 의견을 적어 답하는 형식(이를 대책對策이라 함)이었다. 그 해에는 1백여 명이 대책에 참가하였는데, 정치가이고 문학가인 조조晁錯(200-154B.C.)가 가장 우수한 성적을 받아 태자가령太子家令에 제수되었다가 이윽고 중대부中大夫로 승진하였다.[36]

문제 15년에 시행한 '책문 방식의 논술시험'은 중국 최초이자 세계 최초의 일이었다. 이런 방식은 한대漢代에는 수재과秀才科와 효렴과孝廉科, 당대

---

34) 《漢書》卷4, 〈文帝紀〉. 《漢書》卷49, 〈晁錯傳〉에는 "著之于篇, 朕親覽焉"이란 구절이 보이는데, '답을 죽간이나 목간(당시에는 아직 종이가 없었음)에 적어 내면 황제가 친히 보겠다'는 의미이므로, 당시 사용하던 문자로 적어낸 '논술'시험이었다고 할 수 있다.

35) 찰거제는 지방관이 향리의 여론에 따라 조정에 인재를 추천하는 방식으로, 현량방정賢良方正·직언극간直言極諫·효제역전孝悌力田·수재秀才(茂才)·효렴孝廉·박사제자 등이 있었다. 한 대에는 현량방정하고 직언극간할 수 있는 인재를 현량문학賢良文學이라고도 하였다.

36) 《漢書》卷49, 〈晁錯傳〉; 劉海峰·李兵, 《中國科擧史》, 上海, 東方出版中心, 2004, p.11.

唐代에는 제과制科, 송대宋代부터는 과거시험 제3단계인 전시殿試에 반영되어 과거제를 폐지(1905)한 청말까지 2천여 년 계승되었다. 또한 시험 방법을 '논술'로 한 것은, 그 뒤로 '**정치와 사회의 모든 행위에서 말보다 문자를 더 중시하는 계기**'가 되었다.

한대의 관官·리吏는 질秩 2천석부터 1백 석까지 봉록에 따라 상하上下가 구분되었는데, 처음 찰거제로 선발된 인재는 대개 질 3백 석의 낭관郎官인 낭중郎中[37)에 임명되었다. 낭관 선발방법은 찰거제 외에도 벽소辟召[38)와 임자任子[39) 등이 있었다.

찰거제가 관인선발제도로 정착된 것은 무제(141-87B.C.) 연간부터였다.[40) 무제는 즉위한 해, 즉 건원建元 원년(140B.C.) 10월에 전국에 '**현량방정·직언극간할 수 있는 인재**'를 추천하도록 조칙을 내리고 찰거제를 실시하였다.[41) 이때 추천된 현량지사賢良之士는 전후前後 수백 명이었는데, 그 가운데 '춘추학春秋學'의 대가大家로서, 대학자·사상가·교육가로 알려진 동중서董仲舒(179-104B.C.)가 제출한 대책이 가장 돋보였다. 이에 무제는 관행을 깨고 동중서에게 재차 책문을 제시하였고, 그렇게 시작한 세 번째

---

37) 天子의 숙위시종宿衛侍從 관청인 광록훈光祿勳의 낭중. 이들은 특별한 직책도 없고 정원도 없는 관인후보생으로, 궁중에 머물면서 장차 관인이 될 자질을 기르고, 성적에 따라 현의 영슈·장長·승丞·위尉나 중앙관부의 직책에 임명되었다.

38) 太傅·大將軍·三公·九卿 등 고관이나 郡太守·都尉·현의 슈長 등의 지방관들이 屬吏를 채용하는 제도이다. 벽소도 인재를 추천받는 점은 常科·制科와 같은 성격이었다. 그러나 벽소된 인재는 벽소해 준 고관과 일평생 故吏로서 장래가 보장되었으므로, 찰거로 낭관에 임명되는 효렴과는 차이가 있었고, 후한 중기부터는 벽소가 관리등용제도의 중심이 되었다. 후한대에는 일단 효렴에 찰거되어 仕宦의 계기를 잡은 뒤, 벽소를 통해 승진하는 것이 출세 코스였다. 후한의 후반기에는 외척이나 환관들이 벽소를 이용해 정계에 세력을 신장시켰다.

39) 부父·조祖가 고관인 경우에 자子·손孫에게 낮은 관직을 주던 제도.

40) 《漢書》卷6, 〈武帝紀〉.

41) 《漢書》卷56, 〈董仲舒傳〉; 劉海峰·李兵, 2004, p.12.

책문에 대한 대책에서 동중서는 '백가사상 가운데 유가사상만 존숭(罷黜百家, 獨尊儒術)'하도록 건의하였다. 이 건의는 승상 위관衛綰도, '추천된 현량賢良 가운데 (유가 학설이 아닌), 백가설을 가진 자는 모두 낙제시키자'고 상주하며 찬성하였으므로, 무제가 받아들였고 동중서는 강도왕江都王의 상相으로 발탁하였다. [42]

건원 원년의 찰거에는, 한때 옥리獄吏를 지냈지만 역시 '춘추학'의 대가였고 이미 60세였던 공손홍公孫弘(200-121B.C.)도 박사로 발탁되었다. 그러나 뒤에 흉노에 사신으로 갔다 와서 보고한 내용이 무제의 마음에 들지 않아 귀향하였다. [43] 원광元光 5년(130B.C.) 8월에 무제가 재차 현량문학을 발탁할 때, 이미 70세나 되었던 공손홍이 1백여 명의 인재 가운데 제1명으로 추천되어 다시 박사로 임명되었다. 그 뒤에는 승승장구하여 재상의 지위에 오르고 평진후平津侯에 봉해졌다. 당시는 호족豪族이 사회문제로 인식되기 시작하던 시기로서 호족의 존재에 영향을 받을 만하였지만, 무제는 이렇게 출신 성분과 나이를 따지지 않고, [44] 평민출신을 재상으로 발탁하고 제후에 봉하였던 것이다.

무제는 동중서의 건의에 따라, 원삭元朔 5년(124B.C.)에 수도에 '태학太學'을 설치하고 '5경박사'[45]를 두었고, 공손홍의 건의에 따라 각각의 박사 밑에서 공부할 박사제자 50명을 뽑아 교육시켜서 학문이 성장하면 등용할 수 있게 하였다. 이로써 중국 역사에서 처음으로 국립대학 격인 태학이 설립되었고, 유가의 경전이 중국의 정통 경전으로 인정되고, 유가사상이 국교로 존숭되는 계기가 되었다. [46] '박사제자원'의 자격은 가문이나 선조의

---

42) 《漢書》卷6, 〈武帝紀〉

43) 《漢書》卷58, 〈公孫弘傳〉

44) 何懷宏, 2011. pp.80-81

45) 5경은 《역경》·《시경》·《서경》·《예기》·《춘추》를 말한다.

46) 《漢書》卷88, 〈儒林傳〉; 陳東原, 《中國敎育史》, 臺灣商務印書館, 1966, pp.20-22, 44-60; 謝靑·湯德用 主編, 1995, pp.319-324; 林友春, 1966, pp.629-

관직을 따지지 않고 18세 이상 누구나 가능하였으므로, 고관이나 호족의 자제뿐 아니라 평민도 입학할 수 있었고, 학생 본인의 요역徭役도 면제해 주었다. 그러므로 찰거제가 정착되고 학교제가 시작되어, 공자의 "**유교무류有敎無類**"의 이념에 따라 학생의 자격을 광범하게 평민에게까지 개방한 전통은 한 무제 시기부터 시작되었다고 할 수 있다.[47]

태학은 무제 이후 수시로 확장해서, 선제宣帝 말년(49B.C.)에는 박사 12명, 학생 200명으로 늘렸고, 원제(49-33B.C.) 연간에는 박사제자원이 1천여 명, 성제(33-7B.C.) 연간에는 일시적으로 3천여 명에 이르렀다.[48] 유가 사상이 존중되면서 공자에 대한 존숭도 시작되었다. 후한의 명제(58-75) 연간부터는 학교에서 공자를 선사先師로 제사지내도록 하였고, 후에 당나라의 태종 연간부터는 선성先聖으로 높였다.

태학의 학생이 이렇게 증가하자, 후한 말기의 환제 영수永壽 2년(기원후 156)에는 태학에 과시법課試法을 제정하였다. 그 이전에는 시험 때마다 10여 명만 합격시켰으므로 대다수의 태학생은 출로出路가 막막했는데, 이제는 합격자 수의 제한을 없애고 개인의 학업 진취도에 따라 결정토록 하였다. 즉 학생은 2년이 경과한 뒤에 세시歲試에서 2경經을 통과하면 '문학장

632; 東晉次,《後漢時代の政治と社會》, 名古屋, 名古屋大學出版會, 1995, 제3장.

47) 何懷宏,〈中國的儒學傳統與太學〉, 何懷宏, 2011 부록. 그러나 무제는 국가의 기본 이념으로 유가사상을 채용하면서도 진秦나라 통치체제의 근간이었던 법가사상도 거의 그대로 계승하였다. 말하자면 유가사상을 체제이념으로 하고 정치공학적인 기술은 법가사상을 채용하여 양자의 장점을 살렸던 것이다.

48) 전한 말의 왕망王莽(9-23) 연간에는 박사제자원이 1만여 명, 후한(25-220)의 질제 본초本初 원년(146)에는 3만여 명이나 되었다고 하지만, 이 수는 아마도 太常이 선발한 박사제자원 만이 아니고, 군 태수나 국상國相의 추천으로 태학에 적만 걸어놓은 경우, 혹은 元士(질 600석) 이상 고관의 子(이들은 당연히 태학에 입학할 자격이 있었음)까지 포함된 숫자일 것이다. 東晉次, 1995, pp.157-159 참조.

고文學掌故'에 임명하였다. 또 문학장고로서 2년 뒤에 3경을 통과하면 '태자 사인太子舍人'에 임명하고, 4경을 통과하면 '낭중'에 임명하고, 5경을 모두 통과하면 능력에 따라 실제 관직에 임명하였다. 그렇지만 태학생의 출로는 단지 태학의 세시만이 아니고, 추천이나 벽소辟召 방법도 있었다.

한편, 학관學官·문학文學·반궁泮宮 등 다양한 이름을 가졌던, 지방의 군현학은 전한의 경제景帝(156-141B.C.) 말년에 촉군蜀郡 태수 문옹文翁 (187-110B.C.)이 성도成都에 군학郡學을 창설한 것이 중국 역사에서 처음이었다. 무제는 문옹의 군학 설립에 촉발되어 전국에 관학을 설립하도록 명령하였다.[49] 그렇지만 크게 확산되지는 못하다가 전한 말 평제(1B.C.-기원후 5) 연간에 외척 왕망이 안한공安漢公으로 집권하면서 어느 정도 진전을 보인 듯하다. 이는 평제平帝 원시元始 3년(기원후 3)의 일로서, 한 대에 지방의 군현학이 보편화 한 것은 이 시기부터로 보고 있다. 이때에 각 군郡·국國과 현縣, 심지어 향鄕에까지 학교를 설립토록 하였다.[50]

또 한편, 전국시대 사학私學의 전통은 한대에도 계승되어 번성하였다.[51] 향촌이나 산림에 은거하는 지식인이나 관인이 개설하였는데, 정사精舍·정려精廬·서관書館·서사書舍 등 다양한 이름으로 불려진 사학이 있었다.[52] 대개는 글자와 서법書法으로부터 효경과 논어에 이르기까지의 기초 교육이 주였지만, 대사大師가 개설한 경우에는 중등 교육 수준, 더 나아가서 태학

---

49) 《漢書》卷89, 〈循吏傳, 文翁〉에, "文翁, … 少好學, 通《春秋》, 以郡縣吏察擧. 景帝末, 爲蜀郡守, 仁愛好敎化. … 又修起學官于成都市中, 招下縣子弟以爲學官弟子, 爲除更繇, 高者以補郡縣吏, 次爲孝弟力田, … 至武帝時, 乃令天下郡國皆立學校官, 自文翁爲之始云."

50) 《漢書》卷12, 〈平帝紀〉; 趙光懷, 1992, p.66

51) 陳東原, 1966, pp.1-10, 61-74; 章柳泉, 《中國書院史話》, 敎育科學出版社, 北京, 1981, pp.4-5; 趙光懷, 1992, pp.49-51, 67-68; 謝靑·湯德用 主編, 1995, pp.325-327; 東晉次, 1995, pp. 161-163.

52) 사학의 교육 내용은 經學이 주였지만, 일부 諸子의 학이나 方術·醫術 등을 전수하는 사학도 있었다.

정도의 고급 수준을 교육하는 곳도 있었다. 사학의 교사는 유생儒生이 농사를 지으면서 부업으로 사학을 개설하여 학생을 가르치다가 지방정부의 이원吏員으로 발탁되고, 이어서 벽소나 찰거를 통해 관인으로 임명되는 사례가 많았다. 또 관인이 사학을 개설하는 경우도 있었는데, 특히 후한대에는 중앙의 고관이 사학을 개설한 경우도 많았다.

특기할 점은, 한대漢代의 교육은 사학이 관학보다 훨씬 먼저 시작되었다는 점이다. 군현학은 군현에 1-2개 정도인데다 교육도 전한 말기까지는 지지부진하였으나, 사학은 처음부터 전국 각지에 세포처럼 분포되어 있었고, 교육의 기능면에서도 관학보다 성실하였고 학생 수도 훨씬 많았다.[53] 이러한 관행은 그 뒤 역대 왕조를 거쳐 청말, 1905년에 과거제가 폐지되고 신식학당이 설립되면서 사학이 점차 소멸될 때까지 지속되었다.

유가사상은 무제 이후 점차로 중국의 지배 이념과 정통 학문으로 정착되어 **'학자가 곧 관료이고 관료가 곧 학자'**라는 중국 특유의 전통이 시작되었으며, 동아시아 각국에도 큰 영향을 미쳤다.

이상과 같이, 중국역사에서 처음으로 시작한 한대漢代의 관인선발제도는 태학생을 대상으로 한 박사제자원과博士弟子員科[54], 찰거제도로 효렴과

---

53) 사학의 諸生은 많으면 萬여 명이나 되었고, 보통은 2-3백명에서 1천여 명 되는 곳도 있었다. 그런데 이들 대부분은 著錄제자였다. 저록제자는, 직접 私塾에 출석하여 배우는 文生(門徒)이 아니고 스승의 명성을 사모해서 門人명부에 등록만 한 제자를 의미한다. 문도는 많아야 수백 명이고, 그것도 대개는 高業제자가 傳授하였다. 董仲舒도 그러하였다. 후한의 馬融(79-166)은 門徒가 400여 명이었는데 升堂者는 50여 명이고 나머지는 고업제자의 전수 교육이었다. 經學의 집대성자이고 제자가 수천 명이나 되었다고 알려진 鄭玄(127-200)도 마융의 문하였는데, 3년 동안 스승의 얼굴을 한 번도 보지 못하였다고 한다. 후한 초기의 王充(27-97)은 '6세에 書館에 들어가 동몽童蒙교육을 받았는데 학생이 1백여 명이었다. 8세에 서관에서 나와 새로운 스승을 찾아 《논어》·《상서》등을 배운 뒤에, 그 스승을 떠나 더욱 상위의 경서를 공부하였다'고 한다(王充, 《論衡》 卷30, 〈自紀〉).

54) 태학의 학생을 일정 정기간 교육시킨 뒤에 시험을 거쳐 관직에 임명한다.

孝廉科[55] · 수재과秀才科[56] · 명경과明經科기 있었고, 기타 벽소辟召세 · 임자任子제 등이 있었다. 이러한 선발제도는 몇 가지 특징이 있었다. 첫째, 세계 최초의 관인 선발 방법으로 찰거제를 실시하였고, 마지막 단계의 대책은 '논술시험'이었다. 둘째, 모든 관인선발 시험은 먼저 중앙 고관이나 지방관이 추천한 사람을 선발하는 방식이었다. 그러므로 추천의 비중이 절대적이었고, 책문시험은 보조수단에 지나지 않았다. 그러므로 한대의 찰거제는 명경 · 수재 등 그 유제遺制가 당 · 송시대의 과거제 과목에까지 남아 있었지만, 기본 성격에서 타인의 사전 추천 없이 자발적으로 응시할 수 있는 후대의 과거제와는 달랐다. 후한 중기에 왕부王符(85-163)는 찰거제도에 대하여, "지혜로운 자와 비속한 자를 구분하지도 못하면서 귀족들에게 좌우되고 권문세가의 촉탁에 위협받는다. 청탁하려는 자들이 문전성시를 이루고 예물이 폭주한다"[57] 혹은 "부자는 그 재력을 이용하고, 권문세가는 그 세력에 의지한다"[58]고 비판한 것은 그 때문이었다. 지방관의 인재 추천에 이렇게 사사로운 정이 개입되면서, 후한 말기부터는 "수재秀才로 등용했는데 글을 모르고, 효렴孝廉으로 등용했는데 부친과 별거하고 있다"는 비아냥도 나왔다.[59]

셋째, 추천된 인재는 대개 하급 관인이나 소리小吏, 혹은 호강 · 대족 가문 출신이었지만, 원칙적으로 평민도 배제되지 않았던 점이다. 근년의 통계에 따르면, 《한서》·《후한서》의 기록과 한대의 비각자료 등을 통해 확인되

---

55) 효는 효제孝悌, 염廉은 청렴하고 품행이 단정한 자를 의미하였는데, 주로 군郡의 태수와 국國의 상相(태수에 해당함)이 추천하였다.

56) 향리에서 재주가 있고 박식하다는 여론에 따라 대장군 · 삼공구경三公 · 九卿 · 열후列后 · 주의 자사刺史 등이 추천하였다. 劉海峰 · 李兵, 2004, p.32

57) 王符, 《潛夫論》卷2, 〈本政〉.

58) 王符, 《潛夫論》卷2, 〈考績〉

59) 《抱朴子》外篇에 실린 후한 환제 · 영제 연간의 민요. 王炳照 · 徐勇, 《中國科擧制度研究》, 河北人民出版社, 石家庄, 2002, p.387 轉引.

는 전한과 후한시대 효렴 307명 가운데 가문을 확인할 수 있는 사람은 184명인데, 그 가운데 관인 가문 출신 128명(69.6%), 부호가문 출신 11명(6%), 평민출신 29명(15.7%), 빈민출신 16명(8.7%)이었다. 이를 종합해보면, 관인·대족 가문 출신이 75.5%, 평민 출신이 24.5%인 셈이었다.[60] 넷째, 찰거제는 가장 비중이 높았던 효렴과[61]만이 상과常科(常擧, 정기시험)였고, 나머지는 황제가 필요에 따라 임시로 조령을 내려 시행하였다.

그런데 한대에 관인선발제로 찰거제를 시행하는 과정에는 특별히 눈여겨보아야 할 점이 있다. 한 고조는 건국 후 11년(196B.C.)에 '**구현조**'를 내렸다. 그 뒤 문제도 제2년(178B.C.)에 인재 추천을 명하였고, 15년에도 인재 추천을 명령한 뒤에 추천된 인재에게 논술시험 형식인 **책문** 방식으로 시험을 실시하여 등용하였다. 무제도 건원 원년(140B.C.)과 원광 5년(130B.C.)에 찰거제를 시행하여 동중서와 공손홍같은 우수한 인재를 선발하였다.

중국 역사에서 최초의 국립대학은, 무제가 즉위하고 17년이 지난, 원삭 5년(124B.C.)에 수도에 설립된 태학이었다. 광범하게 일반 백성을 대상으로 하는 지방의 '관학'은 진秦대에는 물론 없었고, 전한이 건국한 뒤 80여 년 동안에도 없었던 듯하다.[62] 그런데도 아직 관학이 설립되기 전인 한나라

---

60) 何懷宏, 2011, p.96. 한편, 黃留珠,《秦漢仕進制度》, 西北大學出版社, 1987, pp.102, 143에서는, 전한시대에 효렴 합격자가 32,000 명, 후한대에 42,000명 정도였을 것으로 추산하지만 조금은 과장인 듯하다. 그 가운데 내력을 알 수 있는 효렴 합격자는 전·후한을 합쳐 307명인데, 그 가운데 60%는 평민출신이었다고 한다.

61) 통계에 따르면, 양한시대의 찰거제도 가운데 효렴으로 입사한 비율은 86.9%였다(何懷宏, 2011, p.27). 특히 후한시대에는 효렴과 중심으로 운영되었다(東晉次, 1995, p.314)

62) 이미 상대商代의 복사에도 史·祝 등 기록 담당관이 보인다. 그런데《秦律》에는, "非史子殹(也), 毋敢學學室, 犯令者有罪, 內史雜律"(睡虎地秦墓竹簡整理小組,《睡虎地秦墓竹簡》,〈內史雜〉, 文物出版社, 1978 pp.106-107)이라 하고 있는데, 그 가운데 '學室'은 '史子(掾吏=吏員, 군현의 小吏인 史의 아들)가 父의 직무를 계승하기 위해 기초 교육을 받는 학교'였다. 그러므로 秦代에는 吏員을 양

(좌) 화상전에 새겨진 후한시대 사숙私塾의 모습(류웨이·장첸이(허유영 역), 《중국 역사 대장정》, 2009, p.103)

(우) 연음강학화상석宴飮講學畫像石 : 산동성 제성현 전량대前涼臺에서 발굴된 후한 손 종孫琮 묘의 연음강학화상석(信立祥, 《漢代畫像石綜合研究》, 文物出版社, 北京, 2000 p.258. 제자들이 교재인 간책簡册을 들고 있다.

초기에, 이렇게 논문 형식의 답(策問)을 요구하는 찰거제로 관인을 선발하였다.

성하는 관학이 있었다. 또 漢律에도 "史·卜子年十七歲學. 史·卜·祝學童學三歲, … 皆會八月朔日試之"(《張家山漢簡二年律令》, 〈史律〉)라 하였고, 《漢書》〈藝文志〉에도 "漢興, 蕭何草律, … 太史試學童, 能諷九千字以上, 乃得爲吏"라 하였으므로, 한 대에도 진대와 유사한 관학이 있었다. 그러나 위와 같은 《秦律》과 《漢律》의 내용만 가지고, '광범한 일반 백성을 대상으로 하는 보편적인 지방 관학'이 무제 이전에 존재하였다고 보기는 어렵다. "史의 아들이 아니면 학실에서 배울 수 없다"는 《秦律》, "史·卜·祝의 아들(學童)은 17세가 되면 취학해야 한다"는 《漢律》의 내용은, 父·子로 전승되던 吏員(掾史, 父子 전승은 후한대에도 계승되었다. 《後漢書》, 列傳 66, 任延傳)을 양성하는 '徒弟式 敎育'인 듯하고, 광범하게 백성을 대상으로 하는 '관학'은 아니기 때문이다(趙光懷, 1992, pp.49-50, 57). 고관의 자제를 양성하는 중앙의 태학조차도 한나라를 건국하고 80여 년이 지난 뒤에야 설립되었고, 지방의 군현학도 촉군 태수 문옹이 세운 관학에 자극되어, 무제가 설립을 명하였기 때문이다. 東晉次, 1995, pp. 156, 166, 173-174.

그러한 높은 수준의 시험에 응시한 서민 출신의 인재들은 어디서, 누구에게 그 정도의 고등 교육을 받았을까? 그들은 사숙私塾에서 교육받았음에 틀림없다. 물론 한나라 초기에도 관인이나 호강·대족들은 가학家學을 유지하고 있었을 것이다.[63] 그러나 조조晁錯·동중서·공손홍 같은 평민출신들은 사학에서 교육받았음이 분명하다. 사학을 금지한 진나라의 이리위사以吏爲師 정책에도 불구하고, 전국시대 사학의 전통은 진나라 말기 동란기를 거치면서도 여전히 명맥을 유지하였던 것이다.

더욱 중요한 점은, 찰거제가 '책문' 형식으로 논술시험을 부과할 때, 한자는 진시황이 통일하여 한대에 통용되던 문자로 답안을 적었을 것이다. 진시황은 사학을 금지하였지만, 한나라 초기에 찰거제를 실시할 수 있을 정도로, 진대에도 통일된 한자와 상당한 수준의 교육을 실시하는 사학이 민간에 다수 존재하였다는 추측이 가능하다. 그리고 무제가 관학 설립을 명령한 후에도, 사학은 관학에 밀려 쇠퇴하기는커녕 오히려 더욱 발전하였다. 관학과 사학은 공존하면서, 관학은 사학의 기초 위에서 존재하였다. 사학은 공자 이래 이미 4백여 년 면면히 이어졌고, 심지어 진시황의 분서갱유를 겪으면서도 소멸되지 않았다. 이렇게 사학에서 교육받은 인재들이 한초漢初의 정치·경제·문화 건설에 중요한 구실을 하였던 것이다.

특기할 점은, 중앙에 태학이 설립되고 지방에 부분적으로 군현학이 설립된 뒤에도, 실질적인 교육 기능은 사학이 담당하였을 것으로 보인다는 점이다. 태학에서는 5경박사가 박사제자원들에게 고급 교육을 전수하였지만 학생 수가 증가하면서 정상적인 교육이 어려워졌고, 지방의 관학은 군현에 겨우 1-2개 정도였고, 그것조차도 그리 활성화되지 못하였다. 학생의 수數도 사학이 관학보다 몇 배 더 많았으므로 기초적인 동몽童蒙교육도 사학의 비중이 더 높았다.

---

63) 趙光懷, 1992, p.51.

바꾸어 말하면, 춘추시대 말기부터 전국시대를 거쳐 진秦과 한나라 초기에 이르는 근 400년 동안은 주로 사학이 인재를 교육시켜 국가의 운영을 뒷받침하였다. 그리고 무제가 국립대학격인 '태학'을 설립한 뒤에도, 사학은 과거제가 폐지되는 1905년까지 변함없이 인재를 양성하는 중요한 기능을 담당하였다.

제4절 분열시대의 관인선발

그런데 후한 중기의 화제(89-105) 때부터 환관과 황제의 외척 및 그들과 결탁한 호족豪族(이들을 濁流勢力이라 함)의 자제들이 낭관에 임명되는 경우가 많았다. 그 때문에 관인이 점차로 일부 대호족 가문 출신으로 고정되어가고, 그들이 온갖 부정부패를 저질러서 정치와 사회가 큰 혼란에 빠졌다.[64]

탁류세력이 이렇게 정치권력을 장악하자, 태학생·제생諸生 등 '**지식인층**'이 대거 연합하여 반기를 들었다.[65] 이들을 청류세력淸流勢力이라 한다. 탁류세력은 청류세력을 두 번(166·169)에 걸쳐 종신 금고형에 처하며 탄압하였다(이를 '黨錮의 獄'이라 함). 한나라는 '황건黃巾의 난'이 일어나자(184) 이를 해제하였지만 이미 때는 늦었고, 사방에서 영웅들이 일어나 각축하면서 사회가 극도로 혼란에 빠지는 '**삼국지의 세계**'가 전개되었다. 이러한 혼란 속에서 '**당고의 옥**'으로 지하에 숨어 있던 청류파 지식인들이 군벌에 참여

---

64) 미야자키 이치사다(宮崎市定, 임대희 등 역), 《구품관인법의 연구》, 소나무, 2002, pp.90-93.

65) 학계에서는 중국의 학생운동은 한 대부터 시작된 것으로 보고 있다.

하였고, 조조曹操(155-220)가 화북을 통일하자 조조의 허부許府에 많이 포섭되었던 듯하다. 《삼국지연의三國志演義》에서 제갈량諸葛亮의 맞수였던 사마의司馬懿도 청류파 지식인이었다.

조조曹操는 후한 영제 건녕 3년(174)에 20세의 약관으로 효렴에 추천되어 낭관이 되었고, 황건의 난이 일어나자(184) 기도위騎都尉에 임명되어 영천潁川에서 반란군 진압에 공을 세웠다. 그 뒤 헌제 초평 원년(190)에 원술·손견 등과 연합하여 동탁 토벌을 주창하며 거병하였다. 건안 원년(196)에 대장군이 된 조조는 자신의 근거지인 허현許縣(오늘날 허난성河南省 허창許昌)에 궁을 짓고 헌제를 그곳으로 모셨다. 이로부터 모든 권력은 조조로부터 나왔다.

중국 역사에서 '**인재선발의 기본 원리와 이상을 가장 과감하게 밝힌 사람**'은 바로 삼국지의 영웅, '**조조**'였다.[66] 조조는 '적벽대전(건안 13년, 208)'을 앞두고 부하들과 술잔을 나누는 자리에서, 천하통일의 포부를 펴기 위해 인재를 갈망하며 〈**단가행**短歌行〉이라는 시를 읊었다.

술을 대하니 노래가 절로 나오네 우리네 인생 얼마나 살까
겨우 아침 이슬 같거늘 지난 세월 고생도 많았어라 (…)
나에게도 귀한 손님 오신다면 비파 뜯고 생황을 불리라
달처럼 밝은 임 언제나 뵈올까 가슴 속 맺힌 근심 떨칠 수가 없구나
먼 길 마다않고 오시기만 한다면 반가이 맞아 잔치 베풀며 그 은혜 간직하리 (…)
산은 높음 마다 않고 바다는 깊음 싫다 않네
주공周公은 먹던 밥 뱉고 손님 맞아 천하 민심 얻었다오.

---

66) 陳壽, 《三國志》〈魏書〉卷1, 〈武帝紀〉. 조조는 건안 8년(203)부터 22년에 이까지 4차례의 '求賢令'을 내렸다.

그리고 적벽에서 패하여 화북으로 돌아간 뒤, 건안 15년(210) 봄에 '**신분이 낮고 흠이 있더라도 재능만 있으면 등용하겠다**'는, 유명한 '⟨**구현령**⟩'을 내렸다. "**지금은 천하가 불안하니 서둘러 인재를 구해야 할 때이다. … 흠이 있더라도 재능만 있으면 천거하여 등용할 수 있도록 하라.**" 이 명령은 실제로는 선언에 그쳤지만, 그 발상만은 역사적으로 의미가 크다고 생각한다. 그리고 건안 19년에는, '유덕有德한 인재라고 반드시 등용되는 것도 아니고, 선발된 인재가 반드시 유덕자도 아니다.'로 시작되는 '⟨**거사령**舉士**令**⟩'을 내렸다. 또 그 3년 뒤에는, '**품행에 구애받지 말고 현인**賢人**을 천거하라**'고 하면서, '**… 소리**小吏 **가운데서 재능이 뛰어나거나, 장수의 재목인데 명예를 더럽히고 비웃음을 사는 행동을 했거나, 불인불효**不仁不孝**하지만 치국**治國**과 용병술에 뛰어난 자가 있다면 빠짐없이 천거하라**'는 '**구일재령**求逸才令'을 내렸다. 이것은 당시와 같은 절체절명의 난세에 조조가 권문세가 출신이 아니었기에 가능한 조치였다.

조조 이전에도, 한 고조가 처음 내린 ⟨구현조求賢詔⟩ 이래 인재를 구하는 칙령은 여러 번 있었고, 찰거제 등을 이용하여 관리를 선발해왔다. 그러나 황제는 지방관이 먼저 추천한 사람에게만 책문할 수 있었고, 추천되는 기준도 능력보다도 충忠·효孝와 같이 애매한 도덕적 평가를 더 중요시 하였으므로, 선발된 인재는 권문세가나 호족들의 전유물이 되고 말았다. 그런데 조조는 '신분이나 인품에 구애받지 않고 오직 재능만 보겠다'는, 전례가 없는 과감한 인재 등용 정책을 명령한 것이다.[67]

조조는 적극적으로 인재를 발굴하였을 뿐 아니라 그들을 적재적소에 배

---

67) 조조는 ⟨구현령⟩을 내리기 7년 전인, 건안 8년에 발표한 '**경신령**庚申令'에서, '**태평성세에는 덕행을 중시해야 하지만, 난세에는 재능이 우선한다**(治平尙德行有事賞功能)'는 말로, 당시와 같은 비상시국에는 과감하게 인재를 등용해야 함을 피력하였다. 평시에는 정도(正道)를 써야 하지만, 비상시에는 권도(權道, 임시조치)를 쓰는 것이 공자 이래의 지혜였다.

치해서 각자의 능력을 충분히 발휘할 수 있게 했으며, 출신이 서로 다른 인재들을 융화시키는 조직가이자 유능한 리더였다. 조조는 추천된 인재의 도움으로, 유망流亡 인구 안치安置, 둔전屯田 확대[68], 수리시설 수축, 농업과 상업 및 수공업 장려, '조조제租調制(호조법)' 실행 등을 실시해서, 사회질서와 농업생산력을 점차 회복시켜 위·촉·오 3국의 경쟁구도에서 우위를 점할 수 있었다.[69] 그러나 그의 아들 조비曹丕(187-226)가 후한 헌제로부터 황제위를 빼앗아 건국(220)한 위魏나라 때에 이르러서는 다른 방향으로 가고 말았다.

위나라는 건국(220)한 지 46년 만에 사마의의 손자 사마염司馬炎(晉 武帝)에게 황제 자리를 빼앗겨(265) 망하고, 사마염이 진晉(이를 편의상 서진西晉이라 함) 왕조를 건국하였다. 그러나 서진(265-316)은 중국을 통일(280)한 지 겨우 10여 년 만에 '팔왕의 난(八王, 291, 299-306)'이 일어나 통치기반이 급속히 약화되고 사회가 극도로 혼란에 빠졌는데, 그 틈을 타서 북쪽에서 내려온 다섯 유목민족(五胡, 흉노·선비·갈·저·강족)에게 나라를 내주며 4대 52년만에 망하였다(316). 서진이 망하자 황족 가운데 낭야왕琅琊王 사마예司馬睿가 강남으로 내려와 왕도王導(낭야 왕씨, 276-339)의 도움을 받아 건강建康(오늘날 난징南京)에 동진東晉(317-420)을 세웠다. 동진에 이어서 송宋·제齊·양梁·진陳으로 왕조가 바뀌던 남조시대(420-589)에는 나라 이름과

---

68) 둔전제는 호족의 토지겸병을 억제하고, 호족으로서의 기반이 전무하였던 조조에게 권력기반을 가능케 하였다.

69) 조조에 대한 평가는 긍정과 부정, 양극단으로 나타난다. 긍정적인 평가로는, 인재를 널리 구하여 포용하고, 솔선수범하는 리더십과 신상필벌하는 공정성, 앞을 내다보는 통찰력과 때를 놓치지 않는 판단력, 실천에 옮길 수 있는 결단력을 갖추었다는 평가가 있다. 《삼국지》의 저자 진수(陳壽, 233-297), 당 태종, 북송시대에 《자치통감》을 쓴 사마광도 이에 속한다. 남송시대의 명신 홍매(洪邁, 1123-1202)도 〈인재론〉에서는 "조조를 대적할 자가 없었던 것은 행운이 아니다, 조조가 기용한 인재 덕분이다"라고 평했다.

황제의 성씨만 바뀌었을 뿐, 지배 귀족층은 그대로 유지되었다. 동진이 성립할 때 화북의 명문 귀족들이 대거 건강으로 이주하였고, 그들[70]이 토착 호족과 함께 왕조 권력의 중추가 되었다.[71]

한편, 화북에서는 다섯 유목민족(五胡)들이 흥망성쇠를 거듭하던 5호16국五胡十六國시대(304-439) 136년 동안을 지나서, 북위北魏(386-534)가 화북을 통일(439)하였다. 이때부터 수隋나라가 전 중국을 통일하던 589년까지를 '남북조시대'라고 한다.

위·진(서진西晉과 동진東晉)·남북조시대(220~589)의 주된 관인선발제는 구품중정제九品中正制(九品官人制라고도 함)였다.[72] 구품중정제는 황제가 지방관과는 별도로 새로운 명망가를 뽑아 각 군郡과 주의 중정관으로 위촉하고, 그가 그 지역의 여론에 따라 관인 후보자의 가문·성품·도덕성·재능 등을 심사해서 9등급으로 나누어(이를 향품鄕品이라 함) 중앙에 추천하고, 중앙에서는 유교 경전 등 일정한 시험을 거쳐 그 향품에서 대개 4품 아래의 관직(이를 관품官品이라 함)에 임명하는 제도였다. 조조의 아들 조비가 위魏(220-265)나라를 세운 뒤에, 이부상서 진군陳群의 건의(220)로 시작하였다.

구품중정제는 후한 말기의 청류세력이 향리의 여론(이를 청의淸議라 함)을 반영하여 유능한 인재를 선발하기 위한 방법으로 고안한 것인데, 3가지 목적이 있었다. 첫째는 조조의 위魏 왕부王府의 현직 관인을 새로운 왕조인

---

70) 이들은 남으로 내려와 개발이 금지되었던 山林藪澤을 개간하여 토지를 확보하였다. 朴漢濟, 〈魏晉南朝 貴族制의 展開와 그 性格〉, 서울대학교동양사학연구실 편, 《講座中國史Ⅱ-門閥社會와 胡·漢의 世界-》, 지식산업사, 1989, pp.42-43

71) 서진이 망하고 동진이 성립하던 시기에 북에서 남으로 이동한 인구(僑民)는 약 90만(북방 인구의 1/8, 남방 인구의 1/6) 명 정도로 보고 있다. 왕·사 씨로 대표되는 북방 교민 귀족들이 강남의 토착 호족인 주·장·고·육 씨 등과 협력하여, 중원에서 꽃핀 문벌귀족제를 강남에서 부활시켰다.

72) 杜佑, 《通典》권14, 〈選擧〉2; 미야자키 이치사다(宮崎市定, 임대희 등 역), 2002.

위나라의 관인으로 다시 임명하고, 둘째 한漢나라의 현직 관인 가운데 일부를 선별하여 새 왕조의 관인으로 흡수하고, 셋째 신진 인재를 발탁하여 등용하기 위한 것이었다.

이 제도는 위나라의 관직을 모두 충원한 뒤에도, 새로 임명할 초임관의 자격 심사를 위해 계속하여 존속시켰다. 그런데 그 과정에서 예기치 않은 문제가 발생하였다. 처음 중정관으로 위촉된 사람은 모두가 해당지역의 호족豪族 출신 대관이었으므로, 가문이 중시되던 당시 사회에서, 처음에 추천된 인재들은 대개가 대호족 가문의 자제였다. 또 이 제도를 처음 시작하던 때의 현직 관인의 자제는 가문이나 능력 여하에 상관없이 대단히 유리한 향품鄕品이 주어질 수밖에 없었다. 또 그 뒤에는, 일단 추천되어 현직관으로 있는 가문에서 다시 추천되는 관행이 계속되면서, 그러한 호족은 정치적 권력뿐 아니라 사회적 지위까지 높아지게 되어, 자연스럽게 일종의 '귀족'으로 인식되었다. 그런데 그들 대호족은 황제가 귀족으로 임명한 것이 아니고, 개인적인 문벌을 배경으로 하여 귀족으로 군림한 것이므로, 이들을 편의상 '문벌門閥귀족'이라 부른다.

서진 시기의 저명한 시인 '좌사左思(250경-305)의 한탄'은 당시의 사회상을 잘 전해준다. 좌사는 시재詩才가 출중하여 그의 시는 당시 널리 읊조려졌고, 그의 누이동생 좌분左棻은 서진 무제의 빈嬪으로 발탁되었다. 그렇지만 그러한 배경을 가지고도 끝내 한문寒門 출신의 벽을 넘지 못하였다. 그래서 지은 〈영사咏史〉라는 시에서,

산골짜기엔 울창한 소나무, 산위에는 듬성듬성 풀 몇 포기
몇 치도 안 되는 잡초가 백 척 소나무를 가리는구나
세족世族 자제는 높은 자리에 오르고 걸출한 인재도 말직에 묻히는 것은
지세地勢가 그리 만든 것이지! 하루아침에 그리 된 게 아니지! (후략)

라고 하고 있다. 아무리 백 척이나 되는 우람한 소나무라도 골짜기에 있다면 산 위에서 자라고 있는 잡초의 그늘 아래 있어야 되듯이, 한문寒門 출신은 아무리 능력이 있어도 권문세족의 지배를 받을 수밖에 없음을 한탄한 것이다. 그 때문에 상서좌복야 유의劉毅(216-285)는 상소에서, **"오늘날 중정관을 세워 9품을 정하는데, 높고 낮음을 마음대로 정하고 명예와 욕됨이 그들의 손에 달렸으니, 이것은 군주의 위엄과 복을 조작하고 천조天朝의 권세를 빼앗는 것입니다. … 이 때문에 상품上品에는 한문寒門(서민출신)이 없고 하품에는 세족世族 출신이 없습니다"[73]** 라고 비판하였다.

남조 송나라의 문제(424-452)가, 문벌귀족 왕구王球에게, 한문寒門 출신으로 중서사인中書舍人에 오른 서원徐爰과 가까이 지내도록 부탁한 일이 있었다. 그러자 왕구는 **"사士·서庶의 구별은 나라의 법칙입니다. 신臣은 감히 조칙詔勅을 받들 수 없습니다"**라고 대답하자 황제가 정중하게 사과하였다는 말은 유명하다.[74] 당시에는 **"사서의 차이는 실로 하늘과 땅 차이《송서宋書》〈왕홍전王弘傳〉"**였던 것이다.

위魏와 서진·동진을 거쳐 송·제·양·진으로 왕조가 바뀌던 남조시대에, 문벌귀족은 혈연(家門+婚姻關係)·교양(지식)·독특한 생활양식을 기반으로, 왕조 교체와는 상관없이, 자신들의 세습적인 지위를 유지하면서 상대적으로 약화된 황권의 울타리 역할을 하였다. 황제도 문벌귀족의 뒷받침 없이는 권력 유지가 불가능하였다. 그 때문에 왕조는 단명短命하였지만 문벌귀족은 변함없이 지속되었다.[75]

한편, 동진이 남으로 내려간 사이에 화북에 들어와 흥망성쇠를 거듭한

---

73) 房玄齡 等,《晉書》卷45,〈劉毅〉전

74) 李延壽,《南史》卷23,〈王球傳〉; 同書 卷36,〈江夷(宋 武帝〈420-422〉)傳〉에 "士大夫, 非天子所名"이라 함.

75) 何懷宏, 2011, pp.98~99에서는 한문寒門 출신의 입사율이 조위(曹魏)시기에 26%, 서진 시기에는 15%, 동진 중기(345-396)에는 겨우 4%였다고 한다.

5호五胡의 16국과 북조시대에도 기본적으로 구품중정제가 시행되었다. 5호의 북방민족은 당시 화북에 존재하던 문벌귀족제와는 별개로, 종실宗室의 여러 왕이 군권軍權을 장악하는, 이른바 '**종실적 군사봉건제**宗室的軍事封建制'를 실시하고 있었다. 그러나 현실적으로는, 이전부터 화북에 거주하면서 선진 문화를 소유한 한인과 문벌귀족의 존재[76]를 무시할 수는 없었다. 발달한 경제와 문화를 소유하고, 절대 다수의 인구를 점하고 있는 한인 통치의 경험과 제도에 대한 이해를 위해서도 그들의 도움이 반드시 필요했다. 그 때문에 5호16국의 각 왕조에서는 이들 한인 문벌귀족의 존재를 인정하여 그들의 명성과 경제력, 향촌에 대한 지배력을 아울러 이용하는 방법으로 구품중정제를 계승했던 것이다. 화북의 문벌귀족으로서도 호족胡族과 호족 왕조에 대한 화이華夷관념은 강하였지만, 그보다 중요한 것은 생존과 보신保身이었으므로 호족胡族 군주를 인정할 수밖에 없었다.[77] 더구나 호족 왕조들은 정권이 빈번하게 바뀌었으므로, 그때마다 멸망한 왕조의 귀족은 도태되고 점차 한인 우위 쪽으로 기울어갔다.

그러는 과정에서, 서진·동진을 지나 남북조시대(420-589)를 거치는 동안 약간의 새로운 기운이 나타났다. 남조의 문벌귀족은 관직과 가문의 전통을 유지하는 데만 관심이 있을 뿐 나라 일에는 무관심하였고, 오히려 점차로 청담淸談으로 불리는 고담준론高談峻論만 즐겼다. 귀족이 이렇게 행정능력과 치자治者의식을 상실해 가자, 남조의 황제들은 그들 대신 능력을 갖춘 한문寒門(하급 사족士族) 출신 인재를 등용하여 실권(인사권·기밀문서 관장·감찰권·군권軍權 등)을 맡겨서 황제권을 강화시키려 하였다.[78] 남조 송

---

76) 향당에서 도덕생활의 중심적 존재로, 재해나 흉년이 들면 광범하게 구휼(救恤)을 하고, 전쟁이 일어나면 사재를 털어 향촌을 방어하면서 향촌민과의 정의(情誼)관계를 돈독하게 유지하였다. 朴漢濟, 1989, p.53

77) 朴漢濟,〈胡漢體制의 展開와 그 構造〉, 서울대학교동양사학연구실 편,《講座中國史Ⅱ-門閥社會와 胡·漢의 世界-》, 지식산업사, 1989, pp.73-82.

78) 朴漢濟, 1989(1989A)

宋나라의 창업자인 효孝 무제武帝(420-422)는, 그 자신이 한인寒人 출신이 었고, 일부 한문 출신 인재를 측근에 기용하였다. 특히 명제(465-472)는 시험으로 하급 사족을 선발하여 측근으로 기용하였다. 그 후 양나라의 무제 武帝(502-549)는 귀족자제를 교육하는 국자학 외에, 새로 '오관五館'을 설치하고 오경박사를 두고 한문寒門 출신 자제를 입학시킨 뒤에 시험성적에 따라 관인에 등용하였다.

화북에서도 5호16국 시대를 지나 북조시대에 이르면, 문벌이나 계급의식은 남조보다 희박하였고 반대로 황제의 권력은 강하였으므로, 황제들은 실력 있는 한문 출신 인재를 발탁하여 황제권을 강화시키려 하였다. 북위의 효 문제孝文帝(471-499)는 수재秀才와 효렴제를 장려하였고, 북제北齊(550-577)와 북주北周(556-581)에서도 그러한 과목을 설치하여 중앙 정부에서 엄격한 시험을 부과하고 황제 스스로 조당에 나가서 감독할 정도로 열심이었다.

그 결과 남북조시대 말기부터는 남북 모두 한문寒門 출신 인재가 정계에 상당히 진출하였고, 문벌귀족의 자제가 추천된다 해도 중앙의 시험에 자동적으로 통과되는 것은 점차 어렵게 되었다. 이렇게 남북조시대에 일기 시작한 **현재주의賢才主義 이념**은 다음 수隋나라의 과거제로 계승되었다.

대국적으로 보면, 구품중정제는 다음 2가지 면에서 한나라시대보다 황제권을 강화시키는 방향으로 발전한 제도였다. 첫째 지방관의 벽소권辟召權(예하 관인 채용권)을 중앙에서 장악하게 되었던 점, 둘째 관인 추천권이, 찰거제는 지방관에게 있었지만, 이제 중앙에서 파견한 중정관에게 넘겼던 점이다. 그러나 본질적으로는, 덕행이나 재능을 중시하던 찰거제에서 가문을 중시는 구품중정제로 바뀌어, 권신權臣들의 기득권을 지속시키고 귀족의 집안에서 대대로 관인을 재생산하는 기능을 할 수밖에 없었다. 그 때문에 구품중정제는 한대의 호족 가운데 일부를 '문벌귀족'의 지위까지 상승시키는 기능을 한 셈이었다.

한편, 위·진·남북조시대는 시황제가 중국을 통일한 이후 가장 긴 **'분열시대'**였다. 그렇지만 중국의 '역사와 문화의 발전' 면에서 보면 중대한 변화가 일어난 시대였다. 전국戰國시대에 경제와 문화면에서는 오히려 큰 발전이 있었던 것과 같은 맥락이다. 첫째는 신분과 명예를 중시하던 관행에서 점차 개인의 능력을 중시하는 쪽으로 변해갔다. 한족漢族 왕조인 서진을 남쪽으로 축출하고 화북지방을 차지한 것은 문화적으로 뒤진 북방의 다섯 이민족(五胡)이었다. 이들 5호가 화북지방에 들어와 중국의 거의 절반을 차지하고 황제를 자처하며 수백 년 동안 주인노릇을 하였고, 그들의 후예인 수隋나라가 남조의 진陳나라를 멸망시키고 중국을 통일하였다(589). 그 때문에 한인漢人 만이 중화中華의 주인으로 여기던 세계관이 약화되고, 사회의 지배층도 문벌귀족 중심에서 이민족과 한문寒門 출신이 지배층으로 합세하게 되면서, 점차 능력주의 추세로 바뀌게 되었다. 바로 그러한 전통이 빈부귀천의 차별 없이 능력만으로 관인을 선발하는 과거제의 이념으로 계승되었다. 둘째는 문화면에서도 시詩·서書·화畵로 대표되는 6조六朝(魏, 晋〈서진·동진〉과 南朝 4왕조를 합쳐 부르는 것)와 남조 4왕조를 합쳐 부르는 것)시대의 '귀족문화'를 개화시켰다. 귀족문화는 문벌귀족이 나라 일에는 관심이 없고, 한나라시대의 유가의 형식적인 예교禮敎주의 속박에서 벗어나 자유롭게 사상의 자유를 추구하면서 발전하게 된 것이었다.

이러한 귀족문화 가운데 **'청담**清談**사상'**이 나타났다. 청담사상이란 후한 말, 특히 위魏·진晋 교체기에 정치적인 실세였던 사마司馬 씨 일족이 국정을 장악하고 전횡을 일삼자, 유교의 부패한 도덕정치를 외면하고 문학이나 철학을 논하고 인물평을 즐기던 '지식인들의 사상'을 일컫는다. 그들 지식인들은 개인주의와 무정부주의적 노장老莊사상을 신봉하면서 허례허식에 빠진 예교주의를 비판하였다. 그들 가운데 대표적인 사상가였던 완적阮籍·혜강嵇康·산도山濤·향수向秀·유영劉伶·완함阮咸·왕융王戎 등 7인을 **'죽림칠현**竹林七賢**'**이라 한다. 이들은 죽림에 모여 예의를 멸시하고 거문고와 술을

즐기며 비정치적인 담론으로
세월을 보냈다. 예컨대 유영은
**"나는 천지를 동우棟宇(집)로
삼고 옥실屋室(방)을 곤의褌衣(
옷)로 삼는다"**고 하면서 방안
에서 발가벗고 앉아서 술을
마시며 지냈다고 한다. 이렇게
초월적인 은둔생활을 즐기던
남조의 귀족들은 자연스럽게
불교나 도교에 귀의하게 되었
다. 동진 이후에는 청담이 귀
족들의 필수 교양으로 인식되

청淸 임백년任伯年의 죽림칠현도

고 지식인의 살롱이 되어 귀족 영달의 도구로 변하였다.

한편 위·진·남북조시대에도 관학과 사학은 꾸준히 존재하였다.[79] 후
한이 멸망한 뒤의 위·촉·오 삼국시대에도 태학 등 관학은 있었다. 그러나
전쟁이 잦고 정치가 불안했던 시기여서 겨우 이름뿐이었다. 특히 조위曹魏
시기에는, 청년들이 태학에 입학하려는 목적은 요역徭役을 기피하기 위함
이었다.[80] 조조의 아들 조비(220-226)는 황초 5년(224)에 낙양에 태학을 설
립하고, 5경經 가운데 1경에 통하는 자를 입학시키고 2년 수학한 뒤에
2·3·4경 능통자에게 적당한 지위를 주었고 5경 능통자는 정식으로 관직
에 임명하였다. 그러나 구체적인 시행 여부는 회의적이다. 서진 시대에는
태학에 학생이 3천 정도 될 때도 있었다. 또 태학과는 별도로, 처음으로
'국자학國子學'을 설립하고(무제 함녕 4년, 278) 5품관 이상의 귀족자제를 입
학시키고 태학은 평민 자제를 입학시켰다. 그러나 서진이 건국한 지 겨우

---

79) 陳東原, 1966, pp.118-133; 謝靑·湯德用 主編, 1995, pp.327-333.
80) 東晉次, 1995, p.151.

10여 년 만에 무종이 죽고, 황족 사이의 분쟁으로 '팔왕의 난(291, 299-306)'이 일어나자 북쪽에서 다섯 오랑캐가 침입하였다. 그 때문에 왕족이 남쪽으로 피난하는 과정에서 관학은 유명무실하게 되었고, 남으로 내려온 동진시대에도 사정은 비슷하였다. 동진시기에도 건강(오늘날 난징南京)에 국자학과 태학을 설립하였으나 문벌귀족제 아래서 학식에 대한 욕구가 그리 크지 않았으므로 수시로 설립되었다가 수시로 폐지되었다. 동진(317-420)이 망하고 송·제·양·진으로 이어진 남조시대(420-589)에도 중앙에 국학은 있었으나, 귀족 자제들이 학업을 중시하지 않아서, 수시로 설립되었다가 수시로 폐하는 현상이 되풀이되었으므로, 교육의 실효는 거의 기대할 수 없었다. 그러므로 지방의 관학은 더욱 말할 필요도 없었다.

한편 진晉이 남쪽으로 내려온 뒤 화북지방에 들어와 흥망하던 5호16국시기(302-421)에는 학교에 대한 사정은 알 수 없다. 단, 화북을 통일한 북위의 도무제(386-409) 연간에는 중앙 국자학의 학생이 1천명이나 되었고 399년에는 3천으로 증원시켰다. 또 태무제(423-452) 연간에는 별도로 태학을 설립하였다. 그리고 헌문제 천안 원년(466)에는 지방 군현에 향학을 설립토록 해서 일시적으로 교육이 흥하기도 하였다. 그러나 그 뒤의 북조 여러 나라에서는 중앙의 국학조차 정치변화에 따라 수시로 개폐開閉되었으므로 교육의 실효는 기대할 수 없었다. 이상과 같이, 위·진·남북조시대에는 중앙의 국자학이나 태학은 수시로 설치되었다가 폐지되었으므로 교육도 부실할 수밖에 없었다. 따라서 지방의 관학은 더욱 더 그러하였다.

그렇지만 사학은 면면히 이어졌다.[81] 양梁나라의 무제(502-549)는 귀족 자제를 교육하는 국자학 외에, 새로이 오관五館을 설치하고 오경박사를 두고 한문寒門 출신 자제를 입학시킨 뒤 성적에 따라 관리에 등용하였다. 그런데 이들이 관학에 입학하기까지의 기초교육은 사학私學이 담당하였다.

---

81) 陳東原, 1966, pp.118-129; 吳宗國, 《唐代科擧制度研究》, 遼寧大學出版社, 瀋陽, 1992, pp.113-119

또 남북조시대에는 황제들이 정치에 관심이 없는 문벌귀족에 대신해서 서민을 등용하려는 현재주의를 추진해서 상당한 수의 서민 출신 인재들이 등용되기도 하였는데, 이들의 기초 교육도 역시 사학이 담당한 것이었다. 관학은 자연히 정치 변화에 민감하였지만, 사학은 그리 큰 영향을 받지 않았기 때문이다.

제1편 과거제의 성립과 정착

제2장 과거제의 성립

제1절 과거제의 시작

중국은 후한 말부터 400년 가까이 분열되었다가, 수隋(581-618)나라의 문제文帝(581-604) 양견楊堅이 북조北朝의 북주北周 왕조의 황권을 빼앗고 (581), 남조를 평정하여 세 번째로 중국을 통일하였다(589). 문제는 즉위한 뒤, 중앙에 3성6부제를 확립하고, 지방제도를 대대적으로 개혁하여 중앙집권력을 강화하였다. 전에는 지방의 행정구역이 주州·군郡·현縣의 삼층이어서, 지방관이 너무 많았던 데다 그들은 대개 문벌가문 출신이었으므로, 문제는 군을 없애고, 주의 자사刺史로부터 병권을 회수하고, 귀족의 사병私兵 소유도 금지하였다. 그 대신 병농일치兵農一致제인 부병제府兵制를 실시하고, 전국적으로 **균전제**均田制[1]와 **조용조제도**를 실시하여 농민을 직접 장악하였다. 이러한 과감한 개혁은 중국 지방제도사에서 획기적인 전환이었다.

문제는 또 개황 2년(582)에, 위진남북조시대의 구품중정제를 폐지하여 문벌귀족의 반半 세습적인 관직 취득과 영향력을 약화시켰다. 또 벽소제辟召制[2]를 폐지하고, 지방관을 일률적으로 중앙에서 파견하였다. 그리고 추천된 인재는 중앙의 시험에 통과해야 임용시켰고, 관인을 임명할 때 출신지 **회피제**回避制[3]를 적용하고 지방관의 임기도 제한하였다. 또 인수仁壽 원년(601)에는 문벌귀족의 소굴이었던 중앙의 태학과 사문학 등 5개의 학교와 지방의 주·현학을 모두 폐지하고 단지 국자학생 72명만 남겼다.[4]

문제는 지방제도뿐 아니라 관인선발제 역시 개혁하였다. 이제 확대된 지역에 방대한 지방관을 공급하기 위해서는 문벌귀족이 아닌 서민층에서 일정한 자질을 갖춘 관인 예비군을 선발할 필요가 있었다. 문제는 개황 2년(582)에 "**현량**賢良**을** (가문에 상관 없이) **천거하라**"는 조칙(詔擧賢良)을 내렸고, 개황 7년에는 "**매년 주에서 3명을 천거하라. 공**工·**상**商**인은 입사**入仕**할 수 없다**"[5]는 조칙을 내렸다. 이로 보면, 문제는 매년 정기적으로 관인선발시험을 실시한 듯하다. 그 명령으로 실시한 시험은 아직은 한나라시대의 찰거제에 따라 수재과秀才科와 명경과明經科를 실시한 듯하다.

---

1) 균전제는 관인에게 관인영업전을 지급하였으므로, 문벌귀족도 관인이 되지 않으면 대토지소유가 불가능하였다.
2) 중앙관이나 지방관이 예하 관리를 임명하는 제도.
3) 본인의 출신지역에는 관직을 임명하지 않는 제도.
4) 문제는 건국 초기에는 적극적으로 학교를 부흥시켰다. 그러나 국자학과 태학 등 중앙 관학의 학생은 모두 귀족출신이었고, 지방 관학의 학생도 너무 많았음에도 불구하고 교육의 효율은 떨어져 진정한 인재를 구하기가 어렵기 때문이었다. 陳東原, 1966, pp.161-162; 吳宗國, 1992, pp.119-124
5) 魏徵, 《隋書》卷1, 〈高祖本紀 上〉, p. 25.

그런데 중국의 과거제는 '**수나라 때 시작되었다**'는 것이 세계 중국사학계의 대체적인 인식이다.[6] 당 중기(8세기 말에서 9세기 초)에 완성된 《통전通典》에는, "**당나라가 사인을 관인으로 뽑은 방식은 수나라 제도를 이어받았다**"[7]고 되어 있다. 그러나 과거제의 '구체적인 시작 시기'에 대해서는 아직도 이론이 분분하다. 그 시작 연대와 구체적인 내용에 대해서는 뚜렷한 기록이 없기 때문이다.

그런데 같은 당 중기부터, 중국 과거제의 대명사로 불리는 진사과에 대해서는, '**수나라 양제煬帝 때에 시작되었다**'는 기록이 많다.[8] 제2대 양제(605-616)는 대업 원년(605) 정월에, '**인재를 추천하라**'는 조칙을 각 주현에 내렸다. 특히 7월에는,

> "집에 있든 학교에 다니든 … 학식과 행실이 빼어나서 시무時務를 감당할 수 있는 자가 있다면 … 보고하라. … 국자학 등의 학교 또한 옛 제도를 밝혀 생도를 가르치고 시험을 부과하는 법도 만들어 학업에 전념케 하라"[9]

---

6) 당대에 시작되었다는 설도 있다. 진정(金諍 지음, 김효민 역), 2003, pp.76-86

7) 杜佑(735-812), 《通典》卷15, 선거 3, 〈歷代制 下〉에 "大唐貢士之法, 多循隋制"

8) 張昭遠 等, 《舊唐書》(945년 완성)에는, 자기 자신이 진사출신으로 진사시험을 주관하는 예부시랑이었던 楊綰(?-777)이 肅宗 寶應2년(763)에 올린 상주 가운데, "近煬帝始置進士之科, 當時猶試策而已"(《舊唐書》권119, 楊綰전)라 하고 있고, 같은 책 권101, 〈薛登〉전에도, "煬帝嗣興, 又變前法, 置進士等科"라 하였다. 또 杜佑《通典》, 卷17, 選舉5에, 唐 武則天 天授3년(692)에 左補闕 薛登(647-719)의 상소로, "及煬帝又變前法, 置進士等科"라 하였고, 卷14, 選舉典 2, 〈歷代制〉에도 "煬帝始建進士科"라 하였다. 또한 당 말 昭宗(888-904) 연간에 진사급제한 王定保, 《唐摭言》卷1, 〈述進士 上篇〉에도 "進士, 隋大業中所置也. 如侯君素·孫伏伽, 皆隋之進士也"라 하였고(하원수, 《과거제도 형성사》, 성균관대학교 출판부, 2021, pp.63-64에서는, 후군소와 손복가의 진사급제를 믿을 수 없다고 함), 권1, 〈散序進士〉에서도 "進士科始于隋大業中, 盛於貞觀·永徽之際"라 하고 있다. 이로 보면, 당 중기부터 진사시험의 시작을 양제 연간으로 인식하고 있었음을 알 수 있지만, 여전히 정확한 연대는 알 수 없다.

9) 魏徵, 《隋書》卷3, 〈煬帝紀 上〉.

는 조칙을 내렸다. 양제는 문제가 없앴던 '국자학도 재개'시키면서 '**사**士·
서庶**를 불문하고 인재를 천거하면 시무**時務**를 시험하여 등용하겠다**'는 것
이었다. 류하이펑劉海峰은 이 내용을 근거로, 진사과는 '**양제 대업 원년**
(605)**에 시작**'한 것으로 확신하고 있다.[10] 양제는 대업 3년에도 수재과와
명경과 외에 효제孝悌·덕행德行·절의節義 등 십과거인十科擧人을 추천토록
명령하는 등, 그 뒤에도 여러 번 관인선발 조칙을 내렸다.[11]

그런데 '양제 초기에 시작'한 것으로 인정되는 진사과는 매년 황제가 조
칙을 내리면, 지방관들이 인재를 추천하고 중앙에서 그들에게 '시무책'을
시험하여 선발하는 것이었으므로, 아직은 한나라 시대 찰거제의 유제遺制
가 남아 있는 시험이었다. 그러므로 상과常科(常擧)[12]가 정착되어 진사과의
모습이 완성된 당대 중기 이후의 진사과와는 많이 달랐다. 그런데도 당대
중기부터 진사과가 '양제 때 시작'된 것으로 인식한 것은, 아직도 한대 찰
거제의 유제가 남아있고, '진사과'라는 명칭도 확실하지 않지만, '시무'를
시험한 점을 중시하여 진사과로 인식한 듯하다.[13] 그러므로 양제 초기에
시작되었다는 진사과는 후대에 확실하게 정착된 진사과와 비교하면, 아직
은 미비한 점이 많았고, 그 뒤 장기간에 걸쳐 점진적 발전과정을 거쳐 정착

---

10) 劉海峰·李兵, 2004, pp.65-68. 중국에서는 류하이펑이 주동하여, 605년(양
제 대업 원년)으로부터 정확히 1300년 되는 1905년에 과거제가 폐지된 것을 기
념해서, 2005년에는 〈科擧百年祭〉 기념대회를 열었고 그 뒤 매년 기념 대회를
열고 있다. 그런데 남송시대의 朱熹는 《自治通鑑綱目》권36에서 '양제 대업2년
(606)에 진사과 취사를 명령하였다'고 하고 있다.

11) 수나라 때의 〈구현조〉는 문제가 4회, 양제가 5회 등 모두 9차례가 있었다. 하원
수, 2021, p.72

12) 황제의 조칙 없이 매년 시행되고 응시자들이 자발적으로 응시(投牒自擧)하는 시
험.

13) 劉海峰·李兵, 2004, pp. 57-68; 金瀅坤, 《中國科擧制度通史-隋唐五代卷》, 上
海人民出版社, 2015, pp.11, 65-79.

되었다고 보아야 한다. 여하튼 양제는 패륜을 저지른 폭군이었지만, 세계 최초로 '맹아 단계의 진사과'를 시작했다는 점은 높이 평가할 만하다. 수나라 시기의 과거합격자로 오늘날 이름을 알 수 있는 것은 효렴 2명·명경 1명·진사 5명·수재 10여 명이 있다.[14]

진사과는 그 뒤 당나라로 계승되었지만, 당나라 초기까지도 그 위상은 그리 높지 않았다. 위징魏徵(580-643) 등이 《수서隋書》를 찬수할 때 진사과에 대한 기록을 소홀히 했던 것은 그 때문이다. 그러나 진사과의 행적은 그 뒤 1,300여 년이 지나, 1905년에 폐지될 때까지 과거제의 대명사로 인정되었다.

그러면 수나라 시기의 관인선발제는 구체적으로 어떤 것이 있었던가? 수나라 시기에는 매년 선발하는 수재과秀才科[15]·명경과明經科[16]·진사과와 임시 조령을 통해 부정기적으로 선발하는 제거制擧가 있었던 듯하다. 그러나 현실적으로 보면, 새로운 나라를 통치하기 위해서 전국에 관직을 임명할 때 어쩔 수 없이 전 왕조시대의 현직관을 대부분 그대로 인정할 수밖에 없었다. 그런데 기존 관인의 대부분은 문벌귀족출신이었다. 따라서 수나라 시기에도 문벌귀족사회가 여전히 지속되었다.

이렇게 시작된 과거제는 '교육'이 뒷받침하였다. 수나라 시기의 학교[17]는, 초기에는 국자학의 학생 140명, 태학과 사문학의 학생 각 360명, 박사 각 5명, 조교 5명이 있었으나, 문제 인수 원년(601)에 국자학생 72명만 남겼다. 그러나 양제는 즉위하자 중앙과 지방의 학교를 복구하였는데, 《수서》에는, **"국자학과 군현학의 홍성이 개황開皇 초기보다 더하였다"**[18]고 평

---

14) 吳宗國, 1992, p.6; 劉海峰·李兵, 2004, pp.58-67; 金瀅坤, 2015, pp.11, 65-79
15) 高才博學者를 추천하고 方略을 부과하였다. 魏徵, 《隋書》卷76, 〈杜正玄傳〉
16) 經學시험을 부과하였으며 종전의 孝廉科에 해당되었다.
17) 陳東原, 1966, pp.161-162; 吳宗國, 1992, pp.119-124.
18) 魏徵, 《隋書》卷75, 〈儒林傳序〉.

가하고 있다. 국자학은 정원이 없었고 태학은 5백 명을 두었고, 지방의 군현학도 회복시켰다.[19] 그러나 수대 관학의 교육기능이 어느 정도였는지는 알 수 없고, 또 이윽고 사방에서 병란이 일어나서 나라가 불안하였으므로 학교의 발전은 기대할 수 없었다.

다만 유명한 유학자와 명사名師들이 관직에 나가기 전이나 퇴직한 후에 향리에 돌아와서 사학私學을 개설하는 경우가 많았으므로, 수나라시기에도 사인강학은 남북조시대에 이어 여전히 번성하였다. 예컨대 명유名儒 왕통王通(584-617)은 문인門人이 1천여 명이나 되었고, 문인 가운데 두엄杜淹·이정李靖·방현령房玄齡·위징魏徵·온대아溫大雅 등은 당초唐初에 명신으로 알려졌다.[20]

제2절 과거제의 정착

수나라 말기의 대혼란을 수습하고 네 번째로 중국을 통일한 사람은 당唐(618-907)나라의 고조高祖(618-626) 이연李淵이었다. 그런데 대국적으로 보면, 수와 당의 왕조 교체는 사회 변혁을 동반하지 않고 중앙의 정치권력만 교체되었다. 그러므로 수대나라의 정치구조는 대체로 당나라에 계승되었다.

고조는 무덕武德 원년(618) 5월에, '학교를 세우라'는 조서와 함께 각 학

---

19) 吳宗國, 1992, pp.120,123
20) 謝靑·湯德用 主編, 1995, pp.336-337

교에 총 342명의 정원을 두도록 하였고,[21] 무덕 4년에는 주·현과 향에도 학교를 세우라는 칙령을 내렸다.[22] 고조는 또 같은 해 4월에, 수재과·준사俊士과·명경과·진사과 등을 거론하면서, 매년 주현에서 예비시험을 치르고 10월에 중앙에 추천토록 하였는데, 다음해 무덕 5년 10월에 각 지방에서 명경 143명, 수재 6명·준사 39명·진사 30명의 후보가 추천되었다. 이에 중앙의 이부吏部에서 고시하여 수재 1명, 진사 4명을 최종 합격시켰다.[23] 이 시험에서 장원으로 합격한 손복가孫伏伽(?-658)는 성명을 알 수 있는 중국 최초의 장원이다.[24] 진사시험은 그 후 매년 실시하여 무덕 5-9년의 5년 동안 매년 평균 5.2명을 배출하였고, 명경과도 매년 수명씩 합격시켰다.

그런데 당대唐代에 과거시험에 응시할 수 있는 자격(대략 현종 이후의 규정)은, 관학官學의 생도生徒[25]와 각 지방에서 보내는 향공鄕貢[26]의 두 부류가

---

21) 張昭遠 等, 《舊唐書》卷 189上, 〈儒學傳上序〉; 吳宗國, 1992, p.125.

22) 王溥 等, 《唐會要》卷64, 〈宏文館〉.

23) 劉海峰·李兵, 2004, p.70

24) 王定保, 《唐摭言》卷15, 〈雜記〉. 그런데 같은 책 권1, 〈述進士 上篇〉에서는 수대의 진사라 하고 있다: 馬端臨, 《文獻通考》卷29, 選擧2, 〈擧士〉. 한편 하원수, 2021, p.86에서는 수나라시기와 당초 무덕 5년 모두 믿을 수 없다고 한다.

25) 생도는 중앙의 국자감 예하의 6학 및 弘文館(문하성 예하, 황족과 3품 이상 고관의 자제가 입학)·崇文館(동궁 교육)과 지방 州·縣學의 학생을 말한다. 중앙 6학의 학생들은 수업연한이 끝나면 제주祭酒(총장)가 주관하는 시험을 거쳐 상서성의 省試에 응시할 수 있었다. 지방 관학의 학생은 먼저 현시(縣試, 縣尉 주관)를 거쳐, 매년 가을(주로 10월)에 각 주에서 실시하는 고시에 합격하면 중앙의 성시에 응시할 수 있었는데, 보통 1-3명(上州 3명, 중주 2명, 하주 1명)이 추천되었다.(《新唐書》권44, 選擧志上)

26) 지방의 사학에서 배운 서민이 본적지의 현에 보명(補名, 신청)하면, 현시와 州의 覆試(매년 가을, 주로 10월)를 거쳐 합격자를 중앙의 尙書省에 추천하는데, 이들은 매년 지방에서 장안으로 바치는 方物(양곡·세금·특산품 등)과 함께 보내므로 '발해發解'라 하였고, 이들을 향공(향공진사라고도 함)이라 불렀다. 이렇게 추천받는 향공의 수가 전국적으로 매년 2-3천명이나 되었다.(王定保, 《唐摭

있었다. 그러므로 먼저 학교제를 이해할 필요가 있다.

당대唐代의 학교[27]는 중엽 이전에는 대단히 흥성하였다. 수도에는 국자 감이 통할하는 국자학·태학·사문학과 전문성을 띤 율학·산학·서학 등 육학六學이 있었다. 국자학(정원 300명)에는 정부의 3품 이상 고관 자제가 입학하였고, 태학(정원 500명)에는 5품 이상 중간 관인의 자제, 사문학에는 정원 1,300명 가운데 500명은 정부의 중하층 관인의 자제, 800명은 서민 자제가 입학하였다. 그러므로 국자감 예하 3학의 학생 2,100 명 가운데 귀 족 자제가 62%, 서민 자제가 38%가 입학한 셈이었다. 학생의 나이는 14-19세로 제한하고 율학만 18-25세로 완화하였다. 이들 학생은 각 지 방에서 실시하는 **향시**鄕試를 거쳐 중앙의 **성시**省試에 응시할 수도 있었고, 부조父祖의 관직이 5품 이상인 경우에는 문음門蔭(任子)제도를 통하여 입사 할 수도 있었다. 그러므로 아직도 위·진·남북조 이래의 문벌귀족의 유제 遺制가 남아있었다. 율학·산학·서학에는 서민의 자제들이 입학하였는데, 명법明法·명산明算(算學에 밝은 전문 인재)·명자明字(文字學과 書法에 밝은 전문 인재) 등의 시험에만 응시할 수 있었고, 합격 후에도 전문적인 사무직에만 임명되었다. 또 지방에는 부·주·현학 등 관학이 있었지만 정원이 수십 명 에 불과하였고, 중엽부터는 그것마저 실제로는 유명무실하였다. 학교에서 는 재학생에게 주미廚米(食米)를 지급했는데, 이 전통이 명청시대에 지방 유 학에 늠선생廩膳生 제도로 이어졌다.

태종(626-649) 이세민李世民은 정관 11년(637)에 새로운 율령을 반포하 여 국가의 기초를 확립하였다. 《당율唐律》은 중국 최초의 법전인데, 당조의

言》 卷1, 〈鄕貢〉) 과거에 응시하기 위해 현에 신청하는 데는 가장(家狀, 籍貫·
父祖三代 名諱·年齡·相貌 즉 身高·피부색·수염길이 등 외모·所習本經·관직
경력)을 적었고, 시험 시간의 부정과 冒名·冒籍을 방지하기 위해 관계되는 사람
의 보증과 합보(合保, 응시자 상호 보증⇒ 연대책임)가 필요하였다.

27) 陳東原, 1966, pp.192-204; 吳宗國, 1992, pp.25-132; 謝靑·湯德用 주편,
1995, pp.333-364.

율령체제는 그 뒤 한반도 3국과 일본·베트남에서도 받아들였다. 태종은 또한 오늘날의 티베트와 중앙아시아에까지 세력을 확대하여 '**세계제국의 황제**'라는 칭호를 받았다. 이러한 그의 치세를 '**정관의 치(貞觀之治)**'라 하여 후대의 군주들이 정치의 모범으로 삼았다.

태종은 또 학교를 대거 확충하였다. 우선 국자학을 **국자감**으로 바꾸어 중앙의 관학을 통관하는 최고 학부로 삼아 학교의 지위를 높이고(정관 원년, 627), 공자孔子를 선성先聖으로 추존하고 공자의 사당廟堂을 국학에 건립하였으며, 가끔 국자감에 행차하여 제주祭酒(국자감 총장)와 박사의 강론을 들었다. 또 학사學舍 1,200간間을 증축시키고, 중앙의 모든 학교의 생원을 증원시켰다. 그 결과 정관(627-649) 연간에는 고구려·백제·신라·고창高昌·토번土蕃 등 아시아 여러 나라에서 온 유학생까지 합쳐, 국자학생이 8천여 명이나 되었다고 한다.[28]

태종은 또 진사 합격자도 매년 평균 10.25명으로 증가시켰다. 태종은 정관貞觀 초에 단문端門(長安의 承天門)에 나갔는데, 마침 진사 합격자들이 발표장 벽에 나붙은 자기 이름을 보며 기뻐하는 모습을 보고, "**천하의 영웅들이 내 올가미에 걸렸구나**"[29]라고 하는 '**명언**'을 남겼다. 태종은 또 국자 제주 공영달孔穎達과 안사고顔師古에게《오경정의五經正義》를 편찬케 하였다.[30] 그 뒤로《오경정의》는 유학의 정통 교재가 되어 과거시험의 준비서로 이용되었다. 그런데 명말청초의 대학자 고염무顧炎武(1613-1682)는 이《오경정의》가 자유로운 학문의 발전을 저해하였다고 비판하면서, 진시황의 '분서갱유'로 비유하고 있다.

---

28) 張昭遠 等, 《舊唐書》卷189上, 〈儒學傳上 序言〉; 王溥 等, 《唐會要》卷35, 〈학교〉.

29) 王定保, 《唐摭言》卷1, 〈述進士 上〉; 卷15, 〈雜記〉.

30) 오늘날 시안(西安)의 비림(碑林)박물관에 가면《오경정의》전문을 미려한 서체로 적은 석비를 볼 수 있다.

제3대 고종(649-683) 연간에는 국자감 예하의 학교뿐 아니라 지방의 주·현학을 크게 확충하여, 한 때는 주·현학의 학생이 60,710명이나 되었다.[31] 그러나 무측천武則天[32]이 정권에 개입하기 시작하면서, 고종 만년부터는 관학이 점차 쇠퇴하기 시작하였다.

무측천은 자기가 정권에 개입하고 또 황제로 일컫는 것(稱帝)을 반대하는 고관들을 제압하고 자신의 입지立地를 안정시키기 위해서, 관인의 정원에 포함되지 않은 원외員外관을 많이 뽑는 등 남관濫官정책을 폈다. 또 칭제 후에는 민심 수습책으로 제거制擧를 자주 실시해서 인재를 선발하였다. 그러다가 무측천의 영향력이 사라진 뒤, 현종(712-756)은 학교의 부흥을 위해 많은 노력을 기울였다. 현종은 즉위하자 중앙뿐 아니라 지방 주·현과 향리까지 학교를 정돈케 하였으므로, 개원(713-741) 초기에는 양경兩京의 국자감 학생이 2천여 명에 이르렀고, 저명한 문사文士들이 태학에서 수학한 뒤에 등과登科하였다.

그러나 안록산의 난(755-763)이 일어나면서 학생들에게 식미食米를 제공할 수 없게 되자 모두 흩어지고 학사學舍는 폐허가 되고 말았다. 당 말에도 한 때 부흥시키려 하였으나, 국가의 재정도 모자란 상황에서 관학은 유명무실한 상태로 점차 침체의 길을 걸었다.

당대의 과거제[33]는 매년 선발하는 상거常擧(常科)와 임시 조령에 따라 부정기적으로 선발하는 제거制擧(制科)가 있었고, 무측천(690-704) 시기에는

---

31) 杜佑, 《通典》卷15, 選擧三, 〈歷代制下〉.
32) 무측천은 고종의 황후로서, 처음에는 병약한 고종의 이름을 빌어서, 그 후에는 어린 후계자(中宗과 睿宗)의 이름을 빌어서, 그리고 마지막에는 아예 스스로 새 왕조 주周를 세우고 황제로서 거의 50년(654-704) 동안 권력을 휘둘렀다.
33) 隋·唐·五代의 과거제는 별도의 각주가 없는 한, 歐陽修 等, 《新唐書》卷44 〈選擧志 上〉; 傅璇琮, 《唐代科擧與文學》, 陝西人民出版社, 2007; 吳宗國, 1992, pp.11-112; 劉海峰·李兵, 2004, pp.69-137; 金瀅坤, 2015, pp.27-634; 진정(金諍 지음, 김효민 역), 2003, pp.85-148; 하원수, 2021 참조.

무과武科(본서에서는 생략함)도 실시하였다. 상기는 수재秀才과·명경明經과·진사과와 전문적인 학문을 시험하는 명법明法·명서明書·명산明算과 등 10여개 과목이 있었다.

수재과는 방략책方略策 5문제를 출제하였는데, 합격자에 대한 예우가 가장 높은 대신 요구하는 기준이 너무 엄격하였고, 매년 겨우 1-2명만 합격시켜서 대단히 어려웠으므로 응시자도 적었다. 더구나 수재과는 주(州)의 자사가 추천하였는데, 만일 중앙 고시에서 낙방하면 추천한 자사에게도 영향이 미쳤으므로 추천을 주저하였다. 그 때문에 고종 영휘 2년(651)부터 실질적으로 없어지게 되었다.

명경과[34]는 당나라 초기에는 중시되어, 진사과보다 명경과, 명경과보다 수재과가 우대되었다. 시험과목은 유가 경전이었는데, 경전 본래의 정신과 의미에 대한 질문이 아니고 단순히 경전의 암기 능력을 묻는 첩경帖經과 경사經史의 대체적인 의미를 묻는 묵의墨義를 시험하였다.[35] 시험관은 수험생의 답안지가 정확하면 '통通' 자를 쓰고 그렇지 않으면 '불不' 자로 표기하였다. 그런데 《오경정의》를 교과서로 하는 경서의 내용이 고정되어 있어 응시자들이 대개 암기할 수 있었으므로, 답안지의 변별이 어려워 괴상한 문제를 내는 경우도 많았다. 그래서 현종 개원 25년(737)에는 명경과에 시무책時務策[36] 3문제를 더 부과하였다. 명경과는 매년 100 명 내외를 뽑을 만큼 합격하기가 비교적 쉬웠다. 그 때문에 현종의 개원(713-741) 연간부터는 응시자들이 점차 명경과 지원을 기피하게 되었고, 당 말에는 심지어

34) 傅璇琮, 2007, pp.110-133; 吳宗國, 1992, pp.185-206; 金瀅坤, 2015, pp.136-163

35) 歐陽修 等, 新唐書》卷44, 〈선거지 上〉. 10여개의 유가 경전을 모두 시험보는 것이 아니고, 一經·兩經·三經·五經 등 4등급이 있었다. 帖經은 괄호 넣기 문제와 비슷하였고, 10문제 중 6개 이상 맞히면 합격이었다. 묵의는 시험관이 경전에 근거해서 출제하면 수험생이 해당 부분의 앞뒤의 내용을 답하는 것이었다.

36) 당시의 時務(국가의 중요한 현안)에 대해 질문하는 일종의 논술시험.

'명경과에 급제'하는 것보다 '진사과에 응시한 것'을 더 중시하는 분위기였다.[37] 그렇지만 명경과는 당나라 시대 중하급 관인의 공급원이었고, 무측천 시기의 적인걸狄仁杰 등 재상도 11명이나 배출하였다.

진사과[38] 시험은 당나라 초기에는 시무책 5문제(향시는 3문제)만 부과하였다. 그 때문에 책문策問의 모범답안을 모아놓은 《책문집策文集》 출판이 유행하였고 응시자들은 이것만 사서 암기하여 응시하는 경우가 많았다. 그 때문에 시험관들이 답안지를 변별하기가 어려워 진사시험의 공평성도 떨어지게 되었다.[39] 그래서 고종 영륭 2년(681)에 고공원외랑 유사립劉思立의 제안에 따라 첩경과 잡문雜文 2수首를 부가하여[40], 3장場(각각 하루씩 3일) 시험을 실시하였고, 중종 신룡 원년(705)부터는 첩경과 잡문을 통과한 사람에게만 책문 시험을 실시하도록 하였다. 잡문 시험은 상당한 문화적 소양과 사유능력을 갖추어야 하였으므로, 유가 경전 시험을 부과하는 명경과에 견주어 참신하였다. 진사시험에 이렇게 시와 부를 더 부과하자 응시자(舉子)들이 시부에 관심을 가지기 시작하였다.

무측천이 경학을 중시하는 문벌귀족을 제어하는 수단으로 시·부를 더욱 중시하자, 진사과의 인기가 더욱 높아지게 되었다.[41] 현종의 천보(742-755) 연간부터는 진사시험에서 시와 부가 절대적인 비중을 갖게 되고, 책문

---

37) 河元洙, 〈應試者의 입장에서 본 당대의 科擧-예부시의 성격에 관한 일 시론〉, 《歷史教育》96, 2005

38) 傅璇琮, 2007, pp.160-190, 288-326; 吳宗國, 1992, pp.144-164; 金瀅坤, 2015, pp.65-111.

39) 金瀅坤, 2015, p.84. 백거이白居易 같은 才子도 수많은 책론을 암기하였고, 예상문제 75편(《白居易集》, 〈策林〉)을 미리 써보기도 하였다.

40) 시詩·부賦를 비롯하여 잠箴·명銘·론論·표表·찬贊 등의 각종 문체 가운데에서 출제하여, 수험생의 문학적 재능을 평가하는 시험. 잡문은 그 후 점진적으로 시·부만 중시되어갔다.

41) 시와 부는 박학다식을 기초로 한 창조적인 재능을 필요로 하였으므로, 종합적인 학력평가 내지 응용시험으로 인식되어 사회의 각광을 받게 되었다.

은 오히려 홀시忽視되었다. 그래서 문학을 중시하던 성당시기에는 많은 문학 인재가 출현하였다.[42] 중국 문학사에서 각 시대의 특징을 한문(漢文)·당시唐詩·송사宋詞·원곡元曲·명청소설明淸小說로 일컫듯이, 당나라 시대는 특별히 시詩가 발달 하였고, 이백李白·두보杜甫·한유韓愈·백거이白居易를 당대의 4대 시인으로 치고 있다. 《전당시全唐詩》에 수록된 당나라시대의 시는 근 5만수에 달하는데, 이 수치는 주나라 때부터 수나라에 이르는 1천 6-7백 년 동안에 나온 시의 2-3배나 된다. 그리고 중당中唐(757-826)시기부터는 아예 제1장 시·부⇒ 제2장 첩경⇒ 제3장 책문의 삼장제로 고정되어, 첫 시험인 시와 부가 가장 중시되었고, 이러한 3장제는 송대 이후 보편화되었다.[43]

그러면 학교가 비교적 흥성하고 진사시험이 중시되었다면 과거시험 응시자는 어느 정도나 되었을까? 당나라시대에는 진사과에 급제하더라도, 송대 이후와 같이 바로 관직을 얻는 것이 아니라, 겨우 입사入仕할 수 있는 자격만 얻는 것이었다. 진사 급제자가 관료가 되는 길은 ① 이부에서 실시하는 전선銓選에 합격하는 길(후술), ② 변방 절도사의 벽소辟召로 번진藩鎭의 관인이 되는 길, ③ 이부의 박학굉사과博學宏詞試(약칭 宏詞) 혹은 서판발췌시書判拔萃試(약칭 拔萃)에 응시하여 합격하는 길 등 3길이 있었다. 그런데도 매년 과거시험에 응시하기 위해서 수도로 오는 향공 거인이 많을 때는 2, 3천 명이나 되었다. 그 가운데 진사는 많아야 2, 30명, 명경은 100명 정도를 합격시켰다.[44] 그 때문에 진사과의 경쟁률은 무려 100:1로 치솟았고,

---

42) 그러나 성당시기를 대표하는 두 시인, 李白(701-762)과 杜甫(712-770)는 진사시험에 응시하지 않았는데, 그것은 진사시험 경쟁률이 너무나 치열한데다 정치에는 관심이 없었기 때문이었다. 당대의 진사시험에서 시부를 그렇게 중시하였지만, 오늘날까지 읊조리는 唐詩 가운데 시험장에서 답으로 제출한 시는 한편도 없다고 한다.

43) 金瀅坤, 2015, pp. 99-102

44) 杜佑, 《通典》卷15, 〈選擧典〉3, 〈歷代制下〉.

"삼십노명경, 오십소진사三十老明經, 五十少進士"[45]라는 속담도 있었다.

　"오십소진사"는 '50세에 진사에 합격해도 오히려 젊은 나이에 합격한 것'으로 생각한다는 의미이다. 당나라시대 사람의 수명을 생각할 때, 당시에는 많은 지식인들이 과거시험에 종신토록 매달렸다는 의미가 된다. 한유韓愈의 재전再轉 제자 손초孫樵는 10번이나 낙방하였고, 당말의 시인 정곡鄭谷은 16년 동안이나 시험에 응시했고, 한악韓渥은 24년 동안 시험에 매달렸다. 소종 천복 원년(901)에 진사에 급제한 조송趙松 등 5명은 모두 70세가 넘은 노인이어서, 특별히 고령을 생각해서 합격시킨 것이었다.[46] 수많은 기록에 **"누거부제자累擧不第者"**라는 표현이 나오듯이, **'진사과는 사인을 백발이 될 때까지 붙잡아두었다'**는 지적도 있었고,[47] 실제로 20-30차 낙방한 사람도 있었다.[48]

　당대唐代 왕건王建의 〈송설만응거送薛蔓應擧〉란 시에 **"일단 진사에 급제하면 9족이 영광스럽다"**고 하였듯이, 진사과에 합격하는 것은 단지 한 개인이나 가정만이 아니고, 친족·향리·종족에 두루 영향을 미칠만큼 당락의 영욕榮辱은 크고 광범하였다. 그러나 진사과 합격자에게 처음 주어지는 관직은 그리 높지 않아서, 갑제甲第는 종9품 상上, 을제乙第는 종9품 하에 임명되었다.

　북송 초에 한림학사를 지낸 전이錢易(968-1026)의 《남부신서南部新書》에는 다음과 같은 시가 보인다. 당대唐代에 시험마다 낙방하였고 또다시 낙방하고 고향으로 돌아가던, 두杜 씨 성을 가진 사람이 길에서 아내가 보낸 시 한편을 받았다. **"여보! 당신은 빼어난 재주를 가졌는데 도대체 왜 매년 낙방하는지 모르겠오. 이번에도 낙방하셨으니 부끄러워 살 수가 없구려,**

---

45)　王定保,《唐摭言》卷1,〈散序進士〉.
46)　진정(金諍 지음, 김효민 역), 2003, p.142
47)　하원수, 2021, p.159
48)　金滢坤, 2015, p.328

만일 집에 오시려거든 아무도 몰래 밤에 살짝 오시오."[49] 일견 모욕적인 것 같지만, 사실은 남편을 격려하는 애정이 담긴 시였다.

당대 중·후기에는 관인이 되는 통로로서 진사과의 중요성이 더욱 커지면서, 과거시험에서 낙제한 것을 주제로 한 시들이 많이 나왔다. 당나라 말기에 영남오재자嶺南五才子 중의 한 사람인 소갈邵謁의 〈낙제유감落第有感〉이라는 시에는, "실의에 빠진 마음 그 누가 알리요 칼로 뼈를 후비는 것보다 더 아픈 것을, 몸은 바위 위의 풀 같아서 뿌리가 얕아 살기도 어려워"라는 내용이 있다. 또 당나라 말기의 '3라三羅'로 불리던 저명한 시인 3인도 평생 낙방만 하였다. 그 가운데 한 사람인 나은羅隱(833-910)은 원래 이름이 나곤羅袞이었는데 스스로 자기 재주를 과신하고 객기를 부려, "조정의 관리쯤이야! 내가 발가락에 붓을 끼워도 몇 놈은 상대할 수 있다"《北夢瑣言》고 자만하였다. 그러나 6번째 낙방하자 분연히 이름을 '은隱'으로 바꾸었다. 그 뒤로도 몇 번 더 응시하였으나 10여 번 모두 낙방하자, "세상이 이런 줄을 좀 더 일찍 알아서 외롭고 가난해도 오지 말아야 했는데"라고 탄식하였다.[50]

과거에 낙방한 사람의 심정을 가장 잘 표현한 사람은 당 중기의 맹교孟郊(751-814)[51]였다. 맹교는 41세에 고향 후저우湖州에서 향공진사가 되어 장안에 가서 진사시험에 응시하였으나, 다음 해 봄에 발표된 결과는 낙방이었다. 이때 지은 시詩가, "(전략) 그 누가 새봄에 피는 꽃이 아름답다 하는가, 내 눈엔 찬 서리에 시드는 잎새만 보이는걸! … 아무리 잊고 또 잊으려 해도 마음은 칼로 에는 듯하구나 (후략)"라고 한 〈낙제落第〉시였다. 그

---

49) 唐, 趙氏, 〈夫下第〉, 錢易, 《南部新書》.

50) 《羅昭諫集》〈丁亥歲作〉, 金諍(김효민 역), 2003, pp.143-144 참조.

51) 歐陽修 等, 《舊唐書》〈孟郊傳〉. 맹교는 湖州 武康(今 浙江省 德淸縣)人이다. 唐代의 著名한 詩人으로 《孟東野詩集》10卷이 있고, 현재 모두 506篇의 시가 전한다.

런데 43세에 두 번째 진사 시험에서도 낙방하자,

> 밤새 뒤척이며 잠 못 이룬 밤(一夕九起嗟),
> 꿈마다 너무 짧아 고향집엔 못 갔네(夢短不到家)!
> 두 번 장안에 왔건만(兩度長安陌),
> 그저 눈물 글썽이며 봄꽃만 바라보네(空將淚見花).

라는 〈재하제再下第〉 시를 남겼다.

그러나 이렇게 어렵고 고달픈 역경을 견디고 일단 과거시험에 합격하면 그 뒤에 오는 인생의 반전反轉은 필설로는 표현할 수 없는 기쁨이었다. 낙방할 때마다 괴로운 심정을 애끓는 시로 읊었던 맹교는 겨우 합격한 뒤의 희열도 불후의 명시名詩로 남겼다. 그는 46세에, 모친의 권유로 응시하여 드디어 진사에 급제하였다. 바로 그 합격자 발표 날의 득의양양한 기분을 〈등과후登科後〉라는 쾌시快詩로 남겼다.

> 고단했던 지난날은 생각해 무엇하리(昔日齷齪不足誇),
> 오늘 아침 이 기분 꺼릴 것이 없구나(今朝放蕩思無涯)!
> 상쾌한 봄바람 가르며 한껏 말을 달려(春風得意馬蹄疾),
> 봄꽃 만발한 장안의 하루를 원 없이 즐겨보리(一日看盡長安花).

이 시는 '진사급제의 기쁨'을 기막히게 표현한 천고千古의 명시로, **"춘풍득의春風得意"**와 **"주마간화走馬看花"**, 두 개의 성어成語를 낳게 해서 후대 사람들에게 더욱 유명해졌다.

해마다 진사급제자의 이름은 10일이 못되어 전국에 알려졌고, 고관들은 급제자를 서로 사위로 삼으려 하여 혼인관념도 바뀌어 갔다고 한다.[52] 급

---

52) 金瀅坤, 2015, pp.784-794

제자들은 시험관인 지공거를 찾아뵙고 사은謝恩하고 좌주座主로 모시고, 재상을 찾아뵙고 사은하고,[53] '곡강연曲江宴(장안성의 동남쪽 곡강에서 열리는 축하연)'에 참여하는 등 장장 4개월 동안이나 각종 연회와 모임에 참여하며 즐겼다.[54] 그 뒤에 자은사慈恩寺의 탑벽塔壁에 성명을 기록하였다. 한편, 무측천은 친히 낙성전洛城殿에 나아가 응시자들에게 책문을 친시親試하였는데, 이러한 전통은 송대부터 과거의 마지막 시험을 황제가 친시하는 전시殿試의 맹아가 되었다.[55]

그런데 진사과 급제자는 실제로 능력도 우수한데다 그 뒤 관료사회에서 순조롭게 승진되었고 사회적인 영향력도 컸다. 진사과가 이렇게 어렵고 위망威望이 높았으므로, **"고관들이 비록 품계는 높지만 진사출신이 아니면 그리 존경받지 못한다"**고 생각하였고, 여러 번 진사시험에 실패한 사람을 오히려 **"백의공경白衣公卿"**, **"일품백삼一品白衫"**이라 불렀다.[56] 당나라시대부터 진사과에 합격하는 것을 **"등용문登龍門"**이라 하여 대단히 어려움을 표현하였고, **"일단 진사급제하면 신분이 10배는 높아진다"**[57]는 말도 있었다. 원화 11년(816)에 진사에 급제하여 고주 자사를 지낸 주광물周匡物은 진사급제를 '득선得仙(신선이 되어 하늘에 오름)'으로 묘사하였다.[58]

진사시험에서 급제와 낙방의 차이는 이렇게 극적인 것이었다. 그 때문에 독서인들은 그야말로 목숨을 걸고 시험에 매달렸다. 당대 4대시인으로 향

---

53) 金瀅坤, 2015, pp.372-373
54) 이러한 활동을 통하여 진사출신자들은 좌주문생 및 同年 관계를 돈독히 해서 뒤에 관료생활을 하는 시기에 서로 도움을 주고받았고, 붕당으로 발전하였다. 金瀅坤, 2015, pp.371-401; 河元洙, 1996 참조.
55) 司馬光, 《資治通鑑》卷204, 天授 원년 조에는, "貢士殿試自此試始"라 하여, 무측천 載初 원년(690)에 전시가 시작되었다고 하고 있다.
56) 王定保, 《唐摭言》卷1, 〈散序進士〉. 白衣와 白衫은 관직을 갖지 않은 無官을 의미하는데, 진사과 수험생은 무관이지만 그만큼 존경을 받았다.
57) 董浩 編, 《全唐文》卷348, 李白, 〈與韓荊州書〉
58) 魯威, 《科擧奇聞》, 瀋陽, 遼寧教育出版社, 1990, p.11

시·진사과의 성시省試·이부의 전선銓選·제거制擧 등 4단계 관문을 스트레이트로 통과하여 '수험의 신'이란 별명을 들었던 백거이白居易(772-846)조차,

"5·6세부터 시 짓는 법을 배웠고, 15·6세부터 과거에 관심을 갖기 시작했습니다. 20세에 본격적으로 과거공부를 시작하면서부터, 잠자는 시간마저 아끼며 정말 열심히 공부하였습니다. 입술이 부르트고, 손과 팔꿈치에 못이 박히고, 혈기 방장할 때에도 피부에 윤기가 없고, 노인도 아닌데 이가 빠지고 머리가 희끗희끗해지고, 눈에 비문증이 나타날 정도였습니다. 생각해보면 대단히 어려운 가운데 오직 공부만 한 탓이었으니 비통할 뿐입니다. 그런데도 집이 가난하고 사정이 있어서(아마도 23세에 부친 사망?) 27세(실은 28세 때=貞元15년, 799)가 되어서야 겨우 향시에 응시하였습니다.[59]

라고 술회하고 있을 정도였다.

한편, 제거制擧(制科)는 고종 현경 3년(658)부터 시작되었는데,[60] 전문적인 인재나 특출한 재능을 가진 인재를 뽑기 위해서, 황제가 필요할 때(即位·立太子·開元)마다 조칙을 내려 시행하였다. 시험과목은 76과라고도 하고 108과라고도 할 만큼 다양하였으나, 실제로는 엄격한 구별은 없다. 무측천은 재초 원년(690)부터 제거를 자기가 직접 책문策問(皇帝 親試)하였고, 천책만세 원년(695)부터는 처음으로 시권試卷의 이름을 가린 후(糊名이라 함)에 평가하였다.[61] 제거는 어떤 때는 시·문·부를 시험하였지만, 대개는 대책對策만 부과하였고, 시험 때마다 천여 명이 응시하여 겨우 3-4명을 합격

---

59) 白居易,〈與元九書〉, 村上哲見,《科擧の話》, 東京, 講談社, 1980, p.167 轉引.

60) 吳宗國, 1992, pp. 67-96, 206-209; 劉海峰·李兵, 2004, pp.71; 金瀅坤, 2015, pp. 433-633; 하원수, 2021, 제2부 1·2장, 제3부 1·2장 참조.

61) 劉海峰·李兵, 2004, p.73. 황제 친시와 호명 방법은 그 뒤 송대부터 시작된 전시殿試와 호명법에 계승되었다.

시킬 정도로 어려웠지만 특별한 경우에는 30명까지 뽑았다. 무측천 연간 (690-705)에는 인심을 수람하여 통치력을 강화하기 위해서 제거를 자주 시행하였는데 이소덕李昭德·적인걸狄仁傑과 같은 탁월한 정치가도 배출되었다.

제거시험에는 지방관 혹은 중앙의 5품 이상의 관료가 그때마다 제거 조건(덕행·재능·경학·현량방정·장수將帥 재목 등)에 맞는 인재를 추천하였지만, 재야의 인재가 자유로 응시할 수도 있었다. 그런데 제거는 황제의 친시였고, 진사과나 명경과와는 달리 합격하면 바로 임관되었다. 그 때문에 이미 진사과에 급제한 사람이, 이부 시험인 전선銓選을 통과하여 입사하기까지의 짧지 않은 기간을 단축시키기 위하여 다시 제거에 응시하는 경우도 많았고, 현직 관인도 더 빨리 더 높은 관직을 받기 위해 응시하는 경우도 있었다. 당대唐代의 명상(名相)으로 꼽히는 장구령張九齡·원재元載·우승유牛僧孺·원진元稹·이종민李宗閔·백거이白居易 등도 제거 출신이었다. 그러나 현종 연간부터 진사과가 점차 관료 선발의 정도正途가 되어감에 따라 고관이나 문벌귀족의 자제들도 진사과에 응시하는 관행이 굳어지면서, 문종 태화 2년(828) 이후에는 제거를 실질적으로 정지시켰다.

과거시험에 응시할 수 있는 자격(대략 현종 연간 이후의 규정)은, 전술한 바와 같이, 생도生徒와 향공鄕貢의 두 가지 방법이 있었다. 당나라 초기부터 제4대 중종 경용 원년(707)까지는 관학의 생도 출신을 중시하였으므로 진사 합격자는 대개가 생도, 그 가운데에서도 국자감 예하 육학의 학생들이었다.[62] 그러다가 현종 개원 연간(713-741)부터는 생도와 향공에 차별을 두지 않았기 때문에, 그 뒤 점차로 향공 출신이 많아졌다. 그러자 중앙의 관학 생도들이 생도의 특권을 포기하고 오히려 향공 방법에 참여하게 되었고, 그 결과 경조부京兆府(수도의 행정 담당 관청)에서 추천한 향공들이 진사

---

62) 당나라 초기에 이렇게 학교의 생도가 중시된 배경에는, 당시 생도의 대부분은 귀족자제였고, 교수진도 좋았으며 통방(후술)이 성행하고 있었기 때문이다.

에 합격하는 사례가 많았다. 그 때문에 중앙 관학이 쇠퇴하게 되자, 천보 12년(753)부터는 향공을 없애고 지방에서 추천된 모든 응시자(擧子)는 지방과 중앙 관학에서 일정 기간 독서한 뒤에 다시 응시하도록 하였다가 2년 뒤에 재차 취소하는 해프닝도 있었다. 이러한 변화가 발생한 것은 갈수록 과거 응시자가 증가하여 갔기 때문인데, 그 뒤로는 과거 응시에 반드시 학교에 입학할 필요가 없게 되어, 중앙의 육학六學은 단지 과거시험 준비 단계로 변하였고, 지방의 주현학은 중앙의 사문학에 입학하기 위한 예비학교로 변모되어, 학교는 점차로 과거에 병합되고 말았다.[63] 한편, 수대隋代부터 상·공인에게는 응시자격을 주지 않았지만, 현종 천보 14년(755)부터는 염상鹽商의 자제들이 진사과에 응시하여 합격하는 사례도 많았다.[64]

각 지방에서 치르는 향시鄕試(대략 현종 연간 이후)는 가을(대개 10월, 그래서 秋試 혹은 秋闈라 함)에 시행되었고, 합격한 향공 거인擧人은 장안의 상서성에서 주관하는 성시省試에 응시할 수 있었다. 향공 거인은 대개 10월 중에 장안으로 가서 11월1일에 '조현朝見 의식'[65]에 참여하고, 다음 해 성시가 있을 때까지 몇 달 동안 장안에 머물면서 사전 운동을 하였다. 성시는 정월이나 2월(그래서 春試 혹은 春闈라 함)에 실시되었는데, 시험시간은 묘시卯時(오전 5-7시)에 시작하여 유시酉時(오후 5-7시)까지였지만, 만일 해가 지기까지 답안지를 제출하지 못하면 초를 3개 주고 그것이 다 탈 때까지 제출하게 하였다. 그런데 장안의 겨울 날씨는 대단히 추웠으므로 수험생들이 탄炭과 촉촉燭도 준비해야 하였고 먹을 것도 휴대할 수 있었다. 합격자 발표(放榜)는 대개 2월에 하였다. 그래서 함통 4년(863)에 진사에 급제한 이번伊

---

63) 사문학에는 서민의 자제도 입학할 수 있기 때문이다.
64) 吳宗國, 1992, pp.129-131; 金瀅坤, 2015, p.203.
65) 성시 수험자 전원이 궁전의 大明宮의 含元殿 앞에 집합하여 천자의 격려 말씀을 듣는 행사.

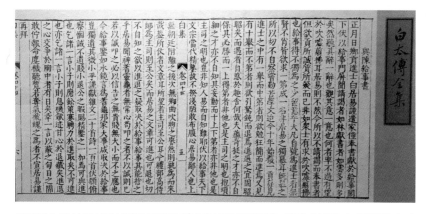

백거이가 당시 급사중이었던 진견陳京에게 보낸 행권行卷. 상하이 중국과거박물관 소장

璠은, "십년 고생 끝에 급제해보니, 2월 화창한 날 나무마다 꽃이로세"[66] 라는 시도 남겼다. 과거 시험에 합격하는 것을 **급제**及第·**등과**登科·**등용문** 登龍門 등으로 불렀고, 특히 진사과 1등을 '**장원**狀元'이라 하였다.

과거제가 관인선발제도로 확실하게 정착된 당대의 특징은 다음 4가지를 들 수 있다. 첫째는 응시 연령에 제한이 없었다는 점이다. 과거제가 1,300년 동안 진행되는 동안 적어도 수억 명이 과거에 응시했고, 누시부제자累試不第者도 수천만은 되었을 터인데, 그 원인은 당대부터 응시 연령에 제한을 두지 않았기 때문이다. 연령 제한을 두지 않은 전통은 이미 한대 찰거제부터 시작되었다. 전한 무제(기원전 141-기원전 87) 연간에, 춘추학의 대가였던 공손홍公孫弘은 당시 나이로 70세에 찰거에 합격하여 재상의 지위에 오르고 평진후에 봉해졌다. 이렇게 응시 연령에 제한이 없었기 때문에, 과거제는 모든 독서인 뿐 아니라 모든 백성이 계층 상승의 희망을 안고 그 합법성을 인정한 제도가 되었고, 한 평생 사는 동안의 '**4가지 기쁨**'에

---

66) 伊璠, 〈及第後寄梁燭處士〉, 《御定全唐詩》卷600.

과거급제를 꼽을 정도였다. 그 때문에 과거제는 황제권에 대한 위협을 억제하여 사회를 안정시키는 데 대단히 유효한 제도였다.

둘째 '**통방**通榜**과 행권**行卷**의 관행**'이었다.[67] 주시험관인 지공거(예부시랑)는 수험생의 평소의 재덕才德과 명망을 조사하여 명단(이를 榜帖이라 함)을 작성해 두었다가 합격자를 선발할 때 참고하였다. 그런데 합격 여부는 지공거가 독자적으로 판단하는 경우보다 유력한 고관과 사전에 상의하여 결정하는 경우도 많았다. 이를 통방通榜이라 하였다. 심지어 시험의 합격 여부는 시험 성적보다 사전에 조사해둔 '방첩榜帖'에 좌우되고, 시험은 형식적인 경우도 많았다. 문종 태화 2년(828)에 최언崔郾은 낙양에 가서 과거시험을 주관토록 지명되었다. 출발 전에 백관들이 성대한 연회를 베풀어 주었다. 그 자리에서 태학박사 오무릉吳武陵이 두목杜牧을 추천하면서 그 유명한 〈아방궁부阿房宮賦〉를 낭독하였고 최언 뿐 아니라 동석한 고관들 모두가 감동하였다. 오무릉은 내친 김에 두목에게 장원을 주는 것이 어떠냐고 제안하였다. 그러자 최언은, '**장원은 이미 사람이 있고, 제2·제3·제4명도 있으니 두목은 제5명이 되어야 한다**'면서, 즉각 제5명으로 선포하며 즐거워하였다. 당 말의 저명한 시인으로 두목과 함께 '소이두小李杜'로 합칭되는 이상은李商隱(813경-858경)은 문종 개성 2년(837)에 진사에 급제하였다. 그런데 그 해에 고개高鍇가 주고관에 지명되자, 고관 가운데에서 평소 존경하던 영호도令狐綯(795-879)에게 '**누구 추천할 사람 없느냐**'고 물으니, 주저 없이 이상은이라고 대답하였다. 이상은은 그 전에 몇 번이나 낙방하다가 영호도의 추천으로 진사에 급제한 것을 알고, 〈여도진사서與陶進士書〉 가운데에 적어놓았다. 이러한 행위들은 대단히 불공평한 것이었지만 당시에는 오히려 당연시 하였다.

그 때문에 진사과 수험생들은 시험 전에, 평소 자기가 지은 시문을 중앙

---

67) 王定保, 《唐摭言》卷6, 〈公薦〉

의 고관이나 명사에게 바쳐 자기 이름을 알려서 성시를 주관하는 지공거에게 추천되기를 기대하는, 일종의 사전운동을 하였다. 이를 행권行卷이라 하였다. 고관들은 평소 자기가 받은 수험생의 시부를 보고 수험생을 추천하였다. 그러므로 성시의 합격 여부는 '행권'의 솜씨와 추천자의 영향력에 달려 있는 경우가 많았다. 이러한 행권의 풍조로 말미암아 중앙 고관이나 지공거의 집 앞은 문전성시를 이루었다.

행권은 현종의 개원 연간부터 본격적으로 나타났고, 특히 목종 장경 (821-824) 이후에는 행권과 청탁이 만연하여 합격자 명단이 사전에 알려질 정도였다. 이 때문에 당대까지의 과거제에는 한대漢代 찰거제의 관행이 잔존하여, 문벌귀족이 유리한 시대였다. 《문헌통고文獻通考》에는 당시 응시자들이 분주하게 권문세가를 찾아다니던 모습이 구체적으로 묘사되어 있다.[68] 그 자신도 행권을 하였던 한유韓愈(768-824)는 통방에 대하여, '포의 출신의 독서인이나 왕공대인들이 서로 통방을 이용하였다'고 한다.

그런데 과거제가 시행되던 1,300여 년 동안, 과거시험을 보기 위해서는 대단히 많은 경비가 필요하였다. 과거제의 원리는 빈부귀천 없이 누구나 응시할 수 있는 것이었지만, 가난한 독서인들은 수도에 오가는 여비와 수도에 장기간 머무는 체제비를 감당할 수 없었다.[69] 더구나 당대에는 통방과 행권제도가 있어서 추천인에 대한 사례비도 적지 않았으므로, 다른 어느 시대보다 경비가 많이 들었다. 때로는 친척이나 관료의 보조를 받기도 하고, 지방 관청의 보조도 있었고, 도중에 역관驛館을 이용할 수도 있었지만 역시 만만치 않았다. 그래서 당대에는 더더욱 귀족이나 관인의 자제들이 과거에 응시하기가 용이한 시대였다.

셋째 이부에서 주관하는 전선銓選(銓試, 關試)의 존재였다. 당대에는 응시

---

68) 《文獻通考》선거2
69) 《文獻通考》권29, 〈선거고〉 2; 侯力, 《科擧制度與唐代社會》, 岳麓書社, 1998, pp.211-230; 金瀅坤, 2015, p.243.

자가 예부에서 주관하는 성시省試에 합격하면 곧바로 관리로 임용되는 것이 아니고, 관인이 될 수 있는 자격만 얻는 것이었다. 관인의 임용은 이부吏部의 소관이었으므로, 이부에서 실시하는 전선에 합격해야 관직을 얻을 수 있었다.[70] 전선의 시험내용은 신身·언言·서書·판判이었다.[71] 전선은 관인에게 필요한 외모나 교양과 함께 실무능력을 평가한다는 명목이었으므로, 서와 판이 가장 중시되었다. 그래서 먼저 필답시험인 서와 판을 심사한 뒤에 면접시험으로 신과 언을 관찰하였다. 그런데 서와 판을 통과한 뒤 신과 언을 보는 면접과정에서 정치권력의 배경이 작용하여 낙방하는 경우도 많아서, 예부의 성시에 합격한 뒤 길면 10년 만에 전선에 합격하는 경우도 있었고, 영원히 출사하지 못하는 경우도 많았다.

그런데 이부의 전선에 통과해도 관직에 결원이 생겨야 임명되었으므로 운이 없으면 몇 년씩 기다렸고, 처음 받는 관직은 종9품의 낮은 관직이었다. 그래서 좀 더 빨리 임용되기 위해 다시 제거에 응시하거나 이부의 '박학굉사과博學宏詞科'나 '서판발췌과書判拔萃科'를 보았다. 유종원柳宗元과 백거이도 진사시험에 급제한 뒤 각각 굉사와 발췌 시험에 다시 응시하여 관직을 받았다. 한유韓愈는 진사과에 3번 낙방하고 4번 째에야 급제하였고, 이

---

70) 중앙의 시험은 당나라 초기에는 이부의 고공원외랑이 주관하고 합격자는 바로 관리에 임용되었다. 그런데 점차 응시자가 증가하고, 開元 24년(736)에 진사시험에 부정사건이 발생하자(二李之爭, 金瀅坤, 2015, p.333), 다음 해부터 과거시험 주관을 예부로 이관하여 예부시랑(차관)이 주관토록 하고(하원수, 2021, pp.415-439), 禮部試의 합격자에게는 단지 입사 자격만이 주고, 합격자는 다시 이부에서 주관하는 銓選을 거쳐 임용케 하였다.

71) 《신당서》권45, 選擧志 下. 身은 체격이나 용모가 관인으로써 당당한 풍채와 준수한 용모가 있는가를 보았다. 言은 말씨가 莊重하여 하급 관리를 위압할 수 있는가를 보았다. 書는 판결문을 쓸 때 해서楷書의 서법書法(필법)이 힘 있고 우아한가를 보았다. 그 때문에 응시자들은 서법 연마에 힘썼고, 歐陽詢·虞世南·褚遂良·顔眞卿 등 해서의 명필들이 배출되었다. 청대에는 과거시험의 마지막 단계인 殿試에서는 서법이 석차를 정하는 데 결정적인 요소였다. 判은 결재문이나 판결문을 오류 없이 정리하고 처결할 수 있는 능력을 보았다.

부의 굉사과에는 3번 도전했다가 모두 실패해서 10년 동안이나 '백의진사白衣進士'로 있었고, 결국 번진藩鎭 장건봉張建封의 막료가 되었다가 중앙의 관료가 되었다.[72]

넷째 빈공과賓貢科를 두어 외국인에게도 과거 응시를 허용하였다.[73] 당나라는 "세계제국"이라 할 만큼 개방적이었고, 정치·경제·문화·종교 등 모든 면에서 아시아의 중심이었다. 중국사에서 볼 수 있는 거의 모든 제도가 당대에 완비되었고, 한대漢代부터 시작된 '동아시아문화권'도 당대에 완성되어 수도 장안은 동아시아문화의 중심이었다. 당나라는 주변 여러 나라를 회유하기 위해서 법률도 내국인과 외국인에게 평등하게 적용하였다. 그 때문에 고구려·백제·신라·일본·대식大食·파사·고창高昌·토번吐蕃 등 아시아 각국에서 유학생·불교 승려·무사·화가와 음악가·상인 들이 당나라로 모여들었다.

태종은 중앙학교의 학사學舍 1,200 간을 증축시켜 외국 유학생도 입학시켰는데, 정관(627-649) 연간에는 고구려·신라·백제를 비롯한 아시아 각국에서 온 유학생까지 합쳐, 국자학생이 8천여 명이나 되었다.[74] 목종 장경 원년(821)부터는 외국 유학생도 당나라의 생도나 향공과 같이 과거에 응시케 하고 합격자를 '빈공진사賓貢進士'라 하여, 일반 진사와 같이 당나라의 관인이 될 수 있게 하였다. 821년 처음 실시한 빈공과에는 신라 유학생 김운경金雲卿이 합격하였다. 그 뒤 당 말까지 빈공과에 합격한 신라 유학생은 모두 58명이었고, 오대의 후량·후당 연간의 32명을 포함하여 도

---

72) 金瀅坤, 2015, p.757.

73) 高明士, 〈賓貢科的起源與發展-兼述科擧的起源與東亞士人共同出身之道-〉, 《唐史論叢》, 陝西人民出版社, 1995; 党銀平, 〈唐代賓貢進士的放榜方式〉, 《文史雜志》2000-6; 嚴耕望, 〈新羅留唐學生與僧徒〉, 《嚴耕望史學論文集》下(綜合編), 上海古籍出版社, 2009; 박한제, 《대당제국과 그 유산-호한통합과 다민족국가의 형성-》, 세창출판사, 2015, pp.65-696.

74) 歐陽修, 《新唐書》권198, 〈儒學傳上 序言〉; 《唐會要》권35, 〈학교〉

합 90명이 합격하였다. 그들 가운데 성명이 밝혀진 사람이 26명인데, 최치원崔致遠(857-?)·최승우崔承祐·최언위崔彦撝 등이 대표적인 사람이었다. 신라는 정관 14년(640)부터 유학생을 파견하기 시작하여, 5대시기까지 300년 동안 모두 2천 명 정도를 파견하였다. 당나라에 체류하는 신라 유학생은 항상 1백-2백명이나 되었는데, 그들의 유학기간은 대개 10년이었고, 생활비는 당나라가 부담하고 서적 구입 등 학습비용은 신라에서 부담하였다.

당대의 관인선발은 과거제 외에도 임자제任子制(蔭敍制, 5품 이상 고관 자손에게 관직 주는 제도)·이원출신제吏員出身制·벽소辟召제 등이 있었다. 당대 관인 임용자 수는, 진사와 명경 등 정규 과거 출신자가 100명 내외인데 비하여, 다른 경로로 임용되는 수는 1천명 이상 되는 경우가 많았다.[75] 그러므로 전체 관인 가운데 차지하는 비율로만 보면, 과거제는 관인선발제로서는 큰 의미가 없었다.

그러나 당 중기부터 국가의 정책이나 사회의 인식에서 다 같이, 점차 과거 특히 진사를 중시하는 방향으로 바뀌면서, 고관의 자제들도 임자제로 입사하기보다는 차츰 진사과 응시를 선호하게 되었다.[76] 또 중기부터는 서족庶族출신이 과거를 통해서 등용되는 사례가 많아져서,[77] 새로운 피가 관인층에 가미되었다. 그러므로 당대의 과거제는 구품중정제가 시행되던 위진남북조시대의 가문 중심주의에서 점차 벗어나, **"공부하여 우수한 자가 벼슬을 한다"**는 공자 이래의 이념을 실천하는 길로 한 발 더 접근하게 되

---

75) 憲宗(806-820) 연간의 재상 李絳 云, "進士明經歲大抵百人, 吏部得官至千人".

76) 安史의 亂(755-763) 이후 과거제가 관인선발제도에서 우세한 지위를 차지하였다. 《唐摭言》권 9, 〈好及第惡登科〉에는 '과거가 만들어지자 서민은 과거로 起家를 바라고, 관인은 과거로 관직을 대로로 잇기를 바랬다. 고한(孤寒)자가 과거에 실패하면 일족이 굶주리게 되고, 귀족이 실패하면 일족은 관인의 지위가 끊어진다'라 하고 있다. 과거시험이 家門 유지의 바로미터가 되었던 것이다.

77) 金瀅坤, 2015, pp.800-804; 하원수, 2021, 제3부 과거제도의 확립 참조

었다. 그러나 통방通榜과 행권行卷 관행이 여전히 존재하는 상황에서는 문벌귀족 출신이 과거합격자의 다수를 점하는 것은 당연한 일이었다. 일부의 주고관은 서족을 합격시키려다 좌천되기도 하였다.

이상을 정리해 보면, 과거제 발전과정에서, 진사과·삼장三場시험·공원貢院 설치·전시제도·호명법·방방放榜 방식·축하 연회 등 대부분의 기초는 당대에 성립되었다. 그렇지만 아직은 몇 가지 약점이 있었다. 첫째, 당나라 초기에는 관인선발에서 임자任子(蔭敍)제가 과거제보다 오히려 중시되었다.[78] 둘째, 송대宋代와 같이 부정행위 방지법인 호명법과 등록법이 없었고, 오히려 통방通榜과 행권을 인정하였으므로 시험이 공정할 수가 없었고, 진사과나 명경과 시험에 합격해도 다시 이부에서 주관하는 전선銓選 시험을 통과해야 입사할 수 있었다. 셋째, 아직 인쇄술이 실용화 되지 못하여 책을 손으로 필사했으므로 책을 구하기가 대단히 어려웠고 비쌌다. 그때문에 문화 보급 범위가 그리 넓지 못하여 서민들이 과거에 접근하기는 대단히 어려웠고, 과거시험이 여러 면에서 귀족에게 유리하게 되어 있었다.[79]

한편, 당대의 학교는 중앙의 국자감 예하의 6학이나 지방의 관학 모두 중엽 이전까지는 대단히 흥하여, **"국학이 번성하기가 근고에 처음이다"**는 평가가 있었다. 그러나 그보다 더욱 두드러진 교육기관이 '사학私學'이었다.[80] 과거응시 자격에 생도(관학의 학생)와 함께 향공鄕貢을 허가한 것은 사학의 교육 기능이 그만큼 확실하였기 때문이었다. 당대에는 사숙私塾·촌학村學·이학里學·향학鄕學·사학寺學·족숙族塾·의학義學 등 다양한 이

---

78) 任子는 7·8품에서 起家하고, 秀才科는 8품, 明經科는 8·9품, 進士는 9품에서 起家하였다.

79) 중·만당 시기의 열전에 따르면, 진사 총수 268명 가운데 名族과 公卿 자제가 205명으로 76.5%를 점하였다. 孫國棟, 〈唐宋之際社會門第之消融〉, 香港, 《新亞學報》4-1, 1959

80) 吳宗國, 1992, pp.132-138

름의 사학이 전 시대보다 더욱 광범하게 존재하여, 그곳에서 양육된 인재 들이 향공으로 과거에 응시하였다.

사학은 춘추시대 말기부터 수많은 전란에도 불구하고 면면히 이어져 왔 다. 당대에는 고관이나 대학자들이 관직에 나가기 전이나 퇴직한 뒤에, 향 리에 돌아와 사학을 개설하거나 산림이나 사원에 은거하면서 학문을 닦는 경우가 많았다. 대학자 밑에는 문인이 1천여 명을 헤아리는 경우도 많았 고, 그들 가운데서 대유大儒가 나오는 경우도 많았다. 문인 가운데 일부는 개인적으로 만나 '사시私試'라는 '모의시험'을 치르기도 하였다.[81] 사학은 현종이 '향학령鄕學令'을 반포한 후, 특히 '안사란' 이후 관학이 쇠퇴하던 시 기에 오히려 흥성하였고, 당말唐末에는 사학이 실제로 학교 교육을 대체할 정도가 되었다.

당나라는 안사의 난(755-763) 뒤로, 중앙에서는 당쟁으로 국정이 혼란 에 빠지고, 지방에서는 크고 작은 민중봉기가 일어나면서 중국 전체가 반 란의 소용돌이에 함몰되었다. 그 때문에 각지에서 절도사 세력이 성장하면 서 변경지역에 대한 통치력은 완전히 상실되고 말았다. 중앙에서는 환관들 이 헌종을 살해하고(820) 7명의 황제를 연이어 옹립하면서 정치를 좌우하 였으므로, 황제의 존재는 유명무실하였다. 특히 과거시험에 실패한 황소黃 巢가 봉기(874-884)하여 쓰촨四川지방을 제외한 중국 전체를 소란에 빠뜨 리자 당조는 겨우 지방정권으로 몰락하였는데, 황소의 부장이었던 주전충 朱全忠[82]이 당나라 찬탈의 걸림돌이 되는 귀족을 일망타진(白馬驛의 禍, 905) 한 뒤 마지막 황제인 애제를 살해하고 양梁나라를 세우고(907) 낙양과 개

---

81) 河元洙, 1996, p.14
82) 본명 주온朱溫. 당말에 황소가 봉기하자 황소의 부장이 되어 장안까지 점령하 였다. 그러나 관군의 반격으로 형세가 불리해지자 관군에 항복(882)하였고, 희 종으로부터 전충(全忠)이라는 이름을 하사받았다. 그 뒤 황소의 잔당을 평정한 공으로 양왕(梁王)에 봉해지고 절도사를 겸하여 화북 제일의 실력자가 되었다.

봉을 수도로 정함으로써 당조를 멸망시켰다. 그러나 그의 세력범위는 화북지방의 일부에 한정되었고, 더구나 6년 만에 아들에게 살해되고 말았다.

그 뒤로 50여 년 동안, 화북에는 양梁·당唐·진晉·한漢·주周의 다섯 나라가 연이어서 흥망을 계속하였다. 이 다섯 나라는 편의상 앞에 '후後'를 붙여 후량·후당·후진·후한·후주를 5대라 일컫는다. 또 화남지방에는 10개의 나라가 흥망했으므로, 남북을 합하여 5대10국이라 한다. 5대10국[83] 시기는 전란이 끊이지 않는 무인지배 시대였다.

그렇지만 5대10국 시기에도 단명短命한 작은 나라에서도 과거시험은 제각기 시행과 폐지를 거듭하였다. 화북의 다섯 나라와 화남의 남당南唐에서 도합 47회의 과거시험을 실시하였다. 《문헌통고》에 따르면, 5대 시기에 진사 653명, 명경 등 제과諸科 1,576명, 도합 2,229명(연평균 43명)이 배출되었다. 과거 합격자의 수는 당 말의 1/4 정도에 불과하지만, 서민출신이 〈열전列傳〉에 등재될 정도로 고위 관리로 상승한 비율이 50% 정도로 높았다. 그러므로, 오대십국 시기에는 이전의 문벌세력이 거의 몰락하고 신흥세력이 새로운 지배층으로 성장해간 시기였다고 할 수 있다.

5대10국 시기에도 각국에서는 관례에 따라 중앙과 지방에 학교를 설치하려고 노력하였다.[84] 그러나 전란으로 사회가 불안한 상황에서는 관학의 기능은 기대할 수 없었다. 학생은 대개 학교에 이름만 걸어놓고 수학하지 않았다. 단, 사학의 경우에는 학자들이 경치 좋은 곳에 정사精舍를 지어놓고 학생을 모아 강학을 실시하였다. 이것이 송대 이후 서원書院의 기원이 되었다.

---

83) 劉海峰·李兵, 2004, pp.137-154
84) 陳東原, 1966, pp.205-207

제1편 과거제의 성립과 정착

제3장 과거제의 객관화

제1절 송조의 통일과 과거제

북조北朝 후주後周의 귀덕군 절도사 조광윤趙匡胤은 '진교병변陳橋兵變 (960)'[1]을 통하여 부하들에게 옹립되는 형식을 빌어 황제위에 올라 북송北 宋(960-1127)을 건국하였다. 그리고 5대10국의 전란을 수습해서, 중국을 다섯 번째로 통일한 사람은 태조의 동생인 제2대 태종이었다(太平興國 4년, 979).

과거제는 관료 선발 과정에서 '객관성·개방성·공평성의 원리를 잘 살 린 제도'라는 명분에도 불구하고, 당대唐代의 제도는 원리와 현실 사이에 많은 괴리가 있었으므로 귀족 자제들이 손쉽게 관인이 되는 방법으로 악용

---

1) 이 사건은 오대 시기에 군부에서 황제를 옹립하던 마지막 사건이었다.

되었다. 그러한 경향을 일변시킨 것이 송대宋代였다. 송대에는 과거제[2]를 시행하는 국가권력의 의지가 당대와는 크게 달랐다. 태조(960-976)는 즉위한 뒤 번진藩鎭을 없애고 무장武將의 특권을 박탈하였다. 그 대신 황제의 친위군인 금군禁軍을 만들어 수도를 지키게 하고[3], 병권을 책임지는 추밀원의 정사와 부사, 각 지방군의 지휘권을 문관에게 맡겨 문신우위文臣優位 정책을 추구하면서 관료 선발의 중점을 과거제에 두었다.

송대의 관료선발 방법은 과거제 외에 음보蔭補(任子)제[4]·이원출신제吏員出身制·진납보관進納補官[5]·군공보관軍功補官 등이 있었다. 그러나 시간이 지날수록 과거제가 주류로 인정되면서, 위·진·남북조에서 수·당시대에 이르기까지 가문을 중시하던 사회풍조는 사라지게 되었다. 진사과에 급제하면 당대와 같이 이부에서 실시하는 전선銓選시험 없이, 처음부터 비교적

---

2) 脫脫 等,《宋史》卷155,〈選擧志1〉; 陳邦瞻,《宋史紀事本末》卷38,〈학교과거제〉; 荒木敏一,《宋代科擧制度硏究》, 京都, 1969; 梁庚堯,《宋代科擧社會》, 東方出版社, 上海, 2017; 劉海峰·李兵, 2004, pp.155-229; 張希淸, 2015; 진정(金諍 지음, 김효민 역), 2002, 151-218; 梁鍾國,《宋代士大夫社會硏究》, 三知院, 서울, 1996; 裵淑姬,《宋代科擧制度와 官僚社會》, 三知院, 서울, 2001; Chaffe, John W.(양종국 역),《배움의 가시밭길 : 송대 중국인의 과거생활》, 신서원, 2001 등 참조.

3) 금군은 정예부대로, 절반 정도는 수도를 방어하고, 나머지는 지방의 요충지에 주둔하였다. 제4대 인종(1041-1048) 연간에는 총 병력 125만 9천명 가운데 금군이 기병과 보병을 합쳐 82만 6천 명이었다. 그 때문에《수호전》에서, 임충林沖을 80만 금군 교두(금군의 무술 교사, 9품 무관 아래의 유외관)라고 한 것이다(미야자키 이치사다宮崎市定, 차혜원 역),《중국사의 大家 수호전을 歷史로 읽다》, 푸른역사, 2006, p.192).

4) 한대의 임자제와 같은 것으로, 恩蔭·蔭敍라고도 하였다. 당대에는 5품 이상의 고관 자손에게, 명청시대에는 3품 이상 고관의 직계 친족에게 수여하였다. 그런데 송대에는 6·7품 관료에게도 허락하였고, 심지어 형제와 숙질에게도 허락하였다.

5) 전쟁이나 기근이 들었을 때 국가에 양식이나 현금을 헌납한 사람에게 낮은 관직을 주던 제도.

고위직에 임용되고 승진도 빨랐다. 과거시험을 준비하는 '지식인'을 '**독서 인**'으로 부른 것도 송대부터의 일이다.

송대의 과거시험 과목은, 초기에는 당대와 같이 매년 선발하는 상거常擧 (常科)와 임시 조령에 따라 부정기적으로 선발하는 제거制擧(특과)[6], 그리고 중앙의 예부에서 실시하는 성시省試에 여러 번 낙방한 고령자를 구제하기 위한 '특주명特奏名'제도(태조 開寶 3년 시작)가 있었다. 상거에는 진사과와 제과諸科[7]·무거武擧 등이 있었는데(이들을 正奏名이라 함), 제과는 신종 희녕 4년(1071)에 왕안석王安石의 제안에 따라 진사과로 통합되어 문과에는 진사과, 무과에는 무거만 남았다.[8]

송대의 진사과는 모두 3단계로 되어 있었다. 제1단계는 수도의 국자감 과 각 지방에서 실시하는 해시解試가 있었고, 해시를 통과하면 제2단계로 중앙의 예부에서 실시하는 성시省試, 제3단계는 황제가 친히 주관하는 전 시殿試가 있었다. 해시와 성시는 각각 3일 동안 치러졌는데 시험과목은 기 본적으로 동일하였다. 그런데 시간이 지나면서 그 내용이 여러 번 바뀌었 지만 중요한 변화는 3번이었다.[9]

북송 전기(태조 建隆 원년부터 영종 치평 4년까지, 960-1067) 107년 동안에는 당대唐代와 5대10국 시기의 제도를 계승하여, 여섯 과목(시·부·론=잡문·책 〈5제〉·첩경·묵의〈경의 의리 시험〉)·策〈5題〉·帖經·墨義(經의 義理 시험)을 시험하

---

6) 북송시대에는 모두 22번 거행되어 41명을 선발하였다. 응시자격에는 제한이 없 었지만, 주로 현직 관인들이 더 빨리 승진하기 위해 응시하였다. 예컨대 蘇軾과 蘇轍 형제는 歐陽修가 지공거였던 嘉祐2년(1057)에 함께 진사에 급제하여 관직 에 있다가, 가우 6년에 다시 제거시험에 함께 급제하였다. 張希淸, 2015, 제15 장 참조.

7) 明經·九經·五經·三禮·三史 등이 있었다.

8) 왕안석(1021-1086)과 학교·과거제 개혁에 대해서는 이근명, 《왕안석평전》, 신 서원, 2021 참조.

9) 張希淸, 2015, 제8장

였는데, 실제는 시와 부賦의 성적으로 결정되었고, 가장 중요한 것은 부였다. 북송 후기(신종 熙寧원년부터 欽宗 靖康2년까지, 1068-1126) 58년 동안에는 여러 가지 논의가 있었지만, 신종 희녕 4년(1071)에 왕안석이 신법을 실시(1069-1076)하면서, 진사과는 해시와 성시에서 시와 부(시와 문장 창작)를 빼고, 경의經義(경전 해석)와 논책論策(정치에 관한 논술)을 중시하게 되었다. 남송시대(1127-1276) 149년 동안에는 경의진사經義進士(유교 경전만 시험)와 시부진사(詩·賦만 시험)의 두 과로 나뉘었다. 제1장에서는 경의진사는 경의經義 3문제, 시부진사는 시와 부 각 1수를 부과하였고, 제2장에서는 다 같이 논論 1문제, 제3장에서는 다 같이 책策 3문제를 시험하였다. 그러므로 큰 틀에서 보면, 당대에는 시·부, 송대에는 산문을 중시하였다고 할 수 있다.

진사과의 제1단계 시험은, 지방행정의 기본 단위인 부·주·군에서 실시하는 주시와 부시(이를 합쳐 鄕試라 함),[10] 중앙의 국자감시(국자감에서 성시에 응시할 자격을 주는 시험)가 있었는데 이를 합하여 해시解試라 하였다. 해시의 응시자격은 정우丁憂·상인·공인·승도귀속지도僧道歸俗之徒·죄인·환관·서리를 제외하고는 별다른 제한이 없었다. 그리고 이러한 규정도 사회경제가 발전해가면서 점차 사라지게 되었다. 해시에 응시하는 독서인은 먼저 본적지에 가장家狀(성명·연령·삼대 조상의 성명과 임관 여부·과거응시 회수·鄕貫)과 보장保狀(三人, 연대보증)을 제출해야 하였다. 그런데 북송시대에는 해시를 보는 날자가 지역마다 달랐으므로, 응시자가 본적을 속여서(冒籍이라 함) 다른 곳에 가서 응시하는 일(寄應이라 함)이 많았기 때문에, 남송시대 고종 소흥 24년(1154)부터 전국에서 같은 날에 실시하였다. 해시에 합격하면 '득해得解'라 하고 합격자를 '득해거인擧人'이라 하였고, 제일명第一名을 '해원解元'이라 칭하였다.

해시는 본적지의 주나 부에서 대개 8월 15-17일에 치르고 9월 하순에

---

10) 북송시대에는 아직 공원貢院(해시를 보는 장소)이 없었으므로, 지역에 따라 불사佛寺·지방 유학·관사官舍 등을 이용하였다.

발표하였는데, 응시하는 독서인이 많을 때는 전국적으로 수십만 명이나 되었다. 해시에 합격한 거인은 지방장관이 초대하여 장행회壯行會(鹿鳴宴 혹은 期集宴이라고도 함)라는 연회를 베풀어 축하하고 격려해 주었다. 자기 지역 출신이 중앙의 성시와 전시에 합격하는 것은 지방 차원의 영예였기 때문이다.

2019년 1월 17일, 푸젠福建성 푸저우福州 해안의 촌가에서 촬영

거인들이 중앙의 성시省試[11]를 보러 갈 때는 3인이 1보保를 이루어 갔다. 또 성시 직전에, 해시 때와 같이 가장과 보장을 제출하고, 이에 더하여 해장解狀(해당 지방관의 추천서)과 10인의 호보互保(상호보증서)를 제출해야 하였다. 거인들은 겨울에 중앙의 예부에 집합하여 2–3개월 체류하다가, 다음해 봄에 성시(대개 2월 18–21일에 시부·론·책 3제, 22–24일에 경의·론·책 3제)를 보았다. 합격자는 예부의 남원南院 동편 벽에 방방放榜(발표)하였다. 성시 합격자들은 3월에 황제가 하루 동안 주관하는 전시를 보았고, 마지막 결과는 4월에 집현전에서 창명唱名하여 공표되었다. 그러므로 해시로부터 성시, 전시를 거치는 과거시험을 성공적으로 한 바퀴 통과하는 데는 거의 1년이 걸렸다.

성시에 응시하는 거인의 수는 갈수록 증가하였다. 북송 초의 태종 태평흥국 2년(977)에는 성시에 응시한 거인이 5,200명이었는데, 그 6년 뒤(983)에는 1만 260명으로 증가하였고, 또 그 9년 뒤(992)에는 17,300여 명으로 증가하였으며, 그 뒤로도 대개 1–2만 명 정도가 응시한 듯하다. 제3대 진

---

11) 張希淸, 2015, pp.152–165, 788. 북송시대에는 수도에도 아직 공원이 없었으므로, 대개 불사·태학·관사 등을 이용하였고, 남송시대에 진회秦檜(1090–1155)가 재상으로 있던 시기에 비로소 건립하였다.

종 경덕 2년(1005)의 성시 응시자는 1만3천여 명[12], 경덕 4년에는 14,562 명이었다. 제5대 영종 치평 3년(1066)부터 3년에 한 번 실시(三年一貢制)하도록 바뀐 뒤로는 매회 5-6천 명이 응시하였고, 북송의 마지막 휘종 선화 6년(1124)에는 1만5천명이 응시하였다. 남송시대에는 대개 1만여 명이 응시하였던 듯하다. 송대의 중국의 인구는 북송 말(1086)에 약1억 정도였고, 남송시대에는 6천만 명 정도였다. 그 가운데 20% 정도가 성인 남자로 계산해 보면, 성시에 응시하는 거인 5-6천에서 1만여 명은 성인 남자 가운데 북송대에는 1%, 남송시대에는 1.6%에 해당하는 수치였다.[13]

성시 합격률[14]은, 북송 초에는 응시 거인의 10-50%로 비교적 쉬웠으나, 그 뒤로 경쟁률이 점차 치열해졌고, 남송의 보우 4년(1156)에는 1%(100:1), 덕우 원년(1275)에는 0.5%(200:1)로 낮아졌다. 그렇지만 3년 1차의 시험이 시작되면서부터는 매번 400-500명을 합격시켰으므로, 해마다 20-30명 정도밖에 합격하지 못한 당대와 비교하면 훨씬 쉬웠고, 관료사회에서 진사출신이 차지하는 비중도 대단히 높았다. 그런데 각 지방별 문화수준에 차이가 컸으므로, 남부 출신인 구양수歐陽脩(1007-1072)와 북부 출신인 사마광司馬光(1019-1086)을 중심으로, 지방별로 진사합격자의 수를 정하자는 의견도 나왔지만 시행되지는 못하였다.[15]

---

12) 이 해에는 正奏名 진사와 제과 1,661 명, 특주명 1,388 명, 도합 3,049 명을 뽑아서 공전절후의 사례가 되었다.
13) 張希淸, 2015, pp.232-238; Chaffe, John W.(양종국 역), 2001, pp.75-77
14) 히라다 시게키(平田茂樹, 김용천 역), 2012, p.40
15) 북송시대 과거합격자의 통계를 보면 지역적인 편차가 컸다. 그 원인은 문화적인 여건과 경제발전의 차이도 있었지만, 西夏·遼와 국경을 맞대고 있는 서북지방의 독서인을 우대한 때문이다. 북송 전기에는 합격자의 반수 이상이 하북동로와 하동로 등 북방 출신이었다. 중기에도 북방 출신이 많았지만, 양절로·강남서로·성도부로 등 남방 출신자가 두각을 나타내기 시작하였다. 말기에 이르면 양절로 출신자가 톱으로 올라서고, 강남서로와 복건로 등 5개로가 전위에 나서게 되었다. 이것은 화남으로 이주한 거주민들이 양쯔강 삼각주 등 화남 각지를

송대 전시도(殿試圖) : 상하이(上海), 중국과거박물관 소장

과거시험의 마지막 단계인 전시(親試·御試·廷試라고도 함)의 시험과목은
여러 번 바뀌어 대단히 복잡하였다. 그 가운데에서 큰 줄거리만 보면, 송나
라 초기에는 하루 동안에 시와 부 2문제만 부과하다가, 태종 태평흥국 3년
(978)부터 논論 1수를 더하여 시·부·론 3문제를 부과하였다. 그 후 왕안
석(1021-1086)의 개혁정책에 따라 신종 희녕 2년(1069)부터 시부론 시험을
폐지하고 책策 1문제만 부과하였다. 전시에서 이렇게 '책'만 부과한 것은
그 뒤 원·명·청시대로 계승되었다.

과거제의 중요한 원리 가운데 하나는 응시 기회를 만민에게 평등하게
개방한 것이었다. 그러나 실제로는 모든 독서인들이 과거에 응시하는 것은

개발한 결과였다. 張家駒,《兩宋經濟中心的南移》, 湖北人民出版社, 1957; 陳義
彦,《北宋統治階層社會流動之研究》, 臺北, 嘉新水泥公司, 1977, pp.66-73; 李
兵,《書院與科擧關係研究》, 華中師範大學出版社, 武漢, 2005, p.29 참조.

불가능하였다. 과거의 시험과목은 고전적인 교양이었으므로, 장기간 교육을 받을 수 있는 경제적 여유가 있는 사람만 가능한 일이었다. 또 주나 부에서 실시하는 향시를 치르는 데도 상당한 경비가 들었지만, 향시에 합격한 거인이 수도에서 시행하는 성시와 전시에 응시하기 위해서는 막대한 비용이 필요하였다. 변경 지역에서 수도 카이펑開封(남송시대에는 항저우杭州)까지의 거리는 1천km가 넘는 경우도 많았고 수개월이 걸렸다. 명나라 말기인 16세기에는 이 비용이 대략 은銀 6백 냥 정도나 되었다고 한다.[16] 당시 쌀 1가마의 값이 은 1냥이었다. 또 길면 수십 년 동안 가족을 돌보지 않고 시험을 준비하는 비용도 필요하였다. 이러한 경비를 감당할 만한 가정은 극소수에 지나지 않았다.

그런데 송대의 진사급제자 통계를 보면, 조부나 부친이 관료가 아닌, 서민출신자도 적지 않았다. 어떻게 서민출신이 과거에 급제할 수 있었을까?[17] 첫째는 종족이 설치한 의장義莊[18]의 도움을 받을 수 있었다. 둘째는

---

16) 미야자키 이치사다(宮崎市定, 중국사연구회 역), 1992, p.220

17) 梁更堯, 2017, pp.3, 44-47, 2017; 王炳照·徐勇, 《中國科擧制度研究》, 河北人民出版社, 石家庄, 2002, pp.414-417. Kracke, E.A., "Region, Family and Individual in Chinese Examination System", in John K. Fairbank ed., *Chinese Thought and Institutions*, Chicago: University of Chicago Press, 1957, pp.115-116에서는, 남송 고종 소흥 18년(1148)의 〈同年小錄〉에서 가정배경 추적이 가능한 진사 279명 중 父·祖 2대에 관직이 없었던 진사가 157명으로 56.3%(Chaffe, John W. 〈양종국 역〉, 2001, p.23)였고, 역시 남송 理宗 寶祐 4년(1256)의 〈登科錄〉에는, 가정배경 추적이 가능한 진사 572명 가운데 부·조 2대에 관직이 없는 진사가 331명으로 57.9%(Chaffe, John W.〈양종국 역〉, 2001, p.23)라고 하면서, 이들이 서민 출신이라고 보았다.

18) 대개 송대부터 종족조직이 발전하였다. 종족조직은 족보편찬·조상제사·종족의 구휼 등을 위해 설치한 義莊·義田·祭田과 같은 토지, 일족의 부양을 목적으로 곡식을 저장하는 義倉, 일족의 자제를 교육하기 위해 설치한 義學·義塾 등을 마련하였다. 의장으로는 范仲淹(989-1052)이 북송 인종 皇祐 2년(1050)에 고향(蘇州 吳縣)에 약 1천여 무의 토지를 기증하여 설치한 范氏義莊이 중국 역사상 선구였다. Twitchett, Denis, "The Fan Clan's Charitable

공사장貢士莊·흥현장興賢莊[19] 등의 도움도 있었고, 셋째 본적지 사대부들의 도움을 받거나 혼인관계 등을 통해서 경제적 도움을 받는 경우도 있었다. 넷째, 송나라는 이미 태조 개보 2년(969)부터 변경(西天·山南·荊南道 등)에서 오는 거인에게는 여비를 보조하였다. 다섯째 송대에는 인쇄술이 발전하였고(후술), '학교를 세우고 도서를 모으는 것(興學聚書)'을 지방관의 공적으로 평가하였다. 그 때문에 지방의 주·현학에는 장서각을 지어놓고 중앙의 국자감에서 간각한 서적이나 민간의 서방書坊에서 인쇄한 서적을 소장하고 있었고, 각지의 부호들은 개인 장서를 종족이나 한미한 독서인에게 공개하는 경우도 많았으므로, 가난한 독서인들도 당대唐代보다는 쉽게 교육과 서적에 접근할 수 있었다.[20] 그러므로 진사합격자의 통계에는 선대에 과거합격자를 배출하지 못한 서민 가문 출신자로 되어 있지만, 그들 전부를 순수한 서민이고 가난한 가정 출신이라고 보기는 어려운 면도 있다. 여하튼 북송과 남송 3백여 년의 과거시험으로 탄생한 장원의 상당수는 한문寒門 출신이라는 주장도 일리는 있다.[21]

지금까지 보아온 송대의 과거제는 대략 다음 6가지의 특징이 있었고 그러한 경향은 대체로 청말에 과거제가 폐지(1905)될 때까지 지속되었다. 첫

Estate, 1060-1760", *Confucianism in Action*, Edited by David Nivison and Arthur Wright, Stanford, Calif., Stanford U. Pr., 1959, pp.105-107. 范仲淹은 젊어서는 부친은 죽고 모친은 재가하여 대단히 어려운 가운데 친척의 도움으로 죽을 먹으며 살았다. 그러다가 26세에 진사에 급제하여 관료생활을 하는 동안 재산을 모았다. 그 자신의 말에 따르면, 급제 뒤에 겨우 정8품의 大理寺丞일 때, 1년 봉록이 2천 畝 토지의 수입과 같았다고 한다.

19) 남송시대부터 주나 부에서 실시한 解試에 합격한 뒤 중앙의 省試를 보러 가는 수험생에게 지방관이 여비를 보조해 주었는데, 그 기금은 貢士莊·興賢莊이라 불리는 토지의 소작료에서 마련하였다. 楊聯陞, 〈科擧時代的赴考旅費問題〉, 《淸華學報》1961-2, pp.116-130

20) 梁更堯, 2017, p.47

21) 傅興國, 〈科擧制度-中國對人類政治文明的一大貢獻〉, 劉海峰 主編, 《科擧百年祭》, 湖北人民出版社, 武漢, 2006

째는 전에 없이 객관적이고 공평성을 살린 제도로 정비되었다. 수대隋代에 성립된 과거제는 당대에 확실한 제도로서 정착되었지만, '통방通榜과 행권 行卷의 관행'이 있었으므로, 아직은 문벌귀족이 과거시험을 조종하고 비리를 일삼는 병폐가 있었다. 송 태조 조광윤은 자기 자신의 출신 신분이 낮았으므로 당대와 같이 귀족이 관인선발을 좌우하는 병폐를 제거하고 신진인재를 선발하여 정권을 안정시키려 하였다. 그는 우선 건국한 지 3년만인 건덕 원년(963)에, 당대에 만연했던 공권公卷과 공천[22]을 금지시켰고, 심지어 그런 사실이 발각되면 재시험을 치르게 하였다. 또 해시와 성시에 시험관의 친인척이 응시할 경우에는 다른 시험장에서 별도로 응시케 하는 별두시別頭試(別試, 牒試)를 시행하였고(998), 현직 관료가 응시하는 경우에는 별도로 쇄청시鎖廳試를 치르게 하였다.[23] 그러나 무엇보다 객관성이 돋보인 것은 호명법糊名法(彌封法)[24]과 등록법謄錄法[25] 및 쇄원鎖院제도[26]를 실시한 것이었다. 그 밖에도 다양한 부정행위(挾書·傳義·代筆·關節 등)를 금지

---

22) 시험이 있기 전에 응시자가 自作 詩文을 정부의 고관이나 시험관에게 豫納(事前 운동적 성격)하는 것으로, 唐代에는 통방通榜과 행권行卷의 이름으로 용인되었다.

23) 음보로 입사한 하급관료가 고관으로 승진하기 위해 다시 응시하는 경우가 많았다. 張希淸, 2015, 제11장

24) 시험지 상단에 적는 수험생의 이름과 관적·가문 등을 풀로 칠하여 덮어서(封彌) 채점에 공정을 기하는 것이다. 먼저 태종 순화3년(992)에 殿試에 적용하였고, 眞宗 咸平2년(999)에는 省試에, 명도2년(1033)에는 解試에 각각 시작하였다. 張希淸, 2015, p.485; 梁更堯, 2017, p.29

25) 시험지의 성명을 가린 후에도, 시험관은 답안지의 필적을 알아볼 수 있고 때로는 시험지에 표시를 해서 신호를 삼기도 하였다. 그 때문에 답안지를 다른 사람이 筆寫하여 그 필사본으로 채점케 함으로써 공정을 기하는 방법이었다. 殿試는 진종 경덕2년(1005), 성시는 大中祥符 8년(1015), 해시는 진종 天禧2년(1018)부터 시작하였다. 張希淸, 2015, p.486; 梁更堯, 2017, p.29

26) 고시관과 응시자의 접촉을 방지하기 위해, 고시관은 임명되자마자 공원으로 들어가 放榜 때까지 장장 50여일을 갇혀지내게 하는 제도.

하였고, 뒤에는 시험장 안에 군인까지 배치시켰다. 이로써 응시자와 시험관 사이에 정실이 개재될 가능성은 적어도 제도적으로는 방지된 셈이었다. 소식蘇軾이 시험관이 되었을 때 그의 문인門人 이방숙李方叔이 낙방하자, 호명법과 등록법이 생긴 후로는 형제간에도 어쩔 수 없음을 알지 못한 노령의 유모가 '내 아들은 소蘇 내한內翰이 책임자가 되어도 급제하지 못했으니 이제 희망이 없다'면서 대성통곡하다가 목메어 죽었다. 이렇게 객관화 되자, 문벌귀족층의 영향력은 완전히 국가, 즉 황제에게로 넘어가게 되어 서민 가운데에서도 과거 합격자가 많이 나오게 된 것이었다.

과거시험이 이렇게 형식상 객관화 되고, 빈부귀천의 차별 없이 누구나 응시하여 관료가 될 수 있게 되면서 '능력우선주의(meritocracy)'가 보편화 되었다. 이러한 관행은 이미 1,500여 년 전에 공자가 제창하였지만 송대에 와서야 확립되었고, 과거제가 폐지된 후에도 지속되어 1천여 년이 지난 현대 중국 사회에서도 볼 수 있다.[27] 오늘날 중국은 사회주의 국가이면서도 국민의 뇌리에는 '신자유주의'가 보이는 것은 바로 전통시대의 과거제의 영향이라 할 수 있다.

그러나 현실적으로는 '상유정책, 하유대책上有政策, 下有對策'이었다. 고시에서 부정행위를 시도하는 수험자와 그것을 막으려는 정부 사이에 두뇌 싸움은 계속될 수밖에 없었다. 전통시대에 서민이 출세하는 길은 관료가 되는 길밖에 없었다. 그 때문에 백성들로서는 과거에 급제하거나 낙제하는 것을 인생의 '4가지 기쁨(四喜)'과 '4가지 슬픔(四悲)'의 한 가지로 생각하였고,[28] 과거시험 과정에서 자행되는 온갖 부정행위는 과거제가 없어진 청말

---

27) 한번은 중국 대학생들과 한국 대학생들을 모아놓고 물었다. 장학금을 배분할 때, ① 적게 주더라도 될수록 많은 학생에게 나누어주는 방법과 ② 금액을 높여 능력 있는 소수에게 몰아주는 방법 가운데 택일하도록. 그러자 한국 대학생은 56%가 ①을 택했고, 중국 대학생은 65%가 ②를 택했다고 한다.

28) 洪邁(南宋, 1123-1202), 《容齋四筆》(岳麓書社, 1998) 卷8, 〈得意失意詩〉

까지 계속되었다. 그 원인은 우선 시험 진행 과정에 서리를 이용할 수밖에 없는 현실적인 문제였고, 또 하나는 서포書舖의 노련한 중간 역할 때문이었다.[29)]

과거가 관료선발 방법으로서 지위가 굳어지고 갈수록 경쟁이 치열해지면서 갖가지 부정행위가 난무하였다. 당대에는 온정균溫庭筠처럼 본격적으로 대리시험을 쳐주는 창수槍手도 있었다. 송대에도 다른 사람에게 시험을 위탁하거나, 다른 사람의 답안지를 베끼거나, 시험관이나 서리를 매수하거나, 거주지와 가족에 대한 자료를 위조하는 등 온갖 부정행위가 만연하였다. 가장 흔한 방법은 협서挾書(책자나 메모지를 숨겨 들어가는 것)였다. 응시생들은 작은 종이에 깨알같이 쓴 커닝페이퍼를 2-3천전의 거금을 들여 만들거나, 서방에서 인쇄한 소책자를 비싸게 사서 숨겨 들여갔다. 인쇄술이 발달함에 따라 남송시대에는 파리머리처럼 작은 글자로 인쇄된 소책자가 고가高價에 거래되었고, 정부에서 아무리 금지켜도 효과는 없었다.[30)]

어떻든 송대宋代에 처음으로 전에 없이 객관적이고 공평성을 살린 시험 제도를 실시한 결과, 왕안석·포증包拯(포청천으로 더 많이 알려짐)·사마광·구양수·소식·주희朱熹 등 비교적 한미寒微한 가문에서 분투 노력한 인재들이 출현할 수 있었다.

송대 과거시험의 두 번째 특징은 제과諸科를 없애고 진사과로 통일한 점이다. 신법을 추진하던 왕안석의 단안으로 신종 희녕 4년(1071)부터 진사과로 통일하였고, 그 뒤 청 말에 과거제가 없어질 때(1905)까지 지속되었다. 셋째, 지방에서 실시하는 해시에 지역할당제를 도입한 것이었다. 이것은 수도의 성시에 너무 많은 응시자가 몰리는 것을 조절하기 위한 것으로, 제3대 진종 대중상부 2년(1009)부터 시행하였다. 해시에 참여하는 독서인

---

29) 梁更堯, 2017, pp.31-47. 송대부터 서포는 새로운 행업(行業)으로 발전하기 시작하였다.

30) Chaffee, 2001, p.207

의 수는 11세기 초에는 전국적으로 2~3만 명에 달했으나, 그 1세기 후에는 8만 명 가까이로 증가하였고, 남송시대 13세기 중엽에 이르면 남중국 응시자만 40만 명이나 되었다. 해시 응시자는 이렇게 급격히 증가하여갔지만, 각 주에 할당된 거인의 수는 별로 증가되지 않아서, 지역에 따라서는 2:1 정도 되는 곳도 있었지만, 많은 지역은 200:1이 되기도 하였다. 남송시대에 급격히 발전해가던 남 중국 푸젠로福建路의 경우, 영종 개복 3년(1207)에는 겨우 54명 배당된 곳에 1만8천여 명이 응시해서 333:1의 경쟁이었다.[31] 그 결과 해시의 시험장은 좁고 응시자는 구름처럼 몰려들어, 서로 먼저 들어가려는 소동이 벌어지는 과정에서 밟혀 죽는 일도 있었다.

넷째, 과거시험의 마지막 단계인 전시를 상례화 하여, 해시→ 성시→ 전시의 3단계 시험이 정착된 점이다. 이러한 관례는 1905년 과거제가 폐지될 때까지 지속되었다. 전시가 확립되기 전에도 황제가 직접 시험을 주관한 사례는 있었다. 당대에는 제거制擧[32]처럼, 황제가 직접 주관하는 시험이 있었다. 또 성시 합격자에 대한 재시험(覆試)도 황제 친시였다. 그리고 전술한 바와 같이, 당대에 무측천이 낙성전洛城殿에 나아가 응시자들에게 책문을 친시親試한 적도 있었다. 그러나 이러한 사례들은 단발성에 그쳤고, 당 말에서 오대를 지나는 동안, 공천과 통방을 통한 회뢰와 청탁 등 시험 과정의 부정행위는 갈수록 심해졌고 송대에 들어와서도 여전히 은밀하게 이루어지고 있었다.

송 태조는 이러한 부정을 없애기 위해서, 공천公薦을 금지시키고, 가끔 재시험을 시행하여 성적이 열등한 거인은 3~5회 응시자격을 박탈하였다(殿罰이라 함). 그런데 개보 6년(973)에 성시에서 다시 부정사건이 발생하자, 태조는 강무전講武殿(뒤에 崇政殿으로 개명)에서 재시험을 실시하였고(이것이

---

31) Chaffe, John W.(양종국 역), 2001, pp.78~87.
32) 특출한 재능을 가진 인재를 뽑기 위해, 황제가 필요할 때마다 조칙을 내려 시행한 시험.

송대 전시의 시작), 다음 해에는 과거를 일시 정지하였고, 개보 8년(975)에는 성시에 특별한 문제는 없었으나, 재시험의 의미로 황제가 친히 출제하고 시험관이 되어 강무전에서 친시하였다. 그리고 다음 해에 태조가 죽었으나, 제2대 태종(재위 976-997)은 2년 전의 사례에 따라 전시를 고정적으로 실시하도록 하였고(太平興國 2년, 977), 제4대 인종 경력 2년(1042)에 최종적으로 확정되었다.

전시는 복합적인 의미가 있었다. ① 전시는 황제가 시험장에 나가 친히 시험을 주관한 뒤 황제의 이름으로 합격시키고 상위 합격자는 발표(放榜)와 동시에 관직에 임명(敍官, 釋褐)하였다. 그러므로 당대에 예부시험 뒤에 이부에서 임용시험으로 치르던 전선銓選 시험은 의미가 없어지게 되었다. 그래서 태종 연간부터 이부 전선을 없앴다. ② 당대부터 존재하던 현상, 즉 시험관(知貢擧, 예부시랑)과 합격자 사이에 끈끈하게 맺어진 '좌주문생座主門生' 관계와 당파의 발생을 저지할 수 있었을 뿐 아니라, 오히려 황제와 급제자 사이에 은의恩義 관계를 돈독히 하여 황제권을 강화시키는 계기가 되었다. 황제는 형식상 그 당시의 최고의 인재들에게 황은皇恩을 입히며 관료로 임명하는 한편, 그 수를 통제하여 위협을 줄이는 두 가지 목표를 달성한 셈이었다. 그 때문에 남송시대부터는 진사출신 관료를 '천자문생天子門生'이라 하였다. ③ 전시는 처음에는 해시, 성시에 이은 세 번째 선발시험으로, 황제의 절대적인 권위로 성시의 결과를 재확인하는 의미가 있었다. 그러다가 인종 가우 2년(1057)년부터는 불합격자를 내지 않고, 단지 성시 합격자의 성적 순위를 결정하는 단계로 만들었다. 전시에서 이렇게 낙제를 폐지한 것은, 과거 불합격자의 원한과 불만[33]을 천자가 지지 않고, 오히려 은혜를 입히는 것으로 바꾸어, 모든 독서인의 관심을 황제에게로 모으는

---

33) 당말의 황소의 난과 이진의 반역(백마역의 禍), 송초 장원張元의 배반 사례 등은 북송의 통치자들에게 무서운 귀감이 되었다. 그 때문에 송은 건국한 뒤부터 과거 급제자의 정원을 크게 늘렸다(後述).

기능을 하였다. 전시의 이러한 성격은 청 말까지 지속되었다.

전시는 이렇게 과거시험의 당락과는 관계가 없었으므로, 전시에서 출제하는 책문策問(策題)은 실력평가와는 관계없는, 당시 국가의 중요한 현안이 많았고 추상적인 문제도 많았다. 이러한 문제들은 응시자로 보면 너무도 광범하고 포괄적인 문제였다. 그 때문에 백과사전식으로 편찬된 '유서類書'가 전시 준비를 위한 참고서로 유행하기도 하였다.[34]

천자문생 현판(난징 과거박물관 소장)

황제의 이름으로 전시를 통과한 급제자는 곧 '급제자 호명식(金殿傳臚)'에 참가하였고, 황제는 그들을 일일이 접견하였다. 이들은 이미 해시에서 100:1 내지 150:1의 경쟁을 거치고, 다시 100:1에서 200:1의 끔찍스러운 성시 관문을 거친 인재들이었다. 이들은 황제에게 사은례를 마치면 황실에서 황제가 경림연瓊林宴(聞喜宴) 등 호화로운 연회를 베풀어 주고 어시御詩·녹포綠袍·화靴·홀笏·관직 제수(釋褐)·기집전期集錢 등을 하사하였고, 《동년소록同年小祿》(登科錄)[35]을 편찬하고 제명비題名碑에 이름을 새겨주었다.

당대唐代에는 과거시험에 급제한 뒤 곧바로 임관되는 것이 아니고 이부의 전선銓選을 거쳐야 하였고, 전선을 통과해도 합격자의 일부만이 최하위

34) 배숙희, 2001, pp.62-76
35) 현재는 남송 고종 《紹興18년(1148)同年小祿》과 理宗《寶祐4년(1256)登科錄》만 잔존함.

관품인 종9품을 받았다. 송대에도 태조 연간에는 당대와 비슷하였지만, 전시에서 낙제를 폐지한 뒤로는 상위 급제자는 발표와 동시에 종8품 관직을 주었고 나머지도 미구에 관직을 받았으며, 제2대 태종 연간부터는 더욱더 우대하기 시작하였다. 전시에서 얻은 성적은 그 뒤 관료생활을 하는 동안 개인의 승진과 직결되었다. 남송 중기부터 진사 제1등을 장원狀元(이미 당대부터 시작), 제2등을 방안榜眼, 제3등을 탐화探花라 하였다.

이렇게 탄생한 장원은 그 위망威望이 대단하였다. 송대에는, **"장원에 급제하는 것은 병사 수십만을 거느리고 동북지방을 수복하고 거란족을 사막 저 멀리 구축驅逐하고 개선하여 태묘에 보고하는 것보다 더한 영예"**[36]로 생각하였다. 그 때문에 장원에게는 황제가 특별히 금대金帶를 하사하였고, 장원 출신은 10여 년 만에 부재상이나 재상으로 승진되는 경우가 많았다.[37] 장원급제자가 고향에 가면 주현에서는 연회를 베풀어 환영하고 장원 액패額牌를 집 앞에 세워주었다. 향촌에서는 장원급제자를 낸 마을을 장원방狀元坊, 장원급제자가 건넌 다리를 장원교狀元橋라 할 정도로 높여 주었다.

송대 과거시험의 다섯째 특징은, 시험 시기를 삼년 일공제三年一貢制(3년에 1回 시험)로 확정한 것이었다. 송 초에는 당대와 같이 해마다, 혹은 2년 1공, 4년 1공도 있었다. 그러나 해마다 실시하는 것은 응시자에게는 너무도 힘든 일이었고 국가로서도 너무도 번잡한 일이었다. 더구나 중국은 대단히 넓은 나라였으므로, 변방에 사는 거인의 교통 편의를 고려해서 영종 치평 3년(1066)부터 3년에 한 번 실시하도록 확정하였다. 성시 시행의 연도가 축丑·진辰·미未·술戌년이 된 것은, 이 제도를 처음 시작한 해가 치평 4

---

36) 田況(1005-1063),《儒林公議》卷上(梁更堯, 2017, p.5 轉引)

37) 태종 태평흥국 2년(977)에 장원 급제한 여몽정呂蒙正(946-1011)은 대단히 가난한 집안 출신이지만, 7년 뒤에 부재상인 參知政事로 승진하였고, 11년 뒤인 端拱 원년(988)에 재상으로 승진하였다.

년 정미丁未년이었기 때문이며, 그 전해인 자子·묘卯·오午·유酉년이 해시를 치르는 해로 정해져 청말 과거제가 폐지될 때까지 지속되었다.

여섯째 과거 급제자의 정원을 대폭 증가시킨 것(제3편 제2장 참조)이었다.[38] 이렇게 급제자를 대폭 증가시킨 것은 독서인층을 국가 쪽으로 흡인하는 강력한 힘이 되었고, 황제권을 안정시키는 힘이 되었다. 그 방법으로는 (1) 합격자의 수를 늘리는 것과 함께 별도로 (2) '특주명'제도[39]를 실시한 것이었다. 특주명제도가 생긴 뒤로 독서인들이 과거 응시를 '평생 멈추지 않게 되었다'는 기록도 있다.[40]

---

38) 최근의 연구에 따르면, 당대 290년 동안 진사와 명경을 합쳐 매년 평균 약80명을 합격시켰다. 원대에는 98년 동안 모두 16榜에 1,139명(매년 평균 12 명), 명대에는 276년 동안 모두 88榜에 24,624명(매년 평균 89 명), 청대에는 268년 동안 112방에 26,832명, 博學鴻詞科 兩榜 49명, 도합 26,888명, 해마다 평균 100명을 합격시켰다. 그런데 북송시대에는 해마다 평균 367명 정도, 남송시대에는 해마다 평균 331명을 합격시켰다. 그러므로 송대에는 당대의 4.5배, 원대의 30배, 명대의 4배, 청대의 3.6배를 합격시킨 것이다.(張希淸, 2015, pp. 19; 300; 779-780; 871 참조)

39) 성시에 여러 번 낙방한 고령의 거인에게 성시 급제의 자격을 주던 제도. 송 초 開寶 3년(790)에 15회 이상 성시에 응시하였던 106명에게 특별히 급제시킨 것이 효시이고, 진종 咸平 3년(1000)에 제도로 확정하였다. 그 뒤에는 진사과는 5회 낙제한 50세 이상, 諸科는 6회 낙제한 60세 이상으로 완화하였고, 북송 말기부터는 진사과만 허가하였다. 특주명 합격자는 대개 하위관직에 임명되었지만, 오히려 부정부패의 온상이 되었다. 신종은 특주명 출신자가 '어리석고 용열하여 정치에 해를 끼친다'고 생각하면서도 많이 뽑았다. 張希淸, 2015, 제10장; 배숙희, 2001, p.94 참조.

40) 劉海峰, 2005, p.158

제2절 교육의 보급

송대에 과거시험 준비[41]는 아들이 태어나기 전부터 시작되었다. 처녀가 시집갈 때 어머니는 '**오자등과**五子登科'라고 주조한 동경銅鏡을 주어 보냈다. '**아들 다섯을 낳아 모두 과거에 합격시키라**'는 염원이 담긴 것이었다. 아내가 임신하면 태교가 시작되고, 사내 아이[42]가 태어나면 5세(만 3세 남짓) 정도부터 글씨 쓰기와 '천자문'과 《몽구蒙求》와 같은 책으로 기초 교육을 시작하고 7세부터 《효경孝經》과 《논어》를 배웠다.

8세(만 6세 남짓)부터는 정식으로 고전 교육을 시작하였다. 처음에는 《소학》을 시작으로 본문이 무려 57만자나 되는 《사서四書》(논어·맹자·대학·중용)와 《오경五經》의 본문을 교육하였는데, 말이 교육이지 사실은 철저하게 암기하는 것이었다. 하루에 200자씩 암기한다 해도 7-8년이 걸리는 엄청난 양이었다.

소식蘇軾도 8세에 천경관북극원天慶觀北極院이란 소학에 들어가 도사 장이간張易簡에게서 동자童子 수백 명과 함께 공부했다고 한다. '공부에 뜻을 둔다'는 지학志學의 나이때부터 대개 20-22세까지는 이미 암기한 《사서》와 《오경》의 본문과 함께 그 몇 배나 되는 주석을 공부하고, 그것이 끝나면 역사서(통감강목·사기·한서·신당서 등을 참조하면서 《자치통감》을 읽는다)와 문文(韓愈의 문장)·시부(楚辭를 중심으로) 등을 학습하였다. 그 과정이 끝나면 본격적으로 과거 수험 준비를 위해 제制·고誥·장章·표表와 책策 같은 문장 작성법을 익혔다. 이러한 과정이 끝나면 24-25세에

---

41) 히라다 시게키(平田茂樹, 김용천 역), 2012, pp.27-30
42) 중국의 전통시대에는, 딸은 몇을 낳아도 '저 집에는 자식이 없다'고 하였다. 또 도둑들 사이에서는, '딸 다섯 있는 집에는 절대 들어가지 말라'는 경구도 있었다고 한다.

과거에 응시하였다.

송대는 '중국의 르네상스시대'라 할 만큼 지식이 널리 보급된 시대였는데, 관학官學 외에 서원과 함께 사학私學도 발달하였다.[43] 그 배경에는 과거시험이 계속해서 자극을 주었고, 조정에서도 지방 관학을 장려하여 교육이 활성화 되었고 인쇄술이 발달하여 서책이 비교적 싼 값에 보급되었기 때문이다.

오자등과(五子登科) 동경(미야자키 이치사다(宮崎市定, 중국사연구회 역), 1992 , p.26)

송대에 들어와 관료사회에서 과거시험의 비중이 현저하게 높아지면서 교육의 필요성도 함께 높아졌다. 그래서 부모와 스승이 끊임없이 격려하였고, 마침내 황제까지 나서서 교육을 권장하였다. 제3대 진종은,

부자가 되려고 기름진 논밭을 살 것 없다. 책 속에 많은 녹봉이 들어 있다.

편안하게 살려고 높은 집을 지을 필요 없다. 책 속에 황금 저택이 있다.

나들이 할 때 하인下人이 없음을 한탄하지 마라. 책 속에 수없이 많은 수레와 말이 있다.

아내를 구해줄 좋은 매파媒婆가 없음을 한탄하지 마라. 책 속에 옥같이 고운 여인이 있다.

사나이로 태어나 평생의 뜻을 이루고자 하거든 잡념을 버리고 창 앞에 앉아

---

43) 袁征, 《宋代敎育》, 廣東高等敎育出版社, 廣州, 1991; 謝靑 · 湯德用 主編, 1995, pp.368-378; 劉海峰 · 莊明水, 《福建敎育史》, 福建敎育出版社, 복주, 1996; 梁更堯, 2017, 제4-6講; 배숙희, 2001, PP.182-209; Chaffe, John W.(양종국 역), 2001, pp.72, 145, 165-174, 236-237

부지런히 6경을 읽을지니라. 《古文眞寶》, 〈前集〉

라고 하는 〈권학문勸學文〉을 지었다. '공부하면 재산도, 호화로운 저택도, 신분 상승도, 미녀도 저절로 얻게 된다. 그러니 입신출세하려면 경서(經書)를 열심히 공부하라'는 의미였다. 주희(1130~1200)도,

오늘 배우지 않아도 내일이 있다고 말하지 말며 금년에 배우지 않고 내년이 있다고 하지 말라. (中略) 소년은 금방 늙고 학문은 이루기 어려우니 짧은 시간이라도 가벼이 여기지 말라. 못가의 풀들이 봄꿈에서 깨기도 전에 섬돌 앞 오동나무 잎은 가을 소리를 낸다.

는 유명한 권학문을 남겼다. 이로써 **"모든 일 가운데 독서가 제일"**이라는 사회통념이 자리잡게 된 듯하다.

송대의 교육기관은 당대唐代와 같이 수도에는 국자감 예하의 3학(국자학·태학·사문학)과 율학·의학·서학·화학畵學이 있었고, 지방에는 관학인 부·주·현학, 사인강학기관으로 서원과 고대부터 면면히 이어져 오던 사학私學이 있었다. 그런데 북송 초기에는 주나 현에는 학교가 없었으므로 과거시험에서 특별히 학력을 요구하지는 않았다. 그러다가 북송 중·만기(1044~1127)에 '3차례의 교육개혁(興學運動)'으로 관학이 비로소 발전하게 되었다. 제1차는 범중엄의 '경력신정慶曆新政(경력4년, 1044)'이었다. 범중엄은 지방에도 학교를 세우고 학생들은 학교에서 일정기간 독서한 뒤에 과거시험에 응시하도록 규정하였다. 이로써 일단은 수도와 지방에 관학이 발전할 수 있는 계기가 마련되었지만, 겨우 3개월 만에 신정이 중지되고 말았다. 제2차 개혁은 왕안석 주도의 '희녕신법熙寧新法(희녕 4년, 1071)'으로, 학교와 관료 선발시험을 결합시키려는 것이었다. 왕안석의 주장에 따라 과

거시험 과목 가운데 명경 등 제과를 없애고 진사과만 남겼고, 시험 과목도 시와 부는 없애고, 유가 경전도 5경 가운데 한 가지만 택하게 하는 대신. 《논어》와 《맹자》를 추가하였다. 이를 위해 왕안석 자신이 《삼경신의三經新義》를 찬수하여 학교의 교재로 삼고 과거시험 출제의 기본으로 삼았다. 태학에서는 삼사법三舍法[44]을 실시하고, 과거시험과 별도로 태학에 1년 이상 재학한 상사생上舍生에게는 직접 전시 응시자격을 주었다. 제3차는 채경蔡京(1047-1126)이 집정하던 휘종 숭녕 원년(1102)에 시행하였다. 지방 관학에도 삼사법을 시행하였고, 숭녕 3년(1104)부터는 과거시험을 학교의 삼사법으로 완전히 대체시켰다. 그 결과 대관 원년에서 선화 2년(1107-1120)까지 13년 동안에 4차례의 전시를 보았는데 그때마다 삼사를 통과한 태학생을 매3년 평균 744명을 뽑았다. 이렇게 삼사법이 비교적 오래 지속될 수 있었던 것은 개혁에 반대했던 사마광도 삼사법만은 인정했기 때문이었다.[45]

당대 수도의 국자감은 국자학·태학·사문학 등 수도의 관학을 통할하는 기관이었다. 그러나 송대에는 중앙 관학의 성격이 조금 바뀌었다. 국자감과 국자학은 당대와 같이 확연히 구분되지 않았다. 태조 건륭 2년(961)에 국자감을 설치한 이래, 국자감(국자학과 혼용됨)은 3가지 기능을 하였다. 서적을 교감하여 각판刻板 인쇄하고, 중앙의 7품 이상 관료의 자제 70명을 모아 교육하고, 중앙의 성시에 응시할 자격을 부여(이를 發解라 함)하는 기능이었다. 그러나 학생 70명도 학적만 걸어놓는(挂名) 학생이 많아 청강자는 겨우 10-20명에 지나지 않았고, 국자감의 발해發解는 지방의 주나 군郡

---

44) 태학의 수학과정을 外舍→內舍→上舍의 3단계로 구분하여 진학토록 하고, 외사 2,000명, 내사 300명, 상사 100명으로 경쟁시키고. 상사의 학생으로부터 관료를 선발하려던 제도. 그런데 이때는 중앙의 태학에서만 삼사법을 시행하고 지방의 관학에는 없었다.

45) 李兵, 2005, pp.54-55

보다 훨씬 쉬워서, 국자감 입학시험인 '보시補試'는 실질적으로 거인의 자격을 얻는 것과 같았다.

태학은 원래는 국자감의 하나의 관館이었다가 인종 경력4년(1044)에 독립하여 8품 이하의 관료와 서민의 자제 2백 명을 모아 교육하였다. 신종의 희녕(1068-1077) 초에는 9백 명으로 증가시켰고, 원풍(1078-1085) 연간에는 2천 4백명으로, 북송의 마지막 휘종(1102-1106) 초에는 채경이 집권하면서 학생 수를 3천 9백명까지 증가시켰다. 60여 년 만에 학생수가 18배로 증가하였으므로 그만큼 서민 가문의 자제가 많이 교육을 받을 수 있었다. 태학의 입학시험인 '보시'는 학생에 빈자리가 생겨야 시행하였다. 왕안석이 신법을 주도하던 신종 연간(1071-1076)에는 현학에서 주학으로 승천하고, 주학에서 태학으로 승천하는 축차 승천법이 시행되었고, 태학에서 삼사법을 실시하여 관료 선발에 과거시험과 태학의 발해를 병행하였다. 그 결과로 학교가 크게 발전할 수 있었다.

그러나 태학의 입학 방법은 자주 바뀌었고, 남송시대에는 다시 보시를 치르게 했는데, 입학 조건이 단순하여 남송의 효종(1162-1189) 초기에는 응시자가 1만여 명에 이르렀고, 영종 가태 2년(1202)에는 3만 7천 명이나 되었다. 태학의 교육과정은 기본교육으로 《오경》과 과거응시를 위해 시·부·논·책을 가르쳤다. 또 왕안석의 신법시기에 태학 삼사법을 시행했을 때는 《논어》와 《맹자》도 가르쳤다. 태학에서 이렇게 1년을 수학한 뒤에 성시 응시 자격을 받았는데, 희녕 8년(1075)까지는 태학의 해액解額(추천된 자)이 160명이었으나, 그 4년 후인 원풍 2년(1079)에는 5백 명으로 증가되었다. 이 시기의 학생 수는 2천 4백 명이었으므로 전체 학생의 25%(4:1)가 성시 응시자격을 받았으니, 지방 주·군의 해시 경쟁률이 수십 대 1에서 100:1로 어려웠던 것에 견주면 너무도 쉬웠다. 원우 5년(1090)부터는 5:1로 조금 어려워졌다. 마지막 휘종(1101-1125) 연간에는 태학생의 대다수는 서민출신으로 개방되었다.[46] 한편, 사문학은 인종 경력 2년(1042)에 하급 관료와 평민 자제를 위해 건립하고 매년 보시를 통해 입학시켰다.

당대에는 주·현학이 있었지만, 학생의 수가 많지 않았고 구체적인 내용도 분명치 않다. 송이 건국된 뒤에 일부 주현에 학교가 설립되었지만 그 수는 많지 않다가 제3대 진종 함평 원년(998)부터 정부에서 지방학교 설치를 적극적으로 권장하였다. 그러나 재정지원도 없이 단순히 권장만으로는 효과가 클 수 없었다. 제4대 인종 명도(1032-1033) 연간부터 정부에서 학교를 운영할 수 있도록 학전學田을 주고 도서를 보내면서부터 지방 관학이 비로소 발전하기 시작하였다. 특히 인종 경력 4년(1044)에 범중엄 등이 주도한 '경력신정'의 일환으로 학교교육을 진흥하였는데, 학생은 계절마다 한 번 모집하였고 학교에서 3백 일 동안 독서한 뒤에 해시에 응시하도록 하였다. 이 때문에 인종(1022-1063) 연간을 송대 교육 발전의 획기로 보고 있다.

신종(1068-1085) 연간에는 왕안석이 신정을 추진하면서 지방학교의 교관을 정부에서 임명하기 시작하여, 신종 말에 이르면 대부분의 지역에 교관을 파견하였다.[47] 주현학교의 입학은 신종 이전에는 특별한 규정 없이, 이전에 성시를 본 경험이 있거나 본지인으로서 품격에 큰 잘못이 없으면 입학할 수 있었다. 그러다가 신종 연간부터 '보시(입학시험)'를 실시하였다. 현학에서 1년(후에는 3개월로 단축)을 수학하고 행行·예藝에 통과하면 주학의 '보시'를 통하여 주학의 학생이 되고, 주학에서 3년 동안 수학하면서 규정된 시험에 합격하면, 주학마다 배정된 인원수에 따라 태학에 입학할 수 있었다. 이렇게 지방학교가 융성해 가서 북송 말에 이르면, 학생의 수가 학교마다 수십에서 수백 명이었고, 천명을 넘는 곳도 있었다. 휘종 숭녕 3년

---

46) Chaffe, John W.(양종국 역), 2001, pp.70, 77
47) 그 전에는 주현학교의 교관은 주현의 幕職官이 겸임하거나 지방관이 거인을 임명하는 경우도 있었다.

(1104)에는 전국의 학생 수가 21만 명으로 최고조에 달했고, 대관 2년 (1108)에는 전국 24로路의 주·현에 학생이 167,622명이었다. 그러나 북송 말기로 갈수록 당쟁이 격화되고 국가의 재정이 어려워지면서 방대한 학생을 감당할 수 없었으므로, 자연히 지방 관학은 위축될 수밖에 없었다.

북송이 망하고 남쪽으로 내려와 재건한 남송 왕조는 2가지 문제가 있었다. 첫째는 휘종이 아직 금나라에 납치되어 있는 상태에서 **'어떻게 통치를 합법화할 것인가'** 하는 것이었고, 둘째는 주전파主戰派가 주류인 독서인들을 조정에 협조케 하는 방법이었다. 이에 대해서 고종은 과거제를 회복시켜 독서인들의 불만을 해소시키려 하였다.

남송은 1127년에 성립은 되었지만 12년 동안이나 도망다니다가 고종 소흥 8년(1138)에야 겨우 임안(杭州)에 정착하였으므로, 군사비에 밀려서 교육을 돌아볼 여력이 없었다. 또한 국가가 안정된 뒤에도 독서인은 계속해서 증가하고 학교 교육에 대한 수요도 그에 따라 증가하였지만, 재정문제 때문에 학생수를 늘릴 수 없어, '보시'의 경쟁률이 10:1 정도로 치열하였지만, 중앙의 태학이나 지방학교는 대개 유명무실하였다.

남송 왕조는 남으로 내려온 제2년(1128)에 고종이 과거시험을 재개하고 북송시대와 같이 되도록 합격자를 많이 배출시켰다. 장씨칭張希淸의 통계에 따르면(제3편 제2장 참조), 남송시대에는 매년 평균 331명의 급제자가 배출되었다. 더구나 남송시대에는 북송시대보다 특주명 진사를 더 많이 뽑았다.

수도의 태학이나 지방의 주현학에 입학하면 정부에서 학름學廩(식비)을 제공하였다. 식비는 국가에서 제공한 학전學田에서 받는 소작료로 부담하였으므로, 학교마다 그 액수는 달랐다. 또 북송 말기에는 일시적으로 태학과 주현 학생에게 요역 우면優免을 인정한 때도 있었다.[48] 그런데 송대에

---

48) 북송 말 휘종시기에는 품관에게는 "1품 100頃, 2품 90경, 下至八品 20경, 9품 10경"의 차역을 면제해 주었으나 남송시대에는 갈수록 감소시켰다. 학생의 경우, 북송의 마지막 휘종 시기부터 주현학의 학생과 태학생은 일시적으로 身丁錢

지방 관학이 이렇게 발전하였다고 하지만, 실제로는 동남부 5개 로路[49] 지역에서 발전한 것이었다. 그 밖의 지역에서는 설립하지 못한 곳도 많았고, 학교의 기능도 교육을 한다기보다 과거시험에 응시하기 위한 수험자격을 획득하는 장소로서의 기능이 강하였다.

송대에도 지방 관학의 교육 기능은 부침을 면치 못하였지만, 사학은 춘추시대 말기 이래 면면히 그 전통을 이어왔고 더욱 다양화 되었다.[50] 특히 북송 건국 초에는 아직 관학이 없었고 사학만 있다가, 38년이나 지난 진종 함평 원년(998)부터 관학이 성립되었다. 송대에는 여전히 가숙家塾·촌학村學·사학社學·방학坊學·이학里學·향학鄕學·사학寺學·의학義學[51] 등 초등교육을 담당하는 사숙私塾과 좀 더 수준 높은 교육을 담당하는 서원書院이 발생하여 발전해 갔다. 남송의 수도 임안의 경우, **"수도 내외에는 … 종학宗學·경학京學·현학 외에도, 향교·가숙·사관·서회가 마을마다 한두 개가 있어 암송하는 소리가 서로 들릴 지경"**이라고 할 정도였다.

특히 사숙은 모든 도시와 향촌에 존재하였는데, 평민들은 일단 글을 깨우쳐주기 위해서 자제를 사숙에 보냈고, 그 가운데 우수한 아이들은 거업擧業(과거시험 공부)을 시켰다. 한편 사대부 가정이나 경제적 환경이 비교적 좋은 지주·상인 가정에서는 처음부터 거업을 목표로 교육하였는데, 부형이나 친인척 혹은 교사를 초빙해서 가르치기도 하고, 사숙으로 보내기도 하였다. 사대부 가정에서는 여성에게도 교육하였으므로 그런 여성은 출가

(南方만)과 차역을 면제받았다. 梁更堯, 2017, pp.172-173; Chaffe, John W.(양종국 역), 2001, p.77 참조.

49) 지앙시江西와 푸젠 지방만이 각 주현에 빠짐없이 관학이 설립되었다.

50) 梁庚堯, 2017, pp. 86-97

51) 가난한 인재들에게 과거에 응시할 수 있도록 기초 교육을 시키기 위해 설립하였다. 전술한 바와 같이, 范仲淹(989-1052)이 1050년에 고향(쑤저우 吳縣)에 시작한 의장과 의학이 모델이었다.

한 뒤에 자제를 가르쳤다.[52]

독서인의 수가 갈수록 증가하면서, 남송 중기부터는 교서敎書(사숙의 교사)가 중요한 직업이 되었다. 어떤 독서인은 자기 집에 개설하거나 가옥을 임대하여 사숙을 개설하였다. 심지어 푸젠로福建路의 남검주南劍州(후에 延平府)의 경우에는, "**오보일숙, 십보일상**五步一塾, 十步一庠"[53]이라는 기록도 있다. 불교나 도교의 사원에서도 위·진·남북조시대 이래 교육을 담당해 왔다.

한편, 서원書院[54]이란 명칭은 당말부터 나타났지만 5대(907-959) 시기에 대개는 폐쇄되었고, 남아 있던 서원도 아직은 사학 내지 가숙家塾적 성격이 강했다. 송대에 들어와서 사대부계층이 학문연구와 인재 배양·수양·취미·상호부조 등을 위한 모임을 위해 수복하거나 새로 창건하였다. 또 한대漢代부터 제자가 수천명 이상 모였던 정사精舍의 전통이 꾸준히 이어지다가 서원으로 발전한 경우도 있었다. 그러므로 서원은 사학이 시작된 뒤 대략 15세기가 지나서 나타난 교육기관으로, 학술연구·강학·선성先聖 제사·장서藏書가 4대 사업이었다. 서원은 비교적 많은 도서를 구비하고 박학다식한 학자가 교육을 맡았고 빈부귀천의 차별 없이 누구에게나 개방되었으므로, 부진한 관학을 대신하여 교육의 기능을 충실하게 수행하였다. 서원은 대개 사학보다 높은 수준의 교육기관이어서, 지방 관학 수준 이상, 태학의 교육수준까지도 교육하였다.

송대에 서원은 어느 정도나 발전하였을까? 최근의 연구에 따르면, 북송

---

52) 王炳照·徐勇, 《中國科擧制度硏究》, 河北人民出版社, 石家庄, 2002, p.429 참조.

53) 嘉靖《延平府志》권1, 〈風俗〉.

54) 李國鈞, 《中國書院史》, 長沙, 湖南敎育出版社, 1994, pp.37-395; 鄧洪波等, 《長江流域的書院》, 湖北敎育出版社, 武漢, 2004, pp.64-107; 鄧洪波, 《中國書院史》, 中國出版集團 東方出版中心, 上海, 2004, pp.60-188; 李兵, 2005, pp.8-105

전기(태조 建隆원년부터 仁宗 慶曆 3년까지, 960-1043) 83년 동안에 수복되거
나 창건한 서원은 모두 33개였는데, 대개 지식인의 수는 많고 관학이 부진
한 지방이었다. 그 가운데 13개가 지앙시江西에 위치하였고, 그 다음이 저
지앙浙江(4곳)과 후난湖南(3곳)이었다. 또 신종 희녕 원년에서 흠종 정강 2년
(1068-1127)까지 59년 사이에는 총 50여개 소가 있었는데, 새로 창건한 서
원은 40개였고, 그 가운데 지앙시 9개소, 후난 7개소, 저지앙 6개소, 푸젠
5개소였다. 남송시대에는 서원이 더욱 발전하였다. 그 가운데에서도 신유
학(理學)을 특별히 보호한 이종(1225-1264) 연간에 최고봉에 달했는데, 남
송시대에 창건한 서원의 1/2 정도가 그때 창건된 것이었다. 남송시대의 서
원은 총 442개소가 있었고, 그 가운데 329개소(74.4%)가 양쯔강 이남의 지
앙시(147개소)·저지앙(82개소)·푸젠(57개소)·후난(43개소) 등 4개성 지역에
위치하였다. 이를 종합해보면, 북송과 남송 시대에 건립된 서원은 대부분
지앙시(223소)·저지앙(125소)·후난(63소)·푸젠(56소) 등 강남지방에 있었
다. 서원이 많았다는 것은 문운文運이 그만큼 발달했다는 의미이고 따라서
그런 곳은 과거합격자도 많았다.

엘만은 중국 역대 서원을 송대 500, 원대 400, 명초 1,000, 명말 2,000,
청대 4,000 이상으로 보고 있다.[55] 또 다른 연구에 따르면, 양송 시대에
전국의 서원은 719소, 명대에는 1,764소, 청대에는 3,930 소였다고 한
다.[56] 어떤 통계에서는, 송대의 서원은 북송시대에 24%强, 남송시대에
75%强이 존재했다고 한다.[57] 또 지역적으로 보면, 양쯔강유역이 74%, 주

---

55) Elman, Benjamin A., 〈中華帝國後期的科擧制度〉, 劉海峰 主編, 《科擧制的終
     結與科擧學的興起》, 華中師範大學出版社, 武漢, 2006

56) 胡靑, 〈科擧制 : 古代書院發展的基礎化動力〉, 劉海峰 主編, 2006.

57) 서원의 수에 대해서는 송·원·명·청시대 모두 완벽한 統計가 不可能하다. 왜냐
     하면, 새로 건립한 경우, 前代의 서원을 수복한 경우, 중간에 폐쇄되었다가 다시
     수복한 경우 등 내용이 너무도 복잡하였으므로, 當時人들도 완전히 파악하기가
     어려웠기 때문이다.

(左) 백록동서원 : 지앙시江西성 주장九江시 여산 기슭에 위치.
(右) 악록서원(류웨이·장첸이(허유영 역), 2009, p.231).
송대의 서원은 인재양성 기능 외에도 서적을 소장하고 있어 도서관 구실을 하였고, 서적
을 인쇄하여 배포하는 일도 하였다.

강(珠江)유역이 21%, 황허유역이 3.5%의 순이었고, 성별로 보면 지앙시·저
지앙·후난의 순이었다.[58] 바로 이러한 현상이 원대元代에 들어가 남방에
서 주자학이 발달하고, 그 주자학이 원·명·청 시대의 과거시험의 주된 내
용이 된 배경이 되었다.

　이상을 종합해보면, 송대의 서원은 창건과 수복이 일정치 않았고 기록
도 확실치 않아서 학자마다 통계가 다르다. 서원과 관학은 한 쪽이 성하면
한 쪽이 부진하여, 마치 시소와 같은 현상을 보였는데, 서원은 대체로 북
송 후기에 성하기 시작하여, 가장 성하였던 시기는 남송 말기였다.[59]

　서원을 개창한 주역은 주로 이학가理學家(신유학자)들이었는데, 이들은
과거제를 혐오하면서도 완전히 백안시 하지는 못하였다. 예컨대 '이정二程(
程顥와 程頤)' 가운데 형 정호(1032-1082)는 가우 3년(1058)에 진사에 급제하
였고 동생 정이(1033-1107)는 가우 4년에 진사에 낙제한 후로는 다시는 응

---

58)　章柳泉,《中國書院史話》, 教育科學出版社, 北京, 1981, p.26
59)　북송시대의 서원은 규모가 작고 시설도 미비하였고, 남송시대에 와서야 규모도
　　 확대되고 시설도 완비되어갔다.

송대의 서원분포도(鄧洪波, 2004, p.122)

시하지 않고 학문에만 열중하였다. 그러나 '이정'이 주관하는 서원에서 수학한 문인 22명이 과거에 급제하였다. 송조에서는 서원에 서적을 하사하거나 사액賜額을 주고, 산장山長(서원의 원장)을 파견하고 산장에게 관학인 주학州學의 교수자격을 인정였는데, 그렇게 된 서원은 주·현학과 같이 과거시험 준비기관으로 변질되고 말았다.

남송시대에 서원이 특히 발전한 원인은 이학理學의 발전과 관계가 있었다. 주희·육구연陸九淵·장식張栻·여조겸呂祖謙의 제자 및 재전再傳·삼전三傳·사전四傳 제자들이 창건한 서원이 74개소로 전체 서원의 16.7%나 되었고, 역시 남방 4개성 지역에 위치하였다. 이들 서원은 대개 관학과 같이 학생들에게 과거시험 준비를 시키는 것이 중요한 기능의 하나였고 급제자의 수로 그 교육 수준을 가늠하였다. 그러나 서원은 기본적으로는 이름 있는 학자가 강론하고 주변의 사대부들이 모여 학문을 토론하고 상호부조하는 곳이었으므로, 서원은 그 뒤 원·명·청 시대에도 지방의 여론을 주도하는 중요한 기능을 담당하였다.

남송시대에 서원이 특히 발달한 배경에는 주희의 역할이 컸다. 지앙시江西 남강군南康軍의 백록동白鹿洞서원과 형호남로 담주潭州(오늘날 長沙市)의 '**악록**岳麓**서원**'은 지방 관청의 협조로 부흥되었다. 백록동서원은 남송 효종 순희 6년(1179)에 주희[60]가 남강군 지군知軍으로 부임한 뒤에 적극 추진한 결과였다. 주희는 자기의 봉록으로 건물을 중건하고 교사를 초빙하고 학생을 모집하여 자기가 이상으로 여기는 교육을 진행하였는데, 모인 학자가 수백 인이었다. 그 뒤로 남강군 지군으로 온 지방관들은 계속하여 백록동서원에 협조하고 학전學田까지 제공하였다. 악록서원은 이보다 조금 일찍 효종 건도 원년(1165)에 유공劉珙(1122-1178)이 지담주겸호남안무사知潭州兼湖南安撫使 시기에 중건하였으나 뒤에 일시적으로 폐훼廢毁되었다가, 광종 소희 5년(1194)에 주희가 지담주겸호남안무사로 부임한 뒤에 다시 중건하고 친히 강학하였다.[61] 백록동서원과 악록서원의 교육 내용은 지방 관학과는 달랐지만 역시 지방관의 협조를 받아서 유지되었다. 영종 가정(1208-1224) 연간부터는 이학을 숭상하는 지방관들이 자기 관할지역에 서원을 건립하기 시작하여, 남송 말기의 이종(1225-1264) 연간에는 최고조에 달했다.

한편, 북송시대에는 이정(二程)이 주도한 신유학(성리학)은 왕안석과 채경蔡京의 홀대忽待를 받았고, 남송시대에도 금압禁壓을 받은 적이 있었다. 또

---

60) 주희도 과거제를 좋아하지는 않았지만, 18세에 福建의 建州에서 해시에, 19세에 전시에서 제5갑 90등으로 합격하였다.

61) 주희가 평생 창건하거나 강학한 서원이 24개소인데, 福建에 창건한 서원이 5개소였다.(李兵, 2005, pp.99-101)

영종이 즉위(1194)한 후로는 권신 한탁주韓侂冑가 위학僞學으로 엄금하면서 주희를 현직에서 파면하고 신유학 대사大師들의 출판을 금지시켰다. 그러나 주희가 오랫동안 강학하던 푸젠福建에서 병사한 지 6년째인 영종 가정 원년(1208)부터는 영종이 친정을 시작하면서 신유학을 정통학문으로 인정하기 시작하였다. 영종이 서원에 사액을 주면서 중시하자, 서원은 신유학의 연구와 전파의 기지로서 발전하고 새로 창건된 곳도 많아서, 지앙시江西지방에만 18개소나 되었다.

이종理宗은 보경 3년(1227)에 《사서집주四書集註》를 매우 높게 평가하여 주희를 '태사太師'로 추존하였고, 소정 2년(1229)에는 휘국공徽國公으로 추존하였다. 또 순우 원년(1241)에는 주돈이周敦頤·정호·정이程頤·장재·주희 등 5명을 지방 관학에서 공자와 함께 제사지내도록 하였다. 이제 신유학 대사들의 저작은 학교의 교과서로 채용되고 과거고시 출제의 기초가 되었다. 이로써 성리학(신유학)은 '**정통 학문**'의 지위를 얻게 되었고, 그러한 전통은 원대를 거쳐 명·청시대로 이어졌다.

송대에는 이상과 같이 지식이 널리 보급되고 서원과 함께 성리학 사상이 발달하였는데, 그 배경은 '**인쇄술의 발달과 서책의 보급**'62)을 들 수 있다. 중국의 인쇄술은 먼저 각판인쇄의 발명으로부터 시작하였다. 각판인쇄술은 당대唐代에 발명되었지만, 그 이전에 이미 오랫동안 도장을 사용하였고 탁본拓本을 해온 전통이 영향을 주었고, 한대漢代에 종이가 발명되면서부터 더욱 발전하였다. 각판인쇄는 당대 중기부터 불경의 인쇄에 보편적으로 사용되었는데, 현재 남아있는 가장 빠른 시기의 실물은 1966년 10월 한국

---

62) 梁更堯, 2017, 제3講; 森田憲司·溝口雄三, 〈宋代の社會と文化〉, 松丸道雄等 編, 《中國史》3, 山川出版社, 東京, 1997, pp.210-212. 당대까지는 서책을 필사했으므로, 그때마다 오류가 생기고, 책값이 비싸서 책을 구하기가 어려웠다. 그러나 인쇄는 大量性과 同一性이 장점이어서, 오류 없는 책을 쉽게, 비교적 싸게 구입할 수 있었다. 당대까지는 서책이 두루말이(卷子本)이었고, 송대부터 책자본(冊子本)으로 변하였으며, '宋版'은 예술적으로도 가치가 높다.

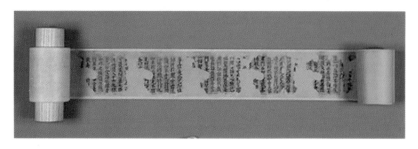

무구정광대다라니경 : 세계에서 가장 오래된 목판 인쇄물. 經文 가운데에 무측천 變造字 4글자가 있어 증명이 된다. 불교중앙박물관 소장

의 경주 불국사의 석가탑에서 발견된 〈무구정광대다라니경無垢淨光大陀羅尼經〉(704-751년 사이에 인쇄, 國寶)이다. 송대에 들어와서는 국자감에서 각서하여 보급하였는데, 대개 황제의 조령詔令·저보邸報·고관들의 상주문·관료의 임명과 이동과 같은 자료가 많았고,《대장경大藏經》이나《오경정의》도 각인하여 배포하였다. 그리고 각판인쇄가 공적 사적으로 대단히 확대될 무렵인 인종 경력(1041-1048) 연간에 항저우杭州의 포의布衣 필승畢昇이 점토粘土로 교니膠泥활자를 발명하면서 활자판 인쇄술이 발명되었다. 그 뒤로 카이펑開封·항저우·푸젠福建·쓰촨四川 등 여러 지역에서 유교경전과 역사서·자부子部·집부集部 등의 서적, 혹은 과거시험에서 장원한 사람의 답안지 등 과거시험에 필요한 서적이 간각되었는데, 이러한 서적은 경제가 발전하고 독서인의 수가 급증하면서 광범하게 팔려나갔다. 특히 푸젠 북부 젠저우建州의 건양建陽·건안建安 두 현에는 서방書坊[63]이 40가나 있었는데, 인쇄의 질은 조금 떨어지지만 저렴하여 많이 팔렸다. 이렇게 푸젠에서 싼 책이 나오자 가난한 독서인들의 과거 응시자 수도 증가하게 되었다.

63) 서책의 편집·출판·인쇄·판매를 운영하는 곳

제4장 이민족 왕조의 과거제 채용

제1절 요·금 시대의 과거제

과거제는 수대隋代에 시작되어 1905년에 폐지될 때까지 역대 거의 모든 왕조에서 시행하였다. 심지어 변방의 소수민족으로 중국에 들어와 일부 또는 전 중국을 지배한 요·금·원·청조는 물론이고, 이자성李自成의 대순大順(1644-1645)국이나 홍수전의 태평천국(1851-1864, 과거시험 10회, 女科도 시행)과 같이 개혁을 외친 반란 왕조에서도 시행하였다.

거란족이 건국한 요遼(616-1125)나라는, 성종 연간(982-1031)에는 만주에서 신강에 이르는 대제국을 이루었다. 938년에 태종(926-947)이 중국 북부의 연운燕雲 16주(오늘날 베이징北京 지방과 산시山西 북부에 걸치는 지역)를 얻은 뒤, 중국의 과거제를 도입하였다.[1] 당시 연운 16주 지역에는 관직에 빈자리가 많았으므로 시급히 관료를 등용하여 새로 편입시킨 지역을 통치하기 위함이었다. 태종은 국토를 남과 북으로 나누어 이중체제로 지배하였다. 거란과 돌궐족 거주지역인 북부는 거란제도로 통치하고, 한인 거주지역인 남부는 과거제로 관인을 임용하고 중국식 주현제도로 통치하였다.

그 뒤로 과거제는 요나라의 국내 정치가 안정될 때와 불안할 때에 따라 실시와 중지가 무상했지만, 976년(경종 8년)부터는 안정적으로 시행하였다. 시험과목 가운데 진사과와 명경과는 줄곧 시행하였고 율학과律學科는 중기부터 시행하였다. 진사과의 경우, 처음에는 당唐의 제도를 모방하여 해마다 실시하다가 마지막에는 송대의 제도를 모방하여 3년에 1번 실시하였다. 합격자도 초기에는 1-3명의 소수를 모집하다가, 후기에는 50명 이상, 많을 때는 130명을 뽑기도 하였다. 그 결과 요대에 진사과는 총 56과 2,479명을 배출하였다.[2] 《요사遼史》〈한인열전〉의 등재자를 보면 과거출신자가 1/2이다.

요나라는 국족國族인 거란인은 과거 응시를 강력하게 금지하였다. 그런데 흥종(1031-1055) 연간 거란족 장군의 아들이 진사에 급제하자 아비를 문책하여 편鞭 200을 쳤다. 그러나 말기로 가면서 금령이 완화되어 2명이 합격한 일이 있었다.

한편, 여진족이 세운 금金(1115-1234)나라는 당과 송, 요나라의 과거제를 선별적으로 모방하여 여진족에게 맞는 과거제를 시행하였다.[3] 금나라

---

1) 劉海峰·李兵, 2004, pp.230-236; 武玉環·高福順, 《中國科舉制度通史-遼代卷》, 上海人民出版社, 2015
2) 劉海峰·李兵, 2004, p.232. 그런데 魯威, 1990, 引言, p.9에서는 총52차 2,482명으로 적고 있다. 요대의 과거는 연구자에 따라 52·53·55·56·57·60차로 구구하다.
3) 劉海峰·李兵, 2004, pp.236-252; 都興智, 《中國科舉制度通史-金代卷》, 上海人民出版社, 2015

는 연경燕京 부근을 점령한 뒤부터 한인 지식인을 등용하여 새로 편입된 지역을 통치하다가, 1123년 11월부터 일단 과거제를 시작하였고, 북송이 망한 1127년부터는 황허 이북의 전 지역에 실시하였다. 그 과정에서 당·송시대의 발해시發解試를 향시鄕試로 바꿔 불렀고, 예부에서 실시하는 성시省試는 회시會試로 불렀는데, 이 명칭은 그 뒤 원·명·청시대에 계승되었다.

금대金代에는 과거시험을 '남선제南選制와 북선제北選制'로 나누어 시행하였다. 남선제는 황허 이북의 본래 북송 영토의 한인을 대상으로 하였고, 북선제는 이전 요나라 관할지역의 한인을 대상으로 하였다. 1128년에는 북선제로 사부詞賦진사 70명과 경의經義진사 30명, 남선제 150명, 도합 250명을 녹취하였다. 1154년 연경으로 천도(이로부터 北京이 수도가 됨)한 뒤에는 남북선을 합하여(南北通選) 매번 60-70명을 합격시켰다. 1164년부터는 녹취율錄取率을 높여 대개 250명을 뽑았고, 1197년에는 무려 925명을 뽑았다. 그 뒤로 대략 800-900명을 모집하였다.

1166년에는 연경에 국자학 외에 태학을 설립하였고, 1176년에는 지방에 부학府學 17처를 설립하였고 그 뒤 점진적으로 부·주 유학을 설립하였다. 금이 단시일 안에 통치기구를 정비하고 정치가 안정되었던 것은 초기에 금에 항복했거나 과거에 급제한 요·송 지역의 지식인을 중용하여 협조를 얻었기 때문이었다.

요나라는 국족國族인 거란족의 과거시험 참가를 금지하였지만, 금은 그렇지 않았다. 금이 건국하고 얼마 안 되어, 여진 학자 완안희윤完顔希尹이 거란문자와 한자를 모방하여 여진대소(大小)문자를 창제하였다. 1173년에는 중앙에 여진국자학, 1188년에는 여진태학과 여진부주학을 세워 여진족의 자제를 교육시키게 하고 지방에 부·주·현학도 설립하였다. 그리고 《사서》와 《오경》등 유가 경전과 《한서》와 《신당서》, 《17사》등을 여진문자로 번역하여 여진문자와 유가경전을 배우게 하였다. 1173년에는 정식으로 여진진사과를 시작하고, 여진문자를 이용해서 한인 진사와 같이 3년에 한 번

여진족만의 과거시험을 실시하였다. 다만, 송대와는 달리, 요나 금은 전시殿試에서도 성적이 나쁘면 낙제시켰다. 금나라 말기에는 몽골군의 잦은 침입으로 몰락의 길을 걸었지만, 금이 망할 때까지 과거시험은 계속 실시하였다. 여진진사과를 시작한 것은 그 뒤 원대에 몽골진사과, 청대에 팔기과거제 실시의 선례가 되었다.

금나라는 중국의 북반부를 120년 동안 통치하였다. 그 사이에 과거시험을 실시한 통계는 21차, 28차, 37차, 40차, 43차, 47차 등 연구자마다 구구각색으로 차이가 있다.[4] 최근에 두씽지(都興智)는 41차에 6,150명의 진사를 배출한 것으로 보고 있다.[5] 그런데 여진문자는 쓰기가 복잡하여 오히려 한자가 많이 사용되었고, 공식 문서조차 한자를 썼다. 그 과정에서 유학儒學과 시문詩文에 능한 사람이 많이 나타났다.

이상과 같이 여진족이 중국에 들어와 한인과 접촉하고 유가 경전과 중국역사를 공부하면서 여진인들의 한화漢化가 빠르게 진행되었다. 또한 1141년에 금과 남송 사이에 화의[6]가 성립한 뒤로 양국 국경무역이 성행하였는데, 남송이 금에 보내는 막대한 세폐歲幣가 두 나라의 국경무역을 통해 다시 남송으로 역류되면서, 여진 귀족은 사치에 빠지고 여진인은 빈곤에 빠지게 되었다.

---

4) 都興智,《中國科擧制度通史－金代卷》, 上海人民出版社, 2015, pp.267

5) 都興智, 2015, pp.292

6) 송이 금나라에 매년 은 40만냥, 兵餉 20만석, 동전 100萬緡을 보내기로 하였으나 모두 보내지는 못함.

제2절 원대의 과거제도

송나라를 정복하고 중국을 통일한 몽골족의 원나라는, 몽골제국 시기인 1234년에 금金(1115-1234)을 멸망시킨 뒤부터 중국의 화북지방을 지배하기 시작하였다. 그리고 1274년에 바이얀伯顔이 20만 대군으로 남송 공격을 시작하여 1276년에 수도 임안臨安(오늘날 杭州)을 함락시켰다. 남송은 그 뒤 지리멸렬하다가 1279년에 완전히 망하고 말았다. 원나라는 중국 전토를 지배한 최초의 외래 민족이었다. 그러나 원조의 화남지방 정복은, 절대 우위의 군사력으로 정복했다기보다는 남송이 자발적으로 귀순한 일면도 있었다.

원나라는 1276년에 실질적으로 중국을 통일하였으나 1368년에는 몽골 지방으로 철수했으니, 겨우 90여 년 동안 지배한 셈이다. 화북을 지배하기 시작한 1234년부터 계산해도 중국을 지배한 것은 135년 동안이었다. 강력한 군사력으로 전무후무한 세계제국을 건설한 몽골인이 중국에서는 왜 그리 단기간에 몰락하고 말았을까?

그 원인은 여러 가지가 있지만, 가장 중요한 원인 가운데의 하나는 원대元代에 실시한 관료제와 과거제에서 찾을 수 있다.

칭기스칸(1206-1227) 연간에는 아직 몽골 문자도 없어, 위구르 문자를 빌려 썼고 한문은 더구나 몰랐다. 쿠빌라이 연간에 가서야 몽골문자를 창제하였다. 그 때문에 몽골인은 유목민족으로 기마 전투에는 능하였지만 일정한 지역에 정착하여 통치하는 데는 약했다. 칭기스칸 연간에 몽골족 통치자들은, **'한족은 몽골에 아무 도움도 안 되니 중원 땅을 목장으로 만들자'**[7]고 주장할 정도였다.

---

7) 宋濂 等, 《元史》卷146, 〈耶律楚材〉傳.

1276년 정월 초에 군률이 정연한 원나라의 바이얀伯顔군 20만이 임안을 포위하자 남송인들은 오히려 환영하였다. 남송의 제7대 공종恭宗(당시 7歲)은 무조건 항복(正月)하면서, 전국의 지방관에게도 귀순을 권유하는 조칙을 내렸다. 공종의 귀순 조칙으로 화남지방 대부분의 지방관은 원에 항복하였다. 다만 제8대 단종과 9대 위왕은 항복을 거부하고 도주를 계속하다가 생을 마감하였다.

그러면 남송은 원군의 진격에 왜 그리 허약하였던가? 나라가 망하던 13세기 중엽의 남송 사회는 정치적으로는 **'천하의 삼대환**天下之三大患(宦官·外戚·小人)'과 과거·비과거 출신의 갈등으로 중앙과 지방의 정치질서가 극도로 분열되어 있었다. 또한 국가 재정이 대단히 어려워 다양한 항목의 세금과 부가세를 강제로 징수했을 뿐 아니라 엄청난 회자會子(지폐)를 발행한 때문에 물가가 폭등하였고, 대지주는 마음대로 대토지를 겸병하였으므로 백성 모두의 원성이 높았다.

원군이 화남지방을 군사력으로 석권하지 않고 남송의 귀순으로 얻은 영향은 그 뒤 원조의 대 중국정책에 적지 않은 영향을 주었다. 우선 귀순한 지방관은 원칙적으로 한지漢地(원이 지배하던 화북지방)에 전임시켜서 자연히 도태되도록 하였고, 서리만 현지에 그 대로 유임토록 하였다. 또 남송시대의 지방제도인 주현제는 그대로 유지하는 대신, 새로이 다루가치(Darugachi, 達魯花赤)를 임명하여 성(省, 11개)·로(路, 185개)·주(州, 359개), 부(府, 33개)·현(縣, 1,127개)[8] 등에 배속시켜 감독케 하였고, 조세도 남송시대보다 오히려 경감시켰다. 원대에도 이전 남송시대 화남지방의 경제와 사회·문화 구조는 거의 그대로 존속되었던 것이다.[9]

한편, 원나라는 몽골제국(금을 정복하고 화북지방만 지배함)시기는 물론, 쿠빌라이(世祖, 1260-1294)가 즉위한 중통 원년(1260)부터 20여 년 동안에도

---

8) 宋濂 等, 《元史》卷 58-63, 地理志

9) 鄭克晟, 〈元末的江南士人與社會〉, 《東南文化》, 1990-4.

과거제를 실시하지 않았다. 관료들은 오직 백성을 분배받아 조세를 거두는 데에만 관심이 있었다. 그리고 남송을 정복하여 중국을 통일한 뒤 34년 동안에도 역시 과거제를 실시하지 않다가 인종(仁宗) 연우 2년(1315)에야 부활시켰다.[10]

다만, 과거시험을 연상케 하는 일은 한 번 있었다. 거란족이지만 금나라의 진사 출신인 야율초재耶律楚材(1199-1243)는 칭기스칸과 태종 우구데이에게 송대의 문치적 사고방식을 가지도록 건의하였다.[11] 우구데이는 1234년에 금金을 정복한 뒤에 화북지방의 지배는 몽골 초원과는 다른 방법이 필요함을 깨닫고, 유교적인 통치와 과거시험 재개를 건의하는 야율초재의 간언을 받아들여 '문치文治'적인 조치를 취했다. 공자묘를 세우고 공자의 51대손인 공원조孔元措를 연성공衍聖公[12]으로 봉했다. 또 태종 9년(1237)에는 화북지방 정복 과정에서 체포되어 몽골인의 노예가 되어 있던 사대부들을 대상으로 시험을 실시하도록 명령하였다. 시험과목은 경의經義와 사부詞賦·논論 3가지로 하고, 합격자에게는 의사관議事官 직을 주도록 하였다. 이 명령에 따라 다음해 무술년(1238)에 그들에게 시험을 실시하여(戊戌選試) 모두 4,030 명을 합격시키고 이들에게 자유를 주고 유호儒戶로 임명하여 세금을 면제해 주었다. 그러나 실제로 의사관에 임명된 사람은 극소수고, 일부의 사대부는 한인세후世侯[13] 막하에서 막료로 협조하다가 관료로 변

10) 진정(金諍 지음, 김효민 역), 2003, pp.221-246; 李治安, 〈元代鄕試新探〉, 北京, K23 宋遼金元史 復印報刊資料, 2000-2, pp.70-78; 吳志堅, 《中國科擧通史, 元代卷》, 2015; 劉海峰·李兵, 2004, pp.252-271. 이때 과거시험을 재개하게 된 하나의 계기는 고려 忠宣王의 영향도 있었다고 한다. 桂栖鵬, 2001, p153 참조.

11) 宋濂 等, 《元史》卷146, 〈耶律楚材〉傳.

12) 공자의 후예에게 세습되던 봉호로, 송 인종 때 처음 시작하여 청대까지 계승되었다.

13) 금나라가 화북을 점령하던 시기부터 領主的 地位를 가지고 존재하던 세력.

신하였다.

남송을 정복한 쿠빌라이는 일찍부터 허형許衡·사천택史天澤·유병충劉秉
忠 등 한인 참모들의 도움을 받았기 때문에 중국에 대한 이해가 비교적 높
았다. 그는 남송을 정벌하자 곧 각 로路에서 매년 유생을 1명씩 추천토록
명하고, 귀순한 남송의 관료들을 기용하였다. 또 그 자신도 조벽趙璧·왕
사염王思廉·서세융徐世隆 등으로부터 유교경전과 역사를 배우는 한편, 수
도인 대도大都(오늘날 베이징北京)에 국자학을 세우고 학생 100명(몽골인 50,
색목인 50, 고관 자제)을 두고 유교경전을 교습토록 하였다. 쿠빌라이는 그
뒤로 중국의 법제를 많이 채택하였고, 그 과정에서 과거제 시행 문제가 여
러 번 나왔지만 수구세력의 반대로 무산되었다. 그러나 쿠빌라이의 이러한
정책은 중국을 정복하고 단시일 내에 통치를 공고히 하기 위한 미봉책에
불과하였다. 그러므로 그 뒤 정치와 사회가 안정되어 가면서 한화정책은
점차 시들해지고, 쿠빌라이 주위에는 대부분 몽골인이나 색목인 관료들로
채워졌다.

그 때문에 지식인들은 송대에 사대부가 누렸던 사회적 지위를 잃게 되었
으므로, 다양한 생계수단을 모색할 수밖에 없었다. 강남지방을 중심으로
대부분의 사대부들은 원조의 처사에 실망해서 사환仕宦을 포기하고, 유사
游士로서 향촌이나 산림에 묻혀 살면서 월천음사月泉吟社·취계문회聚桂文會
등 시사詩社나 문사文社를 결성해서 시부詩賦나 문권文卷 품평회를 열며 우
의를 다졌다. 또 일부는 서원이나 사숙을 개설하여 유교 경전을 강의하고,
저서나 회화繪畵에 몰두하며 전통문화를 고수하였다. 문인들의 이러한 조
류는 인문주의와 처사處士가 발생하는 계기가 되었고 그 전통은 그 뒤 명
대로 계승되었다. 또 일부는 생계를 위해 관료의 막료직이나 지방관청의
수령관首領官 혹은 서리가 되어 문서행정을 맡는 사람도 있었다. 그리고 지

식을 이용하여 의사가 되거나 점을 치고, '와자瓦子'[14)에서 설서說書[15) · 창唱 · 연극 · 만담 등을 공연하기도 하였다.[16)

이러한 상황에서 인종(1311-1320)이 과거시험 부활을 명령하자, 초야에 묻혀 있던 사대부들이나 수령관 · 서리로 나가 있던 사대부로서는 광명의 빛을 보는 듯하였다. 임강서원 산장을 지낸 유장손劉將孫(1257-?)은 〈고시考試〉라는 시에서, **"또다시 고관대작에 오를 수 있게 되었으니, 어찌 배우나 점쟁이와 같을 수 있으랴"**[17)라고 벅찬 희망을 표현하였다. 생계 때문에 전업했던 지식인들은 후회하면서 재빨리 시험 준비를 하였다. 심지어 남송이 망한 원인이 과거제로 말미암은 문약文弱 때문이라고 비판했던 사대부들조차 첫 시험에 응시해서 급제한 사람도 있지만, 남송 말의 진사였던 진대유陳大有는 70여 세의 고령으로 첫 과거시험에 응시했다가 낙방하였다.

1315년부터 시작한 과거시험은 원말까지 모두 16회 실시하였다. 구체적으로는 1315년에서 1333년까지 7회를 실시하였고, 순제 지원(1335-1340) 원년부터 6년 동안은 몽골인과 색목인 고관들의 반대로 일시 중단하였다가, 지정 원년(1341)에 다시 향시를 본 뒤 1342년부터 지정 26년(1366)까지 9회의 전시가 있었다.

원대元代의 과거시험은 송대의 제도를 답습하여, 3년에 1번 향시→회시→어시御試(전시)의 3단계로 실시하였지만, 철저하게 민족차별 정책을 취하였다. 다음 표에서 보는 바와 같이, 전국의 향시 급제자 정원은 겨우 300명으로 제한하였고(남송대에는 1만여 명), 그것도 몽골인 · 색목인 · 한인漢人 ·

---

14) 瓦市 · 瓦舍 · 瓦肆라고도 하는데, 송대부터 도시의 번화가에 번창했던 종합적인 오락 중심지

15) 評書 · 評話라고도 하는데, 전통 중국에서 지식인들이 시장에서 역사 등 옛날이야기를 재미있게 연출하던 행위.

16) 宋濂 等, 《元史》, 권81, 〈選擧志〉.

17) 劉將孫, 〈考試〉에 "重期將相公侯選, 豈信倡優卜祝同"(진정〈金諍 지음, 김효민 역〉, 2003, p.230 轉引)

〈원대 민족별 향시 배정인 수〉

종족	蒙古人	色目人	漢人	南人	合計/定員對比率
향시액(地區別名額)	75	75	75	75	300명 / 100%
直隸省 大都	15	10	10		35명 / 11.6%
直隸省 上都	6	4	4		14명 / 4.7%
直隸省 眞定	5	5	11		21명 / 7%
直隸省 東平	5	4	9		18명 / 6%
宣尉司 河東	5	4	7		16명 / 5.3%
宣尉司 山東	4	5	7		16명 / 5.3%
行省 遼陽	5	2	2		9명 / 3%
行省 河南	5	5	9	7	26명 / 8.7%
行省 陝西	5	3	5		13명 / 4.3%
行省 甘肅	3	2	2		7명 / 2.3%
行省 嶺北	3	2	1		6명 / 2%
行省 江浙	5	10		28	43명 / 14.3%
行省 江西	3	6		22	31명 / 10.3%
行省 湖廣	3	7		18	28명 / 9.3%
行省 四川	1	3	5		9명 / 3%
行省 雲南	1	2	2		5명 / 1.7%
行省 征東	1	1	1		3명 / 1%

남인南人[18]에게 각각 75명씩 균등하게 배분하고 그것을 다시 각 성 단위로 배정하였다. 그러므로 당시의 인구 구성[19]이나 경제·문화수준을 고려하면 몽골인과 색목인에게는 대단히 유리하고 남인에게는 대단히 불리하였다. 또 회시의 급제자도 각 민족 지원자의 1/3(각 25명)로 제한하였다.

18) 색목인은 回回 등 소수민족, 한인은 금나라의 지배 받은 화북 한인과 기타 민족(고려인 포함), 남인은 남송 치하에 살던 한인과 서남부 지방의 소수민족을 가리킨다.

19) 당시의 戶數는 漢地 約 200萬戶, 江南 約 1,000萬戶였고, 몽골인과 색목인이 각각 100만 명 내외로 추산된다.

바꾸어 말하면 당시 전체 인구의 약 3%에 불과하던 몽골인과 색목인에서 50명, 전체 인구의 97%(漢人 15%, 南人 82%)에서 50명을 뽑도록 한 것이었다. 여하튼 규정대로 시행되었다 해도 중국인(漢人과 南人) 진사 급제자는 시험 때마다 50명이었을 터인데, 실제로는 그 수조차 채워지지 않았다.[20] 총 16회의 과거시험에서 배출된 진사가 겨우 1,139명(1,600명 정도로 보기도 함)[21]이었으니, 매시험 평균 71명 정도를 모집한 셈이다. 또 그 수조차 4민족을 합한 수이므로, 만일 몽고·색목을 1/2, 한인·남인을 1/2로 가정한다면,[22] 중국인은 총 568명, 시험 때마다 약 36명(연평균 12명)[23] 정도가 합격한 셈이다.

---

20) 예컨대 1314년의 會試에 참가한 인원은 135명으로 정원 300명의 절반에도 미치지 못했고, 그 가운데 進士 급제자는 56명으로 100명 정원의 절반 정도에 불과하였다. 1333년에는 처음으로 100명을 합격시켰고 그 명단이 남아있는데, 정확하게 50명은 중국인(한인과 남인), 나머지 50명은 몽골인과 색목인이었다. 비중국인 합격자 가운데 58%는 모친이 중국인이었다.

21) 《欽定續文獻通考》卷34, 〈元登科記總目〉

22) 蒙思明, 《元代社會階級制度》, 燕京學報 專號 16, 1938(中華書局, 1980), p.48에서는 그러했을 것으로 추측하고 있다.

23) 원대의 관료를 15,718명이라면, 해마다 500-600명이 교체되었을 것이다. 그 중 科擧 출신자는 겨우 12명에 지나지 않았으니, 모두 임용된다 해도 중국인은 연평균 입사자의 2.4%에 불과하였다. 蒙思明, 1938, PP. 46-53에서는 원대에 科擧入仕는 全入仕路(怯薛·任子·吏員·科擧·군공·잡도)의 1-2%로 보았다. 이에 비하여 吏員歲貢制로는 150명 정도, 즉 25-30%가 입사하였다.
〈元代의 官人 統計〉

	總員	몽골·色目	漢人·南人
朝官	2,089	938	1,151
京官	506	155	351
外官	19,905	5,689	14,216
合計	22,500	6,782	15,718

* 流內 文官은 1만 명 정도로 추산, 한인과 남인은 거의 중하급 관료였다.
* 正官의 10數倍의 首領官 있었다.
* 人口比例 및 文武要職으로 보면 몽골인과 色目人에 越等한 特惠 준 것

향시는 각 성省 단위로 시행되었다. 통계에 따르면 원대 향시에 참가한 독서인은 11행성 17개 고시장에서 약 1만명 정도였다고 하니, 33:1이 되는 셈이었다. 자子·묘卯·오午·유酉년 8월(20, 23, 26일)에 3일 동안 전국에서 거인 300명(각 민족 75명)을 선발하여 대도에서 회시에 응시하도록 하였다.[24]

회시는 다음해 2월(1, 3, 5일)에 3일 동안 대도大都의 공원貢院에서 시행되었다. 회시에는 향시에 합격한 거인 300명과 국자감 생원 가운데에서 120명, 도합 420명이 응시하도록 되어 있었다. 시험 내용은 향시와 같았으며 각 민족이 다 같이 1/3씩 25명, 도합 100명을 선발하도록 되어 있었다. 회시에 이어서 3월에 전시를 시행하였다.

고시과목은 민족마다 지식정도가 다른 것을 고려하여, 향시와 회시에서는 몽골인과 색목인에게는 경의經義(四書에서 출제)[25]와 대책(經史·時務)만 부과하였고, 한인과 남인에게는 여기에 부賦와 잡문(詔誥·表章) 한 편씩을 추가하였다. 회시는 2월 5일에 끝나고 12일에 중서성에서 발표하였다. 이 기간에 재경 고관들은 같은 성 출신 거인과 국자감 생원을 초청하여 연회를 개최하였는데 이를 '진사향회進士鄕會'라 하였다.

회시에 합격한 사람은 3월 1일에 예부에 등록하고 7일에 한림원의 국사원에서 전시를 보았다. 전시에서는 책문 1문제를 부과하였는데 답答은 몽골인과 색목인은 500자 이상, 한인과 남인은 1,000자 이상으로 달랐고, 탈락자 없이 성적 순위만 정하였다. 응시자는 13일에 대궐에 들어가 창명唱名을 듣고, 결과는 우방右榜과 좌방左榜으로 나누어 발표하였는데, 우방에는 몽골인과 색목인(원대에는 右가 左보다 우위였음), 좌방에는 한인과 남인

---

24) 吳志堅, 2015, p.525. 1315년에 처음 과거시험 때 지앙저(江浙)행성에서 향시 참가한 사인은 1,200 명이었고, 그 후로 지앙저와 지앙시江西행성에서는 3천명 전후로 증가하였다.

25) 유교 경전은 주희가 편집한 《四書集注》(1314년 지정)에서 출제되었다.

을 발표하였다. 단 제1갑 장원은 몽골인과 한인에게만 주었다. 13일의 발표로부터 4월 17일에 열리는 은영연恩榮宴까지 한 달 이상의 기간에는, 새로운 진사들은 각종 축하연에 참가하였다. 급제자는 본적·삼대 조상·향시와 회시의 등수를 새긴 제명비題名碑를 국자감에 세웠는데, 현재는 〈원통진사제명록元統進士題名錄〉만 남아 있다.

진사 급제자가 받는 관직은 좌우 양방 모두 제1갑 장원은 종6품, 그 이하 제2명부터 제2갑은 모두 정7품, 제3갑 이하는 모두 정8품을 주도록 되어 있었으나 실제로는 몽골인과 색목인이 높았다. 한인과 남인 출신 진사는 주로 지방 주현의 좌이관佐貳官에 임명되었고,[26] 내임관內任官(중앙관) 외에는 대개 평생 지방관으로 전전하였다. 내임관은 성종(1294-1306) 연간부터 일종의 불문율로, 몽골인·색목인과 한인까지였고 남인은 배제시켰다. 그런데 반원反元 봉기가 창궐하자, 순제 지정 12년(1352)부터 남인을 내임관으로 기용하도록 하였고, 그 뒤에는 남인 진사가 어사 등으로 임명되고 상서에 오른 사람도 있었다. 그리고 만일 몽골인과 색목인이 한인과 남인이 치르는 과거시험에 합격하면 가일등加一等하여 우대하였다. 그러므로 몽골인과 색목인은 인구수와 시험 내용 면에서 대단히 유리하였고, 한인은 불리하였고 남인은 가장 불리하였다. 그 때문에 한인들이 몽골인이나 색목인으로 가칭하여 응시하는 경우도 많았다.

원대 과거시험의 중요한 과목은 유교 경전이었는데, 당·송시대까지는 오경五經이었지만, 원대부터는 《사서》(주희의 《사서집주》)였다. 원대의 과거 급제자는 관료 생활에도 별 대우를 받지 못하였다. 예컨대 왕종철王宗哲(생졸년 不祥)은 지정 7-8년(1347-48)에 원대 유일의 삼원三元(향시의 解元·회시

---

26) 元統 원년(1333)의 경우, 녹취진사 100 명 가운데 관직 기록이 남은 사람이 92명인데, 그 가운데 50명은 주현의 좌이관, 정8품의 錄事司 正官 13명이었다. 그렇지만 이러한 지위도 당대보다는 높은 지위였다.(吳志堅, 2015, pp.549-550 참조).

의 會元·전시의 狀元, 삼연속 1등)으로,[27] 한림원 수찬에 임명되었다. 송대 같으면 이런 인재는 몇 년 안에 재상 자리에 오르는 것이 보통이었지만, 왕종철은 《원사元史》의 열전에도 실리지 못하였다. 원대에 몽골인이 아닌 사람으로 승상에 오른 사람은 겨우 3명이었는데, 한 명은 색목인이고 사천택史天澤과 하유일賀惟一 두 사람은 모두 화북 한인이었고 남인은 없었다.

통계에 따르면, 원통 원년(1333) 진사 100명 가운데 35%는 선조 중 관료가 전혀 없는 순수한 서민 가정 출신이었다. 그 가운데 색목인은 32%, 한인은 28%, 몽골인과 남인출신은 40% 남짓이었다. 서민 가정은 주로 군호·민호·유호 가정 출신이었다.[28]

원대까지는 명·청시대와는 달리, 향시에 합격한 거인이 만일 중앙의 회시에 응시했다가 낙방하면 다음 향시에 다시 응시해야 되었다. 그 때문에 여러 번 향시에 합격하고도 진사가 되지 못한 경우도 많았다. 그래서 진종 태정 원년(1324)부터 송대의 특주명特奏名 제도를 모방하여, 회시에 여러 번 낙방한 거인을 '비방備榜'이라 부르고 이들에게는 출신 행성의 관학이나 정부에서 설립한 서원의 교직에 임명하였다. 그런데 그런 경우에도, 몽골인과 색목인은 30세 이상자에게는 지방의 부학府學·주학州學의 교수, 30세 이하는 학정學正(교사)이나 서원의 산장山長(교장)에 임명하였으나, 한인과 남인은 50세를 경계로 하였으니, 이 역시 중국인에게는 불리하였다.[29] 원말에 이르면 회시에 낙방한 거인 모두에게 지방 관학의 학정이나 서원의 산장에 임명하였고, 심지어 향시에 낙방한 사람도 역시 '비방'이라 하여 지방 학교의 학록學錄이나 현학 교유敎諭에 임명하였다. 또 순제 지정 8년(1348)부터는 국자학생으로 회시에 여러 번 낙방한 생원을 '부방副榜'이라

---

27) 중국역사상 삼원은 20명(文삼원16명, 武삼원4명)이었다.
28) 蕭啓慶, 〈元代科擧與菁英流動 ; 以元統進士爲中心〉, 蕭啓慶, 《內北國而外中國－蒙元史硏究》, 中華書局, 2007, p.185(吳志堅, 2015, p.553)
29) 《元史》 卷30, 〈選擧志〉 1 참조.

하여 지방 학교의 교관으로 임명하였다. 이러한 비방과 부방제도는 명·청 시대에 계승되었다.

한편, 원대의 관료제를 보아도 민족차별이 심하였다. 중앙의 고관은 대개 몽골인과 색목인이었고 지방관도 중국인에게 돌아가는 것은 로路·부· 주·현의 관인과 유외관流外官(9품 아래의 관) 또는 수령관首領官이나 서리[30] 정도였다. 또 국자학에서 학내 시험이나 출신법出身法(명대의 積分法)의 비율 도 한인·남인에게는 제약이 많았다. 설사 그런 제약을 뚫고 관료에 임명 되어도, 몽골인은 6품, 색목인은 정7품, 한인은 종7품이었고, 남인은 그마 저도 없었다.

원대의 관료선발법은 과거제 외에 케식怯薛(宿衛勳臣家)·임자任子(음보)· 이원출신吏員出身·군공·잡도雜途[31]등이 있었다. 그 가운데 과거출신은 전 체 입사경로의 1–2%에 불과하였고,[32] 대부분의 관료는 임자 출신자로 채

---

30) 중국 전통시대에 관리는 正官(流內官·流外官)과 서리를 의미하였다. 정관 가 운데에 유내관은 從九品까지, 유외관은 황제가 임명하는 관원이지만 종구품 아 래의 관(교직 등)을 일컬었다. 정관과 서리의 차이는 任用權者·俸祿·任期·遷 轉·世襲·昇進의 有無의 차이였다. 그런데 원대에는 정관과 서리 사이에 首領 官을 두었다. 首領官은 정식 관인이 아닌, 流外官으로 吏員을 관할하고 장관 을 도와 정무를 처리하였는데 서리에서 승진하였고, 아마도 正官의 10 數倍 정 도 되었으리라고 추측된다. 임무는 서리와 같지만 지위는 높아서 準官人 대우 를 받았다. 수령관은 吏員歲貢制를 통하여 유외관으로 승진할 수 있었고, 90– 120개월의 임기를 채우면 流內관으로 승진할 수도 있었다. 원조는 이렇게 수령 관직을 일반 知識人에게 개방하여 下級 士人層을 흡수하려 하였다. 심지어 琵 琶記를 지은 극작가 高明(1305?–1371?)은 지정5년(1345) 진사에 급제한 뒤에 성연(省椽=서리)을 지냈다.(吳志堅, 2015, p.447; 蒙思明, 1967, pp.37–46; 許 凡, 〈論元代的吏員出職制度〉, 北京, K23 宋遼金元史 復印報刊資料, 1985–1, pp.79–96.)

31) 雜途는 환관·方伎·佞臣·捐納·통역 등을 통해 入仕하는 방식을 가리키며, 이 중에서도 捐納과 통역이 많았다.

32) 단, 원대에 진사의 수는 많지 않았지만, 《元史》나 《新元史》에 보이는 '名宦'이나 '良吏'의 비중은 상당히 높았고, 순국자 중에 과거관료가 많았다. 桂栖鵬, 2001,

워졌다. 그러므로 극도의 민족차별정책을 폈던 원대의 과거제는 여러 면에
서 극히 한정된 기능밖에 못하였다. 따라서 원대에는 몽골인과 색목인으로
구성된 정치적 지배층과 한인과 남인 사대부나 지주 등으로 구성된 향촌
의 실질적 지배층이 분리되어 존재하였다.

막강한 군사력으로 전무후무한 세계제국을 건설한 몽골인이 중국에서
는 그렇게 단명할 수밖에 없었던 원인은, 이상 보아 온 바와 같이, 관료제
와 과거제에서 한인과 남인 지식인을 극도로 홀대한 것에서 그 일단을 찾
을 수 있다.[33] 원말에 사방에서 반란이 일어나자 수많은 지식인들이 반원
봉기에 가담한 것은 바로 그 때문이었다.

몽골인을 몽골 초원으로 몰아내고 한족 왕조인 명나라를 건국한 주원
장朱元璋이 처음 기병하여 명조(1368-1644)를 건국하는 과정에서 이들 반원
反元 지식인들의 도움이 대단히 컸음은 주지의 사실이다. 진秦나라 말기의
반란, 후한 말기에 '당고黨錮의 화'를 당한 지식인들이 대거 반(反)국가로
돌아선 것이 망국의 원인이었던 것과 비슷한 현상이었다.

원나라 말기에 주원장이 다른 반원 봉기집단보다 뒤늦게 기병하여 여러
가지로 불리하였지만, 유기劉基·송렴宋濂·이선장李善長·풍국용馮國用 형
제·주승朱升 등을 중심으로 한 사대부들이 대거 주원장에게 협조한 덕분
에 점차 우위를 점하게 되었다. 뒤늦게 봉기한 주원장의 처지에서 보면, 서

---

pp. 73-74.

33) 원조가 단명했던 원인은 그 밖에도, ① 황제 임명에 쿠릴타이제도를 적용한 때
문에 朝廷 內部에 權力鬪爭이 심했고 皇帝廢位와 暗殺도 많았던 것, ② 軍事力
이 점차 약화되어 1340년대에 이르면 거의 有名無實化되었던 것, ③ 國家財政이
窮乏하여 交鈔를 濫發하였고, 鹽稅 수입이 국가 재정의 80%를 점하는 상태에
서 鹽價가 등귀하여 사회 불안 요소가 된 것, ④ 라마僧의 橫暴로 中國人의 反
感이 심했던 것, ⑤ 국가에서 거의 방치하는 상태에서 漢人 地主의 收奪로 社會
矛盾이 深化되었던 것, 이상의 여러 요인 때문에 ⑥ 14C초부터, 전국에서 '盜賊(
小規模 武裝蜂起)'과 少數民族의 蜂起가 漸增했던 것 등을 들 수 있다.

쪽에는 진우량陳友諒, 동쪽에는 장사성張士誠 세력, 북부에는 원조가 버티고 있었으므로 자기를 도와줄 우익세력이 절실하였다. 한편, 원조로부터 백안시당하면서 겨우 자위하고 있던 사대부와 지주의 처지에서는 누군가 보호 세력이 절실하였다. 그런데 이때 주원장은 기병하자마자 유교주의를 채택하고 점령지마다 공자묘를 참배하면서 사대부들을 보호하겠다고 약속하였으므로, 어려움에 처해있던 사대부들이 적극적으로 주원장 집단에 가담하여, 주원장을 중국 경제의 중심인 강남지방으로 유도하고 국가체제를 갖추도록 도왔다.

당송팔대가의 한 사람인 송대의 소식蘇軾(1037-1101)은 〈양사론養士論〉에서, 중국을 처음으로 통일한 진秦나라가 겨우 15년 만에 망한 원인을, **'수많은 범과 이리를 산속에 풀어놓아 굶주리게 하면서도, 그것들이 장차 사람을 해칠 수 있음을 깨닫지 못하였다'**고 하였다. '모든 백성의 우두머리'인 '사士(지식인)'를 우익羽翼으로 포섭하여 도움을 받지 않은 것이 진나라가 단명한 최대 원인이라는 평가였다. 중국에서는 그 뒤로 **'지식인 계층을 어떻게, 얼마나 우익으로 포섭하느냐'** 하는 문제는 역대 왕조 통치자들의 최대의 과제가 되었는데, 원조는 그 사실을 간과하였고, 그 뒤 청조淸朝는 충실히 지켰다.

한편, 원대의 학교[34]는, 관학으로는 수도에 국자학·몽골학·회회학回回學, 지방에 군현학이 있었고, 사학으로 서원과 사숙이 있었으며, 기타 의학과 음양학이 있었다.

국자학은 세조 지원 7년(1270)에 세우고 고관의 자제를 모아 교육하였는데 아직은 소규모였다. 지원 24년(1287)에 이르러 국자감을 세워 국자학을 감독케 하고 학생 100명(몽골인 50, 색목인 50, 고관 자제)을 두고 유교경전을 교습토록 하였다. 과거제보다 28년이나 먼저 세워진 셈이었다. 성종

---

34) 陳東原, 1966, pp.303-308; 謝靑·湯德用 主編, 1995, pp.387-402; 吳志堅, 2015, pp.473-478

대덕 10년(1306)부터는 생원을 200 명(몽골인·색목인·한인)으로 증가시켰고, 교육내용은 뒤에 시작된 과거시험 내용과 같았다. 과거시험을 시작한 인종 연우 2년(1315)에는 학생 100명을 증원시켰다.

학생의 출사出仕 방법은 2가지가 있었다. 하나는 세공歲貢으로 임관하는 방법인데, 3년마다 학관의 고시로 몽골·색목·한인 각 2명씩 중앙에 추천하고, 몽골인은 종6품, 색목인은 정7품, 한인은 종7품 관직을 주었다. 다른 하나는 '반독입리伴讀入吏'였다. 국자학 생원 가운데 우수한자 40명을 배정하고 매년 8명을 추천하였다. 뒤에 과거시험을 시작한 후에는 생원의 정원을 460명으로 늘리고, 회시를 실시할 때 그 가운데 120명에게 향시를 거치지 않고 곧바로 회시에 응시케 하였다. 전국 11개 행성 17개 향시 고사장에서 추천되는 거인은 300명이었으나 실제로는 겨우 200명 전후였으므로 국자감 생원을 우대하였음을 알 수 있다. 더구나 국자감에는 우수한 교관이 우수한 학생을 교육하였고 회시에서의 성적도 일반 거인보다 우수하였으므로 좌·우방榜 장원도 대개 국자학 출신 학생이 차지하였다. 한편 지방의 관학은 로路·부·주·현에 각각 설치하도록 하였지만 실제 어느 정도 설치되고 운영되었던가는 분명치 않다.[35]

사학私學의 경우, 각 지방에 전통적으로 세포와 같이 존재하던, 이학里學·향학·의학義學·사숙·촌학·방학坊學 등 다양한 이름의 사인강학 기관이 있어서 기초교육으로부터 경우에 따라서는 고등교육까지 담당하였다. 특히 원대 사인강학의 특징은 사학社學이 상당히 활성화 되었던 점이다. 원대의 사학社學은 50호를 1사社로 하는 향촌제도를 단위로 하여, 각 사社에 사학을 설립하고 동계 농한기에 자제를 모아 《효경》·《소학》·《사서》와 경사經史를 교육하도록 하였다. 그렇지만 전국적으로 50호 1사 제도가 철

---

35) 王立平, 〈元代地方官學的建築規模及學田〉, 北京, K23 《宋遼金元史 復印報刊資料》, 1993-2, pp.70-74.

저하게 조직되지도 않았고 사학의 구체적인 운영형태도 분명치 못하다.[36] 고등교육은 송대부터 발전해온 서원이 맡았다.

원대의 서원[37]은 통일 전, 몽골제국 시대인 태종 8년(1236) 연경燕京(뒤에 大都로 개칭, 오늘날 베이징北京)에 태극서원을 건립한 것이 처음이었고, 그 뒤 50여 년 동안은 별 진전이 없었다. 그러다가 세조 쿠빌라이가 강남을 통일한 뒤 지원至元 28년(1291)부터 점차 건립되기 시작하였다. 원대에 서원 건립이 가장 많았던 시기는 말기의 순제의 지원 원년(1335)부터 망할 때(1368)까지였다. 원대 총 건립 서원의 59.3%가 이때에 건립되었다. 원대의 서원은 금과 남송시대부터 있었던 서원과 원대에 관청에서 건립한 서원, 그리고 민간에서 자발적으로 건립한 서원이 있었다. 강남이 통일되자, 남송 치하에 있던 사대부들은 원조가 자기들을 백안시 하는 정책 때문에 원조에 출사하지 못하게 되자, 산림에 은거하면서 서원을 건립하여 강학에 전념하거나 사학私學을 경영하였다. 그러므로 원대에도 교육은 사학私學과 서원이 여전히 전통 교육의 주역을 담당하였다고 할 수 있다.

통계에 따르면, 원대에는 서원이 대략 1천개가 있었고 그 가운데 67%가 양쯔강 유역에 있었고 황허유역에 18.9%, 광동의 주강 유역에 14.1%가 있었다. 주목되는 점은 송대에 3.5%에 지나지 않던 황허유역이 주강유역을 앞질렀던 사실은 화북지방이 문화적으로 많이 회복되었음을 의미하는 것이었다. 지역별로는 여전히 지앙시江西지방이 가장 많았고 저지앙浙江과 후난湖南이 2위와 3위였고, 3성지역을 합하면 전체 서원의 과반을 차지하였다.[38]

---

36) 劉曉東,《明代的塾師與基層社會》, 北京, 商務印書館, 2010, pp.7-8

37) 陳東原, 1966, pp. 306-307; 李國鈞, 1994, pp.397-536; 徐梓,《元代書院研究》, 北京, 社會科學文獻出版社, 2000; 鄧洪波等, 2004, pp.108-128; 鄧洪波, 2004, pp.189-259;

38) 전술한 바와 같이, 서원의 통계는 송·원·명·청시대 모두 완벽한 統計가 不可能하다.

원대 서원분포도(鄧洪波, 2004, p.194)

그런데 원조는 서원을 주·현의 관학과 같이 취급하여, 회시에 여러 번 낙방한 거인을 '비방備榜' 혹은 '부방副榜'이라 부르고 출신지역의 서원에 산장山長(교장) 또는 교수나 학정으로 임명하고, 조정에서 학전學田도 지급하자, 대부분의 서원은 교육내용이 관학처럼 변했다.

원대 서원의 강학 내용은 관학처럼 정·주학程朱學 위주였다. 이렇게 정·주학이 중시된 것은 남송시대부터 서원이 대부분 양쯔강 이남지역에 있었고, 남송 말부터 정주학이 중시된 영향을 받은 것이었다. 원대의 과거제는 관료 선발제에서 차지하는 비중은 대단히 미미하였다. 그러나 사회사상과 학술문화면에서는 대단한 기여를 하였다. 먼저 신유학新儒學인 정주학程朱學(성리학)이 확실하게 과거시험의 기준으로 채택되면서, 그 이념이 그 뒤의 명·청시대 뿐 아니라 조선과 일본에까지 정치와 사회면에서 큰 영향을 끼쳤다. 정주학은 북송 중엽부터 나타나서 남송의 주희가 집대성한 학문이다. 그 과정에서 국가의 통치 이념이 된 적은 없었고, 남송 중엽에 한탁주韓侂胄(1152-1207)는 오히려 '위학僞學(거짓 학문)'이라 하여 금지시키기도 하였다. 그러나 남송시대부터 학자들 사이에 파급력이 대단하였고,[39] 남송 말기의 이종(1224-1264) 연간부터는 주희가 지은 《사서집주四書集註》도 다른 학자의 학설과 함께 과거시험에 사용토록 인정받았다. 드디어 주희는 '태사太師'로 추존되었고, 주돈이周敦頤·이정二程(정호와 정희)·장재張載 등 4명과 함께 지방 관학에 안치되고 공자와 함께 제사지내도록 하였다. 이렇게 정주학이 중시된 배경은 《사서》를 《오경》보다 중시하였기 때문이다. 원나라 초기에 과거시험이 폐지된 시기에는 다른 학설은 모두 잊혀졌지만 정주학만은 그대로 전승되다가 과거시험이 재개되자 자연스럽게 지도이념으로 자리잡게 되었다.

한편, 이미 송대부터 도시를 중심으로 만담·인형극·연극 등 각종 오락이 발달하면서 공연에 필요한 대본도 발달하였다. 그러한 대본에는 백성들이 사용하는 속어나 구어가 많이 섞여 있어 서민들도 함께 즐길 수 있었다. 송대의 사회경제적인 번영 속에서 사치와 오락을 즐기던 사대부들 가운데는 원대에 들어서 출사하고 싶어도 길이 없고 상공업에도 소질이 없었지만 예능방면에는 소질을 가진 사람들이 많았다. 이들이 백성과 함께 생활하면서 그들의 희로애락과 언어생활 등 민중의 삶의 숨결을 이해하게 되어, 고매하고 난해한 시부詩賦보다 민중들이 참여하고 감상하며 함께 즐길 수 있는 잡극雜劇(음악·歌舞·연기·臺詞·무술·잡기 등이 어우러지는 종합예술)이나 소설(西遊記·水滸傳의 기원 본 출현함) 등 통속 문예와 노래로 부를 수 있는 생생한 구어체의 사詞로 표현하였다.

일부 지식인이나 문인들은 자신들의 울분을 표현하는 방법으로 산곡散

───

39) 신유학을 집대성한 주희의 저작은 주희가 지양시江西·후난湖南·푸젠福建 등 화남지방에서 활동한 탓으로 강남의 학자들에게 많이 보급되었다.

曲[40]이나 잡극을 지어, 서회書會를 조직하고 서회문인으로서 창작활동을 하거나 본인이 창작한 극본을 절차탁마하였다. 그들 가운데에는 또한 구란句欄[41]의 기녀들과 함께 공연할 만큼 뛰어난 공연 예술가도 많아서 스스로 잡극의 반두班頭가 되기도 하였다. 이것이 원대 잡극 흥성의 중요한 계기가 되었다.[42] 원대의 잡극(元曲)은 13세기 말에서 14세기 초까지는 북방의 베이징(北京)을 중심으로 발전하다가 점차 남방으로 이동하였다. 원곡의 4대가四大家로 평가되는 관한경關漢卿(1210?-1307?)[43]·백박白樸(1226-1306)·마치원馬致遠(1250경-1321경)[44]·정광조鄭光祖(1264-?)[45]는 모두가 북방 사람이었다. 왕실보王實甫(1260-1336)·강진지康進之(생졸년 불상)·고문수高文秀(생졸년 불상) 등은 모두 사회 하층으로 전락한 문인들이었다. 북곡北曲의 대표로는 《서상기西廂記》가 있다. 《서상기》는 당나라시대에 원진元稹이 쓴 전기傳奇 소설 《앵앵전鶯鶯傳》에서 유래한다. 앵앵전은 당나라 덕종(779-805) 연간을 무대로 한 것이데, 과거응시자 장공과 이전 재상의 딸

---

40) 송대의 사詞를 음악에 맞추어, 동작이나 대사 없이 가창만 하던 양식인데, 원대에는 고전문학의 소양을 갖춘 고관들도 창작할 만큼, 산곡이 하나의 문학적인 장르가 되었다. 산곡의 음악적 성격은 잡극과 같기 때문에 원곡元曲으로 통칭된다. 원대에 원곡 작가로 이름이 알려진 사람은 227명인데, 그들은 관리·지식인은 물론이고 악공·기녀도 있었고, 무명씨도 많았다. 지금까지 알려진 잡극은 모두 733종이다.

41) 송원시대에 잡극이나 각종 기예가 공연되던 장소

42) 王國維, 《宋元戲曲史》, 上海古籍出版社, 1998

43) 원곡의 창시자로 지칭되고 스스로 무대에도 서면서 적극적인 창작활동을 하였다. 60여 편 저작 가운데 15편이 남아있다. 대표작인 〈두아원(感天动地寳娥冤)〉은 잡극 중 가장 우수한 극본으로 꼽힌다.

44) 大都人, 부유하고 문화적 소양 갖춘 집안에서 출생, 젊어서는 공명을 위해 노력하였고, 저지앙성 務官을 지냄, 원정 연간에 '元貞書會'에 참가하였고, 만년에는 항저우에 은거하였다.

45) 사대부 가문 출신, 부친은 진사, 북방인이지만 남으로 내려와 杭州路 서리를 지냈다. 아부를 할 줄 몰라 상관과의 관계가 안 좋았다.

최앵앵과의 연애결혼 이야기이다. 내용은 매우 정선된 문장으로 되어 있어 줄거리가 간결하고 섬세하였으며 후대까지 영향도 대단히 컸다. 이것을 바탕으로 송대에 〈상조접연화사商調蝶戀花詞〉, 금나라 때의 동해원董解元(해원은 향시에서 1등 한 사람)의 〈서상기제궁조西廂記諸宮調〉(1190-1208년 사이에 기록), 원나라 왕실보王實甫의 〈서상기〉 등이 탄생되었다.

또 남곡南曲의 대표로는 고명高明(高則誠, 진사 출신)이 지은 《비파기琵琶記》가 있다. 내용은 후한시대에 가난한 시골 청년 채옹蔡邕과 아내 조오랑趙五娘이 주인공이다. 채옹은 신혼 초에 아내에게 노부모를 맡기고 과거를 보러 수도로 갔다. 과거에 장원 급제한 채옹은 우牛 승상의 사위가 되어 호사하고 있었다. 한편 조오랑은 남편이 부재중에도 정절을 지키면서 시부모를 잘 모셨다. 마침 기근이 들어 시부모가 차례로 굶어죽자 조오랑은 비파를 들고 걸식하며 남편을 찾아갔다. 다행히 우씨 부인의 덕성으로 조오랑은 정처正妻, 우씨는 제2부인이 되어 함께 단란하게 살았다는 내용이다. 과거제가 아직 없었던 한대漢代에 과거를 보았다는 것은 문학작품이기에 가능한 것이다. 고관들이 진사에게 딸을 시집보낸 현상은 이미 당대부터 나타났다.

원곡의 우수성을 극찬한 왕국유王國維(1877-1927)는, **'명대 이후로는 취할 만한 것이 없다. 원곡은 살아있는 문학이고 명·청시대의 희곡은 죽은 문학'**이라고 평했다. 탕현조湯顯祖[46]나 공상임孔尚任과 같이 명·청시대의 훌륭한 희곡작가와 작품이 있지만, 그들은 정부의 고관이고 신사紳士였으므로, 민중의 생생한 삶을 적나라하고 생동감 있게 표현하지는 못하였다는 평이다.

화본 소설도 원대부터 발달하였는데, 그런 작품들의 작가나 편찬자, 전

---

46) 희곡 《한단기(邯鄲記)》의 작자. 당대의 소설 《枕中記》를 부연한 것. '邯鄲之夢'이란, 노생이 한단에서 呂翁의 베게를 빌려 잠시 눈을 붙인 사이에 부귀영화의 꿈을 꾼 고사를 말한다. 부귀영화의 덧없음을 비유로 쓰인다.

파자들 역시 하류의 서회 문인들이거나 민간의 연예인들이었다. 너무도 유명한 《삼국지연의》나 《수호전水滸傳》은 원말명초의 나관중羅貫中(1330경-1400경)과 시내암(1296경-1370경)이 오랫동안 민간에 유전되어 오던 내용을 집대성한 작품이다. 그들은 모두 지식인으로서 문예면에도 뛰어난 인물이었다.

　이러한 경향은 명대에 더욱 보편화 되었다. 생원 입학시험인 동시童試, 그리고 생원이 응시하는 향시, 거인이 응시하는 회시가 모두 치열한 경쟁을 거쳐야 하였다. 그 때문에 유일한 사회이동의 방법인 과거시험의 출사로가 막힌 사인들의 활로 내지 취미생활로 희곡의 창작이 보편화되었다.[47)]

---

47) 《금병매(金甁梅)》에는 서문경이 관료들과의 교제에 보편적으로 희반(戲班)의 공연을 활용하고 있다. 명중기 이후의 저명한 사인출신 극작가에 대해서는 박민수, 〈《儒林外史》를 통해 본 淸初 江南 지역의 士人과 商人〉, 《東亞文化》47輯,2009, p.112 이하 참조.

제2편 과거제의 성숙과 종말

제1장 과거제의 학교 포괄

제1절 명대의 교육

원나라를 몽골지방으로 구축하고 일곱 번째로 중국을 통일한 사람은 명 태조 홍무제(재위 1368-1398)였다. 홍무제는 기병起兵하여 양쯔강 이남으로 내려오자 점령지마다 공자묘를 참배하면서, 원조元朝가 백안시하던 사대부들을 보호하겠다고 선언하였다. 그리고 건국이 가까워지자 점령지에 부·주·현 유학을 건립하였다.[1] 또 건국한 뒤 홍무 2년(1369) 10월에 전국에 유학 건립을 명령하고 3년 정월부터 개학하였다.[2]

---

1)　吳金成, 〈明代 提學官制의 一研究〉, 《東洋史學研究》6, 1973
2)　明《太祖實錄》卷46, 洪武 2年 10月 辛卯조; 吳金成, 《中國近世社會經濟史研究 －明代紳士層의 形成과 社會經濟的 役割－》, 一潮閣, 서울, 1986(→日本語譯 本 : 《明代社會經濟史研究－紳士層の形成とその社會經濟的役割－》, 汲古書

한편, 과거시험에 대해서는, 건국 전년인 오吳 원년(1367) 3월에 "문·무과 과거시험 시작"을 명령하였고,[3] 유학을 개학한 홍무3년(1370) 5월에는, 금년 8월에 과거(향시)를 거행하되 "과거필유학교科擧必由學校(과거는 반드시 학교로부터)"라 하고, 또 "중외中外의 문신은 모두 과거로 선발케 하고, 과거 출신자가 아니면 관료가 될 수 없게 하라"고 명령하였다.[4] 그러므로 홍무 3년에는 학교에서 양성된 인재를 과거시험을 통해서 관료로 등용하는 일관된 체제를 갖추었다. 그해 8월에 수도 응천부應天府(南京)와 각 성에서 향시를 실시하여 거인 510명을 뽑았고, 4년 3월에 회시를 실시하여 120명을 합격시킨 뒤, 봉천전에서 전시를 실시하여 오백종吳伯宗을 장원으로 뽑아 예부원외랑에 임명하였다.[5]

그런데 이때는 원말의 대동란을 평정하고 명을 건국한 초기였으므로, 갑자기 많은 인재가 필요하였다. 그래서 4년(1371) 정월에, "3년 연속해서 시험을 실시(連試三年)"하도록 명령하고, 새로 뽑힌 거인들은 회시와 전시를 면제하고 바로 관료에 임명케 하였다. 그런데 새로 뽑힌 거인들의 평균 나이가 25세 정도로 너무 젊어서, 문사文史에는 능하지만 실제 관료로서 책임을 맡기기에는 부족한 점이 많았다. 그 때문에 6년 2월에는 과거를 정지시키고 추천제(현량방정·효제역전·효렴·유사 등)로 바꾸고, 추천되는 인재는 "덕행을 기본으로 하고 그 다음에 문예文藝를 보라"는 가이드라인을 정

院, 東京, 1990), p.12.

3) 明《太祖實錄》卷22, 吳元年 3月 丁酉조

4) 張廷玉,《明史》卷69, 選擧志 1; 王世貞,《弇山堂別集》卷81,〈科試考〉1. 그리고 高麗·越南 등 이미 과거제를 시행하고 있던 나라의 사인에 대해서도, 본국에서 향시를 본 후에 명에 들어와 회시를 보도록 허락하였다.

5) 장원은 보통 한림원 修撰에 임명되지만 이때는 개국 초여서 인재가 부족했기 때문에 파격적으로 우대한 것이었다. 한편, 고려인 金濤中은 3갑으로 합격하여 安邱 縣丞에 임명되었으나, 말이 통하지 않아서 귀국하기를 청하였으므로 여비를 주어 귀국시켰다. 劉海峰·李兵, 2004, p.275 참조.

해주었다. 이렇게 추천된 인재들은 그 능력에 따라 바로 관직에 임명하였는데 파격적인 임명도 많았다.[6] 심지어 홍무 연간의 2품 이상 관료 가운데 추천을 통해 임명된 관료가 거의 절반이나 되었고, 특히 예부상서는 87.5%, 형부상서는 60%나 되었다.[7]

그런데 추천제를 10년 정도 시행하면서, 추천과 과거로 임명된 관료들의 현실적인 자질을 비교해 본 결과, 과거로 선발된 인재의 자질이 높은 것으로 밝혀졌다. 그래서 홍무 15년(1382)에 다시 과거제를 부활시키도록 명령하고 17년(1384)에 〈과거성식科擧成式〉[8]을 공포하고 과거를 재개하였다.

명대의 과거제는 송·원시대의 제도를 더욱 발전시킨 것이고, 청淸대에는 명대의 것을 거의 그대로 답습하고, 거기에 부정행위를 방지하기 위해서 시험 횟수를 늘리고 규정을 세밀하게 한 정도였다.[9] 명·청시대의 과거제에서 특기할 점은, "과거는 반드시 학교로부터(科擧必由學校)"라 한 것 같이, 명초부터 학생(중앙의 국자감과 지방의 府·州·縣儒學)에게만 과거 응시자격을 허락하여, 학교가 과거시험의 제1단계로 포괄된 점이었다. 학교가 이렇게 과거 체계 안에 완전히 포섭되어, 학생만이 과거에 응시할 수 있게 된 것은 중국역사에서 명대에 처음 생긴 제도였다. 그러므로 명대의 과거제를 이해하기 위해서는 먼저 학교제[10]를 이해할 필요가 있다.

---

6) 張廷玉,《명사》권71,〈選擧志〉3; 黃明光,《明代科擧制度硏究》, 廣西師範大學出版社, 桂林, 2000, pp.210-222.

7) 劉海峰·李兵, 2004, pp.276-280

8) 이 규정은 명말까지 그대로 시행되었고, 청대에도 기본 골격은 계승하였다.

9) 明代의 과거제와 학교제에 대해서는, 郭培貴,《中國科擧制度通史-明代卷》, 上海人民出版社, 2015; 趙子富,《明代學校與科擧制度硏究》, 1995; 黃明光, 2000; 張仲禮(金漢植 등 역),《중국의 紳士》, 신서원, 1993; 何炳棣(趙永祿 外 譯),《中國科擧制度의 社會史的 硏究》, 東國大學校 出版部, 1987; 吳金成, 1986, 제1편 참조.

10) 陳東原, 1966, pp.327-377; 趙子富, 1995, pp.38-163, 215-237; 謝靑·湯德用 주편, 1995, pp.402-423; 龔篤淸,《明代科擧圖鑑》, 岳麓書社, 長沙, 2007,

홍무제는 명조를 건국하기 전부터 관료의 양성과 선발 방법으로 학교에 주목하여, 점령지마다 먼저 공자묘를 참배한 뒤에 학교를 세우도록 명령하였다. 명조 건국 전인 1365년(원 至正25년)에는 응천부(오늘날 南京)에 있던 원대의 **집경로학**集慶路學을 국자학으로 바꾸고, 건국 후 홍무 15년에 경사 京師국자감으로 바꾸었다.[11] 또 홍무 2년 10월에 전국에 유학(부·주·현학) 건립을 명령하고, 11월에 〈학교격식學校格式〉을 반포하였고, 3년 정월부터 개학하도록 하였다.[12] 《명사》에는 **"학교가 설립되지 않은 곳이 없고 교육을 받지 않은 사람이 없다. … 명대 학교의 번영은 당송 이래 처음이다"**[13] 고 평하고 있다.

부·주·현 유학儒學의 입학시험을 동시童試라 하고 동시에 응시하는 독서인을 동생童生이라 하며, 동시에 합격하여 유학에 입학이 허락된 동생을 생원生員(속칭 秀才)이라 하였다. 동시 응시에는 나이나 빈부귀천에 제한이 없었고, 단지 조상 3대에 천한 직업(俳優·娼家·奴婢 등)을 갖지 않았으면 되었다.

동시는 주·현시州縣試, 부시府試, 원시院試(道試)의 3단계였고 3년에 두 번, 부·주·현의 고붕考棚(고사장)이나 지방 아문의 큰 건물에서 각각 하루씩 시행하였는데 시험과목과 진행 방법은 비슷하였다.[14] 현시와 주시州試

---

pp.154-229; 吳金成, 1986, pp.12-22; 38-44.

11) 영락 원년(1403)에는 베이징北京국자감을 설립하였다. 그러므로 명대에는 남·북 두 국자감이 있었다.

12) 최근 연구에 따르면, 홍무제의 학교 개설 명령에 따라 홍무 연간에 설립된 부·주·현학은 전국적으로 전체 부·주·현 수의 40-100%였다. 黃明光, 2000, pp.232-233. 한편, 홍무 17년부터는 군대 주둔지인 위소衛所에도 위학을 설립케 하였다.

13) 《명사》권69, 〈선거〉1.

14) 명초에는 아직 유학의 입학시험이 없고 추천제였다. 지방관이 서민 가운데 용모가 단정하고 《四書》를 깨우친 15-20세 되는 젊은이를 뽑았고, 입학한 뒤에 중앙은 감찰어사, 지방은 안찰사가 순방할 때 면접을 보아 불량자는 퇴출시키

는 지현知縣과 지주知州가 주고관이
었고, 대개 2월에 시행하였다. 응시
하려는 동생은 주·현학이나 주·현
의 예방禮房에 신청하고 성명·나
이·본적·조상 3대의 이력과 주·현
학의 늠선생廩膳生(식비를 받는 생원)
의 보증(冒籍이 아닌 점과 부모의 喪을
숨기지 않은 점 등을 보증)이 필요하였
다. 10여 장으로 된 시권試卷과 초
고 연습할 종이는 예방에서 주었다.
동생들은 시험 날 새벽에 벼루·먹·
붓과 도시락을 준비하고 시험장 앞

연시 합격생의 발표(미야자키 이치사다宮崎市
定, 중국사연구회 역), 1992, p.45

에서 기다리다가 점호를 받고 입장하였고, 시험은 날이 어두워지면 끝났
다. 며칠 뒤에 있는 합격자 발표는 넓은 종이에 50명씩 동그랗게 원 모양
으로 적는데, 시계의 12시 지점에 일등의 이름을 적고 시계의 시침 방향으
로 성적순으로 적고, 한 가운데에 커다랗게 '중中(합격)'이라 적어서 현 아문
앞에 게시하였다.

　부시는 대개 4월에 실시하고 지부가 주고관이었다. 명말에 이르면 동남
지방이나 경제가 발전한 지역에서는 부시 응시자가 1만 명에 달하는 경우
도 있었다. 그 때문에 그 많은 동생을 한 곳에 수용할 수가 없어, 몇 개 고
사장으로 나누거나 여러 차례 실시하였다. 원시는 대개 5월경에 실시하는

고 다른 사람을 보충하였다. 선덕(1425-1435)연간부터는 생원 선발권이 순안
어사나 포정사·안찰사에게로 넘어갔고, 정통 원년부터는 제학관이 담당하였
다. 3단계로 시행하는 동시의 발생 시기에 대해서는, 趙子富와 謝青 등은 정통
(1435-1449) 연간으로 보고 있고, 龔篤清은 홍치와 정덕연간으로 보고 있다.
龔篤清, 2007, pp.132, 173 참조.

데 중앙에서 파견된 제학관提學官(각 성의 학교 감독관, 청대에는 學政)[15]이 주고관이었고 이 시험을 통과하면 생원이 되었다.

지방 관학의 문門은 제도적으로는 완전히 개방되었지만, 실제로는 생원이 되는 것은 대단히 어려웠다.[16] 그 원인은 첫째, 동시에서는《오경》가운데에서 한 책,《사서》, 논論과 책策 각 1편씩을 부과하였으므로, 동생은 응시하기 전에 이미 상당한 수준의 유교 고전에 대한 실력을 갖추어야 했기 때문이다. 둘째 송대부터 과거가 활성화하면서 교육열이 높아지기 시작하여, 명대에 이르면 독서인의 수가 놀랄 정도로 증가하였다. 명 말의 자료이긴 하지만, 천계 4년(1624) 강남 화정華亭현의 동시 응시자가 3천여 명이었고, 숭정 7년(1634)과 청 초 강남 누현婁縣의 동시에는 2-3천 명이 모였다.[17] 또 명말의 지앙시성江西 순안 서원정徐元正은 "지앙시성의 사인(생원)은 90여 개 유학에 수만 명이나 되고, 동생은 적어도 십 수만은 될 것입니다"[18] 라고 하였다. 명말이라는 점을 감안해도, 91개 부·주·현학에 응시하는 동생이 평균 1천여 명을 웃도는 대단한 수였다. 만력(1572-1620) 말에 지앙시성 임천臨川현에서는 현시 응시 동생이 만여 명이나 되어서, 지현은 7일 동안 검열하여 그 가운데 1/10을 합격시켜 1천여 명을 부시에 추천하였다.[19]

이렇게 많은 동생 가운데서 주·현시를 통과하여 부시에 추천되는 동생도 여러 주·현을 합하면 역시 적지 않은 수자였다. 제학관이 주관하는 원시의 경우에도, 부시에서 일단 걸러졌지만 여전히 수가 많았다. 예컨대 명말 푸젠福建성 천주부 진강晉江현의 동시에는 거의 1만 명이 참가했는데,

15) 吳金成, 1973
16) 劉海峰,《科擧學導論》, 武漢, 華中師範大學出版社, 2005, p.139.
17) 趙子富, 1995, pp.46-47, 308
18) 明《神宗實錄》卷412, 萬曆 33年 8月 癸卯朔(pp.7714-7716).
19) 龔篤淸, 2007, p.180.

지현은 그 가운데 7-8천 명을 부시에 추천하였고, 지부는 그 가운데 2-3천명을 원시에 추천하였다.[20] 그러므로 그 많은 답안지를 제학관 혼자서 독파하여 우열을 가려야 하였으므로, 합격 여부는 '천운天運'에 가까웠다. 더구나 주현시·부시·원시, 3단계의 동시 과정에는 호명糊名만 하고 등록 謄錄 과정이 없었으므로, 후술(제4편 제3장)하는 바와 같이, 청탁·관절關節 (賄賂)[21]·모적冒籍(주소지 변경)[22]·협대挾帶(컨닝페이퍼 소지) 등 부정행위가 대단히 많았다.[23] 그 때문에 청대에 어떤 사인은, **"현시는 어렵고 부시도 어렵고 원시는 더욱 어렵다"**[24]고 하였는데, 이러한 현상은 이미 명대부터 나타났다.

지방 관학의 정원은, 홍무 2년에 처음 명령할 때는 부학 40명(수도 응천 부학은 60), 주학 30명, 현학 20명으로 정하고 이들에게 식비를 주었으므로 '늠선생廩膳生'이라 하였다. 그리고 선덕 3년(1428)부터 늠선생과 같은 수의 '증광생增廣生'을 허락하여 정원이 2배가 되었고, 정통 12년(1447)부터는 새로 '부학생附學生'을 허가하면서 실제로 생원의 정원을 포기하였다. 그 뒤로 합격자 수를 새롭게 규정하기도 하고 정원을 감축시키려는 노력도 있었지

20) 張仲禮(金漢植 등 역), 1993, p.110

21) 顧炎武, 《顧亭林詩文集》권1, 〈生員論〉上(中華書局, 北京, 1959)에 명말청초의 고염무도 "今之生員, 以關節得者十且七八矣"라 함.

22) 王凱旋, 《明代科擧制度考論》, 沈陽出版社, 2005, pp.170-172. 중국은 땅이 넓어서 지역적으로 문화의 발달 정도에 편차가 컸다. 그런데 인구는 증가하고 관학에 대한 수요는 격렬해지면서, 선진지역의 동생들이 낙후지역으로 모적하여 유학에 입학하거나 향시에 응시하는 부정행위가 많았다. 예컨대 지앙시성 지안(吉安)부의 경우, 지안인은 후광(湖廣)성 등 총 11개성으로 진출하여 291명이 그곳에서 거인으로 합격하였는데, 지안부 총 거인의 9.1%에 해당하였다. 吳金成, 《矛·盾의 共存 : 明清時代江西社會研究》, 지식산업사, 2007(2007-B), pp.197-198

23) 趙子富, 1995, pp.51-53; 王凱旋, 2005, pp.166-176

24) 劉海峰·李兵, 2004, p.358; 鄭若玲, 〈累人'的科擧〉, 劉海峰編, 《科擧制的終結與科擧學的興起》, 武漢, 華中師範大學出版社, 2006.

명대 생원의 복식(당인(唐寅)의 초상), 龔篤淸, 2007, p.165.

만 그 어느 것도 지켜지지 않았다.[25] 명말청초의 고염무가 명말의 생원 수를, "**천하의 생원을 합하면, 현마다 300명으로 잡아도 50만은 될 것**"[26]이라 한 것은 그 때문이었다.

이상과 같이 동시를 통과하는 것은 대단히 어려웠지만, 일단 생원이 되면 그들만의 ① 유복儒服을 착용하고, ② 향시에 응시할 자격을 주고, ③ 우면優免(徭役 면제)을 허가하고, 무엇보다도 ④ 종신토록 그 자격을 유지할 수 있었다. 이러한 특혜는 9품관에 준하는 대우인데, 국가와 사회에서 생원을 '사대부士大夫'로 인정하는 것을 의미하였다(제3편 제3장 참조). 고염무는 이를 종합하여 "**일단 생원 자격을 얻으면 요역을 면제받고, 서리의 횡포를 받지 않고, 사대부의 대오에 끼게 되고 관장官長을 예견禮見할 수 있으며 곤장을 맞는 굴욕도 면할 수 있다**"고 하였다.[27] 이러한 대우는 명대에 처음 시작되어 청말 과거제가 폐지될 때(1905)까지 지속되었다.

생원은 유학에 재학하는 동안 학업 정도를 시험하는 몇 가지 시험을 보아야 되었다. 첫째는 월말마다 실시하는 월고月考와 계절마다 실시하는 계고季考인데, 이것은 어느 정도 실시되었는지 의심스럽다. 그 다음은 제학관

25) 明《神宗實錄》卷373, 萬曆30년 6월 壬辰조; 同治《通城縣志》卷9, 學校 上, 〈學額〉; 趙子富, 1995, pp.48, 51-52.

26) 顧炎武,《顧亭林詩文集》(中華書局, 北京, 1959), 卷1, 〈生員論上〉

27) 顧炎武,《顧亭林文集》卷1, 〈生員論上〉.

이 주관하는 세시歲試와 과고科考(科試)였다. 제학관은 임기 3년 안에 2번씩 자기가 맡은 성 안의 각 부 지역을 순회하면서 한 번은 세시를 보고, 또 한 번은 과고를 실시하였는데, 그때마다 동시의 제3 단계인 원시를 실시하여 생원을 선발하였다.

세시는 3년에 1회(대개 鄕試 다음 해) 실시되었는데, 그 성적에 따라 늠선생廩膳生·증광생增廣生·부학생附學生으로 분류되었다.[28] 늠선생은 세시에서 성적이 가장 우수한 생원으로, 그 지방의 재정형편에 따라 식비(廩膳)를 지급받고, 중앙의 국자감에 진학할 기회도 얻을 수 있었다. 증광생은 성적이 중간 정도의 생원이고(늠선생에 공석이 생기면 상승됨), 부학생은 동시에 갓 합격한 생원 혹은 세시에서 성적이 불량했던 생원(증광생에 공석이 생기면 상승됨)이다. 한편 과고는 향시에 응시할 자격시험으로, 세시에서 1·2등 성적을 얻은 생원만 응시할 수 있었고, 과고에서 다시 1·2등의 성적을 얻으면 향시에 응시할 자격을 얻는데, 그 수는 성省에 따라 다르고 확실한 규정이 없다가 만력 3년(1575)부터 성마다 배당된 거인 수의 30배로 하였다.

학교에서 인재를 교육해서 그 가운데 우수한 인재를 관료로 선발하려는 노력은, 송대에도 이미 범중엄과 왕안석이 추진하였지만 성공하지는 못하였다. 홍무제도 역시 학교에서 양성된 인재를 과거시험을 통해서 관료로 뽑을 생각이었다. 그러나 현실적으로는 유학에서 정규 수업이 진행되는 경우는 많지 않았다. 생원은 대개 유학에 이름만 걸어놓고 정기시험 때에만 등교하여 시험에 응시하였다. 교관校官도 매일 출근하여 수업하는 일은 많지 않고, 정기시험을 부과하고 생원의 근타勤惰나 감독하는 경우가 많았다. 유학은 그 지역의 도서관 구실이나 하고, 시험일에 시험이나 치고, 생원들이 모여 우의友誼를 다지는 곳이었다.

제학관도 3년 임기 안에 그 넓은 성 내의 각 부 지역을 2번 순회하면서,

28) 吳金成, 1986, p.13

한번은 생원의 세시와 그 많은 동생의 원시院試, 또 한 번은 생원의 과고와 그 많은 동생의 원시를 실시하는 것은 대단히 어려운, 실제로는 불가능에 가까운 일이었다. 그 때문에 성에 따라서는 세시도 시행하지 않은 때가 많았고, 심지어 생원이 평생 동안 제학관의 얼굴을 못 보았다는 기록도 있다.[29] 또 제학관이 각 부 지역에 가지 않고 한 곳에 앉아서 생원들을 부르는 일도 있었고, 관료의 자제나 세호勢豪의 자제는 제학관에게 뇌물을 주고 등수를 조작하는 일도 비일비재하였다.[30]

명·청시대에 과거제와 관계되는 학교로서 또 하나는 국립학교인 '국자감'[31]이 있었다. 이전 원대元代까지의 국자감은 국자학·태학·사문학 등 예하 6개 학교에 대한 감독기관이었지만, 명대부터는 이들 중앙학교를 모두 통합한 단일 최고 교육기관이 되었다. 또 원대까지의 중앙학교는 대체로 관료의 자제가 많이 입학하였지만, 명초부터는 국자감의 문호가 서민에게까지 완전히 개방되었다. 그 결과 명대부터 감생의 대부분은 서민 출신 자제였다.[32]

명대에 국자감의 입학경로는 4가지였다. 첫째는 거감擧監인데, 이미 향시에 합격한 거인(명대부터는 종신 자격)이 회시에 낙방한 뒤 다음 회시를 준비하기 위해서 입감入監하는 경우이다. 이들은 다음 과거시험에서 향시를 볼 필요 없이 직접 회시에 응시할 수 있었다. 다음은 공감貢監인데, 부·주·현학의 생원이 입감할 때 부르는 이름으로, 그 경로에 따라 세공歲貢·선공選貢·은공恩貢·납공納貢이 있었다.[33] 다음은 음감蔭監인데, 한·당·

---

29) 明《神宗實錄》 卷398, 萬曆 32年 7月 甲戌

30) 趙子富, 1995, pp.64, 66.

31) 趙子富, 1995, pp.102−163, 223−237; 吳金成, 1986, pp.44−50.

32) 홍무 초기에는 관료 자제와 서민 자제의 비율이 2:1이었으나, 홍무 말기에 이르면 관료의 자제는 1%에도 못 미쳤다. 劉曉東, 2010, p.57

33) 歲貢은 세시에서 우수한 성적을 받은 생원 가운데, 학교에 따라 규정된 정원 대로 매년 혹은 격년으로 入監되는 監生이었다. 選貢은 세공이 대개 노쇠한 늠선

송대의 임자제(음보제)의 전통에 따라 고관 자제를 입감시키는 경우이다. 다음은 예감例監으로, 서민 가운데 돈이나 곡식을 납부하고 감생자격을 사는 경우를 말한다. 명대에는 이들 모두를 감생이라 하였다.

감생은 국자감에 재학[34] 중에 적분법積分法[35]과 역사제도歷事制度(각 기관의 行政實習制度)[36]를 거쳐서, 과거시험을 거치지 않고 바로 관료에 임명될 수도 있었다. 또 거감은 직접 회시에 응시할 수 있었고, 그 자격만 가지고도 관료에 임명될 수 있었다. 공감·음감·예감은 본적지에서 생원이 치르는 과고를 거쳐서 향시에 응시할 수 있었다. 그러므로 생원의 처지에서 보면 감생은 중요한 승진 방법이었다. 그러나 생원이 감생이 되는 것은 대단히 어려워서, 세공의 경쟁률은 명초에는 40:1 정도, 명말에 이르면 300-400:1 정도로 치열해졌다.[37]

감생은 명초에는 대부분 생원으로부터 선발된 사인이었다. 감생은 그 자격만 가지고 입사入仕가 가능하였는데, 홍무 연간에는 관료 충원에서 진사보다 오히려 우대되었다.[38] 명·청시대의 진사의 과반수는 감생출신이었

생이 추천되는 것을 바로 잡기 위해서, 특별한 선발시험을 마련하여 入監시키는 감생, 恩貢은 국가의 특별한 恩典(황제 등극 등)에 따라 入監하는 생원, 納貢은 국가에서 救荒·兵餉·大工事 등이 있을 때 국가의 요구에 따라 生員이 금전이나 米·粟을 주고 監生 자격을 사는 경우이다.

34) 감생은 국자감의 호방號房에 거주하였고 국가에서 숙식을 제공하였다.

35) 북송시대의 삼사법三舍法에 비견되는 六堂을 두고, 감생의 성적에 따라 사서에 통하지 못하는 감생은 正義·嵩志·廣業堂에서 수학하게 하고, 1년 반 뒤에 文理가 통하는 감생은 修道·誠心堂으로 올라가 수학케 하고 다시 1년 반 뒤에 經史에 겸통하는 우수한 감생은 率性堂에 진입하여 수학케 한다. 솔성당에서는 달마다 과거시험에서 출제되는 과목으로 학력고사를 보아서, 성적이 우수하면 1分, 중간 정도는 半分을 주어 1년 통산 8分 이상이면 합격이었다.

36) 趙子富, 1995, pp. 151-160

37) 오금성, 2007-B, pp.165-166

38) 홍무 연간에는 감생이 곧바로 布政使(從2品)·參政(從3品)에까지 임명되기도 하였다. 吳金成, 1986, pp.28-30.

으며, 중·하급관료의 2/3 이상은 감생출신이었다.[39] 그런데 15세기 중엽부터는 생원이나 일반 서민이 돈을 내고 감생자격을 사는, 예감생例監生 제도(1450)가 생기면서, 감생의 수는 2배로 증가하였지만 매년 선발하는 관료의 수는 국초보다도 오히려 감소되었다. 그 결과 감생이 된 뒤 10여 년, 길면 20여 년을 기다려야 겨우 관직을 얻는 것이 보통이었고, 평생 얻지 못하는 경우도 많았다. 그 때문에 감생의 사회적 지위는 현저히 낮아졌고, 국자감에 재적하는 감생의 수도 명초에는 수천에서 만 명 이상에 달하는 경우도 있었으나, 명 중기 이후로는 현저하게 감소하여 겨우 2백여 명인 경우도 있었다. 나머지 감생은 고향에 거주하면서, 생원들과 함께 개인적인 이익이나 도모하는 '보신가保身家'적인 생활을 하며 살았다.

이상을 종합해 보면, 명대부터 생원은 학교체계(生員→監生→官僚)와 과거체계(生員→擧人→進士→官僚, 혹은 生員→擧人→官僚)의 제1단계에 위치하는 사인이었고, 사회적인 지위도 사대부 반열에 올라선 계층이었다.

국자감과 지방 관학의 교과서는 전통적인《사서》와《오경》[40] 외에 홍무제가 저작한《어제대고御製大誥》가 있었다.《어제대고》는 홍무제가 황제의 절대권을 선양하고 황제에 대한 복종을 요구하기 위해 저작한 책이다. 그런데 홍무제는《사서》의 하나인《맹자》의 내용 가운데 **"군주가 신하를 진흙이나 잡초처럼 여기면, 신하도 군주 보기를 강도나 원수처럼 여길 것이다"**, **"백성이 가장 귀하고 사직社稷은 그 다음이며 군주가 가장 낮다"**, **"군주에게 큰 과실이 있으면 충고하되 여러 번 충고해도 듣지 않으면 군주를 바꾼다"**고 하는 등, 군주권에 저촉되는 조항 85개조를 삭제한 뒤, 남은 170여조로《맹자절문孟子節文》을 만들어 학교의 수업과 과거시험에 사용케

39) 명《神宗實錄》卷39, 萬曆 3年 6月 戊寅조; 卷172, 萬曆 14年 2月 甲子조; 趙子富, 1995, p.230; Ho, Ping-ti(何柄棣, 曹永祿 外 譯), 1987, p.145, 표7.
40) 영락 13년(1415)부터는《사서대전》과《오경대전》이 완성되어 교과서로 사용되었다.

하였다. 삭제된 85조는 모두 유가사상의 정수에 해당하는 내용이었다.

위에서 본 것처럼, 명대에도 중앙의 국자감과 지방 관학이 본래의 기능을 다하지 못하자, 서원과 사학私學이 동몽童蒙교육에서 대학교육 수준까지의 기능을 대신하면서 송대 이상으로 발전하였다.[41] 명대 초기의 30-40년 동안은 이갑里甲체제 아래에서 사회가 어느 정도 안정되었고, 홍무제가 유달리 학교를 중시한 결과 관학의 교육기능이 어느 정도 발휘되었으므로 서원은 그리 발전하지 못하였다. 그러나 1400년대 초부터 이갑제가 점차 이완되면서 사회가 불안해진 것과는 대조적으로 인구는 점차 증가하였고 교육열도 높아 갔다. 명초에 3만여 명이던 생원의 수가 16세기 전반에는 35-36만 명에 달하였으므로 국자감으로 승진하거나 거인이 되는 길은 더욱 어려워졌다. 그런데 지방 관학의 교육기능은 오히려 약화되었다.

그러자 과거제가 요구하는 교육의 기능을 사숙私塾 등 사인강학과 서원이 대신하게 되었다. 그러한 불을 당긴 사람은 진헌장陳獻章(1428-1500)과 담약수湛若水(1466-1560)였다. 특히 16세기에 들면서 왕수인王守仁(호 양명, 1472-1528)이 자신의 양명학을 설파하기 위해, 군무軍務에 바쁜 중에도 수시로 문인들과 학문을 토론하였고, 가는 곳마다 사학社學과 서원을 건립하고 강학講學이나 강회講會를 개최하였다. 그러한 영향을 받은 제자와 또 그의 제자, 그들의 영향을 받은 신사, 혹은 지방관들이 그 지역 신사와 협조하여, 이전에 있었던 서원을 재건하거나 새로이 서원을 창건하는 사례가 많았다.[42] 특히, "가정 말년에 서계徐階가 내각의 수보首輔로서 서원 강회를 주관하자, … 지방관들은 현지에 부임하면 반드시 서원을 건립하고 생도를

---

41) 李國鈞, 1994, pp.537-776, pp.1037-1084; 趙子富, 1995, pp.164-177; 鄧洪波等, 2004, pp.129-145; 鄧洪波, 2004, pp.260-403 참조.

42) 양명이 남감순무로 지앙시江西성에 부임(정덕 12년, 1517)한 뒤부터 명말까지 양명학 관계 서원이 88곳이나 되어, 명대에 지앙시에 있었던 서원의 30.7%를 차지하였다. 吳宣德, 《江右王學與明中後期江西敎育發展》, 江西敎育出版社, 南昌, 1996, pp.270-277 참조.

명대 서원분포도(鄧洪波, 2004, p.266)

모아 강학하였다."[43]고 한 기록에서 보듯이, 내각 수보首輔로서 양명학의 대가였던 서계徐階(1494-1574)의 노력은 전국에 서원 붐을 일으키는 결정적인 영향을 끼쳤다. 서계는 지앙시江西 제학관으로 부임한 1536(嘉靖15)년부터 내각 수보로 퇴임한 1567(隆慶元年)까지, 30여 년 동안 적극적으로 양명학을 전파하고 서원을 건립하였다.[44] 그 결과 중국 각지에서, 독무督撫 이하의 지방관과 현지 신사의 협조 아래 서원의 건립과 강학이 보편화 되었다. 다음 표는[45] 명대 서원 건립의 대체적인 추세를 보기위한 통계이다.

---

43) 沈德符, 《萬曆野獲編》卷24, 書院.

44) Meskill, John, *Academies in Ming China, A Historical Essay*, The University of Arizona Press, 1982, p.131. 그 때문에 황종희의 《明儒學案》은 '陽明學案'이라고 할 정도로 양명의 영향을 받은 서원이 많이 소개되고 있다.

45) 李國鈞, 1994, pp.1037-1084; 鄧洪波, 《中國書院史》, 中國出版集團, 東方出版中心, 2004, pp.263-266. 李國鈞씨가 제시한 數値(同書 pp.555-556)는 다음

〈명 중·후기의 서원의 발달〉

	正德	嘉靖	隆慶	萬曆	都合	明代全體
河北	3	25	3	16	47	70
山西	8	16		11	35	61
江蘇	5	23	5	14	47	66
浙江	4	50	4	35	93	199
安徽	4	41	3	16	64	99
福建	23	38	7	10	78	107
江西	26	82	12	65	185	287
山東	6	25	3	10	44	69
河南	6	28	3	36	73	112
湖北	5	17	1	12	35	69
湖南	6	35	1	15	57	103
廣東	8	68	4	38	118	156
廣西	2	28	1	12	43	65
四川	6	18	2	5	31	63
貴州	1	10	5	7	23	27
雲南	5	23	12	14	54	68
陝西	3	8		6	17	28
其他	1	14		6	21	29
都合	122	549	66	328	1,065	1,678

위 표에서 보는 바와 같이, 서원은 왕수인과 서계가 활동하던 가정 (1522–1566) 연간에 격증하였고 그 다음이 만력(1572–1620) 연간이었다. 지역별로는, 송·원시대와 같이, 여전히 지앙시江西와 저지앙浙江이 제1·2위였고, 광동廣東이 3위로 뛰어 올랐다. 한 통계에 따르면, 명대 서원 가운데

표보다 약간 적다. 서원의 건립과 재건에 대한 통계는 송·원·명·청시대 모두 완벽을 기대할 수 없다. 새로 건립한 경우, 前代의 서원을 수복한 경우, 폐쇄되었다가 수복한 경우, 이름이 바뀐 경우, 실제는 서원이지만 이름이 달랐던 경우, 會館에서 講會를 하는 경우, 실제는 會館이나 社學이었지만 이름은 서원인 경우 등 내용이 너무도 복잡하였으므로, 當時人들도 완전히 파악하기가 어려웠기 때문이다.

60% 이상이 지방관이 건립한 서원이어서 성격이 관학과 다를 바 없게 되고 말았다.[46)]

서원 강학에는 적으면 100여 명, 많으면 1천여 명의 신사가 모였고, 다양한 서민층이 청강하였다. 그곳에 모인 신사는 현실적인 빈부귀천을 초월하여 서로 '**동지**同志'로 부르며 '**붕우적 정의**朋友的 情誼'와 '**동지 의식**'으로 우의友誼를 나누면서 '**동류의식**同類意識'을 고양시켰고 '**신사공의**紳士公議'로 향론과 향평을 주도하였다. 서원에서 강학하는 내용은 주로 유학의 경전이었지만, 정치와 사회 문제도 다루어졌고 중앙과 지방 관료들을 평가하고 죄상을 고발하는 내용도 있었다.

그런데 명조는 초기부터 〈학교금례學校禁例〉를 반포하고, 《맹자절문》을 제작하여 교과서로 사용하는 등, 학생의 정치활동을 엄금하였다. 그러므로 각지에서 행해지는 서원 강학은 명조의 사상통일 정책에 크게 위배되는 것이었다. 그 때문에 이미 가정 16년과 17년에 서원을 폐쇄시키고 서원의 창설도 금지하는 명령을 내렸지만 지켜지지 않았다. 이에 장거정張居正이 수보首輔(1572-1582)가 되자, 4번씩이나 서원 창설과 기존 서원의 폐쇄를 명령하여 64곳이 폐쇄되기도 하였지만, 그가 죽자 결국은 유야무야 되고 말았다.[47)] 다만 이렇게 서원을 탄압하자 살아남기 위해 조정과 타협하기도 하였다. 예컨대 지양시성의 백록동서원은 송대 이래의 전통을 이어오던 서원이었는데, 조정의 요구로 과거시험 준비기관으로 변하여 향시 때마다 서원 학생이 8명이 향시에 응시할 수 있도록 하였다.

희종 천계(1620-1627) 연간에는 환관 위충현魏忠賢(1568-1627)이 동창東廠(특무기관)을 장악하고 전횡을 일삼자, 동림서원을 중심으로 한 정의파 인사(이들을 東林派라 함) 70여 명이 위충현을 탄핵했다. 그러자 위충현은 장거정에 이어 7번째로 전국 서원에 폐쇄 명령을 내리고, 동림파 인사를 대거

---

46) 丁鋼·劉琪, 《書院與中國文化》, 上海教育出版社, 1992 , p.76
47) 오금성, 《장거정, 새대를 구하다》, 지식산업사, 2018, pp.265-269.

파면하거나 학살하여 동림파는 거의 소멸하게 되었다. 그러나 그 뒤 사회의 여론은 동림운동을 암암리에 지지하면서 사인이 주도하는 사·민의 연대의식이 형성되었다.[48] 이윽고 희종이 죽고 마지막 황제인 숭정제(1628-1644)가 즉위하자 위충현에 대한 탄핵이 쏟아졌다. 그러자 위충현은 자살했지만 책시磔尸되

동림서원 : 지앙쑤성 무시(無錫)시 양계구(梁溪區) 소재

었고, 환관파 인물 150여 명을 죽이거나 파면하였다. 그 뒤 조정에서는 몇몇 동림인사를 등용하였지만 이미 많은 지도자를 상실한 터라, 동림운동은 힘을 얻지 못하고 그 전통은 복사復社운동으로 계승되었다. 그 가장 전형적인 활동은 숭정 11년(1638)에 복사의 동인同人 오응기吳應箕 등 140명이 남징에서 주도한 '유도방란공게留都防亂公揭(1638)'[49] 사건이었다. 그 뒤로는 복사의 동인들이 반환관反宦官 운동이나 지방 여론을 주도하였고, 청군이 각지로 진입하자 적극적으로 반청反淸운동을 전개하였다.

한편, 태조는 홍무 2년(1369)에 부·주·현 유학 설립을 명령한 외에, 향리에 사학社學을 세우게 하고(홍무 8년),[50] 겨울 농한기에 15세 이하의 소년을 모아 기초 교육을 실시케 하였다. 홍무제의 처음 명령은 지방의 모든 이里(큰 현은 600개 이상도 있었음)에 사학을 설립하라는 것이었다. 그 명령에

---

48) 이러한 일이 가능했던 것은 그동안 수많은 서원에서 행한 講學이 社會意識을 高揚시킨 결과였다.

49) 위충현파인 완대성(阮大鋮)이 이자성의 난을 피해 남경에 피신하자, 남경에서 복사 동인들이 완대성의 비행을 폭로한 성명문 사건.

50) 趙子富, 1995, pp.1-26; 王凱旋, 2005, pp.48-64; 龔篤清, 2007, pp.129-153; ; 劉曉東, 2010, pp.30-56; 五十嵐正一, 《中國近世教育史の研究》, 東京, 國書刊行會, 1979, pp.3-66; 全淳東, 《明王朝成立史研究》, 도서출판 개신(충북대학교 출판부), 청주, 2000, pp.235-250.

따라 전국에 2,155개의 사학이 건립되었는데, 쑤저우蘇州부에는 730소, 후이저우徽州부에는 462소가 건립되었다. 그러나 이러한 열기가 시들해지자 16년부터는 민간에서도 사학을 설립하도록 개방시켰다. 그 뒤 정통 원년(1436)에 재차 사학社學을 부흥시키도록 명령하였다.[51] 이에 자극을 받아 제학관이나 지방관들이 사학을 설립하여, 홍치 연간(1488-1505)에는 사학의 제2차 발전기를 맞았다. 그러나 정덕(1505-1521) 연간부터 다시 위축되다가 왕수인·엽춘급葉春及·황좌黃佐 등이 지앙시·푸젠·광동 등 지역에서 향촌교화운동을 추진한 결과, 가정(1521-1566)·만력(1572-1620) 연간에 서원의 발전과 함께 사학도 제3차 번성기를 맞았다. 특히 경제와 문화가 발전한 강남지역이 두드러져서 지역에 따라서는 마을마다 사학이 건립된 곳도 있었다.[52]

사학社學의 교육 내용은 기본적으로는 일반 사학私學과 같은 수준의 동몽童蒙교육을 목표로 하는 것이었다. 그리고 정통 원년(1436)부터는 우수한 인재는 유학의 생원으로 입학시켰다. 사학社學은 부·주·현관이 설립하였지만 의무교육은 아니어서 학비를 받았다. 그러나 가난한 학생은 학비를 면제 시켰고, 지방에 따라서는 사창社倉을 두어 돕게 하였다. 그러나 전반적으로 보면, 사학社學이나 후술할 일반 사학私學은 경제력과 문화발전 정도, 혹은 제학관이나 지방관의 관심과 능력에 따라 설·폐設廢와 유지에 편차가 많았다. 《명사》〈선거지〉에도 사학을 **"그 법이 장기간 폐이廢弛되면서 점차 시들어갔다"**[53]고 평하고 있다. 현실적으로 볼 때, 그 많은 사학社學을 설립하고 유지하는 문제가 대단히 어려웠다. 경비(교사의 봉급 등) 문제도 어려웠고, 당시 농민 가정의 자제가 사학에서 독서나 할 만큼 여유 있는 가정이 많지 않았다.

---

51) 龍文彬, 《明會要》卷25, 學校 上, 〈社學〉
52) 龔篤淸, 2007, p.138
53) 《명사》69, 〈선거지〉1.

교육의 기능면에서 보면, 명대에도 사학社學·의학義學(義塾)·사숙私塾 등 순수한 사인강학의 전통은 잘 유지되었다.[54] 이미 지방 관학의 동시童試 단계부터 4서5경 등 높은 유학지식을 요구하였으므로, 동생들은 그 이전에 사학私學에서 기초교육을 터득해야 되었기 때문이다. 명말에 중국에 와서 오랜 선교활동을 하다 베이징(北京)에 묻힌 예수회 선교사 마테오 리치利瑪竇(1552-1510)도, 당시 **'관학에서는 교육이 행해지지 않아서 독서인들은 가숙이나 사숙에서 기초학문을 익혀야 했다'**고 증언하고 있다.[55]

특히 가숙·족학族學으로 대표되는 의학義學이 번영하였다. 재능은 있으나 가난한 종족이나 서민의 자제들에게 과거에 응시할 수 있도록 기초 교육을 시키기 위해 설립하였다. 경비는 지방 정부, 혹은 신사·종족집단·대지주·대상인 등의 기부로 농토를 사서 소작료를 받아 충당하였다. 명·청 시대에는 의학을 설립하는 것을 의행義行으로 여겨 지방지地方志에 기록하였다. 명청시대의 지방지·문집·족보의 가규家規·필기·소설 등에 따르면, 신사나 대종족들은 가족과 종족 번영의 방법이 종족교육이라고 생각하였다.

생원·감생·거인 가운데 경제적으로 어려운 경우 혹은 다음 과거시험을 기다리는 동안, 대개는 사학私學의 교사로 연명하는 경우가 많았다. 그들은 학교시와 과거시험의 경험이 있으므로 부유한 가정이나 종족에 숙사塾師로 초빙되거나 자기 집에서 사숙을 개설하는 경우가 많았다. 오늘날 대학생들이 가정교사로 알바이트를 하는 것과 같았다. 1613년에 중국에 와서 1658년에 광주에서 사망할 때까지 강남 각지를 돌며 선교활동을 한 포르투갈 선교사 알바로 세메도(Alvaro Semedo, 중국명 曾德昭)도, **'유학의 입학시험에는 무수한 동생이 응시하지만 극히 소수만 생원으로 녹취錄取되**

---

54) 趙子富, 1995, pp.26-37; 黃明光, 2000, pp.251-252; ; 劉曉東, 2010, pp.45-60.

55) 利瑪竇(何高濟 等 譯),《利瑪竇札記》, 北京, 中華書局, 1983, p.35

기 때문에 대부분의 동생은 부득불 숙사가 될 수밖에 없다'[56]고 하면서, 민간사회에 숙사가 대단히 많았음을 전하고 있다. 세메도는 동생童生만 고려했지만, 그 수에 생원·감생·거인의 수를 더하면, 명대에 숙사의 수는 대단히 많았을 것이다. 명말청초의 고염무가 당시의 생원수를 50만명 정도로 추산하면서 그 가운데 7/10은 '보신가保身家'적인 생원이라 하였고,[57] 무수한 동생·생원·감생·거인을 고려하면, 숙사의 수는 아마도 그 2배 정도는 되었을 것으로 추측된다.

명대에는 특히 강남지역 사인들 가운데 외지로 나가 숙사로 지내는 경우가 많았다. 명말의 과학가 서광계徐光啟(1562-1633)도 생원이 된 후에 가정이 어려워 고향에서 숙사로 버텼다. 명말 사오씽紹興의 장영章穎은 '역易'으로 이름이 났는데, 운이 없어 11번이나 향시에 낙방한 뒤 집에 사숙을 개설하였다. 명말의 동림학파 유종주劉宗周 1578-1645)는 유복자로 모친이 비단을 짜서 겨우 생활하였는데, 장영의 문하에서 학문을 닦았다. 그는 7세부터 20세에 사오씽 부학 생원이 될 때까지 5군데의 사숙에서 공부하였다. 명말 후광 황저우의 경정향耿定向(1524-1596)도 14세에 왕汪 서생의 사숙에서 30여 명의 학동들과 공부하였는데, 집이 멀어서 스승의 집에서 숙식하였다. 경정향耿定向도 8곳의 사숙에서 공부하였다.

이상을 종합해 보면, 후술하는 과거제는 교육을 자극하고, 관학과 서원 및 사학私學 등 다양한 교육기관은 과거제를 뒷받침하면서 중국의 문화와 전통을 계승시켰던 것이다.

---

56) Semedo(Alvaro Semedo, 중국명 曾德昭), 何高濟 역, 《大中國志》, 上海古籍出版社, 1998, p.46.
57) 顧炎武, 《顧亭林文集》, 권1, 〈生員論 上〉

제2절 명대의 과거제

명·청시대에는 위에서 보아온 학생층(생원과 감생)만이 향시에 응시할 수 있었다. 향시[58]는 3년에 한 번, 자子·묘卯·오午·유酉년 8월의 9일·12일·15일, 3일 동안 수도 베이징과 각 성의 성도省都의 공원貢院[59]에서 실시되었다.[60] 향시의 시험관(성마다 正考官 1명, 부고관 1명)은 중앙에서 파견하였고, 현지에서 학문이 뛰어난 사람을 보조관(同考官)으로 충당하였는데, 큰 성은 18명까지, 작은 성은 8명 정도였다.

그런데 성화(1465-1487) 연간부터는 향시 첫날 제1장의 경의經義의 답안을 '팔고문八股文'이라고 하는 특수한 문장형식으로 작성케 하였는데,[61] 그

---

58) 趙子富, 1995, pp.238-260; 郭培貴, 2015. pp135-292

59) 마테오 리치는 공원의 모습을, "대도시마다 모두 과거시험만을 위한 거대한 궁전이 있는데 사방은 높은 담으로 둘러져 있다. … 이 궁전의 중앙에는 4천여 개의 작은 방들이 있는데, 각각 1인용 탁자 하나와 의자 하나를 겨우 놓을 수 있다. 작은 방들은 옆 사람과 이야기하거나 만날 수 없도록 되어 있다"고 전한다.(利瑪竇(何高濟等譯), 1983, p.38). 그가 말하는 작은 방은 호사號舍라고 하는데, 3척(약1m) 간격으로 칸막이가 되어 있고, 깊이 4척(약130cm)되는 작은 방이고, 탁자와 의자는 사실은 길고 널찍한 두 짝의 판자(號板이라 함)였다. 그 두 판자를 호사의 양쪽 벽에 걸어놓고 한 짝에는 걸터앉고 다른 한 짝은 책상처럼 답안지를 쓰고, 밤에는 두 판자를 이어 놓고 잤다. 생원들은 일단 호사에 들어가면 읽고 쓰고 먹고 앉고 눕는 것을 모두 호사 안에서 해결해야 하였다.

60) 첫날(第1場)은 經義 시험으로, 四書에서 3문제, 오경(5경 가운데 하나 선택) 4문제를 보았다. 새벽에 入場하여 그날 어둡기까지 제출해야 하는데, 만일 완성하지 못하면 초를 3자루 주어서 그 초가 다 타면 제출해야 되었다. 호사마다 군사 1명이 지켰다. 2번째 시험(第2場)에서는 論1문제와 判語 5문제(5조), 詔(황제의 조서)·誥(황제 명의의 공문서)·表의 세 가지 문체 가운데 1문제(1편)을 선택하여 보았으며, 第3場에서는 經史·策 5문제(5편)을 보았다. 四書와 五經은 永樂 15(1417)년부터는 《四書大全》·《五經大全》을 교과서로 사용하였다.

61) 팔고문은 制藝·時藝·時文이라고도 하는데, 대부분 《사서》에서 출제되기 때문

원인은 다음과 같다. 향시에 응시하는 생원과 감생의 수가 갈수록 증가하였다.[62] 그 때문에 각 성에서 향시 수험생들이 3차례의 시험에서 제출하는 19문제의 답안지를 모아놓으면 많을 때는 8-9만여 편에 달했으므로, 소수의 시험관이 정해진 시간 내에 심사하는 것은 불가능하였다. 그 때문에 동고관들은 대개는 첫 시험인 사서의四書義 3문제만을 읽는 경우가 많았다. 그러므로 당연히 첫 시험이 가장 중요하였는데, 사서의 내용이 비교적 간단하여 천편일율적인 답안만 나오자 팔고문을 채용하게 된 것이었다. 그리고 청대에 이르면 팔고문조차도 정형화 되자, 시험관은 팔고문의 제일 앞에 나오는 파제破題만 평가하는 경우가 많았다. 그 때문에 생원들은 열심히 공부는 하지 않고 문장의 기교만 익힌다는 비난을 받게 되었고, 청말에 과거제 폐지 주장이 나오자 제일 먼저 폐지되었다(제2편 제3장 참조).

팔고문은 규정이 엄격해서 형식에 맞추어 반복적으로 연마하여야 하였다. 그 때문에 홍치(1488-1505) 연간부터 〈정묵程墨〉[63]이 만연하였다. 구준

에 '四書義' 라고도 하며 '經義'를 말한다. 전체의 문장은 破題·承題·起講·入手·起股·中股·後股·束股의 8부분으로 나누되, 起股에서 束股까지 4개의 단락이 본론이고, 中股가 전체 문장의 중심이 된다. 4개의 단락은 각각 兩股로 나뉘어 도합 八股가 되기에 부쳐진 이름이다. (왕카푸(김효민 역), 《팔고문이란 무엇인가》, 글항아리, 2015; 劉海峰·李兵, pp.305-320; 오금성, 장거정, 2018, p.70). 청초의 고염무는 팔고문의 폐해가 진秦대의 분서갱유보다 더 심하다고 비판하였다. 분서갱유는 당시의 지식인 가운데 겨우 460여 명을 생매장하였지만, 팔고문은 지식인 전체를 망쳤다는 것이다.

62) 순천(베이징)의 경우 성화10년에 1,600여 명, 만력28년에 4,500여 명, 응천(난징)은 경태 원년에 1,600여 명, 만력31년에 6천여 명, 지앙시江西에서는 성화 10년에 2,700여 명, 천계7년에 5,300여 명이 응시하였다. 그 때문에 동고관들은 매일 많으면 7백여 편을 채점해야 하였다.(郭培貴, 明代篇, pp.169-171, 267-269). 이렇게 갈수록 향시 경쟁률이 치열해지자, 만력(1573-1619) 말엽부터 副榜擧人 제도를 두었다. 답안의 수준은 합격자와 비슷하지만 정원에 묶여 합격하지 못한 응시자에게 부방거인 자격을 주고 일반 세공과 같이 국자감에 진학할 자격을 주었다.

63) 향시와 회시에 합격한 사람의 팔고문 답안을 추려 놓은 문장 선집으로, 과거시

丘濬(1421-1495)도 '심지어 과거시험에 우수한 성적으로 급제한 사람 가운데에도 역사책의 제목이나 왕조의 선후先後, 글자의 부수(偏旁)조차 모르는 자가 있다'고 비판하였다.[64] 또 명 말에 10년 동안 광범한 개혁을 단행하여 '구시재상救時宰相'으로 평가받은 장거정(1525-1582)조차도,

"나는 향시에 합격한 뒤 내가 무척 똑똑하다고 자만했었다. 급제는 일도 아니라고 생각하여 본업을 게을리 한 채 고전에 탐닉하였다. 3년이 지났으나 새로운 것은 얻지 못하였고 옛것은 모두 잃어버렸다. 지금 생각하면 부끄럽기 짝이 없는 오점汚點이었다. 갑신년(1544)에 (회시에) 낙방한 뒤에야 내 자신을 돌이켜 반성하며 열심히 노력해서 겨우 시험에 붙었다"[65]

고 회고할 정도였다. 자기가 가정 23년의 회시에 낙방한 것은, 향시합격 뒤 4년 동안 '실사구시'를 위해 고전만 공부하고 팔고문을 익히기 위한 시문(時文) 공부에는 등한히 하였기 때문이라는 것이다. 또 청말에 과거제 개혁을 주장했던 강유위康有爲(1858-1927)도,

'신의 경우로 말씀드리면, 어려서부터 팔고문을 배우기 시작하여, … 경서를 제쳐두고 읽지 않다 보면 팔고문 쓰기는 조금 익숙해지게 되고, 그랬다가 다시 여러 서적을 섭렵하면서 팔고문을 버려두고 연습하지 않다 보면 또 그 작법作法에 어긋나게 되었습니다. 동시童試에 6번이나 낙방한 것은 모두 이 때문이었습니다. 이로써 팔고문이 학문에 가장 장애물이 되는 것을 잘 알게 되었습니다.'[66]

험 참고서였다.

64) 丘濬, 《大學衍義補》卷9.
65) 張舜徽, 《張居正集》第2冊, 卷28, 書牘15, 〈示季子懋修〉.
66) 왕카푸(김효민 역), 2015, p.332 轉引.

라고 하였다.

그 때문에 많은 인재들이 팔고문에 얽매어 자기의 진정한 재능을 발휘하지 못한 경우도 많았다. 그 반면에 여러 면에서 뛰어난 성과를 거두어 역사에 기록된 인물들 가운데에는 오히려 과거시험에 여러 번 낙방한 뒤에 거업을 포기하고 자기의 자질과 재능을 살려나간 사람들이 많았다(제4편 제2장 참조). 명·청 교체기에 대학자로 삼유로三遺老라 불리었던 고염무顧炎武·황종희黄宗羲·왕부지王夫之 역시 거업의 길을 걷지 않았다. 《명사》에서도, 팔고문에 매몰되어 경세실학을 도외시했던 명대 신사들에 대하여, "명말의 사대부들은 전량錢糧에 대해서 물어도 알지 못하였고, 군사에 관해 물어도 알지 못하였다"[67]고 비판하였다.

한편, 향시의 합격자 수(擧人의 解額=정원)는 각 성마다 그 지역의 인문人文 정도, 인구와 정치적 고려에 따라 정해졌다.[68] 향시의 경쟁률은 명초에는 59:1 정도에서 중기 이후에는 300:1 이상으로 치열하였고,[69] 합격자는 전국에서 모두 1천 2-3백 명 정도였다.

명대 거인 정원의 변화

年度	洪武3년	洪熙원년	正統5년	景泰4년	萬曆43년	崇禎15년
全國	510 명	550	740	1,145	1,265	1,387

---

67) 《명사》권252, 〈楊嗣昌〉전

68) 명대 거인의 정원은 성별로 보면, 順天府(베이징)와 應天府(난징)가 가장 많아서 명말에는 135명이었고, 그 다음이 江西·浙江·福建의 순이었다. 吳金成, 2007-B, p.196; 趙子富, 1995, pp.238-246.

69) 이 비율은 부·주·현 유학의 세시(歲試)부터 계산한 것이다. 실질적인 경쟁은 세시 단계부터 시작되기 때문이다. 만일 실제로 향시에 응시하는 생원의 수만 계산하면, 1542-1639년 사이에는 전국적으로 대개 25:1(4%) 정도였고, 최고는 56:1(1.8%)이었다. 劉海峰·李兵, 2004, pp.286-287; 劉海峰, 《科擧學導論》 2005, pp.142-143 참조. 한편 郭培貴, 2015, p.135에서는 명대 총 90회 향시에서 합격한 거인의 수는 10만여 명인데, 거인 녹취율이 명초 10% 이하, 성화·홍치 연간에는 5.9%, 가정 말년 이후에는 3.3%였다고 한다.

그런데 지방의 관학에서 치러지는 세시와 과고, 과거시험의 제1단계인 향시의 시험 과정은 대단히 어렵고 힘들었다. 명 말의 고문가인 애남영艾南英(1583-1646)은 자기가 20년 동안 생원 신분으로 있을 때 시험을 치르면서 7년을 보냈는데, 제학관이 주관하는 세시와 과고 때마다 겪었던 괴로운 경험을 다음과 같이 회상하고 있다.[70] 즉,

> '시험 당일, 아문의 북이 세 번 울리면 비록 엄동설한인데도 생원들은 문밖에 서서 기다리고, 옷을 벗고 맨발에 왼손에는 붓과 벼루, 오른손에는 옷과 버선을 들고 호명에 따라 차례로 제학관 앞에 나아갔다. 생원 1명에 몸수색하는 군인이 두 명씩 붙어 서서 머리부터 발끝까지 뒤졌다. 비록 건장한 사람이라도 벌벌 떨지 않는 사람이 없고 허리 아래는 꽁꽁 얼어 살이 있는지조차 알 수 없다. 한여름에는 많은 생원들이 먼지 구덩이 속에 서있으면서도 감히 부채를 들지도 못한다. 더구나 두꺼운 옷을 입었는데 수백 명이 끼어 앉아 푹푹 찌고 퀴퀴한 냄새가 나고 등에 땀이 흥건하지만 물 한 잔 마실 수가 없다. 자리에 앉은 뒤에는 … 소변이 마려워도 마음대로 움직일 수도 없다.'

또 향시에 대해서도,

> '공원에 들어갈 때의 몸수색과 금지 규정, 밤이슬과 한낮의 뙤약볕, 더위와 모래바람 속의 괴로움은 학교시(세시와 과고)와 다를 바 없다.'

포송령蒲松齡의 《요재지이聊齋志異》 가운데 〈왕자안王子安〉에도 향시에 응시하는 생원의 모습이 묘사되어 있고, 오경재의 《유림외사儒林外史》 제

---

70) 李調元, 《制義科瑣記》卷3, 〈艾千子自述〉(陳東原, 1966, pp.348-350; 劉海峰·李兵, pp. 324-325; 진정〈金諍 지음, 김효민 역〉, 2003, 253 轉引)

42회에도 공원에 들어갈 때의 모습과 준비할 물건을 적고 있다. 이러한 상황은 고관대작의 아들이라도 피할 수 없었다.

그러나 이렇게 어려운 과정을 거쳐 일단 향시에 합격하여 거인이 되면, 종신토록 그 자격을 유지하면서, 기본적으로 감생이 누리는 사회적 특권을 누렸고, 사대부로서의 사회적 지위는 감생보다 훨씬 높았다.(제3편 제3장 참조).

향시에 합격한 거인은 중앙의 예부에서 주관하는 회시會試[71]를 볼 수 있었다. 회시에 응시하기 위해 베이징北京으로 가는 거인에게는 해당 현에서 교통비를 보조하였다. 또 국가에서도 교통의 편의를 위해 역참驛站과 말을 이용할 수 있게 하였다. 회시의 시험과목은 향시와 같았지만, 힘들기도 향시와 비슷하였다. 회시는 향시의 다음 해, 즉 축丑·진辰·미未·술戌년 2월 9일·12일·15일에 향시처럼 역시 3장 시험으로 실시되었다. 고시관은 지공거知貢擧로서 보통 예부 상서가 맡았다.

회시에 응시하는 거인은 건문 2년(1400)에 약 1천명, 성화 8년(1472)에 3,400여 명, 만력14년(1586)에 4,600여 명으로, 갈수록 증가하였는데, 합격자는 최대 472명, 최소 31명을 합격시켰고, 성화 11년(1475)부터는 시험 때마다 3백~4백 명을 합격시켰다. 합격자를 공사貢士라 하였으며 1등을 회원會元이라하였다.

공사貢士의 수는 일정하지 않았으며, 그 수는 지역에 따라 일정한 비율을 할당하였다(제3편 제3장 참조). 최근의 연구에 따르면, 명대 88과 회시 가운데 공사는 모두 24,652 명이었고, 회시 녹취율은 영락 이후 대체로 8%였지만 점차 완만하게 하향추세였다. 특별한 사례로는 홍무 4년에는 녹취율이 무려 63.5%였고, 홍무 24년에는 4.8%에 불과하였다. 만력 2년에서 32년까지는 6.9%였다.[72] 이로 보면, 명대의 회시 경쟁률도 갈수록 치열해

---

71) 趙子富, 1995, pp.260-268; 郭培貴, 2015, pp.293-419.
72) 劉海峰, 2005, p.145에서는 6%~11%로 보고 있다.

호사號舍와 수험생의 모습 모형 (난징 과거사박물관)

져서, 중기부터는 항상 4천-5천 명의 거인은 낙방하여 향촌에 정착하였다.

한편, 명초부터 회시에 부방副榜을 인정하였다. 회시에 낙방한 거인의 답안지 수준이 합격자와 비슷하지만 정원에 묶여 낙방한 소수의 거인에게 합격자에 준하는 자격을 주는 제도였다. 당시에는 일반 거인도 기회를 얻으면 입사入仕할 수 있었으므로, 회시의 부방은 일반 거인보다 더 빨리 지방학교의 교관이나 하위 관직에 임명되었다.[73]

회시의 발표가 끝나면, 황제는 시험관과 새로 합격한 공사들을 초대하여 예부에서 '은영연恩榮宴'을 베풀었다. 공사는 다음의 전시에 응시할 수 있었다. 전시에서는 송대부터 낙제를 시키지 않았으므로, 그 수가 그대로 진사가 되었다.

---

73) 郭培貴, 2015, pp.406-408

과거시험의 마지막 단계인 전시殿試[74]는 회시의 합격자를 발표한 뒤, 3월 15일에 실시하는데, 2천자 정도의 답안을 써야 하는 대책對策 한 편을 보았다. 전시의 책제策題는 대개는 상투적인 유교적 관념을 출제하지만, 가끔은 당시의 중요한 국가 현안을 묻기도 하였다.[75] 시험은 궁전의 봉천전奉天殿(가정제가 皇極殿으로 개명, 청초에 太和殿으로 개명)에서 보는데 공사들에게는 몸수색은 하지 않았다. 전시의 답안지는 미봉彌封은 하고 등록謄錄은 하지 않았다. 전시의 평가가 끝나면 진사 전체의 성적을 제1·2·3갑甲의 3등급으로 나누어, 태화전太和殿에서 성적을 발표하고, 이어서 전려傳臚(唱名, 학위수여식)가 행해졌다. 3월 25일에는 황제가 시험관과 새로 급제한 진사들에게 베푸는 은영연恩榮宴을 즐겼다. 모든 진사에게는 꽃가지 한 개와 작은 비단패(絹牌) 한 장을 주었는데, 장원에게는 은패銀牌를 주었다. 모든 진사의 이름은 진사제명비進士題名碑에 새겨 국자감에 세워졌다. 전시의 제1갑(甲) 제1등인 장원은 한림원의 수찬修撰에, 방안榜眼(2등)과 탐화探花(3등)는 편수編修에 임명되고, 제2·3갑 중 서길사庶吉士시험에 합격한 진사는 청요직淸要職인 한림원의 서길사[76]로 남고, 그 밖의 진사는 중앙과 지방의 하급관료에 임명되었다.

명·청시대에 생원의 50% 이상이 한미寒微한 가정 출신이었고, 진사의 42.9%은 조상이 공명功名(직위나 직함)을 갖지 못한 가정 출신이었다. 한편, 와다(和田正廣)의 통계에 따르면, 명대의 전체 진사 가운데 선조대에 무관호

---

74) 趙子富, 1995, pp.268-275; 진정(金諍 지음, 김효민 역), 2003, p.286-289; 郭培貴, 2015, pp.420-506

75) 吳金成, 〈明代 殿試의 策題에 대하여〉, 《東洋史學研究》8·9合輯, 1975

76) 3년 동안 공부한 뒤 재시험(散館考試)을 치러서, 1등은 編修 혹은 檢討, 2등은 中央官, 3등은 地方의 知州·知縣 등에 임명하는 제도. 명 중기부터는 "진사가 아니면 한림원에 들어가지 못하고 한림이 아니면 내각에 들어가지 모하는" 관례가 정착되었다. 명대 재상 172 명 가운데, 한림원 출신이 90%를 차지하였다. 《明史》卷70, 選擧志.

명대 전시도(난징, 중국과거사박물관 소장)

無官戶가 약45%인데, 영락10년(1412)에는 79.2%, 만력38년(1610)에는 6.1%
으로 낮아졌다고 한다.[77] 최근의 통계에도, 명대 진사 출신 가운데 평민
출신의 비율은, 영락 9-10년에는 82.63%에서 숭정 말에는 24.87%로 떨어

---

77) 趙子富, 1995, pp.296-298 참조.

장원급제 패(난징, 중국과거사박물관 소장)　　　장원급제 동경(상하이 중국 과거사 박물관 소장)

졌다.[78] 이러한 변화는 관료와 공명을 가진 가정이 점차 고정되어갔음을 의미하는 것이다. 과거제가 가지는 사회유동은 무시할 수 없지만, 시대에 따라 차이가 많았음을 알 수 있다.

　명대에 과거에 녹취된 진사의 수를 보면, 모두 89차 시험에 24,636명[79] 이 급제하여, 매과 평균 277명이 급제하였고, 최소는 홍무 24년 겨우 31명 이었다. 당대에 진사 급제자는 100명 당 1~2명, 송대에는 녹취 인원을 대폭 증가시켰지만 응시자도 증가하였으므로 대략 50명 당 1명, 명·청시대에는 전국의 생원으로 계산하면 대략 3천명 당 1명의 진사가 배출된 셈이었다. 갈수록 치열해진 것이었다.

---

78)　郭培貴, 〈明代進士群體社會流動的再考察〉, 天一閣博物館, 《科舉與科舉文獻國際學術研討會》(上), 上海書店出版社, 2011.

79)　劉海峰·李兵, 2004, 부록, 7. 明代進士登科表. 한편 郭培貴, 2015, pp.570–595, 〈明代歷科會試會元, 殿試壯元及其錄取名數表〉에서는 24,586명으로 보고 있다.

제2장 과거제의 세밀화

제1절 청대의 교육

청조는 이미 입관入關하기 전, 제2대 홍타이지皇太極(1626-1643) 연간부터 과거제에 관심을 갖기 시작하였다.[1] 과거제를 시행하라는 여러 중신들의 건의도 있었다. 홍승주洪承疇(1593-1665)는 일찍이 '인심수람과 사회의 안정을 위해서는 **개과취사開科取士**' 해야 함을 건의하였다. 순치 2년(1645)에 저지앙浙江총독 장존인張存仁(?-1652)도 '**치발薙髮을 빌미로 귀순을 미루고 반발하는 신사가 많으니, 군사를 동원하지 않는 방법은 개과취사하여 독서인들에게 출사出仕의 희망을 주면 반역의 마음이 살라질 것**'이라고 상소하였다.[2] 범문정范文程(1597-1666)도 '천하를 다스리기 위해서는 민심

---

1) 龔書鐸 等,《圖說天下》, 吉林出版集團有限責任公司, 長春, 2007, p.38

2) 淸《世祖實錄》卷19, 順治2年 7月 丙辰조.

을 얻어야 하고 민심을 얻기 위해서는 사심士心을 얻어야 한다'고 하면서 '3년과 4년 연속해서 회시를 실시'하도록 건의하였다.[3]

이러한 일련의 건의에 따라, 입관한 다음 해인 순치2년(1645)년 8월에 향시를 거행하고[4] 3년 2월과 3월에 회시와 전시를 거행하였으며, 이어서 3년 8월에 다시 향시,[5] 4년에도 회시와 전시를 거행하였다. 또 순치 4년에는 동시童試도 3년에 2회 실시하도록 하고 정원도 대폭 늘렸다. 단시일 안에 사인士人의 마음을 얻기 위한 방편이었다. 그 뒤로는 대개 명대의 제도에 따라 3년에 한 번씩 향시와 회시·전시를 거행하였다. 청대에도 명대와 같이 과거제가 학교를 포괄하였으므로 학교제를 먼저 이해해야 한다.[6]

지방 유학의 입학시험인 동시童試[7]는 명대와 같이 현시→부시→원시의 3단계였지만 관리는 대단히 엄격하였고, 시험과목은 과거시험과 같았다. 동시의 첫 단계인 현시縣試(知縣이 주관)[8]는 대개 2월에 거행되었고, 적어내

---

3) 趙而巽, 《淸史稿》卷108, 〈選擧志〉

4) 아직 전국을 장악하지 못 해서, 順天·江南·山東·河南·山西·陝西의 6성만 거행하였다.

5) 浙江과 江西까지 8성만 거행하였다. 8년에는 13성에서, 17년에야 15성에서 거행하였다.

6) 제2장에서는, 중국의 과거제를 종합하는 의미에서, 상세한 기록이 남은 청조 말기의 제도를 소개하겠다.

7) 商衍鎏, 《淸代科擧考試述錄》, 北京, 三聯書店, 1958, pp.1-17; 謝靑·湯德用 主編, 1995, pp.439-443; 李世愉·胡平, 《中國科擧制度通史-淸代卷》, 上海人民出版社, 2015, pp.12-60; 미야자키 이치사다(宮崎市定, 중국사연구회 역), 1992, pp.25-54.

8) 동생들은 시험일 새벽부터 시험장에 입장하여 자기 번호에 앉았다가, 호명하면 지현 앞으로 나아가 보증한 선배 생원이 신분을 확인 한 뒤 시권試卷을 받아 좌석으로 돌아온다. 첫날 시험은 3문제(四書 2문제, 五言詩 짓기 1문제)였는데 저녁 무렵까지 제출해야 하였고, 제출한 답안지는 彌封하였다. 합격자 발표(發案) 방법은 명대와 같았다. 첫날 시험에서는 많은 동생이 낙방하였다. 첫 시험 결과를 발표한 다음 날 두 번째 시험이 있다. 문제는 3문제(사서 1문제, 오경 1문제, 짓기 1문제)인데 낙방자는 많지 않았다. 두 번째 시험 발표 다음 날의 세

는 내용은 명대와 같았다. 동생은 먼저 자기의 성명·연령·본관과 호적·3대 조상의 이력, 함께 응시하는 동생 5명의 상호보증, 현학 늠선생 1명의 신원보증 등을 받아 현청에 등록해야 하였다.

시험은 유학의 명륜당이나 현 아문衙門의 고붕考棚에서 5회(5일간) 실시되었다. 명대의 하루 시험과 비교하면 대단히 강화된 것이었다. 첫 시험을 정장正場이라 하여 가장 중시하였고, 제2-5회 시험은 재확인하는 수준이었다. 답안은 활자로 인쇄한 것처럼 해서楷書로 반듯하게 써야하였다. 현시의 경쟁률은 지방마다 달라서, 정원의 10배 이상 되는 곳도 있고, 경쟁이 거의 없는 곳도 있었다. 현시에서는 대개 정원의 4배 정도를 통과시켰고, 다음 부시府試에서는 절반으로 줄이고, 마지막 원시院試에서는 정원만 합격시켰다.

부시(지부가 주관)는 현시가 끝나고 1-2개월 후인 4월에 거행하였다. 현시를 통과한 동생들은 현에서 발급한 합격증명서를 소지하고 현학 교관에게 인솔되어 부의 시험장에 입장하였다. 시험은 3회였는데 시험방법과 고시 내용은 현시와 같았다. 시험문제는 현마다 다른 경우도 있었고, 합격자도 현별로 결정되었다.

원시는 학정學政(명대의 제학관)이 주관하여 4회 실시되었고 이 시험에 합격하면 생원이 되었다. 학정은 3년의 임기로 각 성에 부임하여 성 안에 각 부를 두 번씩 순회하는데, 한 번은 생원에 대한 세시歲試, 한 번은 과고科考를 시행하였고 그때마다 원시도 시행하였다.

번째 시험도 3문제(사서 1, 시 1, 賦 짓기 1문제)였다. 이 시험 발표 다음 날의 4번째 시험도 3문제(사서·시·論 각 한 문제)였다. 제5회 시험(사서 1문제)은 형식적인 시험이었고, 마지막으로 〈聖諭廣訓〉 16조(옹정제가 정한 교육헌장) 가운데 지정된 조목을 정서하는 것이었다.

쑤저우부(蘇州府) 아문에서 실시중인 부시(府試)의 모습.[9] 서양(徐揚), 〈고소번화도(姑蘇繁華圖)〉 부분, 楊東勝 主編,《姑蘇繁華圖》, 北京, 中國書店, 2009.

원시를 보는 첫날 동생들은 지현과 현학 교관의 인솔에 따라 보증하는 생원과 함께 시험장 대문을 지나 의문(儀門)(두 번째 문) 앞에 대기한다. 동생 1명에 군졸 두 사람이 앞뒤에서 몸수색을 하고 나면 시험장으로 들어가 보증하는 선배 생원의 확인을 받은 뒤에 시권을 받아 지정된 좌석에 앉는다. 답안지는 오후 5시 경에 끝내야 되었다. 첫 시험이 끝난 2일 뒤에 발표가 있고, 그 다음 날 두 번째 시험이 있고, 바로 그 다음 날 발표하는데 이때는 입학 정원만 발표한다. 세 번째와 네 번째 시험은 형식적인 시험이고,

---

9) 〈고소번화도〉의 그림만으로는 동시 과정의 부시(제2단계)인지 원시(제3단계)인지 분간할 수 없다. 張永霖(〈圖版說明〉, 蘇州市城建檔案館·遼寧省博物館 編, 《姑蘇繁華圖》, 北京, 文物出版社, 1999)은 원시로 보았고, 范金民(〈淸代蘇州城市文化繁榮的寫照-《姑蘇繁華圖》-〉,《國計民生-明淸社會經濟硏究-》, 福建人民出版社, 福州, 2008)은 부시로 보았다.

이 과정이 끝나면 최종적으로 합격자를 발표한다.

부·주·현 유학은 인문의 발전 정도에 따라 대·중·소로 나누었는데, 순치 4년 처음 규정할 때는 대학大學 40명, 중학 30명, 소학 20명을 뽑았으나, 그 뒤 줄여서 중학 12명, 소학7-8명을 입학시켰다. 학정은 원시 합격자 발표 때 각 주현 정원보다 1-2명 더 뽑아서 성적이 우수한 자를 부학에 입학시켰다.

합격자 명단이 각 현에 통보되면, 현학에서는 첩보捷報(빨간색 바탕에 꽃모양을 새겨 넣은 커다란 종이에 합격자 성명을 적었음)를 합격 생원의 본가로 보낸다. 첩보를 소지한 심부름꾼은 합격자 본가에 첩보를 건네주고, 합격자 본인은 아직 부에서 돌아오지 않았지만, 가족들은 감사의 표시로 팁을 쥐어준다.

동시의 경쟁률은 지역마다 차이가 있만, 어느 곳이나 대단히 어려운 시험이었다. 19세기에 후난湖南성 유양瀏陽현의 경우 입학정원 12명에 2천명이 응시하여 167:1이나 되었다. 그런데 안향(安鄕)현은 정원 15명에 응시생은 2백명 정도여서 13.3:1 정도였다. 한편 허난河南성 남양南陽현은 정원 16명에 2천명이 응시하여 125:1이었다. 도광13년(1833)에 광동성 광저우廣州 부시에는 7개현에서 2만5천명이 참여하였고, 그 2년 뒤에 광저우부의 원시에는 5천-6천 명이 참여하였다. 같은 시기 사오저우韶州 부의 원시에는 1만 명이 참여하였다.[10] 청대 동시의 어려움을, **"현시는 어렵고 부시도 어렵고 원시는 더욱 어렵다"**[11]고 표현한 대련對聯도 있다.

이렇게 어려운 과정을 거쳐 입학한 생원은 명대처럼 부학생附學生이라 불렀다. 부학생은 3년에 2번, 적으면 3-4명, 많은 곳은 25명씩 뽑았다. 그런데 생원 가운데서 국자감의 공생貢生으로 올라가거나 향시에 합격하여

---

10) 張仲禮(金漢植 등 역),《中國의 紳士》, 신서원, 1993, pp. 134-135. 동시에 응시하는 동생의 수를 명대에는 1-2백만, 청대에는 2-3백만으로 추산한다.

11) 劉海峰·李兵, 2004, p.358; 鄭若玲,〈果人'的科擧〉, 2006.

나가는 수는 그리 많지 않았으므로, 생원의 수는 갈수록 증가되었다.[12] 그러므로 2–3명의 교관이 그 많은 생원들을 교육할 수가 없었고, 교관의 질도 떨어졌고 대우도 좋지 않았다. 그 때문에 지역에 따라 편차는 있었지만, 대개는 수업이 있을 수 없었다. 학교는 명대처럼 단지 도서관 구실이나 하고 학교시를 치르는 곳으로 전락하고 말았다. 과거시험에서는 높은 수준을 요구하면서도 그에 걸맞는 교육은 하지 않아서, 그 요구를 서원과 사학私學이 담당하였다. 조정은 과거제를 통하여 교육을 자극만 하면서 재정도 절약하고 교육의 성과도 얻는 일거양득을 한 셈이었다.

이렇게 어려운 과정을 거쳐 생원이 되면, 명대와 같이 유복儒服(남색 바탕에 검정색 테두리를 붙인 제복)을 입고 9품관이 쓰는 작정雀頂(참새 모양을 붙인 모자)을 쓴다. 학정은 합격한 생원을 한 사람씩 불러 금화金花(빨간색 천에 금박을 붙인 모자 장식)를 주고, 생원은 이것을 모자에 붙여 쓰고 다녔다. 생원은 종신토록 그 자격을 유지하면서 요역 우면을 받았다. 또한 생원은 자기집 옥문屋門(방문)을 3촌 높여 7척3촌으로 지을 수도 있었다.[13] 1780년에 청을 다녀 온 박지원朴趾源(1737–1805)의 《열하일기》에는 만주지방의 한 상인이 본 생원의 지위를, **"일단 생원이 되면 9족이 영광스럽다"**[14]고 표현하고 있다.

---

12) 청대의 지방 유학의 학생 수는 光緒 《大淸會典事例》卷370–381,〈各省學額〉의 통계에 따르면, 전국 부·주·현학이 총 1,805소가 있었고, 3년에 2회, 매회 25,300여 명을 뽑았다. 張仲禮의 추계에 따르면, 태평천국 전 생원 총수는 73.9만명(문생원 53만, 무생원21만, 총 인구의 0.18%), 태평천국 후에 91만명(총인구의 0.24%)이었다. 총 인구에 대한 생원의 비율이 30%나 증가한 것이었다. 張仲禮(金漢植 등 역), 1993, p.147, 표6; p.149, 표7 참조.

13) 《欽定學政全書》卷25,〈優恤士子〉; 何懷宏, 2011, p.31.

14) 朴趾源,《熱河日記》卷2,〈商樓筆談〉.

학정은 3년 동안 성안의 각 부를 돌면서 두 번의 학교시(歲試와 科考)를 실시하였다.[15] 세시는 생원들의 학업 정도와 교관의 근타勤惰를 점검하는 시험이었다. 시험은 하루에 끝나는데, 3문제(사서 1문제, 오경 1, 시짓기 1문제)였고 마지막으로 〈성유광훈聖諭廣訓〉 한 조목을 정서토록 하였다. 성적은 6등으로 나누어 1·2등급을 우등, 3·4등급을 중등, 5·6등급을 열등으로 하였고, 우등에게는 승격의 기회를 주었다. 만일 새로 입학한 부학생이 1등급을 받았을 경우, 늠선생廩膳生에 결원이 생기면 승격될 수 있었고, 결원이 없으면 2등급과 함께 증광생이 되었다. 부학생이 5·6등급일 경우에는 정학을 받거나 퇴학을 당하게 되어 있었지만, 실제 그리 엄격한 적용은 없었던 듯하다. 한편 늠선생은 학정의 추천에 따라 중앙의 국자감에 진학할 수 있었지만(貢生), 실제는 나이순으로 추천되는 것이 관례였으므로, 공생이 되려면 20여 년을 기다려야 되었다.

과고는 향시 응시 자격시험이므로 향시에 응시하려는 생원만 응시하였다. 문제는 3문제(사서·책·시 짓기 각 1문제)였고, 마지막에 〈성유광훈〉 한 조목을 정서시켰다. 과고의 성적도 세시와 같이 6등급으로 나누어, 1·2등급을 받으면 곧바로 향시 응시자격을 주었다. 과고의 녹취 인수는 향시 배정 인원에 따라 결정되는데, 순치 2년 처음 실시할 때는 거인 1명 당 30명이었으나, 건륭 연간부터 향시 응시자가 증가하면서 성별로 향시 정원의 54-100배 이내에서 선발토록 하였다.[16]

한편, 청대의 국자감[17] 제도는 명대와는 조금 달랐다. 국자감에 입학하는 방법은 정도正途와 잡도雜途(異途)가 있었다. 정도에는 발공拔貢·세공歲

---

15) 商衍鎏, 1958, pp.18-20; 謝青·湯德用 主編, 1995, pp.443-447; 미야자키 이치사다(宮崎市定, 중국사연구회 역), 1992, pp.67-78.

16) 劉海峰·李兵, 2004, pp.362-363. 또 부방(副榜, 후술) 1명에 대해서 성의 크기에 따라 20-40명을 더 뽑게 하였다. 李世愉·胡平, 2015, pp.64-71

17) 陳東原, 1966, pp.413-414; 謝青·湯德用 主編, 1995, pp.422-431

貢·은공恩貢·부공副貢·우공優貢이 있었다.[18] 이들은 대개 국자감에 적籍
만 걸어 둘 뿐, 실제로는 등교해서 수업을 받지 않아서, 재적 학생貢生이
많아야 300명 정도였다. 이들은 국자감시國子監試나 본적지 학교에서 과고
(科考)를 거쳐 향시에 응시할 수도 있고, 그 자격만으로 입사할 수도 있었
다. 잡도는 연납捐納(米나 粟으로 監生의 자격을 사는 것)하는 방법인데, 연납
하는 자격에 따라 예공생例貢生·예감생例監生으로 불렀다. 이들은 감생의
자격만 가졌을 뿐, 국가에서나 사회에서의 대우는 생원과 다를 바 없었다.
청대에는 명대와 달리, 연납으로 얻은 학생만 '감생'이라 하였다.

청대에도 국자감과 지방 부·주·현학 등 관학은 제도적으로는 완비되
어 있었다. 그러나 국자감의 학생은 대부분 연납 감생으로 단지 등록만 할
뿐이었다. 지방 관학의 경우에도, 명대와 같이 겨우 공자에 대한 제사를 지
내고 학교시를 시행하는 정도였고, 심한 경우에는 학교시조차 시행하지 않
는 경우도 있었다.

이렇게 관학의 교육 기능이 독서인의 욕구를 충족시키지 못한 부분을
서원[19]이 담당하였다. 서원에서는 과거시험에 필요한 내용의 강학과 도덕
교육을 함께 시켰고 사통師統도 엄연했기 때문이었다. 청대에 중건하거나
창건한 서원은 최대 4천여 소로 추산되어,[20] 중국 역대 왕조 가운데 가장

---

18) 拔貢은 6-12년마다 성적이 우수한 生員을 선발하여 入監시키는 경우. 副貢은
    鄉試 성적이 우수하였으나 그 지역의 정원 규정 때문에 불합격된 사람을 入監
    시키는 경우. 優貢은 특히 품행이 方正해서 감생으로 추천되는 경우.

19) 李國鈞, 1994, pp.777-952; 章柳泉, 《中國書院史話》, 教育科學出版社, 北京
    , 1981; 張正藩, 《中國書院制度考略》, 南京, 江蘇教育出版社, 1985; 鄧洪波等
    , 2004, pp.146-173; 鄧洪波, 2004, pp.404-597; 劉宗棠, 〈簡論淸代書院制
    度的特點及其興衰〉, 《中國石油大學學報》(社科版) 25-1期, 2009; 김유리, 《서
    원에서 학당으로》, 한국학술정보, 서울, 2007; 大久保英子, 〈書院(2), 淸代の書
    院と社會〉, 多賀秋五朗 編著, 《近世アジア教育史研究》, 東京, 文理書院, 1966,
    pp.648-690

20) 통계에 따르면, 청대에 새로 창건한 서원의 수는 명대의 2.3배, 원대의 13.1배,

청대 서원분포도(鄧洪波, 2004, p.410)

많았고, 규모도 컸고, 가장 광범하게 분포(타이완의 고산족·티벤·내몽골까지)
되어 있었다. 그러므로 청대의 서원은 다양한 민족과 문화를 융합하는 기
능도 하였다.

　청조 초기에는 명말·청초에 전개된 신사의 반청운동에 자극받아 서원
에 반감을 갖고 억제하였다. 특히 순치 9년(1652)에는 서원 창설을 엄금하
였다.[21] 또 명초의 〈학교금례學校禁例〉를 모방한 〈훈사와비문訓士臥碑文〉을
제정하여,[22] 사인들이 학교와 서원을 통해 정치에 간여하는 것을 엄금하였

　　송대의 5.4배였다고 한다. 關曉紅, 《科擧停廢與近代中國社會》(修訂版), 北京,
　　社會科學文獻出版社, 2017, p.35
21)　《欽定學政全書》권26, 整飭士習
22)　《欽定學政全書》권2, 學校規條

다. 그 뒤로 청조는 과장안科場案(부정행위 사건)이나 명사안明史案 등을 빌미로 특히 강남 사인들을 통제하였다(제4편 제3장 참조). 옹정 11년(1733)에 이르러 각성에 서원을 건립토록 명하고 각각 1천 냥씩을 주어 서원 운영비로 쓰게 하였다. 그 뒤로는 신사나 상인이 출자하거나 지방관과 신사의 협조로 도시와 농촌 어디에나 서원 설립이 이어졌다. 건륭 2년(1737)부터 서원에 '대학'의 지위를 부여한 뒤로는 대부분의 서원이 과거시험을 위한 예비학교로 변모하여 팔고문을 연마시켰다. 그 때문에 건륭·가경 연간에는 서원이 크게 흥성하였지만, 조정에서 재정을 지원하면서 간섭하였고 산장山長(교장)을 국가에서 임명하면서 대부분의 서원은 관학과 같은 성격으로 변모하게 되었다. 다만 규모가 큰 일부 서원에서는 고증학을 연구하기도 하였다.

1895년 청일전쟁에 패배한 뒤부터는 서원도 서양학문의 중요성을 인식하여 시무時務·수학·천문·지리·농사·병사兵事 등에 관심을 가지기 시작하였다. 무술변법(1898) 시기에는 전국의 서원을 신식학당으로 전환하여 전통 유학과 서학을 같이 교육하되, 각 성도省都에 있는 서원은 고등학, 부에 있는 서원은 중등학, 현에 있는 서원은 소학으로 개편하도록 하였지만 100일 유신으로 끝나면서 유야무야되고 말았다. 1901년부터 청조가 신정新政을 추진하면서 각 성도省都에 있는 서원은 대학당, 부에 있는 서원은 중학당, 현에 있는 서원은 소학당으로 전환케 하였다. 이로써 송·원·명·청 900여 년 동안 관학을 보완하여 사학교육을 충실하게 담당해온 서원이 역사에서 사라지게 되었다.

교육의 기능면에서 보면, 국자감이나 부·주·현 유학보다 오히려 순수하게 민간에서 운영하는 사학私學이 훨씬 우위였다. 청대에도 의학義學(義塾)·사숙私塾 등 사인강학의 전통은 변함없이 계속되다가, 1905년 과거제가 폐지되면서, 2,400여 년 면면히 중국적인 학문 전통을 계승해 온 사학이 서서히 역사 속으로 사라져가게 되었다.

쑤저우 창문산당의학(州門山塘義學). 서양, 〈성세자생도〉 끝 부분. 작은 문 위에 '의학'이라
고 적혀 있다. 숙사(塾師) 1인, 학생 9인, 한 학생은 바닥에 꿇어앉아 벌을 받고 있다. 건륭
8년에 소주 지부가 6개 의학을 세웠는데, 그 가운데 한 곳

쑤저우 영암산촌(靈巖山村)의 가숙家塾. 서
양, 〈성세자생도〉 첫 부분. 숙사(塾師)는 학
동을 가르치고, 다른 학동 2명은 글을 읽
고, 종복(從僕)은 청소를 하고 있다.

명·청시대에 가난한 사인士人들의 출로는 다음 몇 가지가 있었다. 첫째는 사학을 운영하는 것이었다. 본인이 직접 개설하거나 부유한 집안에 초청받았다. 둘째는 기유종상棄儒從商, 즉 거업을 포기하고 상업을 하는 것으로, 명·청시대 지방지에 대단히 많은 사례가 기록되어 있다. 셋째는 소송대리인인 송사訟師가 되는 것이었다.[23]

제2절 청대의 과거제

청대의 과거제[24]는 명대와 같이 정기시험인 상과常科 외에, 가끔 실시하는 제과制科와 팔기인들을 위한 팔기과거(강희 26년, 1687부터 合榜), 만주황족을 위한 종실과거(가경 6년, 1801부터 合榜), 번역과거 등이 있었다. 청조는 초기부터 문자옥文字獄 등을 통하여 사상을 통제하였고, 과거시험 절차도 명대보다 훨씬 엄격하고 세밀화 되었다.

먼저, 향시는 기본적으로 명대와 동일하였다. 3년에 한 번, 자子·묘卯·오午·유酉년 8월의 9–10일·12–13일·15–16일에 수도와 각 성 성도省都의 공원에서 세 차례 시행되었다. 다만 황제가 즉위하거나 회갑연 등 장수를 축하하는 특별한 때에는 정과正科 외에 은과恩科를 시행하였는데, 은과

23) 오금성,《國法과 社會慣行 : 明淸時代社會經濟史研究》, 지식산업사, 2007 (2007-A, → 中譯 :《國法與 社會慣行 : 明淸時代社會經濟史研究》, 浙江大學出版社, 2020, 北京), 제3편 제2장 참조.

24) 商衍鎏, 1958; 王德昭,《淸代科擧制度研究》, 中文大學出版社, 1982, 香港; 李世愉·胡平, 2015; 미야자키 이치사다(宮崎市定, 중국사연구회 역), 1992.

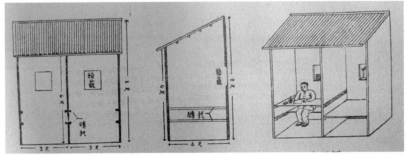

○ 청대 난징 공원 전도(미야자키 이치사다(宮崎市定, 중국사연구회 역), 1992, pp.62-63)
○ 호통과 호사(정면도, 측면도, 투시도, 商衍鎏, 1958, p.110 間紙)

가 정과를 보는 해와 겹칠 때는 정과를 은과로 일컸거나 정과를 1년 앞뒤
로 옮기기도 하였다.

　향시 응시자가 배를 이용할 때는 뱃머리에 "봉지모성향시奉旨某省鄕試"(
황제의 명으로 향시에 응시하러 가는 모성 응시자)라는 깃발을 세웠다. 그러면
중간의 세관에서 짐을 조사하지 않았다. 성도省都에 도착하면 접수처에서
시권 3권과 초안용지를 샀다. 첫 시험은 4문제(사서 3문제, 시 짓기 1문제)였
고, 9일에 시작하여 10일 저녁까지 이틀간 보았다. 두 번째 시험은 5경에서
5문제였고 12일에 시작하여 13일 저녁에 끝났다. 세 번째 시험은 책策 1문

제였고 15–16일 이틀간 보았다.

심사는 3번의 시험이 끝난 뒤에 하였는데, 답안지가 시험 때마다 수만 통이나 되었으므로, 모두 합하면 산더미같았다. 생원들이 제출한 답안지는 검정색 먹으로 썼으므로 묵권墨卷이라 하는데, 좌석번호만 남겨놓고 호명 糊名을 하였고, 다음에 하는 등록謄錄은 붉은 색으로 쓰기에 주권硃卷이라 하며 등록한 사람의 이름을 적어 놓았다. 묵권과 주권은 교정관에게 보내서 두 답안지를 대조하여 잘 못된 부분은 황색으로 교정하고 역시 이름을 적어 놓았다. 그 뒤에 묵권은 보관하고 주권만을 동고관에게 보내어 심사하는데 남색으로 하였다. 좋은 평가를 받은 주권은 '천薦(추천 의미)' 자를 쓰고, 그것을 조정에서 파견된 정고관과 부고관에게 보낸다. 정·부고관은 대개는 추천된 주권만 확인하는데 이때는 검은 색 글씨를 사용하였다. 발표는 대략 20여일이 지난 9월 5일에서 20일 사이에 하였다. 합격자의 묵권 (답안지 정본)과 주권(답안지 사본)은 중앙의 예부로 보낸다. 예부에서는 40명의 관료를 선발하여 전국에서 보내온 답안지를 재점검하였다.

합격자에게는 총독→지부→지현을 통하여 첩보捷報가 전해진다. 그 뒤로 새로운 거인은 평생 동안 고관을 스승으로 모시는 좌주문생 관계가 맺어진다. 정고관과 부고관을 좌사座師, 동고관을 방사房師라 부르고, 스스로를 문생門生이라 부르며, 합격한 거인 사이에는 동년同年이라 불렀다.

향시 합격자의 정원(解額)은, 순치 2년에는 인심수람을 위해서 많이 뽑았고 그 뒤 점차 줄여가다가 건륭 9년(1744)부터는 각 성의 인구와 인문 정도를 고려하여 정하였다. 예컨대 순천順天(수도 北京)의 경우 순치 2년→ 순치 17년→강희 35년→강희 50년→건륭 9년에 각각 206명→105→ 172→233→213명으로 바뀌었다. 건륭 9년에 확정된 수로 보면, 많은 순서로 순천順天(206명)→지앙난江南(114명)→저지앙浙江(94명)→지앙시江西(94명)→후광湖廣(93)→푸젠福建(85명) 순이었고 구이저우貴州는 40명이었다. 이러한 정원 외에도 임시로 증액하는 은과가 있었고, 청말에는 군비軍費나 재

해 구제를 위한 연납捐納을 받기 위
해 정원을 증가시켰다. 또 답안은
우수하나 정원에 묶여 정방正榜으
로 뽑을 수 없는 사람은 명대와 같
이 부방副榜으로 인정하여(正榜 거인
5명당 副榜 1명), 국자감에서 공부하
거나 하위 관직에 임명될 수 있게
하였다.[25]

향시의 경쟁률은, 응시 자격을
얻는 과고 단계부터 계산하면 대단
히 치열하였다. 실제 향시에 응시하
는 생원 수만 계산해도, 명 말에는
전국적으로 대개 25:1 정도였고 최
고는 56:1까지 높아졌다. 그런데 청
대에는 명대보다 인구는 훨씬 증가
하였지만 거인의 정원은 그리 증가
시키지 않았다. 그 때문에 청 중기
부터는 향시의 경쟁률이 대단히 치
열해져서, 낮아야 50:1에서 80:1 정

향시 첩보(난징, 중국과거사박물관 소장)

도였고, 심하면 100:1이 넘는 경우도 많았다.[26] 전체로 보면 1만 명 가운
데 100등 안에 들어야 하는 정말 어려운 시험이었다.[27]

그런데 향시 응시생이 그렇게 많았지만 겨우 20-30일 만에 합격자를

25) 劉海峰·李兵, 2004, pp.286-287; 劉海峰, 2005, pp.142-143; 李世愉·胡平,
     2015, pp.137-145
26) 劉海峰, 2005, p.143; Elman, Benjamin, A., 2000, pp.661-665
27) 張仲禮, 1993, pp.229-231.

발표해야 하였으므로, 채점의 엄격성에 회의를 가질 수밖에 없었다. 열권관은 그 많은 시권을 다 읽을 수가 없어서 3번의 시권 가운데 첫 번 시험을 가장 중시하고, 제2장과 제3장은 그리 중시하지 않았고, 심지어 보지 않는 경우도 있었다.[28]

향시는 시험 과정만 어려운 것이 아니었다. 공원貢院에 입장하여 시험을 마칠 때까지의 고생도 이만저만이 아니었다.[29] 만연하는 부정행위를 방지하기 위해 소지품 검사를 엄격하게 하는 것은 좋지만, 그들도 생원 신분이니 어엿한 사대부인데도 마치 중죄인을 다루 듯하였다. 그래서 향시에 합격하기 위해서는, '**용마龍馬와 같은 정신력과 당나귀와 같은 신체, 쥐며느리와 같은 무신경, 낙타와 같은 기력이 필요하다**'는 말까지 있었다.[30]

포송령(1640-1715)의 《요재지이》의 〈왕자안王子安〉에는 향시에 응시하는 생원은 7번이나 그 모습이 변한다(秀才有七似)고 묘사하고 있다.

---

28) 易惠莉, 〈科擧考試對士大夫的整合〉, 劉海峰 主編, 《科擧百年祭》, 湖北人民出版社, 武漢, 2006, p.414

29) 응시자들은 첫 시험 전날(8월 8일) 새벽부터 시험장에 입장한다. 현별로 공원 문 앞에 모였다가, 입구에서 응시자 1명 당 병졸 4명에게 소지품 검사를 받는다. 문방구·물병·냄비·식료품·이불 등을 넣은 커다란 보통이를 들고 있기 때문이다. 두 번째 문(二門)에서 재차 검사를 받는다. 그 안쪽에 龍門이 있고, 용문을 통과하면 넓고 긴 용도甬道가 이어지고, 그 좌우에 천자문 순서로 좁은 통로(號筒)가 수없이 있고 호통에 들어가면 좌우로 번호가 적힌 호사號舍가 있다. 소지품 검사는 하루 종일 걸렸다. 먼저 들어간 생원은 호사에서 무료하게 기다려야 하고, 검사를 늦게 받는 생원은 온종일 밖에 서 있어야 되었다. 劉海峰, 2005, p.298. 호사는 대단히 좁아서 다리를 제대로 뻗을 수도 없었고, 밤에는 춥고 불안과 흥분 때문에 잠도 편히 잘 수 없었다. 호사에서 지내는 6박 9일은 너무도 힘들어 평소의 실력을 발휘하지 못하는 사람도 많았고, 심한 경우에는 병이 나거나 발광을 하는 경우도 있었다. 명 말의 고문가 애남영이 20년 동안의 생원 기간에 7번 향시를 보던 때의 경험 그대로 변치 않았던 것이다.

30) 吉爾伯特 羅玆曼 主編(Gilbert Rozman, 國家社會科學基金 '比較現代化' 課題組 譯), 《中國的現代化》, 江蘇人民出版社, 1988, pp.253.

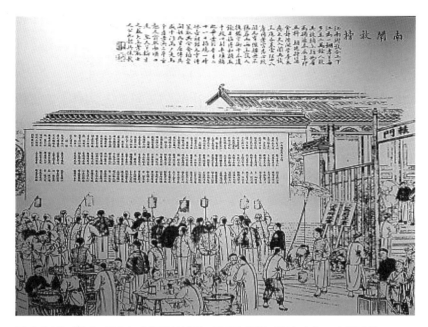

청대강남향시방방도淸代江南鄕試放榜圖 : 點石齋畵報—광서17년(1891), 慕曉芹. 2007, p.83

'처음 공원貢院에 들어갈 때는 맨발에 짐을 든 모습이 마치 거지꼴이다. 출석을 부를 때는 관료들은 호통치고 병졸들은 욕을 해대니 마치 죄수와 같다. 호사號舍로 들어가면 머리를 내밀어 밖을 내다보는 모습이 마치 벌집의 애벌레 같다. 시험이 끝나고 밖으로 나오면 머리는 멍하고 다리가 후들거려 마치 조롱에서 꺼낸 병든 새와 같다. 합격 통지서를 기다릴 때는 바람소리에도 놀라며 안절부절 하는 모습이 마치 묶여 있는 원숭이 같다. 말 탄 장반長班이 합격자 명단을 알릴 때 자기 이름이 없으면 갑자기 얼빠진 사람처럼 사색이 되어 마치 독약 먹은 파리처럼 되고 만다. 이렇게 실의에 빠지면 낙심하여 책을 몽땅 태워 시궁창에 던져버린다.'

그렇지만 일단 향시에 합격하여 거인이 되면 사회적 지위는 명대보다 더욱 대단하였다. 거인은 명대와 같이 종신토록 감생 이상의 특권을 향유하였고, 향촌 사회에서 향신鄕紳(관료 경력자)의 대우를 받았으며, 그 자격만으로도 지주知州나 지현知縣 등 지방관에 임명되기도 하였다. 지현과 만날 때 대좌할 정도로 생원과는 사회적 신분이 달랐고, 그만큼 향촌에서도 광범한 영향력을 행사할 수 있었다. 오경재의《유림외사》제3회에 묘사된 범진의 사례처럼, 향시에 합격하자마자 주위에서는 땅을 주겠다는 사람, 재물이나 집을 주겠다는 사람이 나타났다. 향시 발표 다음 날에는 그 성의 총독이나 순무가 정·부고관·동고관과 함께 새로 합격한 거인을 초대하여 축하연(鹿鳴宴이라 함)을 베풀어 주었다.[31]

향시에 합격한 거인은 다음해 봄에 북경으로 가서 회시에 응시할 수 있었다. 그런데 회시에는 바로 전 해에 새로 합격한 거인 외에도, 이전에 회시에 낙방하고 재수하던 거인도 참가하였으므로 그 수가 1만 수천 명이나 모였다. 그 때문에 회시를 주관하는 예부의 노고가 너무 컸으므로, 청대에는 회시 직전인 2월 15일에 '거인 복시覆試'를 시행해서 회시 지원자의 수를 줄였다.

15일 하루에 끝나는 거인복시의 시험문제는 2문제(사서 1, 시짓기 1문제)였다. 열권대신은 그 답안지를 4일 동안 심사하여 성적을 5등급으로 나누어 황제에게 바치고, 황제는 다른 조사관에게 재조사를 명하였다. 이 조사관을 마감관磨勘官(혹은 복감대신)이라고 하는데, 그는 복시의 답안 필적과 향시 때의 답안 필적이 동일한지, 그리고 열권대신의 채점이 타당한가를 평가한다. 1·2·3등급을 받은 거인은 바로 회시에 응시할 수 있고 4등급은 1-3회 응시가 정지되고 5등급은 거인 자격을 박탈하였다.

회시會試에 응시하는 거인은 총독이나 순무가 발행하는 소개장을 겸한

31) 명청시대에는 지방관의 考覈 조건 가운데 하나가 그 지방 출신 사인의 향시와 회시의 합격자 수에 영향을 받았다.

신분증명서를 소지하고 출발한다. 고향의 현에서는 그들에게 약간의 여비를 지원하였고, 종족이나 문인 단체, 혹은 성에서도 약간의 여비를 지원하였다. 북경으로 가는 배에는 "봉지예부회시奉旨禮部會試"(황제의 명으로 시행되는 예부 회시 참가자)라고 적힌 깃발을 달았다. 변방에서 육로를 이용할 경우에는 중간의 역참驛站에서 역마를 제공하기도 하였다.

청대 역참 : 고맹성역(古孟城驛)

회시도 명대와 같이 향시의 다음 해(丑·辰·未·戌年) 3월의 9–10일·12–13일·15–16일에, 향시처럼 3번을 예부 주관으로 실시되었고, 시험관은 정고관 1명, 부고관 3명, 동고관 18명이었다. 거인들은 첫 시험 전날인 3월 8일 새벽에 성마다 50명씩 한 조가 되어 엄격한 심사를 받은 후에 공원에 들어간다. 시험은 4문제(사서 3문제, 시 짓기 1문제)였고, 9–10 이틀간 보았다. 두 번째 시험은 5경에서 5문제가 출제되었고, 11일에 입장하여 12–13일에 실시되었다. 세 번째 시험은 책론 5문제가 출제되었고, 14일에 입장하여 15–16일 이틀간 실시되었다. 회시의 답안은 별도의 복감대신에게 재조사를 명령하였다.

회시의 녹취錄取 인수는 정원이 없었고 시험 때마다 예부에서 응시 거인의 수에 따라 황제에게 주청해서 결정하였다. 청조 입관 초기인 순치 연간 (1644–1661)에는 4백 명 가까이 뽑은 때도 있었으나, 그 뒤로는 대체로 거인 '20명에 1명(二十取一)' 꼴로 뽑았다. 강희 52년(1713)에 성별 분배(分省錄

청대 보화전(保和殿, 기효근, 2007, p.28; 馮印淙,《紫禁城的宮殿》, 紫禁城出版社, 2002, p.10

取制)[32] 원칙을 정하면서, 합격자 총수로 '이십취일' 원칙을 지켰다.[33] 광시廣西·윈난雲南·구이저우貴州와 같은 변경지역은 문화적으로 많이 낙후해 있어 불리한 것을 바로잡기 위한 것이었다.[34] 회시에 합격한 공사貢士는 황제가 베푸는 경림연瓊林宴에서 접대를 받았다. 이때 아직 살아 있다면, 60년 전에 합격했던 진사도 초대하였다.

회시를 통과한 공사는 청조 초기에는 바로 전시를 볼 수 있었다. 그런데 강희 50년(1711)에 순천 향시의 해원解元(1등)의 부정행위가 발각되어, 강희제가 그해의 신新 진사를 대상으로 다음 해에 복시를 명해서 5명을 탈락시켰는데, 이것이 회시복시의 시작이 되었다.[35] 그 뒤로도 회시 합격자의 자질이 의심되는 경우에는 회시 복시를 명하다가 가경 연간부터 제도화 되었다. 복시에서 1–3 등급은 바로 전시를 볼 수 있었고, 4등 이하는 1–3회

32) 각성의 회시 참가 거인의 수에 따라 합격자 수를 정한 것.《淸史稿》권108, 선거지

33) 타이완(臺灣)에는 십취일(十取一)을 인정하였다. 李世維·胡平, 2015, pp.206–213.

34) 명대에는, 진사 배출이 가장 적었던 貴州는 겨우 85명, 雲南은 241명이었던 데 비해, 가장 많았던 浙江省은 3,280명이나 되어서, 貴州의 38.6배나 되었다. 그런데 청대에 분성녹취제를 시행한 결과, 진사 배출이 가장 적었던 遼東은 183명, 廣西 570명, 貴州는 599명이었고, 가장 많은 江蘇省은 2,920명이어서, 최다와 최소의 비율이 15.9배로 좁혀졌고, 貴州와는 4.9배로 좁혀졌다. 何炳棣,〈明淸進士與東南人文〉,《中國東南地區人才問題國際硏討會論文集》, 浙江大學出版社, 1993, pp.216–221.

35) 趙而巽,《淸史稿》卷108, 선거지

전시 응시를 정지시켰다.

거인이 회시를 준비하고 급제하기까지에도 간난의 연속이고 '누시부제累試不第'가 보통이었다. 《유림외사》제36회에 나오는 우육덕은 24세에 생원이 된 후 촌숙村塾을 열어 연명하였고, 41세에 거인이 되어 유학의 교관으로 있다가 10년 만인 50세에 진사가 되었다고 한다.

전시는 황제가 주관하는 시험이지만 실제로는 문필이 뛰어난 관료 8명을 독권관讀券官으로 임명하여 심사케 하였다. 시험은 4월 21일에 보화전에서 보았다. 출제되는 책제策題는 명대의 전통을 계승하여 천하의 통치책에 대한 포부를 물었으나 후기로 가면서 형식화되어 역사적 사실을 묻는 경우도 많았다. 책제에 대한 대책對策(답안)은 점차로 길어져서 가경 이후에는 8백-9백자 이상을 요구하였다. 대책은 공사의 이름 부분만을 가린 채, 등록 과정은 생략하고 심사하였는데, 독권관 1명이 30-40통씩 맡아서 3일 정도 걸려 심사하였다. 답안의 심사 기준은 내용이 중요하였지만, 후기로 가면서 형식화 되어, 보기 좋게 정자로 잘 쓴 필적에 좌우되는 경우가 많았다. 독권관은 수백 통의 답안 가운데 가장 우수한 10통을 골라 순서를 정하고 이름을 드러나게 해서 황제에게 올리면 황제가 순서를 확정하였다.

4월 25일에 태화전에서 창명唱名(발표) 의식이 거행되었다. 이때 중앙 고관은 모두 예복을 입고 참석하였다. 창명은 예부상서가 제1갑 장원부터 마지막 급제자까지 3번씩 호명하는데, 제1갑의 장원·방안·탐화는 앞으로 나와 무릎을 꿇고, 그 다음 사람부터는 대답만 하고 그 자리에 서 있는다. 합격자 명단이 적힌 종이에는 황제의 직인이 찍혀 있으므로 이것을 금방金榜(혹은 黃榜)이라 하였다.

창명이 있는 다음날 신 진사와 전시에 관계한 모든 관료들은 예부가 주관하는 '은영恩榮(황제의 은혜를 입은 영광)의 연'이라는 축하연에 참가하였다. 장소는 예부였지만 황제가 주최하는 연회였으므로 궁중의 관료들이 주인 역을 맡았다.

안후이安徽성 후이저우徽州 당월棠樾의 패방군牌坊群 : 류웨이·장첸이(허유영 역), 《중국 역사 대장정》, 2009, p.239
패방은 효행, 의행義行을 기리기 위해 세웠다. 조정에서 하사하기도 하고, 후손이 선조의 덕행을 기리기 위해 세웠다. 패방은 사당과 같이 종족을 결합시키는 효과가 있었다. 이 패방은 사당에서 촌락으로 들어가는 길에 세워져 있다.

4월 28일에는 장원 이하 신 진사들이 대궐에 들어가 황제가 하사하는 의복·모자·신발 등과 은 5냥을 받는다. 5월 1일 경에는 진사들 모두 국자감의 공자묘에 참배하고 총장격인 제주祭主와 부총장격인 사업司業이 베푸는 접대를 받는데, 이 행사를 '**석갈**釋褐**의 예**'라 한다. 평민의 옷을 벗고 비로소 관복을 입고 관료가 되는 보고를 하는 의미였다. 그 뒤에 예부에서는 국자감에 〈진사제명비進士題名碑〉를 세우고, 〈등과록登科祿〉[36]을 편찬하였다. 또 신 진사에게는 고향집 문 앞에 방문坊門을 세울 수 있도록 은 30냥, 장원에게는 80냥이 지급되었다. 진사들은 합격 기념으로 자기가 작성했던 답안을 인쇄하여 친척이나 친구에게 배포하는 관행이 있었다. 또 자기의 문집文集에도 넣었다.

전시는 황제가 주관하고 황제의 이름으로 급제자를 발표하는 시험이었으므로, 그 성적은 한 평생 붙어다니면서 관료생활을 좌우하였다. 그러나 세상에서는 전시의 성적 평가가 그리 공정하지 못하다는 비난이 적지 않았다. 세간에는 **"향시는 쉽고 회시도 쉽고 전시는 더욱 쉽다"** 혹은 **"회원천하재, 전원천하복**會元天下才, 殿元天下福"(會試의 1등은 文才가 가장 뛰어난 사람이고, 殿試의 장원은 가장 복이 많은 사람)이란 속담도 있었다. 건륭 연간의 생원인 고공섭顧公燮은, **"향시는 어렵고 회시는 쉽다. … 그래서 '금거인, 은진사**金擧人, 銀進士'**란 속어도 있다"**[37] 라고도 하였다.

그 때문에 옹정 연간부터 전시를 치른 뒤에 또 한 차례 조고朝考를 보게 하였다. 전시의 제1갑 3명은 발표와 동시에 최고의 청요직清要職인 한림원 수찬과 편수에 임명되었다. 나머지 진사는 조고의 성적에 따라 몇 사람은 한림원의 서길사에 임명되었으므로, 조고는 전시의 재확인 시험 형식으로 전시가 실시된 보화전에서 한림원 주관으로 실시되었다. 시험 내용은 대개 논論·조詔·시詩·소疏의 4항목이 부과되었다.

몽골인들은 막강한 군사력으로 세계사에서 전무후무한 광대한 제국을 건설하였지만 중국에 들어와서는 단명하였다. 그 원인은 여러 가지로 설명될 수 있지만, 앞(제1편 제4장)에서 언급한 바와 같이, 관료제와 과거시험에

---

36) 이 책을 〈金榜題名錄〉이라 하는데, 전시에 출제된 책문(문제)과 제1갑 3명의 대책(답안) 전문, 그리고 진사 전원의 성명과 본적을 적은 책으로, 우선 황제에게 바치고 인쇄하여 각 관청에 배포하였다.

37) 顧公燮, 《丹午筆記》, 〈金擧人銀進士〉條 .

서 한인漢人(이전 금나라 지역 거주민)과 남인南人(남송 지역 거주민) 사대부를 극도로 홀대한 것에서 그 일단을 찾을 수 있다. 원말에 사방에서 반란이 일어나자 수많은 사대부들이 반원反元 봉기에 가담한 것은 바로 그 때문이었다.

그런데 여진족은 아마도 그 점을 잘 이해한 듯하다. 청조는 겨우 17만 군으로 입관하자마자 순치제 즉위조卽位詔(1644.10.10.)를 반포하여 신사의 특권과 기득권(신분과 優免)을 인정하고 재산을 보호하고 과거제와 학교제 등 명대의 제도를 그대로 계승한다고 선언하였고, 현임관 등 한인 신사를 적극 등용하였으며,[38] 남방의 각 성을 정복하면 계속해서 각 성省 은조恩詔를 반포하여 신사 우대를 약속하였다.[39]

그리고 입관한 지 2년째 되는 순치 2년(1646)부터 과거시험을 실시하였다. 순치 3년에 실시한 첫 번 전시부터 광서 30년(1904)까지 260년 동안, 총 112차례의 과거시험에서 제1갑의 장원·방안·탐화는 총336명인데, 그 가운데 비非한족은 장원 1명(몽골인)과 탐화 2명(만주족) 뿐이었고, 나머지 321명은 모두 한족이었다. 또 진사는 청대 전체 112과에서 26,888 명이 탄생하였고,[40] 청대 고급 관료 가운데 진사출신자는 45%, 총독 31%, 순무 40%이었다.[41] 한편 청대 112과 장원 114명[42] 가운데 가문을 알 수 있

---

38) 順治年間의 漢人(漢軍八旗 包含) 登用例 : 部院大臣 47.4%; 大學士 75.9%; 總督 100%; 巡撫 99.1%; 科道官 97.4%; 牧民官 95.6%이었다. 吳金成, 〈睿親王 攝政期의 清朝의 紳士政策〉, 《韓㳓劤博士停年記念史學論叢》, 知識產業社, 1981(1981-A)

39) 오금성, 2007-A, pp.220-222

40) 劉海峰·李兵, 2004, 부록 1, 역대등과표; 李世維·胡平, 2015, pp.271-288에 서는 26,849 명으로 보고 있다.

41) 劉海峰, 《도론》, p.157, 2005. 고급관료 가운데 진사출신이 의외로 적은 것은 滿漢並用制 때문이었다.

42) 순치 9년과 12년에는 만주족과 한족을 分榜하여 녹취해서 각각 장원이 2명이 었다.

는 장원은 57명인데, 그 가운데 ▨료가문 출신은 51%이고 부조가 독서인 ▨이지만 관직에 오른 적이 없는 가▨ 출신이 35명, 평민가정 출신은 14%. 그래서 평민 출신이 49%인 셈이었다.[43] 청대 267년 동안 총 112차례의 회시가 실시되어, 평균 2.4년에 한 번 실▨되었으니 3년에 한 번씩 실시되는 관례를 훨씬 초과한 것이었다. 더구나 ▨관초기인 순치(1644-16▨▨) 연간 18년 동안에는 8회를 실시하여 2.25년에 ▨ 번씩 실시하였다.[44]

또한 청조는 당·송시대의 제거制擧를 ▨방해서, 박학홍사博學鴻詞科를 개설하여 시 1편과 부賦 1편만 부과하고 ▨시와 회시를 생▨한 채 임용하였다. 강희제는 강희 17년(1678) 정월에 "▨▨문과 덕행이 뚜▨▨난 자"를 추천토록 조령을 내리고, 추천된 143명에 대하▨ 이듬해 3월▨ 궁중의 체인각에서 주연까지 차려놓고 시험을 실시하였▨ 성적은 4▨으로 나누어 1등 20명, 2등 30명, 도합 50명을 모두 한림원 ▨토 등 한▨원관으로 임명하고 새로 개설한 명사관明史館으로 보내서 《명사》를 ▨▨▨하였다. 모기령毛奇齡·염약거閻若璩·주이존朱彝尊 같은 쟁쟁한 인재들이 ▨때 선발되▨다.[45]

과거시험은 맨 첫 단계인 동시童試부터 시작하여 조고에 이르기까지 무수한 시험을 거치면서 인재를 발탁하는 제도였다. 더구나 청조도 명대와 같이 팔고문 답안을 요구하였으므로, 특별한 재능을 가진 인재는 오히려 낙방하거나 시험 자체를 백안시하는 경우도 있었다. 또 왕조가 교체되는 전란기에 과거를 볼 기회를 놓쳤던 인재들이 청조가 안정되어가면서 나이가 들어 새삼스럽게 과거에 응시하는 것이 어색해진 경우도 있었다.[46] 특

43) 宋元强, 〈略論科擧制度的社會作用 : 以淸朝爲例〉, 劉海峰 主編, 2006

44) 劉海峰·李兵, 2004, 부록

45) 劉海峰·李兵, 2004, pp.387-392; 李世維·胡平, 2015, pp. 612-636.

46) 王夫之(1619-1692)·顧炎武(1613-1682)·黃宗羲(1610-1695) 등 三遺老는 기본적으로 반청사상이 강했고 나이도 이미 60을 넘긴 때여서 참가하지 않았다.

히 청조가 입관한 초기에는 화이사상華夷思想이 작용하여 더욱 그러하였다. 그래서 청조는 화이사상을 무마시키고 초야에 숨어 있는 신사를 체제 안으로 끌어들이기 위해 여러 가지 정책을 썼지만,[47] 또 한 편 제거를 실시하여 한인의 마음을 위무하려 하였던 것이다.

명·청 두 왕조는 중국역사에서 안정기가 가장 길었던 시대인데, 그 배경에는 과거제의 사회통합기능이 중요한 영향을 끼쳤다. 앞에서 보아온 내용을 종합해 보면, 청조가 소수의 군대로 입관하였지만 267년이란 장기간 지속할 수 있었던 배경은 청조와 한인 신사의 협조 체제가 잘 이루어졌기 때문이었다. 사대부와 독서인을 홀대한 원조는 막강한 군사력을 가지고도 단명하였고, 이와는 달리 한인 신사를 적극적으로 우익으로 포섭한 청조는 소수의 군대로 중국에 들어왔지만 장수할 수 있었다.

---

47) 魏光奇, 〈淸末民初地方自治下的'紳權'膨脹〉, 李長莉 等 主編, 《中國近代社會史研究集刊》第1輯, 2006, pp.565-567

제3장 과거제의 개혁과 폐지

제1절 내우외환과 과거제 개혁론

청조는 강희·옹정·건륭 3대(1661-1796)에 걸친 장기간의 안정과 번영을 누렸다. 그 결과 인구가 세계의 1/4이나 되는 4억 이상으로 증가하였지만, 그에 걸맞은 토지의 개발과 생산성 향상, 기술의 발전 등은 이루어지지 않았다. 그 때문에 19세기에 들어서면 비밀결사 운동과 반란이 잇따르고 사회가 불안해지기 시작하였다.

바로 그러한 시기에 영국을 비롯한 서양 열강이 발달된 무기를 앞세워 자유무역을 주장하면서 진출해 들어왔다. 특히 영국은 급증하는 차茶 소비 때문에 중국과의 무역에서 큰 적자가 발생하자 이를 메꾸기 위해 인도에서 생산한 아편을 중국으로 수출하였다. 그 결과 아편이 대거 유입되고, 중국에서 차와 함께 은銀이 대거 유출되었다. 이에 청조가 아편 밀수를 강

영국 군함 네메시스호 : 1841년 1월 17일, 광저우 앞바다에서 중국 군함을 격침시키는 영국 군함 네메시스호, 동인도회사 소속 무장 증기선(국립해양박물관 소장, 윌리암 T. 로(기세찬 역), 2014, p.301.

난징조약 체결당시의 모습 : 류웨이·장첸이(허유영 역), 2009, p.277

력하게 금지하자 영국은 이에 항의하며 중국에 파병하였다. 이렇게 전개된 제1차 중영전쟁(아편전쟁, 1840-42)은 영국의 압도적인 해군력에 눌려, 양국 간에 중국 역사상 최초의 불평등조약이었던 난징조약(1842)을 체결하여 타협할 수밖에 없었다.

난징조약의 체결로 광저우廣州 등 5개 항을 개항하고, 영사재판권 인정·관세자주권 상실·영토할양과 거액의 배상금을 지불해야 하는 등 청조의 권위가 크게 손상되었다. 더구나 무역의 중심지가 광저우에서 상하이上海로 바뀌게 되자, 중국 남부지방에서는 경기가 침체되고 대규모 실업사태가 발생하면서 사회가 극도로 혼란에 빠졌다.

이때를 이용하여 홍수전洪秀全(1814-1864)이 광시廣西 성 금전에서 봉기하고 태평천국을 선언하였다(1851). 홍수전은 14세에 동시童試의 첫 관문인 현시縣試에 합격하였으나, 그 후 광저우에서 실시된 부시府試에 4번이나 낙방하자 거업擧業(과거시험 준비)을 포기하고, 고향에서 '배상제회拜上帝會'라는 종교결사를 창립하여 포교에 나섰다. 1851년 1월 홍수전이, '청조를 타도하고 만민이 평등한 지상천국을 수립하자'는 기치를 내걸고 기병하자, 관료들의 가렴주구에 시달리던 화남·화중 지방의 농민들이 대거 가담하였다. 단시간 안에 20만 명이 넘는 대군으로 증가한 태평군은 후난湖南·지앙시江西·안후이安徽 성을 지나 파죽지세로 난징南京을 점령하고 천경天京이라고 바꾸었다(1853).

태평군 세력은 청조 18개 성 가운데 16개 성에 영향을 미쳤다. 기병 초기 몇 년 동안은 군기가 엄격하였고 세금 감면정책을 펴서 민심을 얻었다. 그러나 신사나 부호에게 진공進貢을 강요하고, 시간이 지나면서 군기도 풀리고 무뢰와 토비土匪가 합세하여 살인·방화·약탈을 자행하였다. 더구나 천경에 안주하는 기간이 길어지면서 홍수전 주변에서는 권력다툼이 심해졌고 식량 보급로도 끊겨 점차 자멸하여갔다. 홍수전은 난징이 함락되기 1개월 전에, 신의 은총을 믿으며 약도 먹지 않다가 1864년 6월에 병사하였다.

그와 반대로 청조는 신사층의 적극적인 협조를 얻었을 뿐 아니라, 외국군대의 원조를 받아 난징을 수복하고 겨우 내란을 평정하였다. 당시 관군의 전투력은 제2차 중영전쟁(애로호 사건, 1856-1860)을 거치면서 거의 유명무실하였으므로, 신사가 주도한 단련團練[1]과 향용鄕勇의 협조 없이는 전투 수행이 불가능하였다. 신사는 단련의 발의發議·조직·유지·관군과의 협조·전투지휘 등을 주도하였다.

그런데 태평천국운동이 한창 진행되던 시기인, 1856년에는 애로호 사건

---

1)　團練(鄕勇) 領袖 가운데 신사의 비율 : 江蘇 61%, 浙江 72.6%, 湖南 56%, 廣東 78.4%, 廣西 79.9%. 王先明, 《近代紳士──一个封建階層的歷史命運》, 天津人民, 1997, p. 156

을 계기로 제2차 중영전쟁이 발발하여, 영국과 프랑스 연합군이 광저우·톈진天津·베이징을 연이어 점령하였고, 이를 수습하기 위해 톈진조약(1858)과 베이징조약(1860)을 연이어 체결하였다. 이때의 조약으로 거액의 배상금과 전쟁비용을 부담하고 무역항 개항·조계租界(上海·漢口·天津·廣州)·광산 채굴권·철도 부설권·화폐발행권·공장설치권 등을 인정해야 하는, 심각하게 불평등한 '조약 체제'가 발생하였다. 결과적으로 청조는 겨우 명맥을 유지하게 되었지만 반식민지 상태로 전락하여갔다.

이러한 일련의 사태를 보면서, 일부 개명 관료와 신사들은 전통적인 유교 경전과 팔고문으로 답하는 과거로는 그러한 위기에 대응할 수 없음을 절감하고, 서양의 기술을 배우자는 '자강운동洋務運動'을 전개하였다. 그 대표적 인물의 한 사람인 위원魏源(1794-1857)은 《해국도지海國圖志》에서, "오랑캐의 장점을 배워 오랑캐를 제압하자(師夷長技以制夷)"고 주장하면서, 학문의 범위를 전통적 유교경전으로부터 과학기술로 확대하였다. 또한 풍계분馮桂芬(1809-1874)은 《교빈려항의校邠廬抗議》에서 '팔고문 시험이 아까운 인재들을 평생 쓸모없는 일에 매달리게 한다'고 비판하면서, '과거시험 합격자의 절반에게 서양의 과학기술을 배우게 하고 그들을 거인 신분으로 대우해 줄 것[2]'을 요구하였다.

그 뒤로 자강운동을 찬성하는 신사들도 과거제와 별도의 시험을 실시하여 서학에 정통한 인재를 선발하자고 주장하였다. 그러나 과거제는 이미 1,200년 이상 지속되어서 그 뿌리가 깊은데다, 과거시험만 바라보고 살아온 수많은 사인들이 쉽게 바꾸려 하지 않았고, 청조 역시 그럴 의지도 여력도 없었다.

이 시기에 권력을 장악한 서태후도 제2차 중영전쟁의 패배와 톈진·베이징 조약의 체결, 태평천국운동과 각지의 반란으로 전에 없었던 내우외환을

---

2) 劉海峰·李兵, 2004, pp.404-418

겪으면서 왕조의 존속 자체가 급선무임을 깨닫게 되었다. 그래서 서양 열 강에게 문호를 개방하는 대신 ① 군사적인 원조를 받고, ② 근대적 기술과 자본의 협력을 받아 자강운동을 추진하는 데에 동의하게 되었다.

'자강운동'의 첫 단계에는 서양의 선진 군사기술을 도입하여 태평천국을 진압하는 데 성공하였다. 먼저 서양의 총포와 군함 수입, 서양식 군대 편 성, 근대적 군수 공장의 설립·군함 건조 등 군수공업 육성을 중심으로 추 진되었다. 이와 함께 기술 도입·과학기술서적의 번역, 외국어와 군사학당 설립 등도 추진하였다. 자강운동의 다음 단계는 석탄과 철광산 개발, 제철 소 건설, 철도 부설, 전보국 창설, 방적공장 건설 등으로 확산되었다. 그런 데 이때의 자강운동은 중앙 정부의 체계적인 계획과 지원으로 추진된 것이 아니고, 증국번曾國藩·좌종당左宗棠·이홍장李鴻章·장지동張之洞 등 지방 장관이 주도하였으므로, 지방 차원의 분산적인 것에 불과하였다. 더구나 바로 이 시기에 불행한 사건들이 연이어 일어났다. 타이완사건(1874)을 계 기로 유구琉球를 잃었고(일본의 오키나와현 설치, 1879), 곧 이어서 청·프랑스 전쟁(1884-1885)의 패배로 푸젠 수군이 궤멸되면서 마미항馬尾港의 조선소 를 잃었고, 베트남에 대한 종주권도 포기하게 되었다.

이러한 자강운동의 한계 때문에 곧이어 일어난 청·일전쟁(1894-1895)에 서 섬나라 소국이라 멸시해 왔던 일본에게 완패하고 말았다. 이 전쟁의 패 배로 이홍장이 20년 동안 공들여 양성한 북양함대가 일본에게 참패하고, '시모노세키조약'을 통해 물경 2억 냥의 배상금(청조의 2년 예산과 맞먹음)과 함께 타이완을 일본에게 넘겨주고, 여러 지역에 조차지租借地(랴오둥遼東반 도에 旅順·大連, 산둥반도에 威海衛·膠州灣, 남해안에 九龍半島·廣州灣)를 할양 하였다. 더구나 그 뒤에 몰아닥친 제국주의 여러 나라의 침략으로 중국은 더욱더 갈기갈기 분할되었다.

그러한 과정에서, 개혁가들은 단순히 자강운동만으로는 한계가 있고, 중국의 전통적인 학문과 제도가 기본적으로 바뀌어야 한다는 점을 절감하

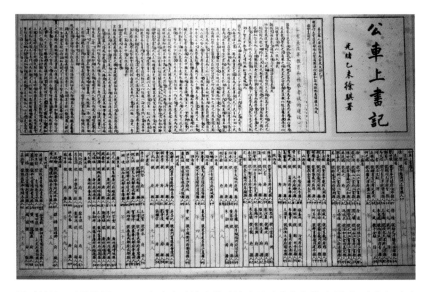

공거상서 : 강유위 등 1,300여 명의 거인이 연명하여 광서제에게 올린 상서. 변법과 과거제 개혁등을 주장한 내용. 한대에 효렴에 응시하는 사람이 공거公車를 타고 간 것에서 유래하여, 거인이 수도에 가서 회시에 응시하는 것을 '공거'라 하였다. 상하이 중국과거박물관 소장

게 되었다. 마침 회시會試가 있던 광서 21년(1895) 4월, 전국의 거인들이 베이징으로 모였다. 그 가운데 강유위康有爲와 양계초梁啓超 등이 18개성에서 모인 1,300여 명의 거인들과 함께 광서제光緖帝에게 연명 상소를 올렸다(음4.8, 양5.2). 이것이 그 유명한 〈공거상서公車上書〉로, '**부국강병·인재 등용·의원 개설·외교 강화·서양의 과학과 지식 등 서양의 문물을 배우고, 팔고취사제를 개혁하자**'는 '변법'론이었다. 과거제는 '**제1장의 사서오경 시험만 남기고, 제2·제3장의 내용을 국사·천문·지리·화학·전기·기계·외국어 등의 과목으로 바꾸자**'는 것과 '**무과武科를 폐지하는 대신 예과藝科(**자연과학과 외국어)를 **신설하자**'는 주장이었다. 이때의 공거상서는 서태후 때문에 광서제에게 전하지는 못했지만, 그 뒤에 과거제를 폐지하고 학교를

설립하고, 변법유신을 주장하는 등 여론을 일신시키는 계기가 되었다.[3] 1896년에는 양계초와 이단분李端棻이 '신식학당과 과거제의 통합'을 주장하였는데, 이 방향이 그 뒤 과거제 개혁론의 주류가 되었다. 또 장지동은 〈권학편勸學篇〉에서 과거제론과 학교론을 제시했는데, 그 내용은 그 뒤 무술개혁 시기의 과거 개혁론에 반영되었다.

그 다음 회시가 열리던 1898년 4월에, 양계초는 베이징에 모인 거인 가운데 1백여 명과 연합하여 재차 '공거상서'를 올렸다. '나라가 위태로운 이유는, 과거시험으로는 충분한 인재를 선발할 수 없기 때문이니 과거제를 개혁하여 학교제와 통합하자'는 내용이었다. 구체적으로는, '전국적으로 시험 때마다 모이는 동생董生 수백만은 모두 백성 가운데 우수한 인재들인데 시험문제는 괴상하고 (생원의) 합격 정원은 백명 가운데 한 사람도 합격하기 어려울 만큼 너무 적고, 각 성의 만 수천 명 생원 가운데 백 수십 명만 거인으로 선발되고, 천하의 수천 거인 가운데 1백여 명만이 진사로 선발되니, 그들 모두가 평생 과거시험에 매달리느라 자신의 재능을 썩히고 맙니다. 다음 시험부터는 팔고취사八股取士를 폐지하고 내정·외교·재정·경무經武·격물格物[4]·고공考工 등의 6과로 바꾸어 시험하자'는 것이었다.[5] 양계초 등이 이 상서를 올리자, 나머지 거인 1만여 명은 그들을 '불공대천의 원수不共戴天之仇'로 비판했다. '과거제의 완전 폐지'가 아니라, 단지 답안지의 문장 형식인 '팔고문을 폐지'하자는 것조차도 당시에는 이렇게 어려운 일이었다.

6월 16일(음4.28), 광서제는 이화원頤和園에서 강유위를 처음으로 접견하

---

3) 이때의 상서는 조정 내외를 경악에 빠뜨렸는데, 그 이유는 그들이 주장한 '변법의 내용'이 아니라 그 많은 신사가 단합하여 정치에 간여하는 방법 때문이었다.

4) 格物은 본래는 '사물의 이치를 따져 밝히는 것'을 의미하였지만, 청말에는 서구의 자연과학을 지칭하기도 하였다.

5) 梁啓超, 〈公車上書請變通科擧摺〉, 中國史學會編, 《戊戌變法》第2册, 上海人民出版社, 1957. 이 상소문은 광서제에게 전달되지는 못했다.

였는데, 이때 강유위가 재차 과거제의 폐단을 역설하였다.

'지금 나라에는 관료가 많지만 국난을 감당할 만한 인물이 없는 것은 팔고
문 때문입니다. 타이완과 랴오둥遼東을 할양한 것은 조정이 아니라 팔고문
이 한 것이고, 은 2억냥의 배상금도 조정이 아니라 팔고문 때문이고, 지아
오저우膠州·뤼순旅順·다리앤大連·웨이하이威海·광저우만廣州灣의 할양
도 조정이 아니라 팔고문이 한 것입니다'[6]

강유위는 몇 사람과 함께 다시 팔고문 폐지와 과거제 개혁을 요청하는
상소를 올렸다. 그 중요한 내용은 '**전국의 동생은 30년 동안 약 3백만 명
이나 되는데 그 수는 네덜란드·스웨덴·덴마크·스위스의 인구와 맞먹는
숫자이니, 그 많은 인재들에게 과학과 기술을 배우게 하면 무엇인들 못하
겠는가? 팔고문과 시첩시試帖試를 즉시 폐지하는 대신 책론 시험으로 대체
하고 내용은 중국과 외국의 고금의 학식을 포괄토록 하고, 널리 학교를
세워 과학을 가르치고 학교가 모두 갖추어지면 서서히 과거제를 폐지하
자**'[7]는 것이었다.

당시 과거제 개혁에 대한 여론은 강유위와 양계초 등 유신파 뿐 아니라
장지동과 같은 양무파 신사도 찬성할 정도로 대세였다. 그 때문에, 수구파
신사들은 극력 반대하였지만, 광서제는 6월 23일(1898, 음5.5)에, '**정치개혁
과 실업진흥, 군제개혁**' 등의 내용과 함께, '**다음 과거시험부터는 동시童試
와 학교시, 향시와 회시에서 시부詩賦와 사서 시험을 책론으로 바꾸고, 빠
른 시일 안에 경사京師대학당을 설립하고 전국의 서원을 국학과 서학西學**

---

6) 《康南海自編年譜》, 北京, 中華書局, 1992. 강유위의 이같은 주장은 과장됨이 많
    다.

7) 《江南海自編年譜》光緒24年 4月 28日.

의 학교로 바꾸고 조고朝考를 폐지하라'는 조칙을 내렸다.[8] 이어서 7월에는 향시와 회시의 3장제를 조정하여 제1장에서는 사론史論과 정론政論을 보고, 제2장에서는 시무와 실학, 제3장에서는 사서오경을 보도록 하였다. 전에는 가장 중요한 과목이던 유교경전이 후순위로 밀려난 것이다. 또 청조 전기에 실시했던 박학굉사과를 모방하여 경제특과經濟特科를 신설하였다.[9] 그리고 베이징에 경사대학당, 각성에 중소학당을 설립하고 과목도 10개를 설치토록 하였다. 광서제는 일본의 '메이지유신'과 같은 개혁을 단행하려 한 것이다.

그러나 그해 여름을 지나면서, 조정의 많은 관료들, 심지어 이홍장과 그의 부하 원세개袁世凱[10]와 같은 중도 개혁파들조차 강유위 등의 개혁추진에 위구심을 품고 수구세력을 대표하는 서태후 밑으로 모여들었다. 이화원에 있던 서태후는 급히 베이징으로 돌아와서(9.21. 음 8.6), 광서제를 자금성 서쪽의 영대瀛臺 섬에 유폐시킨 뒤, 다시 섭정을 맡겠다고 선언하고 지난 3개월 사이에 발표한 개혁안을 모두 폐기하였다. 며칠 뒤에는 개혁을 주도했던 인물들은 숙청되었고 담사동譚嗣同(1865-1898)과 그 외 5명 등 광서제를 보좌했던 신하는 공개 처형(9월 25일)되었다. 이로써 백일유신(무술변법, 1898.6.11-9.21, 103일)은 경사대학당을 설립하는 것 외에는 모두 수포로 돌아갔다. 강유위는 홍콩으로, 양계초는 일본으로 망명하였다.

한편, 무력을 앞세워 중국에 진출한 서양세력은 그동안 조약에서 허가된 특권을 배경으로 적극적인 선교활동을 전개하였다. 그 때문에 서양세력에 대한 중국인들의 반감이 증폭되면서, 개종改宗한 기독교도와 일반 민중

---

8) 《光緒政要》卷38, 光緒 24年 6月 11日.

9) 시험 내용은 內政·외교·理財·經武·格致·考工의 6개 과목이었고, 10-20년에 한 번씩 실시하기로 하였다.

10) 독일 교관이 훈련시키고 근대식 무기로 무장한 최초의 군대를 장악하고 있었음.

연합군에게 포로로 잡힌 의화단원들. 팔과 다리에 모두 족쇄를 달고 있다. (陳玲, 《明信片 淸末中國》, 중국인민대학출판사, 2004, p. 217)

사이에 심각한 적대의식과 충돌이 이어지고, 사방에서 교안教案(반기독교 운동)이 발생하였다.[11] 그 가운데 가장 큰 것이 광서 26년(1900)에 발생한 '**의화단 운동**'이었다. 이들이 봉기하자 청조는 그들을 앞세워 반전을 꾀하려 하였지만, 겨우 칼과 창으로 무장하거나 맨몸으로 저항하던 의화단 단원들은 1만6천여 명의 8국 연합군[12]의 포화에 궤멸되었고(1900.8), 수구세력도 따라서 와해될 수밖에 없었다.

전쟁을 종결하면서 청조의 이홍장 등과 8국을 포함한 11국 사이에 맺은 〈신축조약辛丑條約〉(1901.9.11)에서는 청조가 4억 5천만 냥이나 되는 거액의

---

11) 李時岳, 《中國反洋敎運動》, 北京, 新華書店, 1958; 吉爾伯特 羅玆曼 主編 (Gilbert Rozman), 1988, p.262.

12) 영국·러시아·프랑스·미국·아탈리아·독일·오스트리아·일본

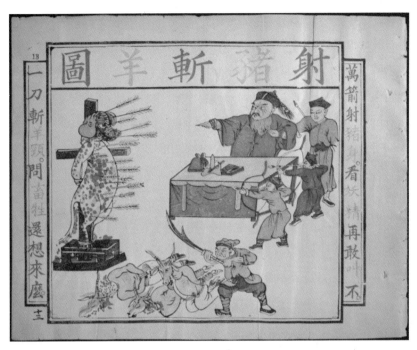

(위) 射猪斬羊圖 : 의화단 격문에 그려진
1890년대의 목판화. 당시의 반외세 감
정을 잘 묘사하고 있다. 畢克官, 《中國
漫畵史》, 문화예술출판사, 2006, p.11.
십자가에 매달린 채 화살을 잔뜩 맞은
돼지는 예수, 목이 잘리는 양은 서양세
력을 뜻한다. 主와 猪 , 羊과 洋은 발
음이 같기 때문이다.

(아래) 중국 巨人의 파열(明信片) 陳玲 等
編著, 《明信片淸末中國》, 中國人民
大學出版社, 2004, p.215

배상금[13]을 물기로 했을 뿐, 그동안에 진행된 갖가지 불평등조약 내용은 오히려 더욱 굳어졌다. 청조는 이제 조세 수입의 대부분을 열강에게 저당 잡히게 되어 국고는 더욱 비게 되었다. 더구나 러시아는 건설 중인 중동철로를 보호한다는 명목으로, 8개국 연합군에 합세한 것과는 별도로 10월 1일까지 17만 여명의 군대를 보내 동부 3성을 강점해버렸다.

의화단이 궤멸되면서 베이징이 두 번째 점령당하고(8.14), 만주족의 고향인 동북 3성을 빼앗기자, 250여년 한족을 지배해온 청조의 무능이 완전히 폭로되었다. 신사와 신상 등 지도자들은, '**혁명**(이민족 왕조인 청조 구축)'만이 '**나라**(淸朝가 아니고 中國)**와 민족을 구하는 길**'임을 비로소 깨닫게 되었다. 한편 청조가 얻은 교훈은, 왕조를 연명하기 위해서는 '**전통적인 법제를 폐지하고 개혁을 다시 추진할 수밖에 없다**'는 것이었다.

시안西安에 피신해 있던 서태후는 1901년 1월 29일(辛丑年, 음 1900. 12.10)에 광서제의 이름으로, 〈죄기조罪己詔〉[14]를 내리는 동시에, 문무대신들에게 '**행정·군사·교육·과거제·재정 등에 대한 개혁안을 제출**'토록 명령하는 '변법 상유上諭'를 내렸다. 4월에는 개혁안을 심사하도록 정무처를 설립하였다.

이에 따라 7월에 후광총독 장지동(1837-1909)과 양지앙兩江총독 유곤일劉坤一(1830-1902)이 '새로운 인재육성 방안'이 담긴 〈**강초회주**江楚會奏〉(첫

---

13) 청조가 상환해야 할 외채(매년 4,200만-4,300만 냥)는 청조의 재정상태로는 감당할 수 없었으므로, 해마다 4%의 이율로 39년에 걸쳐 분할 상환하도록 하여, 최종 지불액은 6억 6,800만 냥이나 되었다. 이 때문에 청조는 토지세를 제외한 모든 세(鹽稅·관세·해관)를 담보로 잡혔다. 다만 미국과 영국은 배상금으로 받은 일부를 교육기금으로 배정하고 베이징에 칭화대학교를 설립하는 데에 사용하였다.

14) 황제 스스로 자기 자신을 꾸짖는 의미로 내리는 조칙이다. 당 태종도 가끔 〈죄기조〉를 발했고, 명말 신종 황제도 내각수보 장거정이 대신 쓴 〈죄기조〉를 반포하였다.

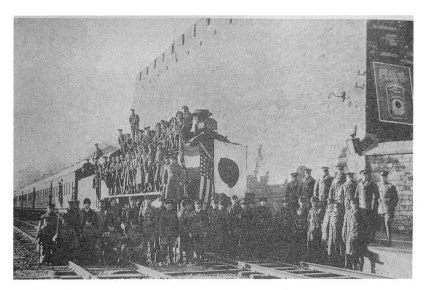

8국 연합군의 베이징 진입 : 8국 연합군은 베이징 공사관 보호를 명목으로 2만명으로 8
월 4일 베이징을 향해 출발하여, 14일에 베이징을 합락시켰다,
박한제 등, (2015, p.198)

번째, 1901. 7.12, 음 5.27)를 올렸다. 그 내용은 '@ **과거제의 개혁**(과거시험에
서 팔고문 폐지, 문과거 시험 내용 개정, 무과거 폐지), ⓑ **문·무 학당 설립**, ⓒ **해
외 유학 장려**'와 같은 인재 육성 방안이었다.[15] 그러므로 1901년에도 무武
과거는 즉시 폐지하되, 문과거는 '팔고문 폐지' 정도로 시험의 내용을 개정
하는 선에서 존속시키자는 것이었다. 특히 문제가 되는 문과거의 경우, '**기
존의 합격자 수를 3회 동안 매회 1/3씩 줄여서 그 수를 학당에 배정하고,
과거시험은 10년**(정확하게는 9년) **뒤에 완전히 폐지하고, 생원·거인·진사는
모두 학교에서 배출시킨다**'는 것이었다. '3회에 걸쳐 10년 뒤'라는 유예기
간을 두기는 하였으나 '**과거제 폐지**'라는 엄청난 내용을 처음으로 공식 제

---

15) 《光緒朝東華錄》光緒27年 8月 癸丑조, 〈特頒懿旨〉

최초의 미국 유학생들 : 류웨이·장첸이(허유영 역),《중국 역사 대장정》, 2009, p.280
청조는 양무운동을 전개할 인재를 양성하기 위해 1872년에 어린 학생들을 선발해 미국
으로 유학보냈다. 그들은 미국에서 변발을 자르고 공부하다가 청나라가 파견한 관료와
충돌하고, 1881년에 전원 귀국하였다.

기한 것이었다.

장지동과 유곤일이 올린 '강초회주(1901.7)'는 그 일부가 채택되었다. 그
해(1901) 8월 29일(음7.16)에 광서제의 이름으로, '**명년**(1902)**부터 향시와 회
시, 학교의 세·과 양시에서 팔고문을 폐지하고 책론**策論**을 시험보고, 무**武
과거와 무과 동시童試**를 폐지한다**'는 조령을 내렸다. 단, '과거제를 10년 뒤
에 폐지하는 문제와 과거제와 학교를 통합하는 방안'은 언급하지 않았다.
여하튼 이 조령에 따라 1902년의 향시와 1903년의 회시에서는 중국의 역
사와 정치·서양의 정치와 학술에 관한 평론이 요구되었다. 또 9월 11일에
는 각성에 무비武備학당을 건립토록 명령하였다.

이어서 9월 14일에는 각 성의 성도省都에 있는 서원은 대학당, 부에 있
는 서원은 중학당, 주·현에 있는 것은 소학당으로 개조하라고 명령하고,

그 모델로 경사대학당을 재개하였다.[16) 이로써 송대 이후 750년 이상 관학에 대신하여 학문과 교육을 담당해 오던 서원은 역사 속으로 사라지게 되었다. 그렇지만 학생들의 호응은 그리 크지 않았다. 전통적인 유교 경전 대신에 서양식 과목을 배우고 싶게 하는 강력한 동기부여가 부족하였기 때문이다. 그 때문에 청조는 신식학당의 졸업생에게는 평가시험을 거쳐서, 진사·거인·공생 등의 공명功名을 주기로 하였다(1901.12.5., 음 10.25).

한편, 청조는 1901년에 신정新政을 시작하면서 '외국 유학을 적극 장려'하였고, 특히 일본 유학을 장려하면서 1904년의 마지막 진사도 모두 일본으로 유학 보냈다. 9월 16일(음8.4)에는 각성 독무督撫에게 우수한 학생을 선발하여 유학시키고, 귀국하면 성적에 따라 진사와 거인 공명을 주도록 하였고, 봉급도 특별히 우대하여 동기유발에 열심이었다.[17)

그에 따라 청조 마지막 10년 동안에는 외국 유학생이 많았는데, 일부는 유럽이나 미국으로 갔지만 대부분은 일본으로 갔다. 청조의 장려도 있었고, 유학비용과 거리·언어의 유사성도 고려되었지만, 작은 나라 일본이 중국과 러시아에게 연이어 승리한 점도 크게 작용하였다. '일본의 승리는 입헌정치가 군주 독재 체제에 승리한 것'으로 생각하였기 때문이다.

유학생은 20세기 초반에는 수백 명 정도였지만, 과거제를 폐지한 1905년에는 8천여 명, 1906년에는 약 1만 명으로 증가하였다.[18) 일본은 문호

---

16) 통계에 따르면, 1898년-1911년까지 전국적으로 1,350개의 서원이 학당으로 개편되었다. 김유리, 2007, p.198.

17) 청말 중앙 정부의 대학사의 연봉이 360냥이었는데, 귀국한 유학생에게는 대학사의 5-10배나 주었다. 과거시험으로 얻은 공명보다 신식학당이나 귀국 유학생의 졸업장이 졸지에 더욱 유용한 자격이 되어버렸다. 이러한 경향은 1949년까지 그러하였다. 何懷宏, 2011, p.329

18) 일본 유학생은 대개 도쿄로 갔는데, 상당수의 학생이 성 정부로부터 장학금을 받았다. 1906년의 경우, 일본 유학생 1만 5천명 가운데 8천명이 정부 지원을 받았다. 로이드 E. 이스트만(이승휘 역),《중국 사회의 지속과 변화, 1550-1949》, 돌베개, 1999, p.270. 출신 성은 광둥·후난·지앙쑤·저지앙성이 많았고 이들이

를 개방한 후에 서양문화를 거의 원형대로 받아들였으므로, 중국인들은 근대 서양의 개념이나 과학·기술·사회과학과 같은 서적을 중국어로 번역하는 과정에서, 먼저 일본어로 번역된 용어들을 중국어로 채용하였다. 그 가운데는 민족·민권·민주주의·헌법·자유주의·사회주의·공화국 등 사리에 맞는 용어도 있지만, 장합場合(경우란 의미)과 같이 맞지 않는 경우도 있다.

한편, 1902년에는 무술정변 때 폐지하였던 경제특과經濟特科도 부활하였다. 그 다음해(1903)에 추천된 인재가 370여 명이었고, 7월10일(음 윤 5.16)에 보화전에서 진행된 전시에는 186명이 참가하였다. 그 가운데 양사치梁士治 등 1등급 48명, 2등급 79명 등 127명이 합격하였고, 이들에게 27일 복시를 부과해서 1등급 9명, 2등급 18명 등 27명을 최종 합격시켰는데,[19] 전시에서 1등을 한 양사치는 낙방하였다. 현직 관료 자격으로 합격한 사람은 승진시켰고, 거인과 공생 자격으로 합격한 사람은 지현 등 관직에 임명하였다. 그러나 경제특과가 과거제 개혁의 방편으로서는 크게 효과가 없다는 여론이 많았다.[20]

이렇게 시작된 '**신정**'은 '**국가 차원에서 근대화를 추진한 것**'이었고, 10년 후에 닥친 신해혁명의 조건을 마련하였다는 점에서, '**실질적인 중국 근대화의 시작**'이라 할 수도 있다. 그러나 당시 청조의 목표는 신사층의 협조를 얻어서, 그저 눈앞에 당면한 '**망국의 위기만 면하는 것이 급선무**(救亡圖存)'였고, 거대한 외세의 조류에 떠밀려 추진한 안간힘에 지나지 않았다.

그러므로 모처럼 시작한 신정에 대한 청조의 적극적인 추진은 기대할 수

중화민국 제1세대 지도자로 성장하였다. 당시의 유학생 통계는 어느 것이나 정확하지 못해서 대개의 추세만 알 수 있을 뿐이다.

19) 이번의 경제특과에 추천된 자, 시험에 참여한 자, 합격자에 대한 설은 대단히 분분하다. 關曉紅, 2017, pp.86-91.

20) 李世維·胡平, 2015, p.741

없었다. 그 때문에 관학管學대신 장백희張百熙가 만든, 중국 최초의 근대학제라 할 수 있는 〈**흠정학당장정**欽定學堂章程〉(壬寅學制, 1902.8)[21]은 실시되지 못하고 폐기되었다. 또 장지동과 원세개가 합동으로, '**과거시험을 3회에 걸쳐 체감하여 10년 뒤에 폐지하고 신식학당에서 학위를 주자**(分科遞減之法)'는 두 번째 상주(1903. 3)도 채택되지 않았다.

그런데 이 시기(1903년 3−4월 사이)에, 어사 이작화李灼華·급사중 반경란潘慶瀾이 연이어서 상주를 올렸는데, 그 중요 내용은, '(신식) **학당으로는 절대로 인재를 얻을 수 없다**'[22]고 하여, 과거제를 폐지하고 신식학당을 건립하는 것을 반대하는 것이었다.

그로부터 10개월이 지난 1904년 1월(음 1903.11.25.)에, 장지동과 관학대신 영경榮慶 등이 올린 〈**주정학당장정**奏定學堂章程〉(癸卯學制)[23]이 군기대신들의 반대에도 불구하고 재가裁可되어 그 다음 날 반포되었다. 장지동이 전부터 주장해오던 '**과거시험 3회 체감과 10년 뒤 완전 폐지 및 학교와 과거의 완전 통합**' 방안이 드디어 재가된 것이다.[24] 이로써 1,300년 가까이 유지되어 온 과거제가 우여곡절 끝에, 10년 뒤에는 종말을 볼 예정이었다.

---

21) 중앙과 지방에 대학·중학·소학을 설립하는 방안과 교육과정을 입안하였다.

22) 關曉紅, 2017, p.112 轉引

23) 장지동으로서는 3번째 올린 교육개혁론이지만 일본 학제를 모방한 것이었다. 구체적으로는 초등교육 9년(초등소학당 5년, 고등소학당 4년), 중등교육 5년(중학당 5년), 고등교육 6−7년(고등학당, 대학예과 3년, 대학당 3−4년)이었다. 소학에서 대학까지 20−21년이 걸리고, 그 위에 通儒院 5년을 합치면 25−26년이 걸리는 것이었다. 阿部洋, 〈清末における學堂の設立と運營〉, 多賀秋五朗 編著, 《近世アジア教育史研究》, 東京, 文理書院, 1966, pp.721−816. 한편, 청조는 학당 창설과 교육을 장려하기 위해서, 문과대학 졸업생에게는 진사 공명을 주고 고등학당 졸업자에게는 거인, 중등학당 졸업생에게는 생원 공명을 준다고 재차 강조하였다.

24) 謝青 等 主編, 1995, p.293. 이러한 결정이 내려지자, 거업을 포기하고 다른 길을 모색하는 자가 증가하였고, 부·주·현 유학의 세시와 과고 응시자의 수는 1/3로 줄었다.

이 '계묘학제'는 중간에 수정한 부분도 있지만, 골간은 청이 망할 때까지 지속되어, 중국의 교육은 이로부터 학습 연한이 규정되고 계기적인 학습 계통이 성립되었다.

'분과체감법分科遞減法(과거시험 3회 체감과 10년 뒤 완전 폐지)'이 결정된 직후(1904.1.29., 음 1903.12.13.)에는, 이과장인吏科掌印 급사중 희린熙麟이, '과거도 폐지가 신사를 정부로부터 돌아서게 하는 빌미가 될 것'임을 경고하였다. 또 그 며칠 뒤에는 저지앙浙江 감찰어사 서로瑞璐도 '지금 학당을 처음 설립하여 아직 인재가 나오지도 않은 터에, 9년 뒤에 과거제를 전폐全廢한다면 인재도 얻기 전에 사심士心만 잃게 될 것이니, 널리 의견을 들어본 뒤에 확정하는 것이 어떤가'라는 상주를 올렸다.[25] 특기할 점은, 모두 '과거제 폐지는 사심士心을 잃는 것'이라고 우려한 것이었다.

청조 정부는 1904년(甲辰) 5월에 중국 역사상 마지막 전시를 거행하여 유춘림劉春霖·주여진朱汝珍·상연류商衍鎏를 각각 장원·방화·탐화로 합격시켰다. 그런데 몇 달 전에 '과거제 점진적인 폐지' 정책이 결정된 영향으로, 이번 전시에서는 몇 가지 변화가 있었다. 먼저 답안지의 호명糊名은 하였지만 등록謄錄 과정은 생략되었고, 합격자도 많이 줄여서 273명을 합격시켰다. 또 진사에 합격하면 바로 관직에 임명하던 것과는 달리, 일단 경사京師 대학당에 입학시켰다가 이윽고 모두 일본 도쿄법정대학에 유학하도록 권유하였다. 이러한 일은 송대에 전시가 확정된 후 처음이었다. 종전에는 '학교가 과거시험 준비 과정'이었지만, 이제는 '과거시험이 학당의 입학시험'으로 바뀌어, 과거제와 학교가 역전逆轉되었다.[26]

그런데 바로 이 시기에 일어난 러일전쟁(1904.2-1905.9)에서 작은 섬나라인 일본이 또 다시 승리하자 상황은 급변하였다. 지식인들 사이에서는 독

---

25) 關曉紅, 2017, pp.158-159 轉引

26) 劉海峰, 〈中國科學史上的最後一榜進士〉,《廈門大學學報》(哲社版) 2004-4; 李世維·胡平, 2015, p.747

일이 프랑스에 이긴 것, 일본이 러시아에 이긴 원인 중에 하나는 '**소학교 교사의 공**'으로 생각되었고, 새로운 인재 양성이 시급함을 인식하게 되었다. 더구나 청조는, 러일전쟁이 자국의 동북 영토 안에서 벌어졌음에도 불구하고 엄정 중립을 지켰는데, 전쟁이 끝나자 러시아가 강점하고 있던 동북 3성 지역에 이번에는 일본이 침입해 들어왔다.

4년 전 의화단 운동 실패 뒤 8국 연합군이 베이징에 진입했을 때, '**혁명(청조 구축)만이 나라와 민족을 구하는 길**'임을 절감했던 신사나 유학생들은, 이제 더 이상 미룰 수 없다고 생각하였다. 그래서 상하이와 도쿄를 중심으로 '**혁명 단체**'를 조직하고, 출판물을 통해 혁명사상을 고취하기 시작하였다. 1900년 이후 수년 사이에 국내외에서 120여종의 간행물을 통하여 최신 학설·혁명사조·국민정신 등을 고취하였다.[27]

그리고 1904년 11월(음10월)에 상하이에서 채원배蔡元培 등을 중심으로 **광복회**를 설립하였다. 또 다음해(1905. 8.20, 음7.20)에는 일본 도쿄에서 손문孫文 등 70여 명이 **중국동맹회**(흥중회·화흥회·광복회의 연합)를 결성하였고,[28] 기관지《민보民報》도 창간(11.26, 음10.30)하였다. 국내 각지에서는 반청 봉기가 줄을 이었고, 입헌을 주장하는 여론도 높아갔다. 거기다가 과거제 폐지를 강력하게 반대하던 대학사 서동徐桐과 형부상서가 사망하였고, 폐지를 주장하는 대신들은 오히려 승진하였다. 이러한 국내외의 여건 변화는 청조에게 여러 가지 자구 조치를 추진할 수밖에 없도록 압박하였다.

1905년 7월에 청조는 재택載澤을 대표로 하는 고관 5명을 일본·미국·영국·독일·프랑스 등 5국의 정치체제를 연구하도록 파견하기로 결정하였다. 이들은 1906년 7·8월에 돌아와서 모두가 입헌정치를 권고하였다. 그에 따라 9월 1일에 청조는 전국의 고위 지방관에게 '입헌정치'를 준비하도

---

27) 肖振才,《江南貢院》, 當代中國出版社, 北京, 2007, p.218
28) 손문의 제의로 "驅除韃虜·恢復中華·創立民國·平均地權"을 정치강령으로 채택하였다.

록 명령하였다.

일본에서 동맹회가 결성되고 10여 일이 지난 1905년 9월 2일(음 8.4)에, 중국에서는 원세개와 장지동이 조이손趙爾巽·주복周馥·잠춘훤岑春煊·단방端方 등 지방의 독무督撫와 장군들과 함께 연명으로, 과거제를 즉시 폐지하고 현대적인 학교를 세우도록, 〈입정과거추광학교접立停科擧推廣學校摺〉[29]을 상주하였다.

'제대로 인재를 길러내는 데에는 10년 이상의 세월이 필요한데, 지금까지 세워진 공·사립 학당은 매우 적습니다. 그런데도 만일 과거제 폐지를 10년 늦추면 인재를 얻는 데 20년을 기다려야 합니다. 호시탐탐 노리고 있는 열강이 그때까지 우리를 기다려 주겠습니까? 그러므로 과거제를 즉시 폐지하고 서둘러 신식학당을 건립하여야 합니다'

라는 내용이었다.

제2절 과거제의 폐지

장장 1300년 동안 지속되어 온 과거제는 1905년 9월 2일(광서 31년, 음

---

29) 장지동으로서는 4번째 올리는 과거제 폐지와 교육개혁론이었지만, 이번 상주에는 오히려 원세개가 주동이 되고 장지동은 수동적으로 나왔다고 한다. 謝靑 등 주편, 1995, pp.292-294; 何懷宏, 2011, p.231 참조.

8.4일, 甲辰) 정식으로 폐지되었다.[30] 도광·함풍·동치·광서에 이르는 4명의 황제 80여 년 동안 모두 18차례나 과거제의 개혁을 상주한 끝에 결판이난 것이었다.[31] 청조 정부도 더 이상은 지체할 수 없음을 절감하고, 원세개 등 6대신의 회주를 받은 바로 그날(1905.9.2), 내각의 동의를 받아 광서제의 이름으로, '명년(1906)부터 과거제를 폐지하고 신식학당을 설립한다(廢科擧, 設學堂)'[32]는, 역사적인 '과거제 폐지 조칙'을 발표하였다. 그 중요한내용은,

'학교를 진흥시키려면 먼저 과거제를 정지시켜야 한다. 이에 병오과丙午科(1906)부터 모든 향시와 회시를 정지시키고, 각 성의 동시와 학교시도 정지시킨다. 이전의 거인·공생·생원에 대해서는 적당한 진로를 마련해 주도록하라. 관학대신은 즉시 교과서를 발행하여 반포하고 모든 방침을 확정하라. 각 성의 독무는 부·주·현에 신속하게 학교를 세우도록 권장하고 자질있는 교사를 뽑아 배치하라'

는 것이었다.

서양 헌정 국가의 부강과 과학의 발달은 '교육이 기초'라고 생각하여, 학당의 성과가 제대로 나타나기도 전에, 인재 양성은 학당이 과거제보다

---

30) 楊齊福, 〈淸末廢科擧的社會效應〉, 劉海峰 主編, 《科擧制的終結與科擧學的興起》, 華中師範大學出版社, 武漢, 2006; 劉海峰 主編, 〈科擧制百年祭〉, 武漢, 湖北人民出版社, 2006; 蕭功秦, 〈從科擧制度的廢除看近代以來的文化斷裂〉, 新京報 主編, 《科擧百年》, 北京, 同心出版社, 2006; 李世愉·胡平, 2015, pp710-771; 何懷宏, 2011, pp.313-334; 何懷宏, 〈1905 : 終結的一年〉, 《選擧社會-秦漢至晚淸社會形態硏究》, 北京大學出版社, 2011; 이치코 주조, 〈정치·제도 개혁(1901-1911년)〉, 페어뱅크 주편(김한식 등 역), 《캠브리지 중국사 11下, 청제국말, 1800-1911》, 2007.

31) 關曉紅, 2017, pp.21-96

32) 楊學爲 주편, 《中國考試史文獻集成》제6권(淸), 高等敎育出版社, 2003, 北京, pp.789-791.

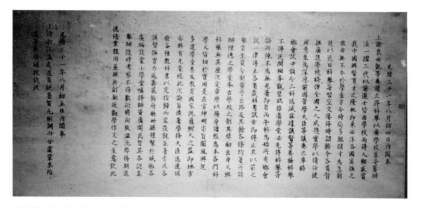

광서황제 과거제폐지 조령 : (상하이중국과거박물관 소장)

유효하다고 생각한 것이다. '**과거제와 학당의 병존 방법**'과 같은 '**윈윈 방법**'은 전혀 고려하지 않았다. 그 때문에 뒤에 중국인이 받은 '**후폭풍**'은 참으로 심각한 것이었다.

1904년의 '분과체감법' 조칙으로부터 1905년의 '**완전 폐지**' 결정에 이르는 기간 동안, 과거제 폐지는 결코 '**과일이 다 익어 저절로 떨어지는 것**(瓜熟蒂落)'과 같은 자연스러운 과정이 아니었다. 청일전쟁(1894-1895)의 패배가 무술변법(1898)을 압박하였듯이, 8국 연합군의 베이징 진군(1900)이 신정新政 추진(1901)을 압박하였듯이, 러일전쟁(1904-1905)에서의 일본의 승리가 이번의 과거제 폐지를 압박한 결정적 계기가 되었다. 청조가 서둘러 과거제 폐지를 결정한 것은 지배체제 붕괴의 위기 때문이었다. 그런데 결과적으로 보면, 과거제를 폐지한 것이 오히려 청조를 붕괴시키는 촉진제가 되고 말았다.[33]

과거제 폐지와 신식학당 건립이 반포되자, 9월 7일자 《시보時報》는 '잘

---

33) 徐茂明, 〈科擧之廢與江南士紳之蛻變〉, 王衛平, 《明淸時期江南社會史硏究》, 北京, 群言出版社, 2006.

되었다! 고질적인 천년 적폐를 없애게 되었구나! … 인재를 기르고 중국을 흥하게 하는 길은 여기에 있다'라고 환영하였고,《만국공보萬國公報》10월호에는 〈중국진흥의 신기원(中國振興之新紀元)〉이란 사설에서, "중국 역사상 진정한 신기원이고, 동방 대국大局의 변화는 이로부터 시작된다"고 환영하였다. 또《영동일보》의 사설(9.19)에서는, '과거제 폐지는 입헌과 정당정치의 계기'가 될 것으로 평하였다.[34]

만국공보(1899년 정월–2월)

그러나 과거제 실시 여부에 직접적인 이해가 걸려 있던 사인과 독서인들의 반응은 달랐다. 이미 과거제가 폐지되기 전인, 1904년 7월(分科遞減法'이 결정되고 6개월 뒤)의《영동일보》에는, 과거시험 준비생들이 '머리를 떨구고 망연자실하며 어쩔 줄을 모른다'고 하고 있다. 과거제 폐지를 가장 심각하게 받아들인 것은 향촌에 거주하는 사인들이었다. 산시山西성의 거인 유대붕劉大鵬(1857–1942)의《퇴상재일기退想齋日記》에는, "어제 우리 현의 동인同人들이 이구동성으로 말했다. '살길이 막혔다. 다른 길을 찾아도 의지할 데가 없으니 어쩌면 좋은가.'"[35], '과거를 폐지하고 흥학을 강조하자 많은 학동들이 사숙私塾을 떠나서 교사로 연명하던 사인들의 생계가 어렵게 되었다'고 전하고 있다.[36]

34) 關曉紅, 2017, p.340
35) 劉大鵬,《退想齋日記》(1990), 광서 31년(1905) 10월 23일조.
36) 劉大鵬,《退想齋日記》(1990), 광서 34년(1908) 4월 22일조.

그런데 또 한편, 1905년 과거제 폐지가 선포되던 날, 중국 사회는 의외로 담담하였다. 뒤에 서술하는 바와 같이, 아마도 청조가 〈폐지조칙〉에서 '구 과거층'에 대한 선후책善後策을 약속한 때문도 있겠지만, 과거제 개혁 주장이 나온 때로부터 무술변법(1898)과 정변, 10년 후 폐지 조칙을 거쳐 즉시 폐지 조칙(1905.9.2)에 이르는 80년 이상의 긴 시간 동안에 사인들은 심리적으로 상당한 준비를 하였던 듯하다. 그 때문에 사인들은 처음에는 어리둥절하여 어찌할 바를 몰랐지만, 대개는 점차 새로운 길을 모색해 나갔다.

거인·공생·감생·생원 등 이미 공명功名을 얻은 사인은 당장은 계층 상승의 희망이 사라졌을 뿐 아니라, 정치·사회·경제·문화적으로 누려오던 특권도 박탈된 셈이었다. 그러나 과거제 폐지 조칙 중에 '구 과거층'을 위한 선후책善後策이 마련되어 있었고 신정을 추진하는 과정에서 다양한 자치기구가 생겼으므로, 개인적인 여건에 따라 대응 방법이 달랐다.

다만 생원도 되지 못한 채 과거시험에만 매달려 있던 독서인들의 운명은 더욱 착잡하였다. 그들의 수는 너무 많았고 눈앞에 보이는 일자리는 너무 적었다. 그들 역시 개인의 여건에 따라 대응 방법이 달랐다. 그들 가운데 재력이 뒷받침되면 신식학당에 입학하여 어느 정도 출로를 찾을 수는 있었다. 그러나 30-40세 이상의 나이 든 동생童生이나 생원이 문제였다. 그들은 머리가 굳어서 새로운 학문에 도전하거나 진로를 바꾸는 등의 방향전환이 어려웠다. 독서 외에는 할 수 있는 일이 거의 없었지만, 자존심은 강해서 상공업으로 전업할 수도 없었고 기골이 허약해서 노동을 할 수도 없었으므로, 시세에 뒤 떨어진 낙오자가 되기 십상이었다. 그런 사례를 수없이 보고 있던 노신魯迅은 늙고 가난한 동생의 삶을 묘사하는 단편소설을 발표하였다. 과거제가 폐지된 지 15년이 되는 해에 발표한 《쿵이지孔乙己》(1919)가 그것이었다. 급변하는 시대에 적응하지 못하여 애처롭게 몰락한 독서인상을 묘사한 소설이었다.

한편, 과거제 폐지는 형식적으로는 신식학당의 설립과 발전을 가로막던 최대의 장애물을 제거한 것이어서, 교육행정에 획기적인 개혁이 시작된 셈이었다. 1905년 12월 6일(음 11.10)에는 전국의 교육행정을 통일적으로 주관하도록 중앙에 학부學部(후에 教育部로 개명)를 설립하고, 영경榮慶을 상서로 임명하고, 전국의 관학을 통할하는 국자감도 학부에 귀속시켰다. 또 1906년에는 각 성의 학정學政을 철수시키고 제학사提學使를 새로 임명하였다. 이로써 신식학당 체제가 어느 정도 갖춰진 셈이었다.

청말 신정기의 신식학당 설립

年 度	學堂數	學生數
1903	769	
1904	4,476	약 9.2만
1905	8,277	258,873
1906	23,862	545,338
1907	37,888	1,024,989
1908	47,955	1,300,739
1909	59,117	1,639,641
1911	52,500	300만
1915	129,739	4,294,257
1922	178,981	6,819,486
1929	213,010	9,006,390
1936	320,128	18,625,469

학부 통계[37]에 따르면, 1903년에는 전국에 신식학당이 769소, 1904년에는 학당 4,476소에 학생수 약9만2천명 정도가 있었다. 또 위의 표에서 보는 바와 같이, 1905년에는 신식학당 8,277소(不含軍事·敎會學堂)에 학생수는 258,873명이었고, 그 뒤로는 학당과 학생수가 기하급수적으로 증가해서, 청조가 소멸하던 1911년에는 신식학당 52,500소에 학생은 300만 명 정도로, 1905년의 10여 배나 되었다. 그 외에도 아직 보고를 하지 않았거나 통계에 잡히지 않은 공사公私학당·군사학당[38]·교회학교도 있었다. 그

---

37) 謝青 등 주편, 1995, p.296; 王笛, 〈清末新政與近代學堂的興起〉, 《近代史研究》 1987-3; 張義植, 〈清末 과거제 改廢에 대한 각계의 반응과 구과거층의 대책〉, 《동양사학연구》28, 1988, pp.60-61; 김유리, 2007, p.193, 표2.

38) 미국과 프랑스 군사정보 보고서에 따르면, 1908년의 육군학당의 학생수는 1만

러한 증가 추세는 민국시기에도 여전하였다.[39] 그 과정에서 수천 개의 사찰이 강제로 몰수되어 학교로 변하였다.

그런데 신식학당 체제가 시행되는 과정에서 구舊 신사와 신상紳商이 중요한 역할을 하였다. 대부분의 신사는 과거제 폐지와 신식학당의 설립, 해외유학 장려 등에 반대하였다. 무술변법(1898) 때 양계초가 100여 명의 거인들과 연명으로 '팔고문 폐지'를 상주하자, 과거제의 완전 폐지가 아닌데도 나머지 거인 1만여 명은 그들을 '불공대천의 원수'로 비판했었다. 그러나 정작 과거제 폐지가 선포되자 신사들은 마치 '카멜레온'처럼 변신하여 새로운 상황에 적응해갔다. 대부분의 사립학당은 신사나 신상이 설립하였다. 공립학교 역시 지방관보다 신사나 신상이 발의해서 설립된 경우가 많았고, 교사로 참여하는 경우도 많았다.[40] 그들은 신식학당을 설립하거나, 예비입헌 시기에 지방자치기구나 다양한 사단社團에 참여하는 등의 방법으로, 청조 쇠락 시기에 오히려 상당한 영향력을 행사하며 살아남았다. 원리적으로 보면, 신사는 더 이상 재생될 수 없었으므로 그 수가 서서히 감소하면서 사회적 지배력도 약화되다가 결국은 소멸될 수밖에 없는 존재였다. 그런데도 신사는 수가 감소되어가는 정도로 권력과 영향력이 저하되지는 않았던 것이다.[41]

그런데 신설된 '학부'는 전국의 교육을 완전히 장악하지 못하였고, 신식학당과 학생수가 급증하는 추세에 걸맞은 교육이 이루어지지도 못했다.

명 정도였다. 또 1911년 10월에 각종 군사학당은 약 70개 소였다. 桑兵, 1995, p.147

39) 吉爾伯特 羅兹曼(Gilbert Rozman), 1988, p.637.

40) 청말 신정기에 신식학당의 교직원이 된 신사는 약 10만 명 정도였을 것으로 추측된다. 賀躍夫, 〈晩淸士紳與中國的近代化〉, 《中山大學學報》(社科版) 1993-3 참조.

41) 趙利棟, 〈1905年前後的科擧廢止·學堂與士紳階層〉, 新京報 주편, 《科擧百年》, 北京, 同心出版社, 2006.

(위)사묘(寺廟)학당 : 사묘가 신식 義塾으로 변한 사진(박한제 등, 2015, p.214) : 1905년 과거제를 폐지한 뒤 시급히 요구되는 신식학당을 보충하기 위해 불교 사원이나 도관(道館)을 학당으로 개조하도록 명령하였다.

(아래) 신편 교과서 사진(同上) : 1905년 12월 상무인서관에서 발행한 최신국문교과서, 실용성을 살리기 위해 컬러도판을 삽입하였다.

그 중요한 표지의 하나가 '훼학폭동毁學暴動'이었다.[42]

신교육이 정착되지 못한 것은 다음 몇 가지 이유 때문이었다. 첫째 신식 학당을 운영하고 교육을 담당할 관리자와 교사를 구하기 어려웠고, 채용된 관리자와 교사의 질도 낮았다.[43] 그래서 고육책으로 과거시험 공부를 하던 생원이나 감생을 채용했지만, 그들은 겨우 사서오경을 교육하는 것이 고작이었다. 노신魯迅(1881-1936)은 자기가 젊어서 광무학당에서 공부했던 경험을 다음과 같이 회고하고 있다. **'신학문을 강의하는 교사는 우매하고 천박하였고, 구舊학문을 가르치는 교사는 고루하고 우둔해서 학생들은 종일 빈둥거릴 뿐 열심히 공부하지 않았다.'** 아직 과거제를 폐지하기 전인 1902년에 베이징 공예학당의 경우, 교사가 없어서 베이징의 유리창琉璃廠에서 기술자를 초빙하여 공예와 화학 과정의 교사로 충당하였다. 또 산동성에서는 과거제를 폐지한 뒤 수년 동안 우후죽순 격으로 설립되는 초등과 고등 소학에 교사가 모자라서 대부분의 학당은 아직도 이전의 사숙과 다름이 없었다. 청말에서 중화민국 시기를 살았던, 후베이湖北성 악성현 출신 주치삼朱峙三(1886-1967)의 〈일기〉에는, '악성현에 건립된 사범학당에서 학생을 모집하자 생원·감생·동생童生 등 천여 명이 응시하였고, 채용된 교사는 대개 늠선생 출신이어서 과목을 감당할 수 없었다'고 되어 있다. 그동안 청조는 서원과 사숙을 학당으로 개조하라는 명령을 여러 번 내렸고, 서원과 사숙은 대개 그 명령을 따랐다. 그에 따라 통계상으로는 신식

---

42) 그 중요한 원인은, ① 학당경비를 포함한 각종 재원 마련을 위해 청조가 추진한 新稅의 加徵과 지방관의 중간 착취, ② 寺廟 몰수에 대한 승려와 도사들의 반발, ③ 입헌과 의무교육 준비를 위해 추진한 호구조사, ④ 사숙의 교사가 뒤에서 使嗾하는 것 등 다양하였다. 林志宏, 〈世變下的士變 : 科舉廢除和知識階層的定位(1900s-1930s)〉, 甘懷眞 편, 《身分·文化與權力-士族研究新探》, 國立臺灣大學出版中心, 2012, pp.397-399; 김유리, 2007, pp.293-294

43) 林志宏, 2012, pp.392, 400; 關曉紅, 2017, pp.243, 315-318; 진정(김효민 역), 2003, p.338; 阿部洋, 1966, pp.763-816.

학당과 학생 수가 대폭 증가했지만, 실제로는 기존의 서원과 사숙을 명패만 바꾸어 단 것에 불과한 경우도 많았고 허보虛報도 많았다. 신식학당으로서 갖추어야 할 최소한의 조건조차 갖추지 못한 경우가 대다수였다. 그 때문에 1909년까지도, 고등소학당의 경우, 봉천성에서는 47%, 전국적으로는 41%, 초등소학당의 경우 봉천성의 경우 72%, 전국적으로는 48%의 교사는 신교육에 대해서 전혀 무식한 생·감층이었다. 사범학당 졸업자라해도 실제로는 숙사塾師가 겨우 3개월 속성 교육을 받은 정도여서 교육의 실효를 기대하기는 어려웠다. 초등학당 교사의 질이 낮으면 상급학당으로 진학하는 학생의 수가 줄어들어 심각한 문제였다. 학생의 언행 수준도 문제였다. 학생은 마음대로 휴가를 냈고 출입도 자유로웠고 교사와 학생의 충돌도 잦았다. 심지어 랴오양遼陽에서는, 학기가 시작된 지 반년이 지났는데 아직 개학하지 못한 초등소학당이 여러 곳이었다. 이러한 현상은 학생의 취학률에서도 나타났다. 통계에 따르면, 1908년의 봉천성의 7-15세 학령아동 취학율이 11.1%에 불과하였는데, 이 통계에는 이전의 사숙私塾도 포함된 것이고, 신식학당만의 취학률은 10%를 훨씬 못 미치리라는 추측이다. 또 봉천성 서안현의 경우 남아의 취학률은 10.3%인데 여아는 0.4%였다. 1906년에 《동방잡지》에서는 **"오늘날의 학당 교육은 1/100의 실효도 거둘 수 없다"**[44]고 하고 있다. 그러므로 신교육의 발전 정도와 교육 수준은 지역적으로 차이가 많았고, 향촌은 더더욱 뒤떨어졌다.

둘째 학교를 건립하고 운영할 예산이 턱없이 부족하였다. 청조의 재정은 1895-1900년 사이에는 2천 만 냥 정도, 1901-1908년에는 3천만 냥 정도, 1911년에는 8천만 냥의 적자였다.[45] 각 현에서는 재정에 조금이라도

---

44) 《東方雜誌》제12기, 光緒32년, 〈論今日之敎育〉, 阿部洋, 1966, pp.768 轉引.

45) 金衡鐘, 《淸末 新政期의 硏究−江蘇省의 新政과 紳士層−》, 서울대학교출판부, 2002, p.55. 1900−1911년의 중국의 연간 대외무역 적자액은 1억 2,100만 냥이나 되었다. 알랭 루(정철웅 역), 《20세기 중국사》, 도서출판 책과함께, 2010,

여유가 생기면 연합국에 갚아야 할 배상금으로 빼앗겨서 신식학당 건립은 엄두도 낼 수 없었다.[46) 청조의 1911년의 전체 세출예산은 2억 9,845만 냥이었는데 그 가운데 국가 행정 경비가 2억 6,075만(87.3%) 냥이었고, 학부와 각성 교육비는 겨우 275만 냥으로 전체 세출예산의 겨우 1% 정도였다.[47)

셋째 신식 교육에 대한 청조의 준비와 인식이 진지하지 못했고, 지방의 독무督撫들도 교육개혁에는 그리 적극적이지 못했다. 1904년 1월 광서제가 재가한 〈주정학당장정〉의 내용 중에는 유교를 존중하고, 대청 제국에 충성하는 인재를 배양하는 것도 포함되어 있었다. 입헌정치에 맞는 새로운 인재가 아니라 아직도 황제에게 충성하는 전통 인재를 기대한 것이었다. 또 사립 학당에 대해서는 법률·정치·군사학의 교육을 금지하였다. 넷째 신식학당에서도 여전히 유교 경전이 중시되었다. 예컨대 초등 소학당의 경우, 일주일 학업 30시간 중 12시간이 경전을 읽고 강의하는 시간이었다. 심지어 학습 방법도 이전과 같았다.

다섯째 신식학당의 교육체제는 과도하게 서양화(사실은 일본화)되어 있어 백성의 반감이 컸다. 더구나 신식학당은 주로 도시나 시진市鎮에 건립되었으므로, 향촌의 자제들은 학교에 다니기 위해서 도시로 나가야 했다. 그런데 전통적인 향촌 사숙과는 달리 학비도 훨씬 비쌌고 체제비와 교재비도 만만치 않은데다 규정된 학업기간도 훨씬 길었다. 그 때문에 도시로 나가 공부할 수 있는 농촌 가정은 겨우 상위 1-2%에 불과하였다. 여섯째 신식학당 건립에 대한 향촌민의 혐오감이 대단하였다.[48) 그 가운데 한 가지는,

---

p.27

46) 羅志田, 〈數千年中大擧動-科擧制的廢除及其部分社會後果-〉, 新京報 주편, 2006
47) 桑兵, 1995, p.143
48) 林志宏, 2012, pp.397-399

신식학당 설립과 운영에 적극적으로 참여했던 신사나 신상 가운데에는 그런 기회를 이용해서 사리私利를 추구하는 경우가 많았기 때문이다. 예컨대 봉천성에서는 신정 경비의 60~70%를 관료와 신사가 착복하였다고 한다.[49] 일곱째 신식학당 체계가 아직 전국에 완성되기 전에 청조가 소멸(1912년 2월 황제 퇴위)되고 중국은 내외로 전쟁에 휘말려서 교육을 책임질 강력한 국가가 없었다.

강유위는 '철저하게 변법만 시행한다면, 중국은 10년 안에 세계에 우뚝 서는 강국이 될 수 있다'고 하였지만 꿈같은 희망이었다. 강유위나 양계초 같은 출중한 진보 인사들도 아직은 현실을 바로 인식하지 못했던 것이다.

그러므로 '청말의 신정과 예비입헌' 시기에 신식학당의 설립과 운영은 그리 쉽지 않아서, '서원은 없어지고 신식학당도 없는 상황'이 된 지역도 많았다. 이렇게 될 것에 대한 충분한 대비책을 마련하지 못한 상태에서, 청조가 창졸간에 과거제를 폐지하였기 때문에, 과거시험에만 매달려 있던 독서인과 사인들은 방황할 수밖에 없었다. 이런 상황에서 과거시험을 준비하다 하루아침에 기회를 잃게 된 무수한 동생童生들, 경제적인 문제나 나이 때문에 신식학당에 입학할 수 없는 사인들, 새롭게 쏟아져 나오는 신식학당 졸업생들(대개는 거인·공생 등 공명을 받음), 귀국한 유학생들(대개 진사·거인 등 공명을 받음)에게 돌아갈 취업기회는 상당히 제한되어 있었다.[50]

이렇게 취업도 못하고 앞날도 불투명한 상태로 적체되어가던 신지식인

---

49) 阿部洋, 1966, pp.736, 774.
50) 과거제를 폐지한 뒤 4년 동안, 청조의 과거제 폐지에 대한 선후책의 일환으로 중앙과 각 성에서 고시를 통하여 임용한 사인(거인·공생)의 수가 적어도 5천명 이상이었을 것으로 추측되는데, 이 숫자에는 신식학당·군사학당·지방자치기구·법관·순경 등에 임용된 숫자는 포함되지 않았다. 關曉紅, 2017, P.392 참조. 그러나 일자리를 구하려는 청년들의 수는 그보다 훨씬 더 많았다.

들이,[51] '**다투어 혁명당에 가입하였다.**'[52] 신식학당의 급증과 비례하여 증가하여 간 각급 학당의 학생과 유학생들도 '**반청 혁명사상**'을 배워가고 있었다. 신설된 군사학당의 학생들도 반청사상에 빠지긴 마찬가지였다. 과거시험에 여러 번 낙방한 후 후난湖南성에서 교육사업에 매진했던 정송만程頌萬(1865-1932)은, "청조의 멸망은 실은 학교로부터(有淸之亡, 實由於學)"였다고 하였고, 대大자산가로 다양한 활동을 하였던 유금조劉錦藻(1862-1934)는 신식학당을 평하여, '**원래 인재를 키우던 학교가 과거제 폐지 후에는 반란세력을 양성하는 소굴로 변했다**'고 하였으며, 청말·민초의 정치가 진기룡陳夔龍(1878-1959)은 "학생들이 혁명을 이끈 것은 과거를 폐지한 때문"이라고 하였다.[53]

1901년부터 과거제가 폐지되던 1905년까지 중국 안과 밖에서 2백여 종의 신문이 발행되었다. 청말 10여 년 동안으로 계산하면 6-7백 종(停刊된 것 포함)의 신문이 발행되었고, 1913년의 신문 발행부수가 51,524,800부였다. 또 수백 종의 혁명선전품과 근대 동서양의 정치·사회·역사·문화 등의 저서가 번역 출판되었다. 《저지앙차오浙江潮》·《지앙쑤江蘇》와 같은 과격한 진보 간행물은 독자들의 수요를 미처 댈 수가 없었다. 청조는 학생이 그러한 출판물을 읽을 경우에는 학당에서 축출하겠다는 금령을 여러 번 내렸지만, 금령이 엄해질수록 오히려 더욱 널리 전파되었다.[54] 1908년에 광서제와 서태후가 연이어 사망하자, 청조는 100일 동안 애곡하도록 명했지만, 학생들은 이를 무시했고 나누어준 백포白布를 아무데나 버리거나 허리띠를 만들었고, 애곡하는 장소에서 웃고 장난질을 하였다.[55]

---

51)　蕭功秦, 2006

52)　汪康年(1860-1910), 《汪穰卿筆記》(上海書店, 1997), p.211(林志宏, 2012, p.416 轉引)

53)　林志宏, 2012, p.418

54)　桑兵, 1995, pp.113, 398.

55)　桑兵, 1995, p.361.

그 시기의 〈일기〉를 남긴 주치삼朱峙三(1886-1967)은 아직 생원이던 1903년부터 해외 유학생이나 신식학당에 다니는 동향 친구들로부터 《양주십일기揚州十日記》·《가정도성기략嘉定屠城記略》과 같은 명·청 교체기의 반청反淸 서적이나 《저지앙차오》·《지앙쑤》와 같은 과격한 진보 신문을 빌려 읽으면서, '아무 거리낌 없이 혁명과 반청을 외치면서 그것이 우리의 마땅한 본분"이라 생각하였다고 한다.[56] 특히 일본에 유학 중이거나 유학을 마치고 귀국한 청년들이 반청 운동의 핵이 되었다.[57]

그런데도 청조는 신식학당을 졸업하는 지식인들은 '충군忠君·존공尊孔·상공尚公·상무尚武·상실尚實' 등 다섯 가지 덕목을 갖춘 인재로 자라기를 기대했다. 그래서 1907년 12월부터 학생이 정치적 사건에 간여하거나 대중 집회[58]에 참석하는 것을 금지하기 시작하였지만 역부족이었다.

역사적으로 보면, 제도나 법률은 필요에 따라 만들기도 하고, 목표로 하는 정치의 방향으로 유도하기 위해 만들기도 한다. 이러한 정책과 제도의 변화는 국가의 정치·사회·경제·문화·교육 등에 막대한 영향을 미치지만, 본래의 목표와 반대되는 결과도 많았다. 위·진·남북조시대의 구품중정법은 본래의 취지와 달리, 한대의 유수한 호족豪族을 '문벌귀족'의 지위로 높여주어, 그들이 황제권을 좌우하는 정반대의 결과를 낳았다. 그러다가 과거제가 실시되자, 문벌귀족 세력이 점차 약화되고 반대로 황제권이 강화되어 갔다.

그런데 1905년의 '과거제 폐지'는 청조 황실이, 그동안 그토록 자기들에

---

56) 關曉紅, 2017, p.260 轉引

57) 청말·민초 문인 孫寶瑄(1874-1924)의 《忘山廬日記》(1902.12.21.)에는 "今日之游學日本者, 多主張革命排滿, 或入會, 或演說(후략)"라 하고 있다. 關曉紅, 2017, p.395 轉引

58) 당시 집회나 연설회는 대개 학당에서 진행되었고 청중은 주로 학생들이었다. 신식학당은 학생들의 사상을 전환시키는 데 결정적인 기능을 하였다. 늘 같이 생활하는 학생들은 강한 동류의식으로 뭉쳐 있었기 때문이다.

게 충성을 바쳐온 신사층을 하루아침에 버리는 꼴이었으며, 결과적으로 보면 2,100여 년 이어져 온 절대군주제를 포기하는 엄청난 결과를 낳고 말았다. 신사의 특권적 지위는 과거제와 학교제를 통하여 국가로부터 받는 것이었다. 그런데 과거제가 없어지면, 우선 그들의 출사로出仕路가 막히게 되고, 나아가서는 신사의 사회적 우월성은 물론이고, 그 가족까지 함께 누리던 사회적 특권이 소멸될 수밖에 없었다. 고대로부터 누려온 유교적인 지식도 더 이상 사회적 가치가 될 수 없게 되고, 사회적 위계질서도 더 이상 유지될 수 없었다. 그동안 정치·사회·경제·문화적인 특권을 누려오던 신사층은 이제 자기들과 국가의 관계를 재고할 필요를 느끼게 되었다.[59]

청조는 신사의 협조 없이는 그 넓은 영토와 그 많은 인구를 통치할 수 없었다. 그런데 과거제를 폐지해버리면, 국가는 더 이상 신사에게 특권적 대우를 할 수 없게 되고, 당연히 신사도 청조에 협조해야 하는 명분이 사라지게 되었다. 이제야말로 '혁명(청조 타도)'을 실천에 옮길 시점이 된 것이다. 청말 경학가인 왕개운王闓運(1833-1916)은 과거시험에서 팔고문을 없앤다고 하자 기뻐했지만, 과거제 자체를 폐지하자 크게 노하여, **"나라가 망한 것은 이때(國亡於此時, 1905)"**라 하였고, 심지어 '**과거제를 폐지한 해가 민국 원년(廢科舉之年爲民國元年)**'이라고까지 하였다. 또 유명한 장서가 유성목劉聲木(1878-1959)은 **"만일 과거제가 이전대로 시행되었다면, 어쩌면 천하가 이렇게 혼란에 빠지지도 않았을 것이고, 심지어 신해혁명도 일어나지 않았을 것"**[60]이라 하였다. 이상을 종합해 보면, 1905년의 과거제 폐지를 보는 당시인들은 이구동성으로, 과거제 폐지는 단순히 '관료선발제' 자체의 폐지에 그치지 않고 '**청조 붕괴의 선성先聲**'으로 보았다.[61]

과거제는 사회의 유력층인 독서인과 신사를 우익으로 확보하고 통제하

59) 徐茂明, 2006.
60) 林志宏, 2012. p.418 轉引.
61) 林志宏, 2012. pp.416-418 轉引.

는 방법으로는 최선이었다. 바꾸어 말하면, 과거제는 정기적으로 신선한 피를 보충하여 관료 사회를 건강하게 하고, 황제를 위협하는 정치집단의 성장을 억제하여, 통치 질서를 장기간 안정적으로 유지(長治久安)하는 데 결정적인 힘을 발휘하였다.

과거제가 시작된 후 1300년 동안, '**십만진사**十萬進士(실은 11만)[62], **백만 거인**, **천만 수재**秀才(生員)'라고 하지만, 실은 그동안 수없는 관료와 신사뿐 아니라, 수십억의 백성이 과거제의 존재와 정당성을 인정하였다. 응시자의 대부분은 누시부제累試不第(여러 번 낙제)로 불만을 품었지만, 개인적인 불만은 분출할 수 있어도 군중적인 불만은 그리 쉽지 않았다. 과거제는 그만큼 무형적인 정치·사회·경제·문화의 통합 기능을 발휘한 제도였고, 그만큼 황제권의 안정과 중앙집권화와 통일에 유효한 제도였다.

청조는 바로 그렇게 더없이 중요하고 다양한 기능을 가진 과거제를 폐지해버렸다. 당 태종의 명언에 "**물은 배를 띄울 수도 있고, 전복시킬 수도 있다(水可載舟, 亦可覆舟)**"는 말이 있다. 관본위官本位 사상에 젖어 온 신사는 그동안 청조 황제를 충성스럽게 떠받쳐왔지만, 그러한 청조가 자기들을 버린다면 그들도 청조를 버릴 수 있었다. 조금 과장해보면, 유성목의 말처럼, 만일 과거제를 폐지하지 않았다면 신해혁명도 발생하지 안했거나 훨씬 뒤로 미루어졌을 지도 모른다.[63]

그러나 청말의 중앙 관료들은 서양세력의 충격과 같은 급변하는 정치·사회적인 현실에 적응할 능력이 없었고, 각 성의 독무督撫들은 국가의 안위보다 각자도생各自圖生의 길을 가고 있었다. '**동남호보**東南互保'[64]가 그

---

62) 余秋雨,〈十萬進士〉,《收穫》, 上海, 1994-4期

63) 楊齊福,〈淸末廢科擧的社會效應〉, 劉海峰 主編,《科擧制的終結與科擧學的興起》, 華中師範大學出版社, 武漢, 2006.

64) 의화단 운동 시기에 서태후 정권이 열강에 선전포고를 하면서, 지방장관들에게 군사협조를 명령하였다. 그러나 양광총독 이홍장·양지앙총독 유곤일·후광총독 장지동 등 남방의 지방장관들은 오히려 열강세력과 타협하여 '동남호보'를

대표적인 상징이었다. 그러므로 설사 과거제가 폐지되지 않았더라도, 서양의 학문과 사상, 특히 '민주주의 전파의 영향으로 자유평등사상이 확산'되어갔으므로, 청조의 와해는 시간문제였던 것이다.[65]

소멸되기 전 10여 년 동안, 청조가 시세에 떠밀려서 추진한 신정新政의 모든 것, 즉 '(1) 신식 군대와 경찰 신설, (2) 교육개혁(신식학당 건립 등), (3) 철도·산업·통신의 기초 인프라 구축, (4) 지방자치를 위한 준비, (5) 그 밖의 개혁'이 성공하기 위해서는 수많은 인재와 엄청난 자본이 필요하였다. 그런데 청조 중앙정부의 국고는 거의 비어 있었고,[66] 의화단 배상금으로 열강에게 지급해야 할 돈은 천문학적 숫자였다. 청조는 여기에 필요한 자금을 ① 외국 정부로부터의 차관과 은행 대출, ② 지방 재정의 환수, ③ 가연加捐 잡세의 증세, ④ 신사와 신상의 적극적인 참여와 협조 등 4 가지 방법으로 해결하려 하였다. ①의 결과 청조는 천문학적인 빚의 늪으로 빠지게 되었다. ②와 ③의 결과 청조의 마지막 10년 동안 백성의 세금은 2배로 늘어났고, 신사와 신상의 부담도 격증하였다. 그 때문에 지방 정부뿐 아니고 신사·신상과 청조 정부 사이에 정치·경제적으로 이해관계가 대립되었고, 백성은 분노하여 점차 청조에 등을 돌리게 되었다. 미국의 한 여성 연

체결했다. 상하이조계는 각국이 공동으로 보호하고, 양쯔강 연안의 내지는 각 독무가 보호하여 중외(中外) 商民의 인명과 산업을 보전한다는 것이었다. 처음에는 江西·江蘇·安徽·湖南·湖北성이 참여했고 이어서 浙江·福建·廣東도 참가했으며, 四川과 山西도 동조하였다. 그런데 서태후는 그들을 견책하기기는커녕, 시안으로 피난하는 도중에 그들의 노선을 추인하여 열강과의 강화를 추진하는 돌파구로 삼고자 했다. 결과적으로 보면, 동남호보 운동은 河北과 山東성 이외의 지역을 의화단과 8개국 연합군 사이의 전란으로부터 보호하는 기능을 하였다는 평가이다. 그러나 이를 계기로 지방정부의 정치적, 군사적 자립 능력이 확대되어 결국 군벌할거 시대로 이어지는 원인이 되었다.

65) 關曉紅, 2017, pp.394-395
66) 윌리엄 T. 로(Rowe, William T., 기세찬 역),《청 : 중국 최후의 제국》, 너머북스, 2014, pp.494-495.

구자는, '**청조가 개혁을 추진하는 것은 스스로 멸망을 재촉하는 것**'이었다고 보았다.[67]

과거제 폐지가 몰고 올 결과에 대해서는 청조도, 과거제 폐지를 주장하던 개혁자들도 전혀 예측하지 못했다. 의화단 운동이 실패한 뒤, 청조는 어떻게든 당면한 위기를 잘 넘겨 왕조의 조명을 연장해보기 위해서 단말마적인 자구책으로 신정을 추진하는 시늉을 하고 과거제를 폐지했지만 이미 때는 너무 늦었다.

서태후는 1907년 9월(음 8월)에 국회의 기초가 될 자정원資政院 설립을 명하였고, 10월(음 9월)에는 각성 독무에게 성도省都에 자의국諮議局을 설립하고 각 부·주·현에 의사회議事會 설립을 준비하도록 명령하였다. 그런데 1908년 11월 14일(음 10.21) 37세의 광서제가 영대瀛臺에서 사망하고(독살됨), 바로 그 다음날 73세의 서태후도 사망하였고, 12월 2일(음 11.9)에 겨우 3살 된 부의溥儀(宣統帝, 1906~1967)가 황제위를 계승하였다. 12월에는, 앞으로 9년 동안의 '**예비입헌 계획**'을 발표하였고,[68] 이어서 1909년 1월에는 〈성城·진鎭·향鄕 지방자치장정〉, 1910년에는 〈부·주·현 지방자치장정〉을 발포하고 각 성 독무에게 실행토록 하였다.

그러나 1909년에 들면서 신사를 중심으로 한 입헌주의자들은 더욱 신속한 국회 개원을 요구하였지만, 청조는 원래 예정대로 9년 후에 자의국을 개설하겠다고 하였다(1910년 1월). 1910년 5월(음 4월), 청조가 그해 10월 3일(음 9.1)에 자정원을 개원하라고 명령하고, 흠선欽選의원 88명의 명단을 발표하였고, 그대로 10월 3일에 개원하였다(흠선과 민선 200명). 그러나 의결 사항은 반드시 황제의 가부를 주청하도록 해서, 실제로는 청조의 어용

---

67) Wright, Mary, "The Rising Tide of Change", *Itroduction to China in Revolution, the First Phase, 1900-1913*, Yale U.P., 1968, p.59

68) 1917년을 목표로 헌법을 제정하겠다는 것으로, 일본이 1881~1890년 사이에 진행했던 방법을 모방한 것이었다.

기관에 불과하였다. 1910년에는 일정을 4년 앞당겨 1912년에 헌법을 공포하고 13년에 의회를 소집하기로 하였다. 1911년 5월(음 4월), 청조는 내각과 군기처·정무처를 폐지하고 친귀내각親貴內閣을 발표하였다. 13명의 대신 가운데 만주인 8명(만주족 친왕 5인), 몽골인 1명, 한족 4인으로 구성되었다. 이로써 선통제의 짧은 재위기간 동안 정치권력과 군사지휘권은 만주 황족의 손에 집중되었는데, 그것은 오히려 혁명파를 자극할 뿐이었다. 그리고 몇 달이 못가서 청조는 소멸되고 말았다. 1911년 말까지 설립된 지방의회(부·주·현·城·鎭·鄕)는 약 5천 개 정도였다.[69]

이러한 상황에서, 1911년 10월 10일에 우창武昌에서, 먼저 신군이 봉기하자 군사학교 학생들도 적극 호응하였고,[70] 이어서 10여개 성의 자의국이 독립을 선포하였다. 그리고 마지막으로 그동안 충성스럽게 청조를 받들어 온 신사층이 청조를 포기하면서, 2천여 년 지속된 절대군주제도가 소멸되고 말았다.

어쨌든, 1905년에 과거제 폐지를 선포한 뒤 청조는 약간의 선후책善後策을 강구하였다.[71] 첫째는 기존의 사인(거인·공생·감생·생원 등)을 구제하기 위한 시험 및 신식학당 졸업생과 외국 유학생에 대한 고시가 몇 차례 실시되었다. 둘째 성·부·현의 각급 학교 졸업생에게는 진사 이하의 공명을 주었고, 사범학당과 간이사범을 졸업한 사람을 중소학당의 교사로 임명하였다. 셋째 외국에 유학한 뒤 귀국한 인재들은 진사 이하의 공명을 주거나 교직에 채용하였다. 넷째 사숙이나 의숙을 신식학당으로 개조하게 하고 그곳 교사를 계속해서 교사로 임용하였다. 청조는 학당 설립의 성적으로

---

69) 金衡鐘, 2002, p.344

70) 이날의 봉기는 혁명가들이 거의 참여하지 않았고 민중들도 전혀 가담하지 않은 채, 핵심적인 몇몇 신군 부대가 봉기한 '무장 반란'의 형태였다. 말하자면 준비가 전혀 안된, 군사 쿠데타적인 '혁명'이었다. 桑兵, 1995, p.397.

71) 趙利棟, 2006; 關曉紅, 2017, pp.163-219, 249-255; 張義植, 〈淸末 과거제 改廢에 대한 각계의 반응과 구과거층의 대책〉, 《동양사학연구》28, 1988.

지방관의 근무성적을 평가하였다.

다섯째, 주·현 지역에는 전에는 주·현 아문과 유학 및 몇 개의 관공서가 있을 뿐이었다. 그런데 지방자치가 추진되면서 새롭게 신식학당·자의국·의사회議事會·동사회董事會·교육회·권학소勸學所[72)]·농회·공회·상회·광회鑛會·경찰국·통계국 등 다양한 기구가 설치되면서, 총동總董·향동鄕董·향좌鄕佐·의원·직원·서무·판사원辦事員·경무警務·단무團務·회장 등 수많은 직책에 시급히 새로운 인재가 필요하였다. 이렇게 갑자기 생겨난 직책을 담당할 지식층은 자연히 기왕의 거인·공생·감생·생원 등 사인들과 신식학당 졸업생 및 유학을 마치고 귀국한 자들밖에 없었다. 그 때문에 청조는 신사·신상과 학신學紳(신식 교육을 받은 사람)들에게 신식학당의 교사는 물론 자의국(1909.11 설립)과 자정원(1910.9 설립) 의원의 선거권과 피선거권을 주고, 지방자치단체의 직책을 가질 자격도 유리하게 규정하였다. 따라서 전통시대에 존재했던 관직 '회피제回避制'도 없어졌다. 이에 따라 그러한 사단社團이나 자치기구 지도자와 회원은 거의 대부분 신사나 신상으로 채워졌다.[73)] 대도시의 상무총회의 총리·회동會董·회원의 대부분은 신사와 신상이었다. 신식학당의 창건자·교사·학생 혹은 외국 유학

---

72) 선통원년(1909)에 이르기까지 전국에 1,588개의 권학소가 설치되어 전체의 4/5 이상 지역에 설치된 셈이었고 그곳에 총동 1,577명과 권학원 23,645명이 충원되었다. 金衡鐘, 2002, p.29

73) 趙利棟, 2006; 魏光奇, 〈淸末民初地方自治下的'紳權'膨脹〉, 李長莉·左玉河 主編, 《中國近代社會史研究集刊》第1輯, 北京, 2006; 何懷宏, 2011, pp.330-331; 關曉紅, 2017, pp.204-208; 윌리엄 T. 로, 기세찬 역, p.490; 金衡鐘, 2002, p.368; 오금성, 2007A. 구체적으로 보면, 15개 성의 자의국 의원의 83.2%가 신사 출신(진사 4.4%, 거인 21.2%, 공생 28.7%, 생원 34.8%)이었다. 전국 21개 성 자의국 가운데 14개는 진사가 이끌었고, 6개는 거인이 이끌었다. 광동 자의국은 94명 의원 전부가 신사 출신이었다. 후베이·산동 지방의 사정도 비슷하였다. 이로 보면, 당시에는 신사의 입사 기회가 과거시대보다 오히려 많았다. 그러나 갈 곳 없는 사인의 수는 그보다 수십 배나 많았다.

생도 대개는 신사·신상과 학신이었다.

이상의 내용을 종합해 보면, 과거제가 폐지되면서 이전에 유교적인 교육을 받은 신사는 후속 세대가 나올 수 없어 궁극적으로는 소멸될 수밖에 없었고, 그 대신 국내외에서 다양한 전문 교육을 받은 새로운 지식인이 대두하게 되었다. 기존의 신사 가운데 약 30만 명 정도는 신식 교육을 받아, 신구 교육을 겸비한 '새로운 신사층'으로 변신하였다. 또 한편으로는 신식학당의 졸업자나 유학을 마치고 귀국한 신지식층, 혹은 무비학당이나 군관학교를 졸업한 무관도 새로운 엘리트로 대두하였다.[74] 그 밖에 당연히 의사·교사·기술자·법률가·언론인·출판인 등 다양한 전문 지식인도 있었다. 그러므로 과거제를 폐지한 뒤의 중국은 다양한 교육을 받은 광범한 전문 지식인, 지성인이 사회를 지배하는, '새로운 시대'로 변하였다.

그런데 과거제가 폐지된 뒤로, 기대가 컸던 신식학당의 성과는 지지부진하였고, 청조의 관료선발은 더욱 더 난맥상에 빠지고 말았다. 조금 길게 보면, 1929년까지는[75] 무수한 군벌이 혼전하는 상황에서 문관선발제도는 아예 없었다고 할 정도였다. 관료 임명에 원칙이 없어져서, 없애기로 한 연납捐納을 통한 관직과 공명의 판매는 더욱 기승을 부렸고, 정실과 회뢰와 부정이 판을 쳤다. 그러므로 관료가 되는 데에 부자가 유리한 것은 과거科擧시대보다 더하였고, 빈부의 차이는 더욱 심해졌다. 그 때문에 과거제가 폐지된 지 몇 년이 지나지 않아서 **"과거제의 폐지는 중국의 대단히 큰 불행"**이라는 반성이 나왔다.[76]

돌이켜보면, 과거제는 결코 '모든 악의 근원'이 아니었다. 실제로 장점도 많았다. **'중국인이 고대부터 독서인을 존중하고 독서하는 풍토가 보편화**

---

74) 楊齋福, 2006
75) 1929년에 국민당정부가 考試院을 세우고 정식으로 문관고시제도를 실시하였다.
76) 林志宏, 2012, pp.402-414; 關曉紅, 2017, pp.208-216

된 것은 **사학**私學과 **과거제의 영향**'이었다. 그 때문에 '**논술시험**' 등 과거제의 유제遺制는 현재도 전 세계가 이용하고 있다. 서양의 각종 전문 교육 내용이 없었던 중국의 전통시대에는, 각종 전문 인력이나 자질·특기자를 선발하는 것이 아니었으므로, 오직 관료만을 선발하는 데는 과거제보다 더 좋은 방법은 없었다고 할 수도 있다.

무엇보다 과거제는 '**사회의 계층이동**(Social Mobility)'에 대단히 크게 기여하였다. 과거제는 모든 독서인뿐 아니라 백성들도 계층상승의 희망을 안고, 그 합법성과 정당성을 인정하는 제도였다. 중국 역대의 과거시험을 통하여 서민 출신이 관료로 상승한 사례는 대단히 많았다. 가까운 청대만 보아도, 114명의 장원은 대개가 어려서부터 각고의 노력 끝에 얻은 것이지 가정이 좋은 행운은 그리 많지 않았다. 가세家世를 알 수 있는 장원 57명 중 관료가문 출신이 51%, 서민가문 출신이 49%이었다. 바로 이러한 현상은 황제 통치 아래에서 사회가 안정되는 데 그만큼 기여하였다고 할 수 있다.[77]

과거제가 폐지된 지 2년 뒤, 1907년 8월 26일에 후보 내각중서中書 황운번黃運藩은,

> '신식학당의 설립과 새로운 인재의 양육은 지체되고 있는데, 그 원인은 과거시험 준비에 열중하다 실업한 사인이 천만千萬 명이나 되고 … 지방은 빈곤하여 도시에 건립된 학당에는 갈 수도 없는데 향촌에 몽학관蒙學館은 찾아볼 수도 없어서 학업을 포기하고 만다[78]

고 하고 있다.

---

77) 宋元强,〈略論科擧制度的社會作用:以淸朝爲例〉, 劉海峰 主編,《科擧制的終結與科擧學的興起》, 華中師範大學出版社, 武漢, 2006.

78) 何懷宏, 2011, pp. 328-329 轉引

과거제 개혁에 앞장섰던 양계초는 1905년에 과거제 폐지가 선포되자,
"일천 년 이래의 사상思想**의 최대 장애물이 드디어 타파되었다"**[79]고 환영
했었다. 그러나 일본에 망명했을 때, 일본과 서양에서 중국의 과거제를 모
방해서 문관고시를 시행하고 있는 것을 목도하고 귀국한 뒤, 1910년에는,

> '과거제는 제도 자체가 나쁜 것이 아니라 시험과목이 치용致用에 적합하지
> 않은 때문이었다. … 이 법은 우리 선조들의 위대한 발명이었다. 이 법을 시
> 행하면서부터 귀족과 한문寒門 계급이 소멸되었다. … 그래서 나는 단호하
> 게 과거제를 회복하는 것이 편하다고 말한다'[80]

는 글을 발표하기도 하였다. 다른 학자들도 '과거제 폐지가 성급했다'는 지
적이 많았다.[81]

또 한 가지 문제는, 신정 초기에는 신식 대학당 졸업자에게는 진사 공명
을 주고 관료로 채용하였다. 그러나 대학당이 많아지고 졸업생이 쏟아져
나오자 그들의 옥석을 가리기가 어려워, 청조는 1910년에 새로운 '문관선
발제도'를 계획하는 과정에서 소멸하고 말았다. 적극적으로 학당을 건립하
고 과거제 폐지를 주장하던 원세개와 장지동도 뒤에 가서는 후회하였다.
뒤에 북양정부도 새로운 문관제를 계획했지만 실행하기 전에 소멸되었
다.[82]

반추해보면, 1905년에 과거제를 폐지할 때 **'홍학당**興學堂**'**이라는 교육면
만 보고 과거제가 갖는 다른 장점은 소홀히 하였다. 갈수록 정교해지는 관

---

79) 梁啓超,《中國近三百年學術史》, 東方出版社, 1996, p.36.

80) 梁啓超,《飮冰室合集》권1,〈變法通議, 論科擧〉

81) 劉海峰·李兵, 2004, pp.430~431.

82) 蕭春雷·査本恩,〈千年科擧 百年反思〉, 劉海峰 주편,《科擧百年祭》, 湖北人民出
版社, 武漢, 2006

료사회의 부정부패·과학기술의 낙후·전쟁 배상문제의 방법 부재·천정부지로 비대해지는 적자 재정 등이 일시에 몰려오자, 가장 확실하게 황제의 존재를 떠받쳐주던 과거제를 희생양으로 내주고 말았던 것이다. 이성적으로 생각하면 '과거제'는 폐지하되 공평한 경쟁력을 살리는 '고시제'는 그대로 살렸어야 하였다. 현대에도 **"공부하여 우수한 자가 벼슬을 한다**(學而優則仕)"는, 고대 유가사상을 살리는 고시제의 원칙은 전 세계에서 애용되고 있다.

제3편 과거제의 정치·사회적 기능

제1장 귀족제 사회의 소멸

제1절 호족豪族에서 문벌귀족으로

중국역사에서 관인선발제의 사상적 연원은 춘추·전국시대(기원전 770-221) 제자백가 사상에서 찾아볼 수 있다. 공자(551-479B.C.)와 그를 계승한 유가들은 '인간은 기본적으로 능력에 차이가 있으므로 그 능력에 따라 대우를 받아야 하고, 나라는 학문과 덕을 갖춘 군자가 다스려야 한다'고 믿었다.[1] 이러한 사상은 묵자墨子(480-390B.C.?)[2]와 순자荀子(313-238B.

---

1)　何柄棣(曺永祿 外 譯),《中國科擧制度의 社會史的 研究》, 東國大學校 出版部, 1987, pp.1-12; Kracke, E.A., 1957, p.251 참조.

2)　《墨子》〈尙賢 上〉에서는 "古者聖王之爲政, 列德而尙賢, 雖在農與工肆之人, 能則擧之, 高予之爵, 重予之祿 … 故官無常貴, 而民無終賤, 有能則擧之, 無能則下之"라 하였다.

C.?)[3]를 거쳐 법가法家에까지 이어졌다.[4] 이들 선진先秦시대 제가(諸家)들은 또, 사회의 신분은 '**귀속**歸屬(ascription)**적인 것**'이 아니고 '**성취**成就 (achievement)**하는 것**'이라고 생각하였다.[5] 따라서 이러한 다양한 이론을 만족시키기 위해서는 교육을 받은 서민으로부터 덕이 있고 유능한 인재를 선발해야 되었다.

그런데 상나라시대부터 서주를 거쳐 춘추시대(770–453B.C.)까지는 신분이 세습되던 사회였다. 아직은 종법봉건제의 유제遺制가 남아있어서, 사회는 제후와 경·대부를 중심으로 대대로 지위와 권력을 세습하는 귀족(世族)과 생산에 종사하는 평민·노예 등의 피지배 계급으로 나뉘어 있었다.

그 때문에 공자는 "**유교무류**有敎無類(신분의 제한 없는 교육)"[6]를 주장하면서, '사학私學'을 통하여 종래 귀족의 전유물이었던 교육을 평민에게까지 확산시켰다. 그의 제자들은 대부분이 한미寒微한 평민출신이었지만 공자는 이들을 교육시켜 '사士'의 반열에 오르게 함으로써, 중국역사에서 최초로 '**계층 상승**(Upward Mobility)'의 길을 열었다.[7] 그 결과 전국시대에는 종래의 '세습 귀족'이 점차 몰락하고 '**사의 시대**'가 되었다.

그러면, 춘추전국시대를 거치면서, '**세습귀족의 시대가 사의 시대**'로 바뀔 수 있었던 원인은 무엇이었을까? 단순히 '사학'이 나타났기 때문이었을까? 또 사학이 나타날 수 있었던 배경은 무엇이었을까?

우선 춘추시대에는 480여 차례의 전쟁으로 100여 개의 약소국들이 멸망하였고, 전국시대에는 제후국 사이에 무한無限 경쟁으로, 말기에 가면 그

---

3) 《荀子》〈王制〉篇에서 "雖王公士大夫之子孫也, 不能屬于禮義, 則歸爲庶人. 雖庶人之子孫也, 積文學正身行, 能屬于禮義, 則歸之卿相士大夫"라 하였다.

4) 何柄棣(曹永祿 外 譯), 1987, pp.1–10 참조. ,

5) Ch'u, T'ung-tsu(瞿同祖), "Chinese Class Structure and Its Ideology", *Chinese Thought and Institution*, J.K. Fairbank ed., Chicago, 1957, pp.235–238.

6) 《論語》, 〈衛靈公篇〉.

7) Ch'u, T'ung-tsu(瞿同祖), 1957, p.243.

많던 제후국들 가운데 7개국 정도가 남았고, 최후에는 진나라가 6국을 병합하여 천하를 통일하였다. 그러한 과정에서 전통적인 봉건질서가 무너져, 대대로 지배권을 행사하던 '세습귀족'이 몰락하고, 반대로 평민층에서 지배층인 '사士'로 상승하는 경우가 많았다. 이러한 **'계층이동**(Social Mobility)' 현상은 전국시대 말기로 갈수록 더욱 심화되었다.[8]

그렇게 된 중요한 배경은 춘추·전국시대에 다양한 사회·경제적 변화가 진행되었기 때문이다. 그 가운데에서도 가장 큰 영향을 준 것은 철鐵을 사용하게 된 것이었다. 철鐵은 춘추시대 중기부터 각종 도구로 사용되기 시작하였고, 그 뒤 점차 농기구로 사용되었다.[9] 춘추시대 중기까지도 농사는 아직 석기石器와 목기를 사용하였으므로 자유롭게 농토를 개간할 수도 없었고 수확도 많지 않았다. 그 때문에 평민은 집단 노동을 하면서 씨족을 중심으로 촌락 공동체를 이루고 살았던 듯하다.[10] 그런데 전국시대에 들어와 철제 농기구의 사용이 점차 확산되면서 관개灌漑기술이 발달하고, 우경牛耕이 가능하게 되자, 광대한 황토지대가 농경지로 개간되어갔고, 생산력이 향상됨에 따라 가족 단위의 '소농小農 경영'도 가능해졌다. 그 뒤로 ① 자연환경과 ② 노동력의 차이, ③ 철제 농기구와 ④ 우경牛耕의 가능성 여하에 따라 토지소유와 농업생산력에 차이가 생기고 빈부의 차이가 나타나

---

8) Hsu, Cho-yun(許倬雲), 1965, pp.24-77.

9) 철제농기구는 춘추말 전국초에 출현하였지만, 철은 매우 귀한 금속이었으므로, 국가권력이나 특권층만이 독점적으로 소유하였고, 보편화 된 것은 전국 중기 이후였다.(이성구, 1989, pp.120-125)

10) ① "구름이 뭉게뭉게 일어나고 많은 비가 내리는구나, 비야! 먼저 우리 공전(公田)에 내리고 다음에 내 밭에도 내려다오"(《詩經》〈小雅〉, 大田); ② "출입은 함께 하고 촌락도 서로 도와 지키며 질병도 서로 구해 준다. 백성은 이로써 서로 화목하게 되고 교화도 잘 되며, 요역과 생산도 모두 공평해진다. … 봄에는 들에 나가 함께 일하고 겨울에는 모두 읍에 들어오며, … 부인들은 함께 모여 베를 짠다."(《한서》권24, 〈식화지〉).

면서, 씨족공동체가 점차 해체되고 신분질서도 재편되어갔다.[11] 빈부의 차이는 갈수록 심화되었으므로 국가에서 토지의 사유와 매매를 인정하지 않을 수 없게 되었고, 그러한 상황이 이어지면서 한대漢代 초기부터 호강豪強 · 대족大族 · 호족豪族이 대두하기 시작하였다.[12]

그런데 그들 호강豪強 · 호족豪族의 그 뒤의 추이를 주목할 필요가 있다. 하나는 향삼로鄕三老로 임명된 부류, 또 하나는 공조功曹 · 연사掾史 등 군현의 이원吏員(小吏)에 임명된 부류였다.

향삼로[13]의 경우, 전한前漢 초기부터 학식 · 경제력 · 사회적 영향력을 갖춘, 향촌의 자율적 지도층을 '향삼로鄕三老'로 임명하여 우익으로 포섭해서, 그들의 사회적인 영향력을 향촌통치에 이용하였다. 한 고조는 제2년(205B. C.) 정월에, "50세 이상 된 백성 가운데 덕행이 높아 대중을 잘 통솔할 수 있는 사람을 향鄕마다 1인을 삼로三老로 임명하고, 그 가운데 1인을 현縣 삼로로 임명하여 현령縣令과 현사縣事를 상의하게 하였고, 요역 면제 등 다양한 혜택을 주며 우대하였다."[14] 그러나 그 뒤 계층분화가 진행되는 과정

---

11) 李成九, 1989, pp.113-120, 128-129. 철제 농기구를 사용하면, 경지의 확장이 용이해지고 치수와 관개, 심경(深耕)과 우경도 가능케 되어 돌과 나무로 만든 농기구를 사용할 때보다 단위면적당 생산량이 5-6배나 증가하였다.

12) 李成九, 1989, pp.113-120, 128-129. 제민 가운데 '사'로 출사出仕하여 관권을 이용하거나 상업으로 치부하여 대토지를 소유하는 경우가 나타났다. 余英時, 1987, p.77; 마민(신태갑 · 후걸 역), 2006, pp.45-47.

13) 三老는 사土로 덕망이 높은 50세 이상의 노인에게 향촌의 敎化를 담당케 한 직책으로, 관리도 아니고 봉급도 없었지만 한조(漢朝)는 수시로 賜爵 · 賜帛하면서 존숭하였다. 중국에서는 한대 이래 모든 民事 사무는 형법에 종속되어 있었다. 대개의 民事訴訟은 법정 밖에서 자율적인 仲裁로 해결되었으므로, 향촌사회에서 중재와 교화가 중요하였다. 趙光懷, 1992, pp.40, 161-162, 175; 陳明光, 〈漢代鄕三老與鄕族勢力蠡測〉,《中國社會經濟史研究》2006-4; 鄭夏賢, 〈皇帝支配體制의 성립과 展開〉, 서울대학교동양사학연구실 編,《講座中國史Ⅰ-古代 文明과 帝國의 成立-》, 지식산업사, 1989.

14) 《漢書》卷1, 〈高帝本紀〉上.

에서, 향삼로와 현삼로로 임명되는 사람은 점차 재력과 지식을 갖추고 종족의 결합을 유지하고 있던 호강豪强 출신, 즉 향촌에서 상당한 영향력이 있는 사람이 선발되는 경향이 있었다. 진秦 말기의 대동란에서 벗어나, 한나라가 성립한 이래 사회가 점차 안정되면서 계층분화가 진행되어, 향촌사회에서는 대가大家·중가中家·빈가貧家로 나뉘는 등 빈부의 차이가 심화되어 간 때문이었다.

한편, 공조功曹·연사掾史와 같은 군현의 이원吏員(小吏)[15]은 지방관이 임명하였는데, 그들은 상당한 수준의 지적 능력과 경제력을 갖추었고 부·자父子가 세습하기도 하였다. 군현의 연사 가운데 최고 직권을 가진 공조는 대개 호강豪强·대족大族 가운데에서 임명되었다. 그리고 공조가 연사 등 군현 소리의 임면권을 행사하는 경향이 있었는데, 이 경우 연사를 임면任免하는 기준은 향리의 여론이었고 그러한 여론을 좌우하는 주체는 호강豪强·대족大族이었다. 그러므로 지방의 소리는 대개 호강·대족 가문에서 나오게 되었고, 군현의 소리와 호강·대족이 자연스럽게 서로 결합되었다.[16]

이러한 사회 관행이 지속되는 과정에서, 전한 중엽의 무제武帝 연간부터 향촌사회의 유력층으로서 호족豪族이 사회문제로 대두하기 시작하였다. 그리고 전한 말기를 거쳐 후한시대에 이르면, 그들이 사회의 지배층으로

---

15) 吏員은 지방행정의 최하 속관이지만, 부세·요역·교화·치안·소송·曉諭詔書·민간 紛糾·農桑 勸勉 등 다양한 행정사무를 관장하였다. 그들 모두는 지방의 士 출신이었고, 대개 향촌의 豪强·大族 출신이거나 지방의 勢豪와 勾結하여 밀접한 관계를 맺고 있었다. 그들이 지방 행정을 장악하고 있기에 외지 출신인 지방관의 권력이 제한되기 일쑤였다. 趙光懷, 1992, 제3장, pp.169, 174,177; 東晉次, 1995, pp.85~86, 제5장.

16) 漢대에는 표면적으로는 지방의 호강·호족을 억제하였지만, 이미 관직 회피제(回避制)가 시행되고 있었으므로, 타지인으로서 부임한 지역에서 언어가 통하지 않는 지방관들은 어쩔 수 없이 토착 호강·호족에 의지할 수밖에 없었고 심지어 양자가 서로 의기투합하였다. 특히 후한대에는 지방 호족이 대대로 관인이 되고 관인이 되기 전에는 지방에서 이원으로 충당되는 관행이 굳어갔다.

위상을 굳혀갔다.

① "호강豪强 대가大家가 산과 바다의 이익을 장악하여 … 일가一家가 무리를 모아 1천여 명에 이른 경우도 있는데, 대개 국가의 지배를 이탈한 인민을 모은 것이다"(《鹽鐵論》)

② "호인豪人의 집은 수백 채의 건물이 연이었고, 기름진 땅은 들에 가득하며 노비는 수천, 예속된 농민은 수만에 이른다"(《後漢書》, 〈仲長統전〉).

③ "대대로 농업을 잘하고 재리財利에도 밝았다. 3대가 재산을 공유하고, 자손들이 조석朝夕으로 부모를 찾아뵙는 것이 마치 공경대부의 가정과 같았다. … 노비를 사역함에는 각기 그 능력에 따라 부렸으므로, 상하가 열심히 일하였고 재산이 매년 배로 증가하여 전토가 300여 경이나 되었다. … 집은 모두 고층 건물이었다. 저수지와 수로를 수축하여 물을 대고 양어장에 물고기를 기르고 목축도 하였으므로 구해서 얻지 못하는 것이 없었다. … 종족을 구휼하고 은혜가 그 지방에 두루 미쳤다."(《後漢書》卷 32, 〈樊宏傳〉)

위의 사료들에서 보는 바와 같이, 호족豪族은 지방의 호강·대족으로서 대토지를 소유하고 모든 것을 자급자족하면서 지역사회를 지배하던 대지주였다. 그들은 황무지를 개간하고 관개사업을 벌여 토지를 확대하였고, 토지를 잃고 떠도는 농민을 노비로 사역하거나, 전호佃戶(소작인)에게 소작(소작료는 수확의 1/2 내지 2/3)을 주어 대토지를 경영하였고, 상업도 경영하였다. 평시에는 향촌에서 발생하는 분쟁을 조정하거나 은혜를 베풀어 인망人望을 얻어 향촌의 여론鄕論을 주도하였고, 전란 때에는 자위自衛조직을 결성하여 향촌을 방어하였다. 그들은 3대가 동거하는 경우도 있을 만큼 대가족이었는데, 가학家學으로 유가 교육을 실시하고, 종족 결합을 위해서 유가적 가족윤리와 효孝를 강조하였다.

한편, 한나라는 동중서董仲舒와 공손홍公孫弘의 건의에 따라 지도이념으로 유가사상을 채택하였다. 한나라는 새로 확대된 넓은 영토를 통치하기 위해서 지역마다 지방관에게 협조할 수 있는 우군이 필요하였는데, 그 적임자는 지방에서 강력한 영향력을 행사하고 있던 부류, 즉 한 초에는 향삼로鄕三老와 소리小吏(吏員) 가문이나 종족·대상인, 중엽부터는 호족豪族이 될 수밖에 없었다. 한편 호족의 처지에서도 국가권력의 보호가 절실하였다. 국가에 협조하면 관직을 얻는 데 유리하였고, 그렇게 되면 지역사회에서 지배력이 더욱 공고해질 수 있었다. 이러한 배경에서 '**한조漢朝와 호족이 결합**'되었다. 그 결과 호족은 찰거제에 적극 참여할 수 있게 되었고 결과적으로 대지주이고 지식인으로서 관인까지 배출하게 되어, 지역사회에서 더욱 막강한 지배력을 행사할 수 있었다.

그런데 호족이 경제적으로 성장하고 영향력을 확대하는 것, 그리고 그 때문에 소농민이 몰락하고 유산流散하는 현상은 '**제민齊民지배**'를 지향하는 한나라의 통치이념과는 배치되었다. 그 때문에 전한 초기에는 각지의 호강·대족들을 수도 근처로 강제 이주시켜 이들의 무한한 성장을 막으려는 강간약지强幹弱枝 정책을 실시하였고, 전한 말기에는 한전제限田制를 실시하여 이들의 무한한 대토지 소유를 제한하였다. 또 전한과 후한 사이에 신新나라를 세운 왕망王莽(B.C.45-A.D.23)은 왕전제王田制[17]를 추진하기도 하였다. 그렇지만 그 어느 정책도 이들의 성장을 완전히 막을 수는 없었다. 오히려 호족의 협조로 왕조를 회복한 후한後漢(25-220) 왕조에서는 그들의 기득권을 어느 정도 보장해줄 수밖에 없었다. 후한 말기의 동란 사회를 묘사한 소설《삼국지연의三國志演義》에 보이는 수많은 무장집단은 실은 이들 대 호족들의 자위군이었다.

한편, 전한 중엽의 무제 연간부터 태학과 군현학을 설립하면서 제생諸生이 점진적으로 증가하였고, 사학私學도 확산되면서 유학교육이 널리 보급

---

17) 《漢書》卷99,〈王莽傳〉. 주나라시대에 존재한 것으로 전해오는 井田制를 모방한 토지제도.

되어 갔다. 특히 후한시대에는, 중앙의 태학과 지방 관학에서 제생諸生의 수가 급증하였는데, 입학入學 조건에 거주 지역을 제한하지 않았으므로 '유학遊學의 풍조'가 전국적으로 확산되었다. 또 마치 세포와 같이 각지에 존재하였던 사학私學에도 유명한 스승을 찾아 전국 각지에서 제생諸生이 모여들었다.

이들 모든 학교의 제생은, 소농민의 자제도 적지 않았지만, 대부분은 장기간 생업을 등질 수 있을 정도로 가정도 부유하고 향촌사회에서 영향력이 있는 호족豪族 가문 출신이었고, 특히 관인 가문 출신이 많았다. 후한 중기부터는 전국적으로 호족 출신의 제생이 군현의 연리掾吏를 독점하여, 지역사회를 지배하였다.[18]

이들 제생은 상당한 유학적 교양을 지녔으므로, 지식인으로서의 자부심도 컸다. 스승과 제생 사이에도 흡사 부자父子관계와 비슷한 강한 우의友誼 관계가 존재하였다. 그 때문에 그들 사이에는 그들만이 가지는 **'동류의식同類意識'**이 발생하면서, 점차 **'지식인 계층'**으로 성장하였다. 이들 지식인들은 지방에서 **'지식인 써클'**을 형성하여 향론을 장악하였으므로, 그들로부터 군현의 공조功曹·연사掾史 등 소리직小吏職에 임용되고, 미구에 중앙 관계로 나아가는 루트가 일반화되었다. 관인을 선발하는 찰거제察舉制도 이러한 구조를 통해서 이루어졌다.[19]

한편, 후한이 망한(220) 뒤의 위魏·진晉시대의 관인선발제도는 구품중정법이 대종이었다. 구품중정법의 기본 원리는 가문의 배경에 구애받지 않고 향촌의 여론(淸議)에 따라 인재를 등용하려는 것이었다. 그렇지만 관인 추천권을 가진 중정관은 대개 대호족 출신의 고관이 임명되었고, 인물 평가의 기준이 되는 향촌의 청의淸議 역시 대호족이 장악하고 있었다.[20] 따라

---

18) 東晉次, 1995, pp. 253-254.

19) 東晉次, 1995, pp. 167-170, 178-185, 283-285

20) 미야자키 이치사다(宮崎市定, 임대희 등 역), 2002

위진시대의 귀족의 모습(동진, 고개지 〈낙신부도洛神賦圖〉 부분,
박한제 등, 2015 개정판, p.61)

서 중정관이 정하는 향품鄕品의 기준은 지방 호족층의 여론에 좌우될 수밖
에 없었으므로, 개인의 능력보다 그가 속한 가문의 배경을 중시하게 되고,
그것이 그대로 향품과 관품官品에 반영될 수밖에 없었다. 그러므로 구품중

정법이 시행되자, 그 이념과는 달리 일부 유력한 호족이 '**문벌귀족**'으로 상승하는 결과를 가져왔다.

이렇게 성립하게 된 문벌귀족제는 동진東晉(317-420)을 지나 남북조시대(420-589)를 거치면서 조금씩 변질되어 갔다. 우선 남조에서는 한문寒門(下級士族) 출신이 점차 황제의 측근에 등용되면서 문벌귀족에게 위협세력으로 성장하게 되었다.[21] 한미寒微한 서족 출신이 관리로 진출할 수 있었던 배경에는 후한 이래 상업발전으로 말미암은 화폐경제의 재성장이 지적되기도 하는데, 새로 재부財富를 축적한 한문寒門·서족의 관계진출 욕구와 황제측의 황제권 강화정책이 잘 어울려 이룩된 것이었다.[22] 또 북조에서도 북방에서 내려온 이민족 왕조의 권력이 토착 한인漢人 문벌에 대하여 어느 정도 억제력을 행사할 수 있었으며, 현재賢才를 발탁하고자 하는 이념도 남조보다도 훨씬 강하였다.[23]

2절 귀족층의 소멸

남북조시대에 나타난 새로운 이념은 "**귀족은 존중하되 존중할 대상은 그 문벌이 아니고 교양**"이라는 점이었다. 이러한 이념은 이미 전국시대의 백가사상에서 나타났는데, 그것이 진·한시대와 위·진·남북조시대를 거쳐

---

21) 朴漢濟, 1989.

22) 山本隆義,《中國政治制度の研究》京都, 1968, 第5章 南朝, pp.111-169.

23) 谷川道雄,〈北魏官界における門閥主義と賢才主義〉,《名古屋大學文學部十周年記念論文集》1954; 谷川道雄,〈蘇綽の六條詔書について〉,《名古屋大學文學部研究論文集》史學, 15, 1967.

수대隋代 과거제의 이념으로 계승되었다. 그러나 수나라는 단명하였으므로 과거제가 관인의 충원 과정에 쇄신을 가져오지는 못하였다. 다만 수나라가 그렇게 대담한 개혁을 단행할 수 있었던 것은 남북조시대부터 사회환경의 변화에 따라 문벌귀족세력의 권위가 점차 기울어 가고 있었음을 암시해 주는 것이었다.

과거제는, 원리상으로 보면, 황제를 정점으로 중앙집권을 도모하고, 귀족이 사적으로 지배하던 서민을 왕조가 직접 파악하려는 것이었다. 그러나 당대唐代에는 전술(제1편 제2장)한 바와 같이, 몇 가지 약점이 있었다. 첫째, 당나라 초기에는 임자任子제가 과거제보다 오히려 중시되었고, 둘째, 부정행위 방지법도 없었고 행권과 통방通榜제 때문에 시험이 공정할 수 없었으며, 시험에 합격해도 다시 이부吏部의 전선銓選을 통과해야 입사入仕할 수 있었다. 셋째 아직은 책을 필사해야 되었으므로 서민들이 과거에 접근하기는 대단히 어려웠다. 그러므로 당대의 과거제는 여러 면에서 귀족에게 유리하였다.

그런데 무측천이 황제를 자칭하던(周) 시기(684-704), 즉 7세기 말부터는 남관濫官 정책을 펴면서 상황이 조금씩 변하기 시작하였다. 그녀는 자기의 무리한 정치개입을 상쇄하고, 인심을 수람收攬하여 통치력을 강화하기 위해서, 문벌귀족이 중시하는 유교 경전 대신 시詩·부賦를 중시하자, 진사과의 인기가 점차 높아지게 되었고, 또 제거制擧를 자주 시행하였으므로 이소덕李昭德·적인걸狄仁傑과 같은 탁월한 정치가도 많이 배출되었다. 무측천은 또 관인의 정원에 포함되지 않는 원외관員外官제를 통하여 관인을 많이 뽑았다. 특히 무측천 시기부터 예종(710-712) 연간까지는 사봉관斜封官이라는 매관賣官제를 실시하여 30만 전만 내면 누구나 6품 이하의 관리로 임용하였다.[24] 그러자 신흥지주나 대상인들이 다투어 관인으로 진출하였다.

---

24) 당대에는 5품 이상과 6품 이하와는 차이가 많았다. 5품 이상의 관료는 징병도 면제되고 동거 가족의 租庸調를 모두 면제받았으며, 자손의 任子(恩蔭)도 가능

더구나 현종의 재위(開元−天寶, 713~756) 시기부터는 진사과가 점차 관인 선발의 주류로 굳어지면서, 사회적인 분위기도 임자제를 선호하던 경향에서 과거제를 존중하는 경향으로 바뀌어, 고관이나 귀족의 자제들도 진사과에 응시하는 관행이 굳어져갔다.

위·진·남북조시대의 구품중정제에서는 문벌귀족은 가문의 배경으로 출사도 할 수 있었으므로, 본적지에서 광대한 토지를 소유하고 살았다. 그러나 당대에 들어 과거제가 정착되어 가면서, 관인선발권은 국가에 귀속되었고 관인 임명은 시험을 통해서 이루어지는 경우가 많았다. 그 때문에 문벌귀족 가운데에 과거 혹은 임자제나 벽소제를 통하여 출사한 귀족은 점차 본적지를 떠나, 관인생활과 과거 응시에 편리한 국도 장안이나 낙양, 혹은 지방 도시로 이주하는 경우가 많았다. 이것은 시세에 순응해서 관인으로 변신하는 길을 택한 것으로, 말하자면 이전의 '**문벌귀족이 관료귀족으로 변신**'한 셈이었다.[25] 그런데 이렇게 도시로 이동한 귀족은 그 뒤에도 적극적으로 과거에 응시하여 문벌귀족의 지위를 보존할 수 있었지만, 향촌에 남아있던 귀족은 정치사회적인 영향력이 점차 약화되다가 당말과 오대의 동란시기에 철저하게 쇠락하고 말았다.[26] 말하자면 과거제가 '**문벌귀족의 도시 이동**'과 '**관료귀족으로의 변신**'을 촉진하는 계기가 된 것이다.

그러면 당대唐代에 과거 출신자가 관료 사회에서 차지하는 비율은 어느 정도나 되었고, 진사의 사회적 위망威望은 어떠하였던가?

하였다. 그러나 6품 이하는 자식의 잡역만을 면제받았다.

25) 礪波護, 〈宋代士大夫の成立〉, 小倉芳彦 編, 《文化史》, 大修館書店, 東京, 1968; 金瀅坤, 2015, p.13; 하원수, 2021, p.331

26) 韓昇, 〈科擧制與唐代社會階層的變遷〉, 《廈門大學學報》(哲學社會科學版) 1999−4; 金瀅坤, 2015, 序論, p.14; pp.812~823; P.A. Herbert, *"Civil Service Recruitment in Early Tang China: Ideal and Reality"*, 《大阪大學語言文化研究》12호, 1986

당조는 290년 동안, 진사 급제자의 수를 점차 늘려갔다.[27] 고조(618-626) 연간에는 매과每科 평균 5.2명이었으나 태종 정관(627-649) 연간에는 10.3명, 고종(650-683) 연간에는 16명, 무측천 시기(650-705)에는 21명, 현종 개원 전기(713-733)에는 27.2명, 개원 후기에는 31명으로 증가하였고, 그에 따라 갈수록 관료 가운데 진사의 비율도 높아졌다.

서송徐松의 〈등과기고登科記考〉에서는 당대 진사급제자 총수를 262과 6,658명으로 기록하고 있으나, 류하이펑劉海峰은 정확하지 않다고 본다. 그는 또 명경은 약 26,000여 명, 제거는 1천여 명이 합격한 것으로 보면서, 당대 290년 동안의 과거 합격자는 최소한 3만 명 이상이었을 것으로 보고 있다.[28] 그런데 진잉쿤金瀅坤은, 당 전기의 내외 관료가 18,885명이었으므로, 한 세대를 30년으로 계산하면, 매년 630명 정도가 입사한 것으로 보고 있다.[29] 또 우종궈吳宗國는, 개원 21(733)의 관료가 17,686명이었으므로, 한 세대를 30년으로 계산하여, 매년 약 6백명 정도씩 보충되었다고 보고 있다.[30] 그러므로 당대의 진사와 명경 급제자 수를 고려할 때, 과거제를 통하여 입사한 수는 전체 입사자의 1/4 정도로 추산할 수 있다.

또 한편, 류하이펑[31]의 분석에 따르면, 신·구《당서》열전에 등재된 관

---

27) 당대 과거고시에 대한 사료는 대부분 진사에 관한 것이고, 그것도 당 후기에 치우쳐 있다.

28) 馬端臨,《文獻通考》권29, 선거2에 기록된 〈唐登科記總目〉, 徐松의 〈登科記考〉. 劉海峰·李兵, 2004, p.137. 그런데 張希淸《中國科擧制度通史-宋代卷》, 上海人民出版社, 2015, pp. 19; 300; 779-780; 871)은 당대 290년 동안 진사급제자 총수를 6,646명(매년 평균 22.9명), 명경은 진사의 2.5배로 추산하여 16,600명, 도합 23,200 명으로 계산하여 진사와 명경을 합해서 매년 평균 약80명을 합격시켰다고 보고 있다.

29) 金瀅坤, 2015, p.733

30) 吳宗國, 1992, p.172.

31) 劉海峰,《科擧考試的教育視角》, 湖北教育出版社, 1996, p.29(李兵, 2005, p.10 참조)

료 가운데, 외척과 종실, 환관·군공軍功 임직자 등을 제외하면 총 1,383명인데, 그 가운데 진사출신은 33.9%(469명)이고, 당 후기만 보면 관료 697명 가운데 진사출신이 49.4%(344명)이었다. 또 손귀동孫國棟[32]의 분석에 따르면, 안사의 난(755-763) 시기부터 당말까지의 《구당서》〈열전〉에 등재된 관료는 718명인데, 그 가운데 과거출신이 301명으로 41.9%, 비非과거출신이 417명으로 58.1%였다. 과거출신자만 보면, 301명 가운데 진사출신은 268명으로 89%(전체 관료 가운데 37.3%)였고, 명경과 및 기타 과목 출신이 33명으로 11%(전체 관료 가운데 4.6%)였다. 과거출신 가운데 관인 내지 문벌가문 출신이 90.7%(273명)이고 서족출신이 9.3%(28명)이었다. 이로써 보면, 당 말에 서족출신(28명)이 과거제를 통하여 열전에 등재될 정도의 고관으로 승진한 비율은 전체 관료 가운데 3.9% 정도에 불과하였다.

한편, 재상 가운데의 비율도 같은 추세였다. 진잉쿤의 분석에 따르면, 당대 재상의 과거출신 대(對) 비과거 출신의 비율은, 당 초기에는 4% : 84%, 말기에는 89% : 9%로 역시 급변하여 갔다.[33] 이를 좀 더 구체적으로 보면,[34] 과거출신이 태종 연간에는 재상 29명 가운데 14%였고, 고종(650-683) 연간에는 재상 47명 가운데 30%, 무측천 칭제 시기(684-704)에는 재상 64 명 가운데 41%, 현종 개원(713-734) 연간에는 재상 27명 가운데 66.7%, 순종(805) 때에는 재상 7명 가운데 71%였다. 또 우종궈[35]에 따르면, 다음 표에서 보는 바와 같이, 당 말의 헌종에서 의종에 이르는 7명의 황제 시기(806-873)에 재상 133명 가운데 진사출신이 104 명으로 78%를 점하였다. 당대 전체시기로 보면, 재상 총 378 명(多次 入相者는 1인으로 계산) 가운데 56.6%(214명)가 과거출신자였다.[36] 그러므로 연구자에 따라 통

---

32) 孫國棟, 1959, pp.242-246.

33) 金瀅坤, 2015, pp.773-778

34) 金瀅坤, 2015, pp.109-110

35) 吳宗國, 1992, pp.181-182

36) 金瀅坤, 2015, 序論 p. 5

계는 다양하지만, 결론은 모두 같은 경향을 보여주고 있다. 또 육부 상서 가운데 진사 비율은 덕종(779-805)까지는 21% 정도였고, 순종(805) 이후에는 계속 상승하여, 재상과 같은 경향이었다.

〈당말 7대 황제시기의 재상 비율〉

	재상 수	진사출신비율
憲宗(806-820)	29명	17(59%)
穆宗(821-824)	14	9(64%)
敬宗(825-826)	7	7(100%)
文宗(827-840)	24	19(79%)
武宗(841-846)	15	12(80%)
宣宗(847-859)	23	20(87%)
懿宗(860-873)	21	20(95%)

이상을 종합해 보면, 과거제가 당대 관인사회에서 보여준 영향은 당나라 말기로 갈수록 상승해갔다. 당대에 과거출신이 전체 관인 가운데서 점하는 절대 비율은 높지 않았으나, 입사한 뒤에 승진 과정에서는 대단히 우대되었다. 당나라 말기의 경우에, 과거출신 모두가 이부 전선銓選을 통과해 입사한다 해도 전체 입사자의 25% 정도밖에 안되었는데, 열전에 등재된 관인 가운데 점하는 비율은 전체 관인의 43%에 달했고, 재상 가운데에서는 절대 다수를 점하였기 때문이다.

이렇게 갈수록 진사의 수가 증가하고 그들 가운데 고관으로 승진하는 비율도 늘어나면서, 입사入仕 방법으로 과거시험에 대한 인기가 더욱 높아갔다. 당말에 저작된《당척언唐摭言》[37]에도, "**과거제가 실시된 3백년 동안 서민은 관인이 되고 싶어 하고, 관인 가문은 대를 이어 급제하길 바랐다. 고한孤寒자는 과거에 급제하지 못하면 굶주리게 되고, 관인집안이 급제하지 못하면 가문이 끊키고 만다**"고 하고 있다.

시세가 이렇게 변해가자 종래 가문만 고집하며 과거 응시를 게을리 하던 귀족도 변신하지 않으면 귀족으로서 생명력을 장담할 수 없게 되었다. 범양 노盧씨는 이러한 시세의 변화에 가장 잘 적응한 사례였다. 범양 노씨

---

37)　王定保,《唐摭言》卷9, 〈好及第惡登科〉

가문은 덕종 흥원 원년(784)부터 희종 건부 2년(875)까지 92년 동안에 일족 가운데서 무려 116명의 진사를 배출하였다. 귀족은 마음만 먹으면 여러 가지 면에서 일반 서민보다 과거 응시에 유리한 조건을 가지고 있었기 때문이다. 그렇지만 진사 급제자가 매년 30명 정도에 불과하던 시기에 전체 진사 급제자의 4% 정도를 한 가문에서 배출한 것은 놀라운 수치였다.

그와는 달리, 끝까지 귀족의 자부심을 지키면서 과거시험을 백안시했던 사람은 결국 후회할 수밖에 없게 되었다. 귀족출신으로 문음門蔭을 통해 입사하여 고종(649-683) 연간에 7년이나 재상을 역임한 설원초薛元超(623-684)는, '평생 돌이킬 수 없는 실패 3가지를 저질렀다'면서 두고두고 후회하였다.[38] 그 첫째가 과거시험에 응시하지 않아서 진사가 되지 못한 것이었다. 관인사회에서 진사출신자의 비중이 아직 확실히 나타나기 전이었는데도 그러한 생각을 했던 것이다.

과거제는 이전의 귀족제를 타파하고 천자를 정점으로 하는 관료제 피라미드의 수립을 목표로 한 것이었다. 그러나 그러한 목표는 단지 희망사항일 뿐, 수·당시대에는 오히려 구 문벌귀족을 새로운 관료귀족으로 변신시키는 기능을 하였다. 과거제가 원리대로 기능한 것은 송대(960-1279)부터였다. 이러한 변화의 전기가 된 것은 '안사의 난(755-763)'의 발발이었다. 안사의 난이 일어날 무렵부터 관료기구의 근간이 된 '율령律令체제'[39]가 무너지기 시작하였다. 이 무렵부터 '영외令外의 관'이라 할 수 있는 '사직使職'이 새롭게 발생하여 율령체제 아래의 정규 관직을 잠식하였다. 절도사·염철사鹽鐵使·탁지사度支使·관찰사와 같은 사직은 기구가 방대하였지만, 황제의 직속 관청이었으므로 그 장관인 '사使'는, 예부의 과거시험이나 이부의 전선銓選과는 상관없이, 예하의 관직을 자유로 임명할 수 있었다. 말하

---

38) 劉餗, 《隋唐嘉話》(北京, 中華書局, 1979) 卷中, p.28. 그런데 학자 중에는 이 기록을 의심하기도 한다.

39) 율령체제는 수대에 시작하여 당대에 완성되었다.

자면 이미 수나라 시기에 없앴던 '벽소辟召'제가 다시 부활된 셈이었다.

이렇게 사직의 하부 관리로 등용된 막직幕職 관료들은 기존 관인귀족층과 대립되는 신흥 지주나 대상인 가문 출신이 많았다. 3성 6부 등 정규 관인기구는 대개 관인화된 귀족이 많았으므로, 신흥 지주나 상인출신들은 과거시험에 합격해도 이부에서 실시하는 전선銓選의 관문을 통과하기가 어려웠다. 그 때문에 진사시험에 낙제한 사람, 혹은 진사에 합격했으나 이부의 전선에 낙제한 젊은이들이 번진藩鎭이나 사직使職의 하부 관리로 들어갔다. 이러한 경향은 무측천이 남관濫官 정책을 펴면서 더욱 많아졌고, 특히 안사의 난 무렵부터 표면화되기 시작한 무인武人의 발호가 불을 붙였다. 안사의 난은 9년만에 진압되었지만, 그 뒤로 당나라 황제는 마치 춘추·전국시대의 주나라 왕과 같이, 겨우 명맥만 유지하는 존재가 되고 말았다. 당조 중앙에서는 환관이 권력을 마음대로 휘둘렀는데 9세기에는 무려 8명의 황제가 환관의 손으로 바뀌었다. 또 지방은 번진의 절도사가 스스로 조세를 징수하면서 자치권을 행사하는 독립 세력이 되어버렸다.[40]

당말 헌종 원화 3년(808)의 진사 시험에서, 우승유牛僧孺와 이종민李宗閔이 응시해서 제출한 대책문이 조정을 격렬하게 비판했는데, 재상 이길보李吉甫가 크게 노했으나, 주시험관은 오히려 그들을 합격시켰다. 이것이 계기가 되어 그 뒤 우승유와 이종민을 대표로 하는 '우당牛黨'과 이길보의 아들 이덕유李德裕를 대표로 하는 '이당李黨'이 형성되어 그 뒤 40년 가까이 당쟁이 지속되었다(이를 牛李党争, 808-846)이라 함). 우당의 관인은 대개 서족

---

40) 당조의 등록 戶口는 755년에 900만호에서 760년에 200만호로 급감하였다. 실제로 인구가 줄어들기도 하였겠지만, 호적제도가 실종되었기 때문도 있었다. 반란이 진압된 뒤에 당조의 조세기반은 ⅓ 이하로 줄어들었다. 그 때문에 당나라는 소금 전매로 재정 수입의 절반을 충당하였고, 780년에는 여름과 가을 1년에 두 차례 조세를 징수하는 양세법(兩稅法)을 고안하였다. 이 양세법은 그 뒤 명말까지 지속되었다.

출신이었고, 이당의 관인은 대개 명문세족 출신이었지만, 결과적으로는 우당의 일방적 승리로 끝났다.

그 와중에서 귀족 세력은 점차 약화되다가, 희종 건부 원년(874)에 일어난 '황소의 난'과 그에 이은 당나라의 멸망(907)으로 완전히 소멸되고 말았다. 황소의 난(874-884)은 쓰촨지방을 제외한 중국 전역을 10년 동안이나 휩쓸면서 당조 지배기구를 반신불수로 만들고 귀족층에게 결정적인 타격을 가하였다. 더구나 어린 황제를 살해하고 후량을 건국(907)한 주전충朱全忠이 국도國都를 자신의 근거지인 낙양과 개봉으로 옮긴 것은 귀족층에게 최후의 일격을 가한 셈이었다. 왜냐 하면, 고향을 떠나 국도 장안에 살던 구 귀족층은 옛날같이 부근에 대토지를 소유하기보다, 연애碾磑(수력을 이용해 밀을 빻아 가루를 만드는 연자방아)와 같은 특수한 이권을 경제적 기반으로 삼고 있었다. 그런데 국도의 이전으로, 인구가 100만 명을 헤아리던 장안의 번화한 사회를 잃게 되어, 하루아침에 생활수단을 잃고 말았다.

당말 오대시기에 구 귀족이 철저하게 몰락한 사실에 대한 유명한 이야기가 있다. 당나라를 중흥하겠다는 목표로 후량後梁을 멸망시키고 후당後唐을 세운 장종莊宗(923-926)이, 재상에 임명시키기 위해 구 명족名族을 찾았으나 전혀 찾을 수가 없었다. 스스로 귀족이라고 밝혀온 자들은 진위眞僞가 분명치 않았기 때문이다. 겨우 수십 년 사이에 구 귀족층이 완전히 소멸되고 만 것이었다.

5대의 군벌 황제 시기에는 이렇게 구 귀족은 거의 몰락하고, 일시적으로 '군벌귀족'이 나타났다. 이들은 힘 있는 무장武將의 자손으로, 부조父祖가 남긴 재력을 이용해서 특권계급이 된 부류였다. 그러나 5대 50여 년 동안에는 정권이 빠르게 교체되었으므로, 왕조의 잦은 교체는 그들이 확고한 귀족계급으로 정착하기 전에 철저하게 파괴하는 기능을 하였다. 그래서 송나라가 전국을 통일할 무렵에는 위·진·남북조 이래의 구 귀족은 완전히 자취를 감추게 되었던 것이다.

제2장 사대부사회의 성립

제1절 사대부계층의 성립

중국 역대 사회의 지배계층은 전·후한시대에 호족豪族, 위·진·남북조와 수·당시대에 문벌귀족, 그리고 송·원시대에는 사대부, 명·청시대에는 신사였다고 할 수 있다. 호족과 문벌귀족은 종족결합을 기반으로 하는 대지주이자 지식인이었고, 특히 문벌귀족은 대대로 관인을 배출하는 가문이었으므로, 이들이 정치·사회·경제·문화적인 지배층이었다. 이들은 관직을 갖지 않아도 귀족으로서의 가격家格을 유지할 수 있었다. 그러다가 당말부터 5대10국의 전란시기를 거치는 동안 문벌귀족이 대부분 몰락하였으므로, 송대에 이르면 귀족 자체가 소멸된 새로운 시대가 되었다.[1]

---

1) 문벌귀족의 해체 원인은 과거시험 합격 여부가 가장 큰 원인이었다. 그러나 또 한 가지는 중국은 고대부터 諸子均等割相續制에 따라 토지를 균등 상속하였다.

그렇지만 특권 계층이 완전히 없어져 모든 백성이 평등해진 것은 결코 아니었고, 서민의 천국이 된 것도 아니었다. 사회의 상층에는 당대까지의 귀족 대신 '**단대귀족**斷代貴族'이라 할 수 있는 '**사대부계층**'이 대두되었다. 사대부는 "**천하가 근심하기에 앞서 근심하고, 천하가 기뻐한 후에 기뻐한다**(先天下之憂而憂, 後天下之樂而樂)"[2]는, 천하에 대한 사명감을 가지고 황제와 함께 천하를 분치分治한다는, 치자治者로서의 책임과 자부심을 가진 계층이었다.

송대 사회를 보통 '**사대부사회**'[3]라고 하는데, 사대부사회가 성립된 배경은 과거제가 결정적인 기능을 하였다. 과거제는 송대에 와서 제도적으로 완전히 정비되고 객관화 되었으므로 과거시험에 정치권력이 개입되기는 아주 어려웠다. 따라서 조상대에 관료를 배출하지 못한 서민도 재능만 있으면 과거에 응시하여 관료가 될 수 있게 되었다. 사대부는 경제적으로는 지주나 상인인 경우가 많지만, 기본적으로는 자신의 '지적知的 능력'으로 과거에 합격하여 입사한 관료였다.[4] 그러므로 '**지식인 · 관료 · 지주**'의 3가지를 한 몸에 지닌, 새로운 계층을 '**사대부**'라 한 것이다.

그런데 현실적으로 보면, 과거시험에 합격하기 위해서는 그에 필요한 재능뿐 아니라 장기간의 교육과 과거응시에 필요한 경제력이 필수였고 경쟁

그 때문에 아무리 대토지를 가진 지주라도 세대가 지나면서 토지가 잘게 나누어져서, 토지에 기반을 둔 지주는 대대로 토지를 확대해가지 않으면 해체될 수밖에 없었다.

2)   范仲淹, 《范文正公集》, 卷 7, 記, 〈岳陽樓記〉

3)   礪波護, 〈宋代士大夫の成立〉, 小倉芳彦 編, 《文化史》, 大修館書店, 東京, 1968, pp.203-206; 森田憲司 · 溝口雄三, 〈宋代の社會と文化〉, 松丸道雄等 編, 《中國史》3, 山川出版社, 東京, 1997; 河元洙, 〈宋代 士大夫論〉, 서울대학교동양사학연구실 편, 《講座中國史 Ⅲ-士大夫社會와 蒙古帝國-》, 지식산업사, 1989.

4)   심한 경우, 관료가 된 뒤 재산을 모은 경우도 많았다. 慶曆新政을 주도한 范仲淹의 경우가 가장 전형적인 사례이다. 범중엄은 參知政事 시기에 소주 근교의 上等田 1천무를 구매해, 范氏義莊을 설치하였다. 제1편 제3장 각주18 참조.

률도 대단히 치열하였으므로, 간단하게 응시할 수도 없었고 시험에 합격하는 것이 그리 쉬운 일도 아니었다. 사대부는 과거시험에 급제하여 관직을 얻어야 비로소 존재감을 갖는 계층이었다. 과거제는 빈부귀천을 묻지 않고 오로지 개인의 능력만 보고 관직에 임용하는 제도였고, 일단 관직에 임명되면 사대부로서 서민 위에 군림할 수 있었다. 그렇지만 다음 세대에 과거 합격자를 내지 못한 가정은 그대로 서민으로 전락하고 마는 것이었다. 사대부는 그만큼 '**사회적 유동성**(Social Mobility)'이 큰 '**단대斷代 신분**'이었다.

이러한 변화에 따라 사회의 분위기도 과거시험에 응시하기 위해 '**독서를 중시하는 풍조**'가 일어나게 되었다.[5] 과거시험에 응시하려는 독서인은 갈수록 증가하였다. 과거시험은 많을 때는 수십만 명이 응시하여 겨우 수백 명을 합격시키는, 대단히 어려운 시험이었다. 이렇게 갈수록 경쟁이 치열해지면서, 자손 대대로 합격자를 배출하는 것은 거의 불가능하였으므로, 송대 이후 사회적 계층이동이 그만큼 다양해졌다.

사대부는 사회의 지배층으로서 다양한 역할을 하였다.[6] ① 사대부는 대개 향촌에 살았고, 관료도 퇴직하면 고향에 돌아와 살았다. 또 시간이 지날수록 증가한 절대다수의 독서인은 과거에 응시했다가 낙방한 뒤에는 향촌에 거주하였다. 한편, 새로 부임하는 지방관은 관직 회피제에 따라 타향에 부임하기 때문에, 그 지방의 민정과 풍습이 낯설고 서리의 다양한 부정도 도사리고 있었으며, 무엇보다도 언어가 통하지 않았으므로 누군가의 협조가 절실하였다. 그런데 지방에 거주하던 사대부는 지방의 사정에 밝았고 지식인으로서 향촌의 여론을 주도하고 있었으며, 무엇보다도 신임 지방관과 언어가 통했다. 그러므로 이들은 지방관이 정책을 수행할 때 자문을

---

5) 그 배경에는 농업생산량의 증가, 상·공업과 도시의 발달 및 학교의 융성과 인쇄술의 발달도 큰 힘이 되었다.

6) 梁庚堯, 2017, pp.183-186, 192-197; 川上恭司, 〈科擧と宋代社會－その下第士人問題－〉, 《待兼山論叢》21, 1988.

하거나 백성을 설득할 수 있었고, 백성을 대표해서 지방의 문제들을 관청에 전하거나 교섭할 수 있었으며, 지역과 지역 사이의 갈등에도 이들이 대표로 나서서 교섭할 수 있었다. 사대부는 또한 개인 사이의 갈등도 조정하고 재판에도 개입하였다. 사대부는 향촌에서 이렇게 지배력을 행사하면서, 지방관과 백성 사이에 교량 역할을 할 수 있었다. 그들은 지방관과의 관계를 돈독히 함으로써 여러 가지 부수적인 이득을 얻을 수도 있었다. ② 사대부는 또 향촌에서 구휼활동(수재와 한재 등 흉년이 들거나 역병이 유행할 때)을 하였고, ③ 지방의 공익사업(水利개발, 교통로 개선, 縣城·학교·貢院 축조)에 참여하여, 그 일을 발의하고 출자하고 계획하고 진행을 감독하였고, ④ 교육활동(사숙 등 사인강학·서원)을 전개하거나 저술을 하거나 의술을 벌이고, 향약을 제정하거나 사창社倉을 설립하기도 하였다. 향촌에 거주하는 사대부의 이러한 역할은 다음의 명·청시대에 가면 더욱 두드러졌다(제3편, 제3장 참조).

이러한 '**사대부사회**'에서는 그에 상응하는 '**사대부문화**'가 성립하였다. 종전의 문벌귀족은 가격家格이 기본이었으므로 무학자無學者도 있었지만, 사대부는 모두가 일정한 정도 이상의 지식인으로서 학문과 교양뿐 아니라 그들만의 언어(官語, 官話)를 공유하는 계층이었다. 이렇게 사대부를 지배층으로 하는 사회구조는 송대부터 성립되어 그 뒤 원·명·청시대를 거쳐 신해혁명(1912)이 발발할 때까지 지속되었다.[7]

그러면 송대부터 '**사대부사회**'와 '**사대부문화**'가 성립되었다면, 과거제는 '**어떻게, 어느 정도**'나 영향을 주었을까? 이를 위해서 먼저 송대 관료사회에서 과거출신자가 점하는 '**정치·사회적 지위**'를 이해할 필요가 있다.

이를 위해서 먼저 과거시험의 제1단계인 '**해시**解試**의 응시자 수와 경쟁률**'[8]을 보겠다. 송대 초기에는 오대십국의 전란 직후여서 응시자도 많지

---

7) 오금성, 〈신사〉, 《명청시대 사회경제사 입문》, 이산, 2007.

8) 劉海峰, 2004, p.214; 梁庚堯, 2017, p.85; 村上哲見, 1980, pp.90-91; 배숙희,

않았고, 해시를 볼 때마다 그 지역 응시자의 10-50%를 해액解額(합격자수)으로 지정하였으므로, 경쟁률은 2:1에서 10:1 정도로, 후대에 견주어보면 비교적 낮았다.

〈송대 해시解試 응시자 수〉

地名	年代	人數	地名	年代	人數
蘇州	慶曆연간(1041-1048)	200	嘉興	남송시대	매회 2,000여
	남송 乾度4년(1168)	2,000	建州	남송시대	10,000여
福州	元祐5년(1090)	3,000	潮州	남송紹興20년(1150)	不及 2,000
	남송 紹興9년(1139)	7,000		淳熙원년(1174)	3,000
	乾道元年(1165)	17,000		嘉泰4년(1204)	4,000여
	淳熙2년(1175)	20,000		紹定원년(1228)	6,600여
	淳熙13년(1186)	14,000-15,000		남송 말기	10,000 以上

위 표[9]에서 보는 바와 같이, 송대에는 갈수록 독서인이 증가하였고, 특히 남송시대부터는 독서인의 수가 격증하면서 각지의 해시 응시자도 격증하여갔다. 그 때문에 남송 초의 고종 소흥 26년(1156)에는 해시에 '수험자가 많을 때는 심사기간을 연장해도 좋다'는 조서를 내렸다. 남송 중기의 영종 가정 3년(1210)에는 응시자가 '**큰 군郡은 만여 명, 작은 군도 수천**'이나 되었다. 푸젠로福建路 푸저우福州부의 경우 남송시대에 응시자가 많을 때(1175년)는 2만명에 달했는데, 해액解額은 변함없이 62명이었으므로,[10] 경쟁률은 보통 200:1을 넘었고 많을 때는 274:1로 치열하였으며, 같은 푸젠로의 젠저우建州도 133:1이나 되었다. 해시의 경쟁률은 이렇게 날이 갈수록 치열해져서, 남송시대에는 지방에 따라 낮은 곳은 수십 대 1, 높은 곳은 100:1에서 150:1이나 되었다. 그러므로 남송시대에는 해시 응시자가 많은

2001, pp.39-40

9) 梁庚堯, 2017, p.85

10) 남송 말에 이르면 福州의 해액이 100명으로 증가하였다. 이근명, 《남송시대 복건 사회의 변화와 식량 수급》, 신서원, 2013, p.338

지역은 수십만 명이나 된 셈이었다.[11] 기껏 2세기 전의 송 초에 수만 명이었던 것과는 많은 차이가 있었다.

이렇게 치열한 경쟁을 뚫고 올라온 거인들의 성시省試 경쟁률은 어느 정도였던가? 송대 과거합격자에 대한 기록은 10종이나 되지만, 기록이 모두 제각각이어서 정확한 숫자는 알 수 없다. 이제 편의상 최근에 이 문제를 정치하게 분석한 장씨칭張希淸의 부록 〈북송공거등과표北宋貢擧登科表〉와 〈남송공거등과표南宋貢擧登科表〉를 참조하여 성시 녹취자수를 추산해 보겠다.[12]

먼저 태조(960-976) 연간에는 5대10국의 전란 직후여서 해시의 응시자도 많지 않았고 또 많이 뽑지도 않았다. 모두 15차례 시험에서 정주명正奏名 진사 188명, 제과諸科 161명, 도합 349명, 특주명特奏名 진사 106명을 합격시켰다. 그러므로 도합 455명을 뽑아서 매과 평균 30.3명 정도로, 당나라 말기와 별 차이가 없었다.

태종(976-997)은 더욱 많이 합격시켰다. 태종은 즉위한 다음 해의 과거 시험에서 일거에 500명을 뽑아서, 태조 연간 15회에 합격자 455명보다도 많았다. 더구나 순화 3년(992)에는 진사 353명, 제과 964명, 도합 1,317명을 뽑아서 또 한 번 기록을 세웠는데, 그 해의 성시 응시자가 17,000여 명이었으니[13], 경쟁률이 13:1(녹취율 7.7%)이었던 셈이다. 태종은 재위 22년 동안 겨우 8회의 시험을 실시하였는데 정주명 5,874명(진사 1,500명, 제과 4,374명), 특주명 268명을 뽑아서 도합 6,142명으로 매회 평균 767명을 합격시켰으니, 태조 시기보다 25.5배나 뽑은 셈이다. 태종 연간에서 볼 수 있

---

11) 다만 광둥과 광시지방은 수험자가 적어서 '해시를 생략해도 좋지 않은가'라는 상주도 있었다.

12) 張希淸, 2015, pp.19; 298-300; 521; 535-536; 777; 780; 837, 871; 부록 〈北宋貢擧登科表〉·〈南宋貢擧登科表〉 참조.

13) 馬端臨, 《文獻通考》권30, 선거3, p.285

는 또 하나의 특징은 진사과보다 제과를 3배 가까이 더 뽑았던 점이다.

제3대 진종(997-1022) 연간에는 태종 연간보다 더욱 많이 뽑았다. 특히 경덕 2년(1005)에는 정주명 진사와 제과를 합쳐 무려 1,003명을 선발하였다. 그런데 그해는 마침 요遼나라와의 '전연지맹澶淵之盟(1004)'[14]을 체결한 다음해였으므로, 특별히 허베이河北 5로 지방의 독서인을 격려하고 포섭하기 위해서 정주명과 특주명을 합하여 총 2,046명을 더 뽑았다. 결과적으로 총 3,049명을 뽑아서, 중국 과거제도사에 전무후무한 기록이 되었다. 진종 25년 동안에는 총 8,687명, 연평균 347명을 배출하였다. 제4대 인종(1022-63) 연간에는 더더욱 많이 뽑았다. 인종 42년 동안 총 16,588명, 연평균 395명을 배출시켰다. 제5대 영종 치평 3년(1066)부터는 과거시험을 3년에 한 번 실시하도록 정하고 급제자 수는 300명으로 제한하였지만 지켜지지는 않았다.

이상 북송시대를 종합하면, 정주명 35,717명(진사 19,365명, 제과 16,352명), 특주명 16,667명으로, 총 52,384명을 뽑은 셈이었다. 그런데 장씨칭은 10종의 기록에 부실한 부분이 많다면서 다양한 분석을 거쳐서, 북송시대 166년 동안의 과거합격자를 61,118명으로 수정하고, 추측 부분을 감안하여 총 61,000여명으로 보고 있다.[15] 이렇게 보면 북송시대에는 매년 평균 367명 정도가 배출되었다고 할 수 있다.

한편, 장씨칭의 부록에 따라 남송시대를 계산해보면, 남송 153년 동안에 모두 49방을 치러서 총 45,649명(정주명 진사 23,207명, 특주명 진사 22,442명)이 선발되었다. 그런데 장씨칭은 특주명 기록에 문제가 있다면서

---

14) 요遼와 송 사이에 계속된 25년 동안의 전쟁을 끝내고 양국이 화의를 맺은 조약. 두 나라가 형제관계를 맺는 대신, 송이 요에게 세폐歲幣(은 10만 냥, 絹 20만 필)를 바치고 국경무역을 열기로 하였다.

15) 綦曉芹씨는 북송시대 진사는 6,630명이고 그 가운데 남방 출신이 6,164명으로 95.2%이고 북방 출신은 466명으로 4.8%를 점한다고 보고 있다. 綦曉芹, 2007, p.135

5,049명을 보충하여, 남송시대 정주명과 특주명 진사를 50,698명으로 본다. 그러므로 전체 과거 출신 가운데 정주명 진사는 45.8%, 특주명 진사는 54.2%가 되어 정주명보다 많았고, 전체적으로는 해마다 평균 331명이 배출된 셈이다. 그런데 장씨칭은 남송시대 과거출신자를 추측 부분을 감안하여 총 51,000명으로 보고 있다. 남송시대 합격자 연평균 331명은 북송시대의 연 평균 367명보다는 적은 수치이다. 그러나 나라의 판도가 북송보다 2/5, 호수와 인구도 대략 2/5가 줄어든 상태를 감안하면, 북송시대보다 월등히 많은 수치였다. 더구나 남송시대에는 북송시대보다 특주명 진사를 더 많이 뽑았다.

이를 종합해 보면, 양송兩宋시대 320년 동안 정주명은 도합 59,325명으로 전체 과거출신의 53.1%, 특주명은 도합 52,491명으로 전체 과거출신자의 46.9%였다. 정주명·특주명을 합쳐서 총111,816명, 평균 매년 350명이나 되어, 전무후무한 수치였다.[16] 장씨칭은 이 수치를 개략해서 양송시대 과거출신자 수를 112,000명으로 보고 있다. 결론적으로 말하면, 송대 성시省試의 경쟁률은 북송 초기에는 2:1에서 10:1로 비교적 쉬웠으나, 뒤로 갈수록 경쟁률이 높아져서, 남송시대에는 100:1에서 심하면 200:1까지 치열해졌다. 그럼에도 불구하고 송대에는 당대보다는 과거 합격이 훨씬 쉬웠다.

송대에 과거시험에서, 이상과 같이 많이 뽑은 결과, 관료사회에 심각한 용관冗官(맡길 직무가 없어 남아도는 관료) 문제가 나타났다. 당나라는 각지에서 할거하던 번진에게 망하였는데, 번진 세력에게 적극 협조한 세력은 과거시험에서 낙방한 자들이었다. 송나라는 이러한 국면을 방지하고자 관직의 수는 크게 늘리지 않으면서도, 과거 급제자의 수를 대폭 늘렸을 뿐 아

---

16) 이 수치에는 武擧 선발은 제외한 것이다. 綦曉芹, 2007, p.15에서는, 무거를 포함하여 남북송 시대에 115,427명으로, 평균 매년 361명을 선발했다고 한다.

송대 과거합격자의 지역분포, 히라다 시게키(平田茂樹, 김용천 역), 2012, p.42

니라, 음보蔭補·군공軍功·서리 출직出職·진납매관進納買官[17] 등 다양한
방법으로 관료의 수를 크게 증가시켰다. 더구나 남송시대에는 국토가 대
폭 축소되어 북송시대보다 관직이 많이 줄었는데도, 과거합격자나 관료임

---

17) 賑濟·邊費·築城·修河 등에 필요한 米粟이나 금전을 국가에 납부하고 관직을
얻는 제도.

용자 수는 많이 줄이지 않았다.

양송시대에 과거시험 녹취자錄取者 수는 정주명·특주명에 무거武擧를 합하여 대략 12만여 명으로 매년 평균 375명이었는데, 음보 출신자는 매년 500여 명으로 과거출신자보다 33%나 많았고, 서리 출신도 매년 1–2백 명이나 되었다.[18] 남송 영종 가정 6년(1213)의 통계에 따르면, 당시 관료 38,870 명 가운데 진사출신 10,925명(28%), 음보관 22,116명(57%), 진납매관 940명, 군공보관 2,891명, 기타 164명이었다.

그러므로 송대 용관의 가장 중요한 원인은 음보 출신 때문이었다. 송대인들은 용관의 원인을 ① 음보(門蔭), ② 서리, ③ 납속納粟(進納買官), ④ 특주명으로 생각하였다.[19] 그 때문에 관직에 빈자리가 없어 임용되지 못하고 대기하는 용관으로 말미암아 관료사회에 부패와 서리문제가 대단히 심각하였다.[20] 그 결과 관직 한 자리에 3명이 임명되는 경우도 있었는데, 한 사람은 황제가 임명한 실직實職이었고, 다른 한 사람은 보결자, 또 한 사람은 발령 대기자였다. 송대에 대개의 관료는 5–10년을 기다린 뒤에야 정관

---

18) 張希淸, 2015, pp.790–791

19) 張希淸, 2015, pp. 791–795; 梁庚堯, 2017, pp.133–135. 한편, Chaffe, John W.(양종국 역), 2001, p.60, 〈표3〉, 〈1213년의 문관 분류〉를 보면, 전체 문관 19,398명 가운데 진사 5,300명(27.4%), 특주명 5,115명(26.4%), 음보 7,621 명(39.3%)이었다. 또 정관 2,392명 가운데에서는 진사출신이 975명으로 40.8%, 음보는 1,255 명으로 52.5%였다.

20) 송대의 관료 수는 진종 경덕 연간(1004–1007)에는 1만여 명이다가 인종 보원 연간(1038–1039)에는 15,400여 명으로 증가하였고, 철종 원우 3년(1088)에는 34,000여 명으로 격증하였다. 더구나 북송 말의 휘종 정화 3년(1113)에는 43,000여 명으로, 그 6년 후인 선화 원년(1119)에는 51,000여 명으로 폭증하였다. 그 때문에 관직 한 자리가 생기면 5–7명이 노렸다. 북송이 망하고 남송이 건국하자 많은 관원이 남으로 이동하였는데, 강역은 오히려 2/5가 줄었으므로 관직은 더욱 부족하여 한 자리를 놓고 수십 명이 경쟁하였고 5–6년을 기다리기도 하였다. 1200년 이후 어떤 지역에서는 300명이 한 자리를 놓고 경쟁하는 경우도 있었다. 張希淸, 2015, p. 789 참조.

으로 임용되었지만, 관직에 재임하는 기간은 짧아서, 짧은 재임기간 동안에 기다릴 때 쓴 생활비까지 보충하려 해서 탐관오리가 많을 수밖에 없었다.[21] 중국의 4대 소설 가운데 하나인 《수호전》은 북송 말기의 관리들의 부정부패를 배경으로 한 것인데, 바로 당시의 용관문제 때문이었다.[22]

또한, 쓰촨지방(실은 四川과 陝西 지방)에서만 실시하던 유성시類省試도 용관의 한 원인이었다. 남송은 금나라와 대치하고 있는 급박한 상태에서, 쓰촨지방의 거인이 수도 항저우杭州까지 와서 성시에 응시하는 노고를 줄여주기 위해서, 쓰촨지방 거인에 대해서만 '유성시'를 허가하였다. 쓰촨지방의 거인들은 그들만의 성시(유성시)를 치른 후 합격자만 중앙의 전시에 응시하였다. 남송 초 고종(1127-1162) 연간에 실시한 11회의 과거시험에서 정주명 진사가 총 4,537명이었는데, 그 가운데 쓰촨의 유성시를 거친 진사가 1,378명으로 30%를 점할 정도로 많았다.[23]

이제 위에서 본 내용을 기반으로, '과거출신자가 관료사회에서 점하는 정치·사회적 지위'를 알아보겠다. 이를 위해서 송대의 전체 관료 가운데 과거출신자가 점하는 비율을 추산해 볼 필요가 있다. 먼저 북송 초기(태조-진종, 960-1022) 63년 동안에는 과거합격자가 총 15,284명으로 연평균 242.6명이었다.[24] 편의상 과거합격자가 그 자격을 소지하는 평균기간(관료 재직 기간)을 30년으로 잡을 경우, 매년 7,278명(242.6×30)이 존재했다고 할 수 있다. 그런데 북송 초기의 관료는 대개 13,000명 정도였으므로,[25] 전

21) Chaffe, John W.(양종국 역), 2001, pp.53, 63
22) 미야자키 이치사다(차혜원 역), 《중국사의 大家 수호전을 歷史로 읽다》, 푸른역사, 2006
23) 張希淸, 2015, pp.247-259; 785, 高宗朝(1127-1162)의 사천 類省試 등과표 (p.259).
24) 장씨칭이 수정 보완한 합격자 수는 너무도 복잡하므로 무시하고, 부록 〈北宋貢擧登科表〉·〈南宋貢擧登科表〉의 수치만으로 계산하였다.
25) 李弘祺, 〈宋代官員數的統計〉, 《創大アジア史研究》10, 1988.(배숙희, 2001,

체 관료 가운데 과거출신자의 비율은 60%였다고 할 수 있다. 같은 방법으로 복송 중기(인종-신종, 1023-1085) 62년 동안을 보면, 과거합격자는 총 24,191명으로 연평균 384명이 된다. 그러므로 중기의 관료 가운데는 과거출신이 항상 11,520 명이 존재하였고, 영종 치평 연간(1064-1067)의 관료 24,000 명으로 계산하면 48%를 점했다고 할 수 있다. 또 말기(철종-흠종, 1086-1126) 40년 동안에는 과거합격자가 총 12,275명(연평균 299.3명)이었으니, 항상 8,979 명이 존재하였고, 제7대 철종 원우 연간(1086-1093)의 관료 총 28,300 명으로 계산하면 31.7%가 과거출신자였다고 할 수 있다. 또 남송시대(1127-1279) 153년 동안의 진사 총수는 50,698 명(연평균 331명)으로, 영종 가정 6년(1213)의 전체 관료 38,870 명 가운데 항상 9,930명, 즉 25.5%가 진사출신이었다고 할 수 있다.[26]

이상 보아온 내용을 정리해 보면, 양송시대의 관료는 북송 초기 13,000명→ 중기 24,000명→ 말기 28,300명→ 남송 38,870명[27]으로 급증하였는데, 전체 관료 가운데 점하는 과거출신자의 비율은 초기 60%(7,278명)→ 중기 48%(11,520명)→ 말기 31.7%(8,979명)→ 남송 25.5%(9,930명)으로 오히려 줄어들었다. 그러므로 나머지 40%-75%의 관료는 음보·천거·서리 출직·군공 등으로 충당되었던 것이다. 송대에는 다양한 관료선발 방법 가운데 과거제가 주류였고 그 때문에 '사대부사회'가 성립했다고 평가되는데도, 양적인 면에서는 과거출신자의 비율이 너무 낮은 감이 들고, 시간이 지날수록 오히려 더욱 낮아졌다. 그러므로 지금까지 수많은 연구에서 지적되었듯이, 송대 사대부사회는 과거제를 매개로 하여 성립되었다고는 할 수

P.77 轉載). 李弘祺는 양송시대의 관료수를 사료에서 발견되는 대로 많은 사례를 열거하고 있으나, 편의상 가장 전형적인 사례만 채용하였다.

26) 장씨칭의 부록 〈南宋貢擧登科表〉에 그 자신이 보정한 수치를 그대로 이용하였다. 남송시대의 보정은 비교적 단순하고 또 남송 전 시기를 보는 것이기 때문이다.

27) 1196년에는 43,059명이나 되었다.

있지만, 그렇게 평가하는 것은 반드시 과거출신자가 관료 가운데 다수를 점한다는 의미는 아니었다.

이제 과거제가 '사대부사회의 성립에 끼친 영향'을 보기 위해서, 《송사宋史》를 통해 조금 다른 각도에서 살펴보겠다.

천이앤陳義彦의 분석에 따르면,[28] 《송사》〈열전〉에 등재된 북송시대의 관료는 총 1,533명인데, 그 가운데 과거출신자는 809명이었다. 이들을 분석해 보면, 과거출신과 비非과거출신의 비율이 전기에는 33.8 : 66.2%, 중기에 64.9 : 35.1%, 말기에 66.7 : 33.3%로 변화되었고, 북송 평균은 52.8 : 47.2였다. 갈수록 과거출신의 비율이 높아진 것이다. 양송시대에 전체 관료 가운데에서 과거출신자가 점하는 비율은 점차 낮아졌지만, 열전에 등재될만큼 이름을 남긴 고관 가운데에서는 과거출신자가 갈수록 높아져서, 중기 이후에는 열전등재자 중 2/3를 점하게 되었다. 이러한 의미에서 '송대 사대부사회는 과거제를 매개로 하여 성립하였다'고 할 수 있는 것이다.

또 같은 과거출신 관료 가운데[29], 관료가문 출신과 서민가문 출신의 비율은 전기에 51.9 : 48.1, 중기에 31.1 : 68.9, 말기에 23 : 77로 변화되었다. 서민가문 출신의 비율이 갈수록 높아졌고, 북송 평균 33.7 : 66.3%였다. 또 남송시대의 〈소흥십팔년동년소록紹興十八年同年小祿〉(1148)과 〈보우사년등과록寶祐四年登科祿〉(1256)에 나타난 진사의 가문배경을 보면,[30] 관료가문 대對 서민가문이 각각 43.7 : 56.3, 42.1 : 57.9로, 서민가문 출신이 과반을 점했다.

이러한 경향은 열전에 등재된 전체 관료 가운데 서민가문 출신의 비율

---

28) 陳義彦, 1977, p.101, 〈표14〉. 이하의 《宋史》列傳 분석은 모두 천이앤에 따른 것임. 북송시대 166년 동안의 분기는 천이앤도 본서와 같이 하고 있다.

29) 陳義彦, 1977, p.105, 〈표15〉.

30) E.A. Kracke, Jr., 1947, pp.114-123.

〈표①：北宋代 官僚의 家門背景〉

家門\時代	官僚家門	庶民家門	合計
前期	(52.8%) 328명	(47.2%) 293명	621
中期	(41.3) 207	(58.7) 294	501
末期	(37.2) 153	(62.8) 258	411
總計	(44.9) 688	(55.1) 845	(100%) 1,533

〈표②：北宋 庶民出身 官僚의 入仕路〉

入仕路\時代	科擧	其他	合計
前期	(34.5%) 101명	(65.5%) 192명	293명
中期	(76.2) 224	(23.8) 70	294
末期	(81.8) 211	(18.2) 47	258
總計	(63.4) 536	(36.6) 309	845

〈표③：北宋 宰輔의 家門背景〉

家門\時代	官僚家門	庶民家門	合計
前期	(62.5%) 35명	(37.5%) 21명	56명
中期	(45.3) 34	(54.7) 41	75
末期	(37.5) 30	(62.5) 50	80
總計	(46.9) 99	(53.1) 112	211

〈표④：北宋 宰輔의 入仕經路〉

入仕\時代	宰輔數	科擧	非科擧		
			任子	其他	合計
前期	56	(58.9%) 33명	(7.1%) 4명	(33.9%) 19명	(41.1%) 23명
中期	75	(82.7) 62	(13.3) 10	(4) 3	(17.3) 13
末期	80	(87.5) 70	(6.3) 5	(6.3) 5	(12.5) 10
總計	211	(78.2) 165	(9) 19	(12.8) 27	(21.8) 46

과 입사 경로를 보아도 알 수 있다. 표①과 표②[31]에서 보듯이, 전체 관료 가운데에서 서민가문 출신이 점하는 비율이 갈수록 높아졌고, 관료로 입사하는 길도 과거를 통하는 비율이 갈수록 높아졌다.

　이러한 추세는 송대 재상宰相 가운데 진사 출신자가 점하는 비율도 비슷하다. 장씨칭의 연구에 따르면, 북송시대의 재상 92명 가운데 과거출신은 90%(83명), 부재상 176명 가운데 과거출신이 92%(162명)를 점하였다. 제4대 인종(1023-1063) 재위 40년 동안 재상 23명 가운데 진사 출신은

31)　陳義彦, 1977을 참조하여 필자가 構成한 것임.

96%(22명)였고, 마지막 휘종(1101-1125) 연간에는 재상 13명 모두가 진사 출신(100%)이었다.[32] 그런데 남송시대에는 재상과 부재상 가운데 진사 출신의 비율이 72%로 낮아졌다.[33]

천이앤이 분석한 북송시대 재보宰輔의 가문배경(표③)과 입사경로(표④)[34]를 보아도 비슷한 경향이 나타났다. 재보 가운데에서도 갈수록 서민가문 출신의 비율이 늘어났다. 그러므로 송대에는 전체 관료 가운데 과거출신자가 점하는 비율은 그리 높지는 않았지만, 과거시험이 완전히 개방되어 서민가문 출신자도 과거를 통해서 대거 입사(列傳 등재자 가운데 55%, 宰輔 가운데 53%)하고 있었음을 알 수 있다. 또 과거출신자는 입사 뒤 승진도 빨라서, 고위관직(列傳 등재)자의 53% 정도는 과거출신자가 점하였고, 특히 재보는 절대다수(78.2%)가 과거출신자로 채워졌다.[35]

이러한 점에서 보면, 당대唐代의 관료사회와 송대의 관료사회는 전혀 성격이 달랐다. 송대의 관료사회는 빈부귀천을 무시한, 상당히 자유로운 사회분위기였다고 하겠다. 이런 분위기 속에서 '**단대斷代귀족**'이 주도하는 '**사대부사회**'도 성립될 수 있었고, '**송학**宋學(性理學)'도 발전할 수 있었다.

그러나 송대에도 '사회유동에는 역시 한계'가 많았다. 첫째는 인구가 증가하고 독서인의 수가 급증하면서 과거시험의 경쟁률도 갈수록 치열하여졌고, 가족을 돌보지 않고 장기간 과거시험을 준비할 수 있을 정도의 재부를 갖기가 쉽지 않았기 때문이다. 그 때문에 현실적으로는 부유한 가정의

---

32) 張希淸, 2015, p.797. 참고로 당조 말기의 헌종에서 의종에 이르는 7대 황제 시기(806-873)에 재상 133 명 가운데 진사출신이 78%(104명)를 점하였다. 吳宗國, 1992, pp.181-182 참조.

33) Chaffee, 2001, p.68.

34) 陳義彦, 1977 중 〈표4〉는 pp.19-22, 〈표 5〉는 pp.166-169 참조.

35) 송대에 입사방법은 과거시험 외에도 많았고, 다른 방법으로 입사한 수가 훨씬 많았다. 그러나 서민들에게는 과거시험 외에는 거의 불가능한 방법(군공은 좀 덜하였지만)이었다.

자제가 비교적 우세를 점할 수밖에 없었다. 둘째, 송대의 과거출신이 우대되었다고는 하지만, 전체 관료 가운데 점하는 비율은 많아야 60%, 적으면 25% 정도였으니, 그 나머지 40-75%는 음보·천거·잡도雜途(胥吏出職)·군공 등의 경로로 보충된 관료가 관료 피라밋의 중·하층을 구성하였다.

특히 음보제도가 있어서, 고관의 자제와 친족, 심지어 문객(門客)까지도 음보로 입사하였다.[36] 북송 초의 명장 조빈曹彬(931-999)은 죽은 뒤에 친족·문객·친우 등 20여 명이 음보로 관직을 얻었다. 진종 연간에 15년이나 재상을 한 왕단王旦(957-1017)도 죽은 뒤에 친족과 문인 십여 명이 관직을 얻었다. 북송 황우 2년(1050)의 지적에, 3년마다 음보로 입사하는 자가 '천여인'이라 하였고, 남송 융흥 원년(1163)의 지적에는 3년마다 음보 임관자가 '수천인'에 이른다고 하였다. 천이앤도 열전에 등재된 북송시대 고관 자제는 397명인데, 그 가운데 과거입사자는 120명으로 30.2%였고, 음보 입사자는 176명으로 44.3%였다고 한다.[37] 또 《송사》〈열전〉에 등재된 북송시대 관료 1,533명 가운데 음보 입사자는 206명인데, 당연한 결론이지만 그 가운데 70%(144명)가 고관가정 출신자였다.[38]

셋째, 전술한 모든 통계는 부계父系의 혈통만 고려한 것이지만, 형제자매나 백숙伯叔부모 등 다양한 혈족이나 인척을 고려한다면 순수한 서민 출신의 비율은 많이 낮아질 것이다.[39] 리훙지李弘祺는, 진종부터 신종까지 87년 가운데 중요 관직의 25%는 35개 대大가족 출신이 독점하였다고 한다.[40]

넷째, 관료 총수 혹은 과거로 입사한 관료 중에서 높은 비율을 점하는 서민 출신자의 문제이다. 송대 서민가문 출신의 계층 상승 비율은 그것이

---

36) 1품관은 무려 18명까지 추천할 수 있었다.
37) 陳義彦, 1977, p.59, 〈표9〉
38) 陳義彦, 1977, p.121, 〈표23〉
39) Hartwell, Robert M., 1982; Hymes, Robert P., 1986.
40) 劉晋鋒, 〈科擧終結百年"無人喝彩"〉, 劉海峰 주편, 《科擧百年祭》, 湖北人民出版社, 武漢, 2006

대단히 높았던 명초明初에 육박할 정도이다. 명·청시대에는 지방학교(부·주·현 儒學)의 학생인 생원, 국자감의 학생인 감생, 해시(향시)에 합격한 거인 등은 관직을 얻기 전이라도 모두 종신자격을 가진 특권 신분이었다. 그러나 송대에는 해시를 통과한 거인조차도 성시에 단 한 번 응시할 자격만 부여받는, 일시적인 자격이었다. 따라서 송대의 관료층 혹은 과거출신자의 가문 분석에서 '서민출신'으로 계산된 많은 부분은 명·청시대로 보면 '사인(거인·감생·생원)'층에 속할 가능성이 있어, 서민출신에서 제외되어야 할 것이다.[41] 그러므로 송대에 서민출신이 많았던 점은 그 의미하는 바가 당대와는 비교할 수 있지만, 명·청시대와 비교할 수는 없다.

어쨌든 복송시대의 〈열전〉 등재자 1,533명 가운데 과거출신자가 52.8%에 달하고, 이 중 관료가문 출신이 33.7%, 서민출신이 66.3%로서, 서민출신이 관료가문 출신자의 두 배에 달하고 전체 관료수에서는 35%를 점하는 것, 바꾸어 말하면, 당대의 그것이 4%였던 것이 북송시대에 35%로 증가한 것은 특기할 만하다. 바로 이점이 '**송대의 사회변화**'를 말해주는 동시에, 송대의 과거제가 그 본래의 원리를 잘 살렸다고 할 수 있는 것이다.

제2절 서민문화의 발달

그러면 위에서 언급한 '서민 출신 관료'의 가정은 어떤 가정이었을까?[42] 천이앤은 가장 많은 비율이 독서인 가정이었다고 한다. 〈열전〉에 등재된

---

41) 오금성, 2007, 제2편 제1·2장.
42) 梁庚堯, 2017, pp.128-133

북송 관료 1,533명 가운데 서민가문 출신이 845명이었고, 그 가운데 55.7%가 독서인 가정 출신이었다.[43] '거업擧業(과거시험 공부)'은 송대사회에 일종의 보편적 사회 패턴이 되어 있었던 것이다. 독서인 가정은 아마도 조상 때에 부유해서 자손의 교육을 중시하였거나, 조상 때에 관료였으나 자손 대에 와서 과거에 실패하였지만 계속해서 노력 중이거나, 생활이 어려워도 근근이 거업을 지속하는 가정이었을 것이다.

북송 말기의 소철蘇轍(1039-1112)은 '오늘날 농農·공工·상가商家에서도 대개 거업을 권장한다'[44]고 하였고, 남송 초의 호인胡寅(1098-1156)은, 푸젠福建로 지앤닝建寧부에 대하여 "50-60%는 독서와 농업을 병행한다"고 하였다. 남송시대 사상가인 엽적葉適(1150-1223)은 부친이 소수의 아동들을 모아 사숙私塾으로 살아가던 가정 출신이었다. 남송 말기에, 구양수도歐陽守道(1208-1272)는 당시에 예부의 성시나 태학의 보시補試에 응시하러 오는 독서인의 '70-80%는 대단히 가난하다'고 하였고, 황진黃震(1213-1280)은, "독서인은 대단히 가난하여 관료가 된 뒤에도 가난에서 벗어나지 못하고 있다"고 하였다.[45] 주희朱熹도, "오늘날에는 아버지가 아들을 가르치고 형이 아우를 권면하고 스승이 제자를 가르친다. 제자가 배우는 것은 거업擧業을 버리면 다른 방법이 없기 때문이다"[46]고 하면서, "오늘날 세상을 살아가려면 공자가 다시 태어나도 역시 과거에 응시해야 할 것이다"[47]

---

43) 陳義彦, 1977, p.24, 〈표4〉.

44) 蘇轍, 〈請去三冗疏〉(楊士奇 等, 《歷代名臣奏議》卷267)에, "凡今農工商賈之家, 未有不舍其舊而爲士者也"

45) 梁庚堯, 2017, p.154. 남송 초의 홍매洪邁(1123-1202)는 자기 고향 지앙시江西 라오저우(饒州)에 대하여, "爲父兄者, 以其子與弟不文爲咎, 爲母妻者, 以其子與夫不學爲辱"(洪邁, 《容齊隨筆, 四筆》권5, 〈饒州風俗〉)라 하고 있다. 지앙시의 이러한 분위기가 송대에 전국에서 서원이 가장 많이 건설된 이유일 것이다.

46) 朱熹, 《晦庵集》(四庫全書本) 권74, 〈同安縣諭學者〉

47) 黎靖德, 《朱子語類》, 中華書局, 1994, 卷13, 〈力行〉.

라고 할 지경이었다.

송대부터는 관료의 신분은 기본적으로 본인 세대에 한정되었으므로, 과거시험의 결과에 따라 가문의 상승과 몰락이 결정되어, **'사회계층의 유동성이 활발'**하였다. 더욱이 송대부터는 과거시험이 전에 없이 객관화되었으므로, 고관이나 대학자 가운데는 가난한 서족 출신이 많았다. 그들은 만일 당대唐代와 같이 공천과 통방通榜이 허락되었다면 출세하기는 불가능하였다.

그 가운데 두드러진 사례로를 보자. 태종 때 재상을 지낸 여몽정呂蒙正(944-1011)은 대단히 가난한 가정 출신이지만, 태종 태평흥국 2년(977)에 장원으로 급제하였다.[48] 중국의 10대 명상(名相)으로 알려진 구준寇準(961-1023)은 젊어서 집이 가난해 모친이 세상을 떠났을 때 수의를 지을 비단 한필도 구할 수 없었다.[49] 범중엄范仲淹(989-1052)은 2살에 고아가 되었고, 모친이 개가하고 가정이 어려워 끼니를 걱정하고 겨울에 탄불도 없이 살았다.[50] 구양수(1007-1072)는 시인·산문가·역사가·고전문학자, 그리고 최후로 부재상에까지 오른 정치가로서 획기적인 업적을 남겼다. 그러나 가난한 지방관의 아들로 태어나 4세에 부친을 잃고 모친은 과부로 어렵게 살면서 학교에 보낼 수 없어 손수 글자를 가르쳤고, 종이와 붓도 살 수 없어 모래 위에 갈대로 글자를 쓰면서 공부하였다. 그는 17세와 20세에 연이어 향시에 낙방하였고, 다음 7년에 국자감 해시에서 해원解元, 다음 24세였던 천성 8년(1030) 2월의 성시에 성원省元으로 합격하였으나 3월의 전시에서는 제14명으로 급제하였다. 그 뒤로 순조로운 관직생활을 하면서 학자로서도 명성을 날렸고, 그의 문하생으로 소순蘇洵(1009-1066)·소식(1037-1101)·소철(1039-1112) 3부자와 왕안석·증공曾鞏(1019-1083)이 있

---

48) 원대 王實甫(1260-1336)의 잡극 《破窯記》는 그 이야기를 소재로 꾸민 것이다.

49) 邵伯溫, 《邵氏見聞錄》(진정〈金諍 지음, 김효민 역〉, 2003, p.160 참조)

50) 《宋史》卷314, 〈范仲淹傳〉

다. 그래서 이들 6명과 당대의 한유·유종원을 합하여 **'당송8대가'**로 부른다. 북송 말기의 재상 이방언李邦彦(?-1130)의 부친은 은장銀匠이었고, 남송시대 명신 왕응진汪應辰(1119-1176)은 가난한 궁수弓手 집안 출신이었고, 남송 영종 연간의 재상 경당京鐺(1138-1200)은 염포鹽鋪 가정 출신이었다.

송대에 어렵게 진사에 급제한 첨의(詹義)는,

> "오륙백 근이나 되는 고전을 읽었건만 늙어서야 겨우 관복을 입게 되었구려,
> 미인이 내게 나이를 묻기에 '오십년 전 23세(五十年前二十三)'라 대답했오"[51]

라고 하는 시를 남겼다. **"오십년전이십삼"**이라는 자조 섞인 시는, '농·공·상인'의 가정에서도 어렵지만 '거업'을 포기하지 않았다는 증거이다. **'과거제가 가진 마력(흡인력)의 덫'**에 걸려서, 마치 복권을 뽑듯이, 청운의 꿈을 품고 **'이번만 참고 견디자'**고 마음을 다잡아 시험공부에 몰두하는 동안 세월은 기약 없이 흘러서, 처음 시작할 때는 홍안 미소년이던 젊은이가 어느덧 백발이 성성한 **"오십년전이십삼"**이 되기 십상이었다. 청 중기 오경재의 소설《유림외사》제2회와 제3회에 나오는 주진과 범진의 이야기, 제12회에 나오는 권물용權勿用의 이야기가 그것이었다. 이 모두가 이미 당대唐代부터 과거 응시에 연령제한을 두지 않았기 때문에 생긴 일이었다. **"천하의 영웅들이 내 올가미에 걸렸다"**고 한 당 태종의 '명언'은 이렇게 힘을 발휘하고 있었다. 과거제는 이렇게 무수한 인재의 정력을 헛되이 소모시키는 마약과 같은 것이었다. 이로 보면, 송대에는 독서와 농업을 겸업하는 것은 보편적인 현상이었고, 농·공·상인의 가정도 계층상승이 가능한, 당대唐代와는 다른 **'새로운 시대'**가 되었다.

보통의 독서인들은 과거에 몇 번 낙제한 뒤에는 가계부담 때문에 거업을 포기하는 경우도 많았다. 아니 대부분의 독서인은 그럴 수밖에 없었으

---

51) 宋, 詹義〈登科解嘲〉, 俞文豹,《唾玉集》,〈說郛〉卷23下.

니, 그 출로는 ① 사숙私塾의 교사가 되는 것이 가장 보편적인 길이었다. ② 송대부터는 상업이 발달하여 적지 않은 독서인이 거업을 포기하고 상업 방면에 뛰어들었다(棄儒從商). 상업은 물건을 매매하는 것 뿐 아니라, 수많은 기예技藝(娛樂表演·劇團)를 하든가, 소설이나 이야기를 강설하든가, 설화본說話本(재담꾼의 각본)이나 희극본戲劇本을 집필하는 것도 있었다. 또한 ③ 소송訴訟을 교사敎唆하거나 포람包攬(대리하는 것)하는 송사訟師가 되거나,[52] ④ 매복賣卜·산명算命·풍수지리를 하거나, ⑤ 다른 사람을 위해 글을 지어 주었고, ⑥ 의서醫書를 저작하거나 의술을 베푸는 것은 '유의儒醫'라는 말이 나올 정도로 흔한 일이었고,[53] ⑦ 관료의 빈객賓客(청대의 幕友)이 되는 것 등 다양하였다.

북송시대 166년 동안은 중국역사에서 가장 창조적이고 활력이 넘쳤던 시대였다. 일반적으로 송대를 농업혁명·상업혁명·교통혁명·도시혁명 등의 사회변화가 동시에 일어난 획기적인 시기로 보고 있다.[54] 이렇게 4가지 혁명이 동시에 일어날 수 있었던 배경에는 무엇보다 물질적인 성장, 즉 인구의 증가와 강남 이동, 농업생산력의 획기적인 발전과 경제 중심지의 남쪽으로의 이동, 상업의 발달과 도시화의 진전, 국내외 교역 면에서 획기적인 성장이 있었기 때문이다. 이러한 변화에 따라 자연스럽게 서민의 지위가 향상되고 '서민문화'도 발달하게 되었다.

중국의 인구[55]는 당 현종 천보 원년(742)에 약 6,000만 명 정도였을 것

---

52) 《名公書判淸明集》卷12, 〈把持〉; 卷13, 〈嘩徒〉

53) 송·원시대는 중국 의학사상 흥융기였다. 국가에서도 의학서적을 출판하거나 의학지식 보급에 노력하였다. 范仲淹도 장래에 재상이 되지 못할 바에야 良醫가 되겠다는 생각을 가진 적이 있었다. 梁庚堯, 2017, p.161.

54) Elvin, Mark(李春植 등 역), 《중국역사의 發展形態》, 신서원, 1989.

55) Durand, John D., "The Population Statistics of China, A.D. 2-1953", *Population Studies* 13-3, 1960; Ho, Ping-ti(何炳棣), "An Estimate of the Total Population of Sung-Chin China", *études Song in Memoriam*

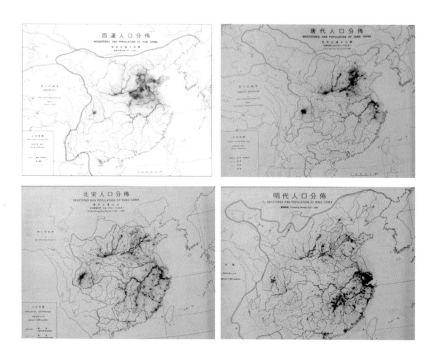

전한·당·북송·명대의 인구 분포도(陳正祥, 1981, p.26 이하,)

으로 추산되는데, 그 가운데 약 60%는 화북에, 40%는 강남에 거주하였다. 그로부터 340여 년이 지난 북송 말기의 철종 원우 원년(1086)에는 1억 명을 넘어섰고 휘종 숭녕 2년(1103) 무렵에는 1억 2,300만 명 정도에 달했던 것으로 추측된다.

중국의 역사를 통관해 보면, 화북지방이 먼저 발전한 뒤 화북의 인구가 화남으로 이동하였고, 명·청시대에는 동에서 서쪽·서남쪽·만주·타이완 등으로 이동하였다.[56] 화북의 인구가 강남으로 이동한 것은 위·진·남북

étienne Balazs, Ser. 1, Mouton & Co., 1970; Hartwell, Robert M., "Demographic, Political, and Social Transformation of China, 750-1550", *Harvard Journal of Asiatic Studies* 42, 1982

56) 오금성, 〈명 중기의 사회변화〉, 《신편강좌중국사》, 지식산업사, 인쇄중.

조시대에도 있었지만, 역사적인 대 이동은 '안사의 난(755-763)' 시기, 당말·오대 동란기(9세기 말-10세기 전반), 북송 말 남송 초기(12세기 전반기)의 3차였다. 주로 화북 황허유역의 밀농사 지대에서 양쯔강 유역과 그 이남의 벼농사지대로 이동하였다. 호구 통계에서, 화남의 호구가 화북을 능가하기 시작한 것은 9세기 초부터의 일이다.[57] 북송 초기에는 화북과 화남의 인구비가 1 : 1.6이었다. 좀 더 구체적으로 보면, 742년→1078 사이에 허베이도河北道의 호수戶數는 141만호에서 112만호로 20% 이상 감소되었으나, 지앙저江浙지방은 105만호→221만호로 2.1배 증가하였고, 푸젠福建지방은 9만호→104만호로 11.5배나 증가하였다. 전국적으로 보면, 같은 기간에 호수가 약 2배에 조금 못 미치는 정도로 증가하였는데, 양쯔강 중·하류와 동남 연해 지방은 4배 가까이 증가하였다. 그 결과 1080년(元豊 3年)에는 화북과 화남의 비례가 호수戶數는 32 : 68(459萬餘 : 994萬餘), 구수口數는 28 : 72(936萬餘 : 2,368萬餘)로 변화되었다.[58]

가장 컸던 인구이동 파동은 12세기 전반기, 즉 북송이 망하고 남송이 건국되던 시기에 일어났다. 약 2만명에 달하는 관료와 그 가족, 약 40만명 이상의 군대와 그 가족들, 그리고 이들을 따라 남하한 농민들이었다.[59] 이

57) 黃盛璋, 〈唐代戶口的分布與變遷〉, 《歷史研究》1980-6; 林立平, 〈唐後半期人口南遷及其影響〉, 《江漢論壇》1983-9

58) 梁方仲, 《中國歷代戶口·田地·田賦統計》, 上海人民, 1980, PP. 86-95, 141-149; 李伯重, 〈有無"13,14世紀的轉折"?〉, 《多視覺看江南經濟史(1250-1850)》, 三聯書店, 北京, 2003; 陳正祥, 《中國文化地理》, 香港, 三聯書店, 1981, 제1편 中國文化中心的遷移, 〈唐代人口分佈〉·〈北宋人口分佈〉地圖 등 참조. 단, 宋代의 人口增加率은 年平均 0.2-0.4% 정도였을 것으로 추측되므로, 淸代의 0.7-0.8%, 明代의 0.4-0.5%의 수준에는 미치지 못하였다.

59) 吳松弟, 《中國移民史》, 福建人民出版社, 1997, pp.412-413; 田强, 〈南宋初期的人口南遷及影響〉, 《南都學壇》1998-2; 靑山定雄, 〈隋唐宋三代に於ける戶數の地域的考察(1·2)〉, 《歷史學硏究》(舊) 6-4·5, 1936; Shiba, Yoshinobu(斯波義信), "Urbanization and Development of Markets in the Lower Yangtze Valley", John Winthrop Haeger, *Crisis and Prosperity in Sung*

남송 이당, 〈적애도灸艾圖〉(李唐)
: 타이완臺灣 고궁박물원 소장.
떠돌이 의사가 종기를 치료하는
그림. 환자의 두려움이 생생하게
표현되어 있다.

때 강남으로 이동한 북방인들은 대략 500만명 정도로 추산하고 있다.[60]

송대에는 이렇게 인구가 대규모로 이동하면서 **'농업생산력이 획기적으로
발전'**하고 **'경제중심지가 강남으로 이동'**하였다.[61] 당말부터 송대에 걸쳐,
특히 송대에 들어와서 **'집약농업'**이 가능하게 되면서 농업생산력이 획기적
으로 발전하였다. 송대 농업의 특징은 크게 다음 세 가지로 정리할 수 있
다. 첫째는 **'농업기술의 획기적인 진보'**였다. ① 농사는 시비법을 개선하여
휴한休閑농법에서 벗어나 연작이 가능하게 되었고, ② 봄에 논에 모를 심
을 때 직파 대신에 이앙移秧(모내기)을 하게 되었고, ③ 수리에 용골차龍骨車
를 사용하고, 보습은 쟁기를 한 사람이 운용할 수 있게 개량되었다. 둘째

China, Tuscon, 1975, p.19(신성곤, 336)

60) 樊樹志, 2005, p.384

61) 張家駒, 1957; 오금성, 2007, 제1편 제2장, pp.86-88

는 베트남 중부의 참파에서 점성도占城稻를 도입하여 보급하고 품종을 개량하여 강남에서는 벼와 밀의 이모작도 가능하게 되었다. 셋째 화중·화남, 그 가운데에서도 양쯔강 하류 삼각주 지역에서 수리기술이 발달하면서 종래 방치되었던 저습지가 우圩와 위圍로 개발되어 기름진 농경지가 대폭 확대되었다. 양쯔강 하류지방은 본래 비가 많이 오고 저습한데다 여름에는 말라리아가 창궐하여 화북인으로서는 살기 어려운 지역이었다. 그런데도 당 말에서 오대를 거쳐 남송시대까지 화북에서 수많은 인구가 이동해 와서 그러한 기후와 토질 환경에 적응하며 저습지를 빠르게 개발하였다. 그 결과 소출이 많은 벼농사가 안정적으로 이루어져서 단위면적당 생산량이 크게 증가하였다. 이렇게 벼농사가 획기적으로 발전하면서 강남이 중국의 경제 중심지로 발돋움하였다. "**소호숙, 천하족**蘇湖熟, 天下足"(소주와 호주가 풍년이 들면 천하가 족하다) 혹은 "**상유천당, 하유소항**上有天堂 下有蘇杭"(하늘에는 천당, 땅에는 소주와 항주가 있다)이라는 속담은 그 결과를 말해주는 것이다. 송대에는 증가하는 인구가 화남의 각지로 이동하면서 지방에 따라 특징적인 산업이 발전하였다. 특히 비단(絹)·차·도자기·소금·목재 등을 중심으로 유통이 활발해졌고, 여기에 더하여 해로를 통해 남해 제국과의 교역도 증가하였다. 전에는 명주·마·칡이 주된 옷감이었지만, 송대부터 목면이 대량으로 재배되면서 목면이 보편적인 옷감이 되었다. 동남지방과 쓰촨과 같이 경제적인 선진지역일수록 과거시험에서 성공할 확률이 높았다. 그런 곳은 경제적인 생산과 유통이 활발하였고 거의 대부분의 주현에 학교가 설립되었고,[62] 종이·먹·벼루·붓·서적의 생산과 유통도 활발하였다.

관료선발제도로서 과거제가 가장 우대되면서 교육에 대한 수요도 날로 커졌다.[63] 북송 제4대 인종(1022-1063) 연간부터는 범중엄 등이 주도한 경

---

62) 중부지방의 荊湖南路는 주현학교 건립 비율은 동남 5로와 비슷하였지만 과거시험의 성적은 많이 낮았는데, 그 이유는 교육적인 인프라가 모자랐기 때문이었다.(Chaffee, 2001, pp.229-238)

63) 袁征,《宋代敎育》, 廣東高等敎育出版社, 廣州, 1991; 謝靑·湯德用 주편, 1995,

력신정慶曆新政을 시작으로 3차례에 걸친 교육개혁에 힘입어 학교가 많이 세워지게 되었다. 관료나 부호의 가정은 물론, 가난한 독서인의 가정에서도 자제가 가능하면 거업(과거시험 준비)을 해주기를 바랐다. 예컨대 남송시대의 사상가·문학가인 엽적葉適(1150-1223)은 부친이 가숙의 선생을 하는 가난한 독서인 가정에서 출생하였다. 그러나 모친은 더 가난해져도 거업에만 열중하도록 독려하였다. 그는 순희 5년(1178)에 방안榜眼(제2등)으로 급제한 뒤 효종·광종·영종 3조에 걸쳐 복무하였고, 병부시랑까지 지냈다.

송대에는 전체적으로 인구가 증가하면서 도시의 인구도 따라서 증가였고, 그에 따라 도시와 그 주변의 인구가 급증하면서 도시의 성격도 변화되었다.[64] 당대唐代까지의 상업은 성벽으로 둘러싸인 도시 안에 별도의 담장을 쌓은 일정한 구역에서 정해진 시간에만 상업을 하도록 제한하였고(坊市制), 불교 사원이나 도교의 도관道觀 경내境內 또는 큰 강의 나루터에서 한시限時적으로 열도록 하였다. 그러나 송대부터는 임시 시장 뿐 아니라 교통의 중심지에 정기시가 출현하였다. 송대부터는 방시제를 없애어 도시 어디서나 상점을 개설하고 문을 큰길 가로 낼 수도 있었다. 도시 출입에 시간제한이 없었으므로 유흥가에서는 밤새워 영업을 하였다. '**불야성**'이라는 말도 송대부터 나왔다. 대도시의 시장에는 3·4층의 음식점·술집·찻집·기생집 등 각종 서비스업이나 오락시설이 즐비하였고, 술집과 찻집에는 접

---

pp.368-378; 劉海峰·莊明水, 《福建教育史》, 福建教育出版社, 복주, 1996; 梁更堯, 2017, 제4-6講; 배숙희, 2001, PP.182-209; Chaffee, 2001, pp.72, 145, 165-174, 236-237.

64) 孟元老, 《東京夢華錄》; Gernet, Jacques(김영제 역), 《전통 중국인의 일상생활》, 신서원, 1995. 호구 10만 이상의 도시가 8세기엔 13개였는데 11세기에는 46개로 증가하였다. 또 북송의 수도 개봉(1105년에 26만 호)과 남송의 수도 임안(오늘날 항주, 1270년에 39만 호로 세계 최대 도시)은 100여 만, 당시 유럽은 인구 10만의 도시도 드물었다. 淸末에 이르면 人口 만명 이상 도시가 600여 개나 되었다.

대부와 가수를 고용한 집도 많았다. 잡극이나 각종 기예가 공연되던 와자瓦子나 구란句欄, 수천 명을 수용할 수 있는 대규모 극장 등이 발달하여 마술사·재담꾼(說話人)·배우 등 전문 연예인들이 출연하는 만담·인형극·곡예·연극·동물놀이와 같은 다양한 공연이 성황이었다. 와자가 북송의 수도 개봉에는 6곳, 남송의 수도 임안에는 20곳이나 있었다고 한다. 지방의 대도시

장님의 설창(류웨이·장첸이(허유영 역), 2009, p.252)

나 농촌의 시장에서도 이러한 오락이 성행하였다. 장택단張擇端이 1120년 무렵에 그린 〈청명상하도淸明上河圖〉를 보면, 카이펑開封의 중심부에서 시작하여 성벽 밖으로 이어진 도로변에는 수많은 상점이 즐비하게 늘어서 있고, 3층 높이의 거대한 음식점 앞에서는 재담꾼의 입담 좋은 만담이 들리는 듯하다. 길거리에는 자기가 생산한 물건을 수레에 싣고 와서 팔려는 농민들과 행인들로 복잡하다. 당대까지의 도시는 정치적·군사적·농업적인 성격이 강하였으나, 송대부터는 이렇게 도시가 행정적·상업 중심적 성격으로 변하였다.

송대부터는 이렇게 서민의 활동공간과 시간이 확대되고, 의·식·주·행行·오락·종교신앙 등의 활동이 자유로워지면서 새로운 형태의 '서민문화'가 나타났다. 이러한 사회분위기 속에서 재부를 축적한 신흥 지주나 상인의 사회적 지위가 상승하였고, 비교적 부유해진 도시의 거민(서민)이 서민문화의 지도자로 등장하여 서민문화가 발달하게 되었다. 그 결과 남송 말기부터는 관료가 아닌 시정 문화인들의 발언이 주목받기 시작하였고 그러한 추세는 원대를 거치면서 보편화되었다.

〈청명상하도〉(장택단) 부분 : 북송시대 카이펑의 청명절 정경을 구체적으로 묘사한 두루마리 그림으로, 원작은 세로 25cm, 길이 525,7cm로 되어 있다. 다양한 인물 7백여 명, 1백여 채의 건물, 상점 34개, 교량 20여개, 선박 20여 척이 보인다. 북송시대 사회경제사 연구에 귀중한 자료이다. 위의 그림은 야외무대에서 군중들이 공연을 관람하는 모습

〈매장도賣漿圖〉(요문한姚文瀚, 淸) : 만면에 미소를 머금은 채 화로에 불을 피워 차를 끓여 파는 좌상, 차를 사서 마시는 시민의 모습, 청대의 화가 요문한이 송대의 화풍을 모방하여 그림(박한제 등, 2015, p.138)

제3장 신사층의 형성

제1절 사인층의 대두

세계의 중국사 학계에서는 송·원시대 사회의 지배층을 '사대부', 명·청시대의 지배층은 '신사紳士(紳衿)'라고 믿고 있다. 그런데 명·청시대의 신사는 스스로 사대부로 자처自處할 만큼, (a) 정치와 사회적인 역할, 혹은 (b) 이념적·사상적인 면에서는 송·원시대 사대부의 계층적 성격을 계승한 존재였다. 그러므로 사대부를 지배층으로 하는 사회구조는 송대에 성립되어 청말까지 지속되었다고 할 수 있다. 그러나 사대부와 신사는, ① 구성원의 다소多少, ② 정치·사회적 역할의 다양성. ③ 국가에서 부여한 우면優免(요역 면제) 특권의 적용 범위 등에서 다른 점도 많았다.[1]

---

1) 吳金成, 1986, pp.12-86.

신사는 관직경력자(鄕紳, 休職·退職官僚와 進士 포함)와 미입사未入仕 사인 士人(거인·감생·생원 등 관직 지망자)을 포함하는, 과거제·학교제·연납捐納 제 등을 매개로 하여 나타난 정치·사회적 지배층을 총칭하는 개념이다.[2]

그런데 명·청시대 사회의 지배층을 '신사'로 부른 것은, 사실은 **명 중엽** (15세기 중엽~16세기 중엽)' 부터였다. 명대 초기에는, 중기 이후와 같이, 응당 '신사'로 불러야 할 존재 가운데 '관직경력자'는 사회에서 '사대부' 혹은 '향 신鄕紳'으로 인식하였다. 그런데 '미입사 사인'의 경우에는, 국가에서는 사 대부에 걸맞는 대우(우면 등 9품관에 준하는 대우)를 해주었고, 본인들도 '사 대부'로 자부하고 있었지만 사회에서는 관직경력자와 연칭連稱하지는 않았 다.

그러면 명초의 미입사 사인들은 어떠한 존재였기에, 사회의 인식과 본인 들의 자부심 사이에 괴리가 있었으며, 중기부터는 무엇이 바뀌었기에 '향신 鄕紳(관직경력자)'과 '사인'이 연칭되면서, 하나의 사회계층인 '신사'로 인식될 수 있었던가?

과거제가 공자의 "**유교무류**有敎無類"의 이상에 가깝게 실시된 것은 명· 청시대였다. 그렇게 된 절대적인 계기는 명대부터 과거제가 학교제를 포괄 하였기 때문이다. 명초부터는 과거응시자격을 생원과 감생 등 학교의 학생 만으로 제한시키고, 그들에게도 당대唐代의 관인층, 송대의 사대부층에게 부여하던 정치·사회적 특권을 부여하였다.

명대의 관료등용제는 삼도병용제三途幷用制였다. 명초에는 '추천, 진사· 감생, 이원吏員'을 삼도로 일컬었고,[3] 중엽부터는 '진사, 거인·공생, 이원' 을 삼도로 일컬었다.[4] 그러나 현실적으로는, 명초에는 진사와 감생이, 중

---

2) 현직 관료는 양면적 신분 소유자이다. 관료가 자기 직책이 아니고 고향의 일에 관여하거나 발언할 때는 신사 신분으로 하는 것이었다.

3) 顧炎武,《日知錄》卷17,〈通經爲吏〉.

4) 張廷玉,《明史》卷69,〈選擧志〉1.

기부터는 진사만이 우대되고 거인과 감생은 관료 등용에서 소외되었다. 여하튼 명·청시대에 관료가 되는 중요한 길은 학교체계(생원→감생→하급관료)와 과거체계(생원→〈감생〉→거인→진사→관료, 혹은 생원→거인→하급관료)의 두 길이 있었는데, 두 길 모두 생원이 제1단계에 위치하였다. 따라서 과거에 응시하거나 관료가 되기 위해서는 반드시 지방 유학에 입학하여 생원이 되어야 하였다. 그러므로 지방 관학의 학생인 생원 자격을 얻는 것은 사도仕途(入仕路)의 제1단계를 얻는 필수적인 관문이었다.

그런데 생원이 되는 것은 대단히 어려웠다(제2편 제1·2장 참조). 그러나 일단 생원이 되면 한 평생 국가로부터 9품관에 준하는 특권을 받았다. 생원은 성적에 따라 장학금(廩膳)도 받고, 국자감에 진학할 수도 있고 향시에 응시할 수도 있었다. 생원가家의 방문은 백성의 집보다 3촌을 높였다. 생원은 일반 서민과는 다른 유복儒服과 모자(方巾)를 착용하였다. 노비소유권과 전작권佃作權도 보장되었고, 형사문제에서도 상당한 대우[5]를 받았다. 더욱 중요한 것은 세금을 감면받고 요역徭役 우면優免(免除) 특권을 받는 것이었다. 우면은 생원에게 경제적 이익과 함께 사회적 지위의 상승효과도 안겨 주었다. 중국에서는 고대부터 요역을 부담하는 계층과 면제받는 계층 사이에 신분의 차등을 두어왔는데, 홍무제는 그 점을 재확인하면서 생원에게 우면 특권을 보장해 주었다. 생원은 보통 '상공相公'으로 일컬었고, 평민들은 사인을 라오예老爺(어르신, 나리)라 불렀다.[6] 따라서 생원은 명 초부터 '사대부'로서의 자부심과 공의식公意識을 가졌고,[7] 국가와 사회에서도 그들을 사대부로 인정하였다. 명·청시대 생원의 사회적 성격이 송대의

---

5) 생원에게 범죄의 혐의가 있어도 학정(명대에는 提學官, 청대에는 學政)의 동의 없이는 체포할 수 없었다.
6) 아직 관위를 갖지 못한 거인·공생·감생·생원들을 일반적으로 '라오야老爺'라 불렀다.
7) 오금성, 1986, pp.22-23

그것과 다르고,[8] 또 사상적·실제적인 면에서 생원이 사대부계층의 범주에 포함되어야 하는 이유는 여기에 있었다.

명 초부터 생원은 이렇게 이전 시대에서는 볼 수 없었던 새로운 특권 신분으로 사회에 등장하였다. 생원의 사회적 지위가 평민과는 비교할 수 없을 만큼 높았던 사실은,

> "내가 젊어서 고향에 거주할 때 (다음과 같은 정황을) 보았다. 마을의 어른들과 길거리의 소민小民이 모여 와자지껄 떠들다가, 생원 한 사람이 가까이 오자 얼굴색이 변하며 입을 다물고, 오직 그의 얼굴만 바라보고 그가 하는 말을 듣기만 하였다. 그가 거리를 거닐면 길 양편 사람들이 모두 그를 주시하면서, '저분은 모모某某 사숙私塾의 선생님이야'라고 하였다. 세상에서 사인을 중히 여김이 이와 같다. 어찌 그 위세를 두려워하지 않겠는가? 그들은 독서하고 예절을 아는 사람들이고, 우리는 비속한 평민으로 그들의 비웃음만 받을 뿐이다."[9]

라고 한, 해서海瑞(1514-1587)의 경험담을 통해서도 알 수 있다. 청 중기에 만주지방을 여행(1780, 건륭 45)한 박지원朴趾源(1737-1805)의《열하일기》에는 만주의 한 상인과의 대담을 싣고 있는데, **일단 생원이 되면 구족九族이 영광스럽다**[10]고 했다는 것이다. 사인에 대한 평민들의 존경 기풍은 20세기 초기까지 지속되었다.[11]

---

8) 송·원시대의 사대부는 현실적으로는 '관료층'으로 한정되는 개념이었다. 송·원시대의 독서인, 특히 거인과 태학생조차도 관료가 되지 않으면, 명·청시대의 거인·감생·생원의 사회적 지위와는 달리, 우면을 인정하는 등 제도적으로 보장된 존재가 아니었다.

9) 海瑞,《海瑞集》上編,〈規士文〉.

10) 朴趾源,《熱河日記》卷2,〈商樓筆談〉

11) 濱島敦俊,〈民望から鄕紳へ──十六·七世紀の江南士大夫─〉,《大阪大學大學院文

한편 대부분 생원 가운데서 선발되어 국자감에 입학한 감생과 공생도 종신토록 생원이 받는 특권을 향유하였다. 감생은 그 자격만으로도 하급 관료에 추천될 수 있었다. 명·청시대의 진사와 관료의 절반 이상은 감생 출신이었다. 또 감생은 본가本家의 대문에 감생의 집임을 알리는 문기門旗를 세웠고, 모든 지방지地方志에 이름이 기록되어 있다. 그러므로 감생과 공생 스스로도 이전 시대와는 달리 사대부로서의 자부심과 공의식을 가졌고, 국가와 사회에서도 당연히 그들을 사대부로 인정하였다.

또 생원이나 감생 단계를 거쳐서 과거시험의 제1단계인 향시를 통과한 거인의 경우, 송·원시대에는 진사시험에 1회밖에 응시할 수 없는, 한시적인 자격에 불과하였다. 그러나 명초부터 거인은 종신토록 그 자격을 유지하면서 회시에 응시할 수 있었고, 회시에 합격하지 못하면 국자감에서 학업을 계속할 수도 있었다. 또 그 자격만 가지고도 하급 관료에 추천될 수 있었으며, 관료가 되기 전에는 기본적으로 감생의 특권을 누렸지만, 사회적 지위는 감생보다 훨씬 높았다. 지방에서 관장과 만날 때, 생원은 배현拜見하지만 거인은 관장과 평좌平坐(지위가 같다는 의미)하며 회견會見하였고, 청대부터는 지역에 따라서는 '향신鄕紳'으로 대우받았다. 생원이 향시에 합격하면 집앞에 문기를 세웠고, 보록인報錄人(합격통지서인 첩보를 전하는 사람)이 각목을 들고 그 집에 가서 창문을 부숴버렸고, 뒤따라온 목수들은 즉시 새로 창문을 달아주었다(改換門庭). 일단 향시에 합격하면 주위에서는 그에게 땅을 주겠다는 사람, 곡식이나 돈이나 집을 주겠다는 사람, 노비가 되겠다는 사람도 있었다. 청 중기에 나온 오경재의 《유림외사》 제3회에 묘사된 범진의 사례에도 잘 표현되어 있다. 그러므로 거인 스스로도 이전 시대와는 달리, 사대부로서의 자아의식을 가졌고, 국가와 사회에서도 그들을 사대부로 인정하였다.

원대까지는 관직경력자만이 사회의 특권층이었다. 그들은 향촌에서 정년하기 직전의 관품에 따라 거의 현직 관료 수준의 대우를 누렸다. 나아가서는 그들의 형제나 가까운 친척까지도 상당한 영향력을 행사하였고, 고관 가문의 노복奴僕도 큰 영향력을 발휘하였다.

그런데 명·청시대에는 그러한 관직경력자에 더하여, 그 20배가 넘는 사인층(생원·감생·거인)이 사회의 특권층으로 등장하였으므로 정치·사회적으로 새로운 변수가 생겼다. 그러나 명초에는 이들의 수가 명 중기 이후와 견주어 1/5 내지 1/10에 불과하였다. 또한 홍무 연간에 일어난 '5대 의옥사건'[12]으로 갑자기 관직에 결원이 많이 생겨서 감생과 거인을 대거 등용하였으므로 사회의 계층이동이 다른 어느 시대보다도 활발하였다.[13] 뿐만아니라 명조는 개국 초기에 적극적으로 권농·개간정책과 이갑제里甲制를 실시하는 등 사회·경제정책을 비교적 충실하게 시행하여 사회적으로도 상당히 안정되어 있었으므로 그 정도의 사인 증가는 사회에서 어느 정도 견딜 수 있었다. 또 명 초에는 이들 성립기의 사인들이 크게 사회문제를 일으키지도 않았고 정치·사회적으로 표출되지 않고 사회에 융화되어 있었다.

그러나 15세기 중엽부터는 정치와 사회질서가 이완되고,[14] 그것은 사인층의 사회적 계층이동에도 영향을 미쳤다. 무엇보다 갈수록 그들의 수가 급격히 증가하여 갔다. 명초에는 4만(전체 인구의 0.1% 미만) 정도였던 사인이 15세기 전반에는 9만여→ 16세기 전반에는 국초의 9배나 되는 36만여→ 명말의 17세기 전반에 55만여(전체 인구의 0.37% 이상)로 급증하였다. 더구나 청대에 들어서면 더욱 늘어나서, 19세기 전반에 113만 9천(인구대비 0.18%, 문문文武생원만 74만)→ 19세기 후반에 149만 6천(인구대비 0.24%, 문

---

12)   공인안空印案(洪武9년), 호유용胡惟庸의 옥獄(13년), 곽환郭桓의 안案(18년),
      李善長의 獄(23년), 남옥藍玉의 옥(26년).

13)   何柄棣(曺永祿 外 譯), 1987, pp. 240-241.

14)   오금성, 〈명중기의 사회변화〉, 서울대학교 동양사학과,《新編講座中國史》(明淸
      篇, 下), 지식산업사, 인쇄중.

무생원만 91만)으로 증가하여 갔다.[15] 그 때문에 생원이 감생이나 공생이 되는 경쟁률은 명초의 40:1 정도에서 명 중기부터는 300:1 내지 400:1로 높아졌고, 향시의 경쟁률도 같은 기간에 59:1에서 300:1 이상으로 높아졌다.

생원은 이제 진사나 관료가 되는 것은 고사하고 감생이나 거인까지 상승하는 것조차도 거의 불가능해서, 명 중기부터는 60-70% 정도의 생원은 '단대斷代생원'으로 끝날 수밖에 없었다. 이렇게 계층 상승이 불가능하게 된 생원은 국가가 보장해 준 특권을 향유하면서 사리私利

거인의 집을 알리는 문기(난징, 중국과거박물관 소장)

나 추구하는 '보신가保身家'적 존재로 향촌에 적체될 수밖에 없었다.[16]

감생의 경우에도, 홍무 연간에는 '5대 의옥사건'으로 갑자기 생긴 빈자리를 시급히 보충하기 위해서, 관료 선발에서 진사보다도 오히려 우대를 받기도 하였다. 그러나 영락 이후에는 관료사회가 안정되었을 뿐 아니라, 15세기 중기부터는 돈을 내고 감생자격을 사는 예감생例監生이 생기면서, 감생의 수는 국초보다 2배로 증가한 데 반하여 해마다 선발되는 관료의 수는 국초보다도 오히려 감소되었다. 그 때문에 감생들은 10-20여 년을 기

---

15) 張仲禮(金漢植 등 역), 1993, p.147, 표6/ p.149, 표7. 신사의 총수(현임관 포함)는 이 수에 2만5천 정도를 더하여야 한다. 또 이들 신사의 수에 封贈과 家族을 고려하면 거의 700餘 萬의 특권 신분이 존재한 셈이었다.

16) 吳金成, 1986, pp.38-50.

다려야 겨우 출사出仕할 수 있었고, 중기부터는 12,500~22,500명 정도의 감생이 사환仕宦의 기회를 얻지 못한 채 향촌에 적체되어 있었다. 그런데 이렇게 향촌에 정착하게 된 감생들의 사회활동이나 생활양식, 혹은 세계관 등은 생원층의 그것과 별로 다를 바 없었으므로 국가와 사회의 인식도 생원과 유사하게 되고 말았다.[17]

거인도 회시의 경쟁률이 15세기 중기에 12:1 정도였던 것이 16세기 초에는 15:1로 높아졌다. 그 때문에 15세기 후반부터는 4천~5천명 정도의 거인이 입사의 기회를 얻지 못하고 향촌에 적체되었다. 이들 미입사 거인들에 대한 국가나 사회에서의 인식은 감생보다는 우위였으나, 그들의 '보신가'적인 생활양식이나 세계관은 감생이나 생원의 그것과 크게 다를 바 없었다.[18] 생원·감생·거인 등 명 초부터 새로운 특권층으로 대두한 미입사 사인들은 이렇게 해서 명 중기부터 점차로 적체되면서 하나의 독자적인 계층, 즉 사인층으로 사회에 고정되어 갔다.

제2절 신사층의 성립

이렇게 사회에 고정되어간 사인들은 명 중기부터 향촌사회에서 다양한 활동을 전개하였다. 명말·청초의 동란기를 살았고 그 자신도 생원이었던 고염무顧炎武(1613-1682)는 사인, 특히 생원의 활동을 **"백년 이래의 대환**大患**"**이라고까지 표현하면서, **'천하의 생원을 없애야**(고염무의 眞意는 '改革'의

---

17) 吳金成, 1986, pp.44~50
18) 趙子富, 1995, pp.233~238; 吳金成, 1986, pp.50~54.

뜻) 관청의 행정이 맑아지고, 백성의 곤궁이 없어지고, 붕당의 폐해도 사라질 것'이라고 하였다.[19] 고염무가 '백년 이래'라고 한 것은 '명 중기'를 의미한다. 그러면 명 중기부터 생원들이, ㉠ 어떠한 행동을 펼쳤기에 '백년 이래의 대환'이라 하였고, 그것은 ㉡ 역사적으로는 어떠한 의미를 갖는 것이며, ㉢ 그러한 생원들의 활동이 감생·거인의 존재형태와는 어떠한 관계가 있었을까?

명 중기 이래, 생원들이 개인이나 공통의 이해관계 때문에 그들끼리 뿐아니라, 가끔은 감생과 거인까지도 합세하여 광범한 집단행동을 일으킨사례는 수없이 많다. 그 내용을 유형화해 보면, ① 반관反官적인 활동, ② 관직경력자와의 갈등, ③ 향촌 민중의 여론을 국가에 대변하는 활동 등이었다.[20]

중국은 땅은 넓고 인구도 많아서, 서로가 얼굴을 본적도 없고 방언도다르고 그 사건에 직접적인 이해관계도 없는 생원들이, 공통의 배경을 가진 생원동사生員同士가 위해威害를 당했다는 계층적 공분公憤에서 결집하여집단행동(抗議, 攻擊, 追放)을 전개하는 경우도 많았다. 명 중기부터 사인층은 이렇게 사대부로서의 자아의식 혹은 공통의 이해관계에서 발로되어 그들 사이에 광범한 '동류의식同類意識'이 존재하였다. 국가에서나 사회에서는 이렇게 동류의식에 기초를 두고 활동하는 생원·감생·거인 등을 '사인'이라고 하는 하나의 '독립된 사회계층'으로 인식하였다. 그리고 이러한 사인들의 다양한 유형의 집단행동을 '사인공의士人公議'로 일컬었다.

그러면 심지어 얼굴도 모르는 사인들 사이에 그렇게 광범한 '동류의식'이 존재할 수 있었던 계기는 무엇이었을까? 사인은 유교적 교양과 이념을체득하고 학교와 과거체계의 제1단계(生員·監生) 내지 제2단계(擧人)의 시험을 통과한 '관료예비군'이었다. 더구나 그들은 국가로부터 종신토록 9품관

---

19) 顧炎武,《顧亭林文集》권1,〈生員論〉中.
20) 吳金成, 1986, pp.62~70; 오금성, 2007-A, pp.187-189.

에 준하는 다양한 혜택을 보장받는 '**특권층**'이었다. 그러나 현실적으로 보면 관료로 상승하는 것은 거의 불가능하였고, 사회적 지위와 영향력에서 보면 관직경력자와는 분명히 구분되는 계층이었다. 그 때문에 관직경력자와의 사이에 일체감보다는 이질감을 느끼는 경우도 있었다. 그렇다고 그들은 평민도 아니었다. 자타가 공인하는 '**사민 가운데 우두머리**(士爲四民之首)'였고, '**사대부**'였다. 그들은 실제로 평민과 동류이기를 부정하거나 거부하는 행동도 많이 하였다. 그들이 가끔 평민 편에 서서 평민의 여론을 대변하거나 심지어 농민반란에 가담하는 경우도 있었으나, 그것은 그들이 평민이어서가 아니라, 그러한 행동을 통하여 사대부로서 자신들의 존재를 확인시키려는 '**공의식**公意識'에서 발로된 행동일 뿐이었다. 향촌에서 사인들의 '보신가'적 행동이나 혹은 사인들 사이에 존재한 강한 '동류의식'은 바로 이러한 현실에 대한 민감한 자각에서 나온 것이었다.[21]

그러므로 사인도 응당 '신사(관직경력자와 미입사 사인의 합칭)'로 불러야 하였지만, 명초에는 여전히 '사대부'로 불렀다. 그런데 명 중기 이후의 사료에 '**신사**紳士' 혹은 '**신금**紳衿'이라는 용어가 많이 보이고, 그 개념은 향신鄕紳과 미입사 사인(생원·감생·거인)을 모두 포괄하고 있다. 향신과 사인이 '신사'로 연칭連稱된 것은 관직경력자와 사인이 하나의 사회계층으로 인식되고 있었음을 의미하는 것이다.

그러면 제도적·현실적 지위가 현저히 다름에도 불구하고 '관직경력자'와 '사인'이 '신사'로 연칭되면서 하나의 계층으로 인식된 계기는 무엇이었을까?

그것은, ① 사인들이 때때로 사리를 추구하는 '보신가'적 행동을 하는 경우도 많았으나, 그들의 최고의 이상은 과거에 합격하여 관료가 되어서, 황제와 함께 '**천하에 대한 사명감**'[22]을 실현하는 것이었다. 명말·청초의

---

21) 吳金成, 1986, pp.55~70
22) "천하가 근심하기에 앞서 근심하고, 천하가 기뻐한 후에 기뻐한다(先天下之憂

고염무가, "나라에 생원을 두는 이유는 무엇인가? 그것은 천하의 준재俊才들을 모아 학교에서 덕과 재능을 함양시키고 선왕의 도를 체득케 하고 국가의 중대 현안을 통달케 하고, 공경대부가 되어 천자와 함께 천하를 공치共治하도록 하기 위함"[23]이라고 한 것은 정곡을 찌른 지적이었다. 그러므로 유교이념을 체득한 사인들도 전통적인 사대부로서의 자아의식과 '**천하에 대한 공의식**'을 소유하였다. 이러한 이념적인 면에서 보면, 미입사 사인도 향신과 유사하였다. ② 사인들도 서민이 갖지 못한 유교의 고전 지식을 체득하고 있었고, 언어(官話)와 문화적 능력 면에서는 향신과 같았다. ③ 중국 전래의 '**좌주문생座主門生**'관계가 맺어져 대를 이어 서로 도움을 주고받았다. ④ 명 중기부터 성행한 서원의 강회講會[24], 혹은 시사·문사·동년(詩社·文社·同年) 모임에는 주로 관직경력자와 미입사 사인들이 참여하였는데, 그들은 현실적인 신분과 빈부의 차이를 초월하여, 서로 '동지同志'로 부르며 깊은 '**붕우**朋友**적 정의**情誼'를 나누었다. ⑤ 고래로 뿌리 깊은 '**동향의식**'의 발로, ⑥ 향신과 사인가문 사이에 결혼을 통한 '**종족의식**'의 발로, ⑦ 향촌 사회에서 공적·사적으로 이해가 합치될 때에도 서로 깊은 유대와 협조를 유지하였다. 명 중기부터 이렇게 다양한 요소가 복합적으로 작용하여, 향신과 사인들이 '**동류의식**'을 느끼면서 '동지'로서 계층적 일체감을 가지게 되었고, 때로는 집단행동을 하기도 하였으며, 사회에서는 그들을 '**신사(紳衿)**'라 부르며 동일한 특권적 지배층으로 인식하게 되었다. 사료에 '**향신공의**鄕紳公議', '**사인공의**士人公議' 뿐 아니고 '신사공의'가 자주 보이는 것은 그러한 현상을 전해주는 것이다. 이러한 동류의식이 발생하는 결절점結節點은 부·주·현 유학 내의 공자묘孔子廟와 서원이 가장 두드러진 곳이었

而憂, 後天下之樂而樂)".

23) 顧炎武,《顧亭林詩文集》, 권1, 〈生員論〉上.

24) 서원에서 학문을 토론하고 정치를 비판하고 향론·향평(鄕評)을 진행하는 과정에서도 동지의식과 동류의식이 형성되어 있었다.

고, 특히 수시로 광범한 강회가 열리던 서원이 더욱 효과적인 곳이었다.[25]

그러나 위에서 지적한 다양한 요소는 정도의 차이는 있었지만 이전 시대에도 부분적으로 보이던 내용이다. 그런데 왜 유독 '**명 중기**'부터 '신사'로 연칭되면서 그들이 한 계층으로 인식되도록 집중적으로 작용하였을까?

그것은 바로 명 중기부터, 그 이전 시대에는 없었던 '**다양한 사회변화**'[26] 가 중국의 모든 지역에서 동시다발적으로 진행되면서 새로운 여건들이 성숙되었기 때문이다. 첫째, 학교제가 과거제에 병합되어 생원과 감생만이 과거에 응시할 수 있었다. 원대까지는 관료가 되는 길로 과거제와 학교제가 별개 체계였지만, 명대부터 두 체계가 통합됨으로써 생원의 사회적 지위도 제고되었다. 둘째, 사인도 명초부터 우면優免 등 9품관에 준하는 다양한 특권과 종신자격을 보장받게 되어 향신과 같은 특권신분으로 승격되면서 사회에서도 그들을 사대부로 인정하게 되었다(이상 두 가지 내용으로, 명초까지 끌어올 수 있음). 셋째, 관직경력자와 사인 사이에 '**동류의식**'이 발생하여 공동 행동을 전개하기 시작하였다(이로써 명 중기까지 끌어올 수 있음). 명 중기부터, 그동안 농촌 질서를 유지해주던 이갑제가 점차 해체되면서 전국적으로 농촌 인구가 사방으로 유산流散하고 사회가 혼란에 빠지기 시작하였다. 그런데 종전에 향촌의 질서 유지에 협조하던 이장里長과 이노인里老人 등 향촌 지배층마저 몰락하여 사회질서가 흔들리게 되었다. 바로 그러한 시기에, 계층상승이 불가능하여 향촌에 정착해 있던 사인들이 자발적으로 나서거나 혹은 관직경력자와 협조하여 향촌질서의 공백 부분을 보충해

---

25) 오금성, 1986, pp.151-163, 214-223, 260-265; 오금성, 2007-B.

26) 경제적 측면에서는 ① 농업 생산력의 향상, ② 경제 중심지의 분화, ③ 상품 경제의 발전, ④ 중소도시의 발달, ⑤ 장거리 교역의 확대, ⑥ 향촌 정기시의 총생叢生, ⑦ 백은白銀의 화폐화 등이 진행되었다. 사회적 측면에서는, (a) 이갑제 질서의 해체, (b) 대규모의 인구 이동, (c) 전통적 계층 사회 특징의 변화 등이 일어났으며, 문화·사상적 측면에서는, (1) 전통 사상의 변이變異, (2) 서민庶民 의식 고양 등의 변화가 진행되었다.

주었다. 그러한 활동은 국가권력 측에서도, 사회에서도 다 같이 환영하였다. 결과적으로 명조 국가권력이나 향촌 서민들은 자연스럽게 향촌의 질서 유지 기능을 관직경력자와 사인 연합체의 사회적 지배력에 의지하게 되고, 신사는 그러한 여론을 배경으로 지배력을 더욱 공고히 하는 상호 의존 구조가 형성되어 갔다. 그 결과 명조 국가 권력과 평민 모두, 관직경력자와 사인들을 하나의 계층으로 인식하여 '신사'로 연칭하게 되었던 것이다.[27]

명말·청초의 20~30여 년 동안에는, '명말의 정치 혼란→이자성 정권의 베이징 입성과 명조의 멸망→남명군南明軍의 활약→청군의 입관入關→청군의 각 성省 진입→ 남명군·근왕기병군·구적寇賊의 횡행→ 청군의 완전 장악과 질서 안정'에 이르는 절체절명의 대동란이 계속되었다. 이 시기에 광대한 중국은 어느 지역에서나 명군明軍의 패잔병·남명군·신사의 근왕기병군勤王起兵軍·구적寇賊세력, 각 성 지역에 진입한 청군을 불문하고, 무장세력들의 구성 혹은 약탈과 살륙의 행태는 유구·토적과 별로 차이가 없었다. 그 때문에 백성의 눈으로 보면, 무기를 들고 있는 부류 전부가 도적이었고, 대낮에도 무기를 가져야만 나다닐 수 있었다.

입관한 뒤, 청조의 당면 과제는 수십만 여진인의 생활기반을 확보하는 것과 함께, (1) 절대 다수를 점하는 한인의 민심을 안정시키고, (2) 황폐한 도시와 농촌을 부흥시키며, (3) 궁극적으로는 동란을 평정하여 중국 전토를 통일하는 것이었다. 청군은 순치 2년(1645)부터 극도의 혼란에 빠져 있던 중국 각지에 축차적으로 진입하였다. 그러나 청군도 대부분의 지역에서 전세가 반드시 유리한 것도 아니었고, 일단 접수한 지역의 질서 유지도 그리 쉽지 않았다. 사방에 널려 있는 무장 세력은 수시로 출몰하여 게릴라전을 폈지만, 청군의 수는 턱없이 부족하였고, 군량도 대단히 부족하였으며, 지리에도 서툴렀다.

---

27) 오금성, 2007-A, pp.192

그 때문에 각 성 지역에 진입한 청군으로서도, 이미 확보한 지역의 질서를 안정시키면서, 조속한 시일 안에, 궁극적인 목표인 정복을 완성하기 위해서는, 지역마다 누군가 우익 세력의 협조가 절실하였다. 그런데 현실적인 경제력과 무장력, 사회적인 영향력 등 다양한 현실을 고려할 때, 우익 세력은 각지에서 '결채자보結寨自保'하면서 겨우 명맥을 유지하고 있는 신사 외에는 대안이 없었다.

한편, 중국 각지의 신사의 처지에서 보면, '결채자보'는 단지 일시적인 방편일 뿐, 강력한 보호자의 출현이 절실한 실정이었다. 그런데 이때 만족할만 한 '보호와 우대'를 약속하면서 청조가 신사에게 먼저 손을 내밀었다. 〈순치제즉위조順治帝卽位詔〉[28]와 각 성을 점령할 때마다 반포한 각성 〈은조恩詔〉에서, 현임관은 그대로 인정하고, 기성 신사는 적극 등용하고, 명대 신사의 특권(身分·優免)을 그대로 인정하고, 재산을 보호하며, 세역을 감면하고, 과거제와 학교제 등 명대의 제도를 계승하겠다는 것이었다.

순치 4년(1647) 전시殿試의 책제策題는 ① 진정한 인재 선발방법, ② 관료의 부정부패 근절법, ③ 군량 조달과 조세 감면을 함께 이룰 수 있는 방법 등 3문제였다. 그 가운데 제2문제는,

> "요사이 들으니, 현임 관료의 백숙곤제伯叔昆弟와 종인宗人 및 폐신열금廢紳劣衿들이 크게 백성의 폐해가 되고 있다고 한다. (타인의) 농토와 집을 빼앗고, 물건 값을 멋대로 정하고, 선량한 사람을 업신여겨 함부로 다루며, 부세를 체납하는데도 지방관들은 두려워서 불문에 부치므로, 소민小民은 한恨을 품은 채 대납代納한다. 그 때문에 부자는 날로 부해지고, 빈자는 날로 가난해지게 된다. '명말의 폐습'이 오늘에도 아직 남아 있는 것이다. 어떻게 하면 (이러한 폐습들을) 완전히 없앨 수 있겠는가?"[29]

---

28) 《世祖實錄》卷9, 順治元年 10月 10일 甲子條의 〈卽位詔〉.
29) 《世祖實錄》卷31, 順治4年 3月 丙辰條.

라는 내용이었다. 청조는 이렇게 관료와 신사의 횡포를 충분히 인식하고 있었지만, 정복전쟁을 하루 빨리 끝내고 치안을 안정시키기 위해서는, 전략상 신사를 우대하고 포섭할 수밖에 없었다.[30]

이에 대부분의 신사들은 치발薙髮(辮髮)을 감수하면서 이민족 왕조를 수용하였다. 그 뒤로 신사들은 무장 지원(병력과 군량)·참모 역할 등을 통하여 청군에게 적극적으로 협조하여 통일에 기여하였다. 결과적으로 보면, 신사는 자신들의 '보신가'를 위하여, **'나라를 이민족**(여진족)**에게 헌상'**하고 말았다.

제3절 신상紳商의 출현

앞에서 본 바와 같이, 명·청시대의 지배층은 '신사'라 할 수 있다. 그런데 19세기 후반, 태평천국 운동(1850~1864)이 끝나던 시기부터 청말 신정新政 기까지, 중요한 정치·사회·경제적인 문제를 전하는 기록에 '신사'와 함께 '신상紳商'이라 하여, 신사와 상인을 연칭하는 용어가 자주 등장한다.[31] 최하층 신분인 '상인'이 어떻게 최상층인 '신사'와 연칭될 수 있었을까?

중국의 전통적인 신분은 사士·농農·공工·상商이었지만, 사와 농은 보

---

30) 명대에는 그 자격만으로는 관료가 될 수 없었던 생원도, 순치 연간에는 중요 관직에 17.3%나 임명되었다.

31) 邱捷, 〈清末文獻中的廣東'紳商'〉, 《歷史研究》2001-2; 마민(신태갑·후걸 역), 2006; 馬敏, 〈'紳商'詞義及其內涵的幾點討論〉, 《歷史研究》2001-2; 謝放, 〈'紳商'詞義考析〉, 《歷史研究》2001-2; 石錦, 〈試論明清時代的官商和紳商〉, 《國史釋論》, 1988; 王先明, 1997; 章開沅·馬敏·朱英, 《中國近代史上的官紳商學》, 武漢, 湖北人民出版社, 2000; 吳金成, 〈紳士〉, 2007 등 참조

통 일체로 인식되었다. 역대 왕조에서는 '농업은 나라의 근본(農爲國本)'으로 여기고, "삼백육십 개의 직업 가운데 농사가 제일(三百六十行, 種田爲上行)"이라는 말로 미화하였다. 상인은 속임수를 쓰고 불로소득하는 장본인으로 보아 상업은 '말업未業'으로 생각하였다. '오리를 보고 십리를 간다'는 속담도 있듯이, 상인은 이익을 얻기 위해서는 수단방법을 가리지 않는다. 도량형기를 조작하고, 전당업과 고리대로 폭리를 취하고, 심지어 진출한 지역의 시장을 장악하여 물가를 조작하고 상품을 매점매석하여 이익을 독점하는 경우도 많았다. 그 과정에서 수시로 분쟁과 소송을 야기하였다. 그 때문에 역대 왕조에서는 공식적으로 '억상抑商정책'을 폈고, 명조 중기까지도 특히 천상賤商[32]을 강조하였다. 그러나 실제로는, 상행위가 금지된 관료와 신사조차 상인에게 몰래 뒷돈을 대주거나, 상인과 아행牙行(거간)의 뒤를 봐주거나, 시장을 개설하여 지배하고 고리대를 주는 경우도 많았고, 더러는 아예 공개적으로 상업을 경영하는 경우도 있었다.[33]

명·청 왕조도 이념적으로는 억상·천상을 주장하면서도, 실제로는 다양한 상인 보호정책을 실시하였다. 상인의 물류 활동과 지방의 공익사업 참여 및 상세商稅 수입을 통한 재정의 보조 등을 무시할 수 없었기 때문이다. '국법과 사회 관행의 괴리'가 이렇게 컸다. 명 중기부터 인구가 증가하면서 중국 전역에서 인구이동이 진행되고, 농업생산량이 증가하고 지역적 특성을 살린 수공업이 발달함에 따라 상공업과 도시가 발달하였다. 그 결과 전국에서 10대 상인그룹이 성장하고 상업이 번창하였다. 이러한 사회변화의 주역의 하나였던 상인들은 온갖 어려운 여건을 극복하면서 이익을 최대화하고, 나아가서는 자신들의 위상을 높이기 위해 부단히 노력하였는데, 마침 주변 여건도 호의적으로 변해갔다.[34]

32) 王興亞, 〈明代抑商政策對中國經濟發展的影響〉, 《鄭州大學學報》 2002-1.
33) 屈大均, 《廣東新語》 卷9, 事語, 〈貪吏〉
34) 吳金成, 2007-A, pp.358-361

첫째, 상인들은 모든 수단을 동원하여 관청과의 관계를 돈독히 하여 사회적 지위와 영향력을 확대하였다. 상인들은 때로는 자발적으로, 때로는 관청이나 농민의 요청에 따라 고향이나 진출한 지역에서 다양한 공익사업에 참여하고 관청의 기부금 요구에 응했다. 수리시설·도로와 교량·선착장 등의 신축과 보수, 하천 준설, 기근과 재해 구제, 선당善堂·의장義莊의 설립과 운영, 양쯔강과 대운하의 구생선求生船 운영 등의 공익사업은 지방관과 농민에게 다 같이 환영받는 일이었다. 이러한 공익사업은 보통은 그 지역의 신사가 관청과 협조하여 담당해 왔는데, 상인들도 신사와 협조하여 수행하였다. 또 지역에 따라서 신사의 역량이 모자랄 경우에는 상인이 협조하거나 아예 주도하는 사례도 있었다.

청조는 입관入關한 뒤로 대운하 지역의 최대 관건인 삼대정三大政(河工·漕運·鹽政) 유지에 필요한 재정이 없었다. 더구나 정성공鄭成功의 해상 세력·남명南明정권·삼번三藩의 난 등의 진압비용 염출에 필요한 재정도 크게 부족하였다. 그런데 양쯔강에서 대운하로 들어가는 입구에 있는 양저우揚州와 후이안淮安 지역은 청군이 양쯔강 하류지역을 점령하는 과정에서 신사층이 거의 궤멸되었다. 그 때문에 후이저우徽州 상인들이 적극적으로 청조에 협조하였다. 청조는 후이저우상인에게 소금 판매권 등 가능한 이권을 주었고, 강희제는 그들에게 관함官銜까지 하사하였다.[35] 산시山西상인·닝보寧波상인·광동상인·저지앙浙江상인·톈진天津의 염상도 관청과의 관계를 잘 유지하였다. 청조는 제1차 중영전쟁에 패배하여 영국에 대한 배상금이 필요(1843)하자 산시 출신 신사와 대상인에게 200여 만 냥의 출연을 요구하였다. 또 함풍 3년(1853)에는 태평천국군 진압 비용을 염출하기 위해 전국의 신사와 대상인에게 출연을 요구하였는데, 이때 산시상인은 무려

---

35) 曹永憲, 《대운하와 중국 상인 : 회·양 지역 휘주 상인 성장사, 1415-1784》, 민음사, 2011, pp.299-337; 張海英, 〈明中葉以後'士商滲透'的制度環境—以政府的政策變化爲視覺〉, 《中國經濟史研究》2005-4(이하 2005-A로 표기함) 참조.

160만 냥(전국 출연액의 37.7%)을 출연하였다.[36] 상인들은 이러한 공익사업에 참여함으로써, 관청과의 관계를 돈독히 하여 자신들의 신변과 상품의 보호를 받고 지방관과 서리·아행의 착취로부터 벗어날 수 있었다. 그뿐 아니라. 외래 상인들에게 이익을 빼앗기는 데 대한 토착인들의 반발을 상쇄하고, 나아가서는 자신들에 대한 호감을 유도함으로써 상업활동을 원활하게 수행할 수 있었다.

둘째, 상인과 상업에 대한 사회의 인식이 크게 변화해갔다. 그 계기는 명 중기에 왕수인(양명. 1472-1528)이, **"길거리에 가득한 백성 모두가 성인聖人"**[37]이라고 선언하고, 나아가서는 **"사농공상 4민은 하는 일은 다르지만 도道는 같다"**[38]고 하는 소위 '신사민론新四民論'을 주창한 것이 크게 영향을 미쳤다. 명 중엽에 양명과 동시대를 살았던 시인 이몽양李夢陽(1473-1529)도, **"상인과 사인은 경영하는 바는 다르지만 마음가짐은 같다"**고 하였고, 양명의 학문적 영향을 받은 하심은何心隱(1517-1579)은 **"상인은 농민이나 공인보다 높다"**고 하여, '사상농공'의 신분관을 피력하였다. 명말의 동림파와 문사文社 동인들의 사상을 총 정리해 놓은 것으로 평가되는, 황종희(1610-1695)의 《명이대방록》에서도 공업과 상업을 **"모두 본업本業"**이라 하였다.[39]

그렇게 되어가는 계기는 다음 몇 가지로 정리 될 수 있다. ⓐ 사인士人이 '거업((과거시험 준비)을 포기하고 상업에 진출하는(棄儒就商)' 사례가 늘어나고,[40] ⓑ 상인 자신이나 그 자제가 연납捐納을 통하여 공명功名(생원·감생

---

36) 吳金成, 〈紳士〉, 2007, p.359

37)   王守仁, 《陽明全集》卷3, 語錄3, 〈傳習錄〉(下), 〈答聶文蔚〉

38) 王守仁, 《陽明全集》卷25, 外集7, 〈節庵方公墓表〉

39) 張海英, 〈明淸社會變遷與商人意識形態-以明淸商書爲中心-〉, 復旦大學, 《古代中國: 傳統與變革》, 復旦大學出版社, 2005(以下 2005-B).

40) 이러한 사례는 명말 이후에 편찬된 전국의 《地方志》에 수없이 나타난다. 陳寶良, 《明代儒學生員與地方社會》, 中國社會科學出版社, 北京, 2005, pp.330-334.

등 사인 자격이나 官銜)을 얻어 신사의 대열에 참여한 사례가 증가하였고, ⓒ 관료나 신사들도 암암리에 상업을 경영하거나, 상인과 아행의 뒤를 봐주는 경우도 많았다. 또 명말부터는 ⓓ 강남에 진출한 상인들에게 상적商籍을 부여하여 유학에 입학할 기회를 준 결과, 상인가문 출신이 점차 학교·과거·연납제 등을 통하여 신사로 상승하는 경우가 많았고,[41] 또 청조는 수시로 연납제를 실시하다가 청말에는 대대적으로 실시하였으므로, 상인 자신 혹은 그들의 자손이 대거 신사로 전화되었다. ⓔ 명말부터, 특히 청대에는 전국의 대도시뿐 아니라 시市·진鎭과 같은 중소도시에까지 수없이 나타난 회관會館·공소公所는 대개 동향의 신사와 상인이 공동으로 건립하고, 신사를 회수會首나 동사董事로 초빙하는 경우가 많았다.[42] 이러한 여건들이 장기간에 걸쳐 복합적으로 작용함으로써, 신사와 상인의 교제와 협조가 자연스럽게 이루어졌고, 그러는 과정에서 신사와 상인의 계층적인 괴리가 점차 축소되어 결과적으로 상인의 사회적 위상을 제고시키는 데에도 일조하였다.

셋째, 상인의 자아의식이 높아졌다. 명 중엽부터 전국적으로 상품경제가 발달하고 서민의 사회적 지위가 향상되면서,[43] 상인들의 직업에 대한 자부심과 자신들의 사회적 위상에 대한 자각도 함께 높아갔다. 대상인들은 대개 유교적 소양을 체득하고 있었으므로, 자신들은 '상업을 하면서 학문도

---

41) 嘉慶《兩淮鹽法志》,〈選擧志〉에 따르면, 명대 兩淮지역 進士 137명 가운데 106명, 擧人 286명 가운데 213명이 徽州와 山陜籍을 가진 사람이었다. 3/4이 상인가문 자제였던 것이다. 吳承明,《中國的現代 : 市場與社會》, 三聯書店, 2001, p.36 참조.

42) 마민(신태갑·후걸 譯), 2006, pp. 420-424, 426-427.

43) 명청시대에 서민의 사회적 지위가 제고된 배경은, ㉠ 庶民文學(戱曲·小說)과 연극의 발달, ㉡ 종족결합과 廟祀의 祭祀, ㉢ 전국 각지에 수없이 나타난 定期市의 情報流通 機能, ㉣ 陽明의 新四民論("四民同道"·"滿街人都是聖人")의 影響, ㉤ 西學의 平等思想 傳來의 影響 등을 고려할 수 있다.

즐기는' '유상儒商'으로서의 자부심을 가졌다.[44] 또 후이저우상인 가문 출신으로 유명한 희곡가이고 항왜抗倭 명장으로 꼽히는 왕도곤汪道昆(1525~1593)은, "전에는 유업을 높이고 상업을 낮추었으나, 우리 부府에서는 상인을 높이고 유업을 낮추기도 한다" 혹은 "훌륭한 상인이 어찌 대유大儒만 못할손가"라고 하였다. 이렇게 고양되어간 상인의식과 상인에 대한 사회의 인식은 청말에 이르러 최고조에 달하였다.[45]

넷째 명·청 왕조의 정책도 상인 보호 쪽으로 바뀌어 갔다.[46] 명조는 초기부터 상세를 1/30로 정하였고, 상업활동 과정에서 관료·서리, 아행, 송사訟師·각부脚夫·시곤市棍 등 무뢰에게 당하는 약탈을 막아보려는 노력을 많이 하였다. 명말에 장거정이 추진한 '일조편법',[47] 청조의 옹정(1723-1735) 연간에 보편화된 지정은제[48]는 토지를 근거로 세역을 부과하였으므로, 토지가 없는 상인이 면세의 이득을 보는 면도 있었다. 갈수록 국가의 재정이 팽창하는 부분을 토지세만으로 충당하기는 불가능하였으므로, 부족분을 상인에게 부과할 수밖에 없는 점을 감안하여, 청조는 여러 차례 상인의 부담을 덜어주려는 정책을 폈다.[49] 더구나 청말에 난징조약(1842)과 베이징조약(1860)을 거친 후로는 청조의 정책이 눈에 띄게 중상重商정책으로 바뀌어갔다.

그런데 신사와 상인이 '신상'으로 연칭되던 사례는 이미 청 중기의 옹정

---

44) 余英時, 1987, pp.97-166

45) 張海英, 2005-B

46) 郭蘊靜, 〈略論淸代商業政策和商業發展〉, 《史學月刊》1987-1; 許檀·經君健, 〈淸代前期商稅問題新探〉, 《中國經濟史硏究》1990-2; 張海英, 2005.

47) 토지세(田賦=稅糧)와 모든 요역을 합산하여 은으로 납부케 한 제도.

48) 1713(康熙52)년부터 盛世滋生丁을 설정함으로써 요역 과세대상인 인정(人丁)의 수가 고정되었다. 그러자 雍正연간부터, 이렇게 고정된 요역을 토지세에 합산하여 은으로 납부케 한 제도.

49) 曹永憲, 〈明淸交替와 揚州 鹽商-淸初 '恤商·裕課' 政策의 성격과 관련하여-〉, 《中國學報》43, 2001

(1723-1735) 연간부터 나타났다. 상인들이 자신의 위상을 제고시켜가는 과정에서 나타난 자연스런 현상이었다. '신상'의 용례는, 처음에는 단순히 '신사와 상인의 병칭並稱'으로 쓰였다. 그러다가 19세기 말에 가까워질수록, ⓐ '상인이 연납 등의 방법을 통하여 공명功名이나 직함을 얻은 사람(職商, 상인의 紳士化, 이하 '由商爲紳'으로 표기)' 혹은 ⓑ '신사의 신분을 가지고 상업을 경영하는 사람(신사의 商人化, 이하 '由紳爲商'으로 표기)', 바꾸어 말하면 한 사람이 **신사와 상인의 신분을 겸하는 존재**(이하 '亦紳亦商'으로 표기)'로 사용되기에 이르렀다.[50]

'역신역상亦紳亦商'의 '신상' 가운데에는 ⓐ의 길, 즉 '유상위신由商爲紳(상인의 紳士化)'의 방법을 통하여 신상으로 변신한 경우가 훨씬 많았다. 그렇게 된 결정적 계기는 청말의 함풍-광서(1851-1908) 연간에 광범하게 허락된 연납(捐納)제 때문이었다. 태평천국 초기인 1853년부터 연납을 통하여 생원의 정원이 대폭 증가되고 관직도 쉽게 취득할 수 있게 되자 상인의 영향력도 훨씬 증대되어갔다. 이제 사회에서는 학교와 과거를 통하여 신사로 상승하는 것이 유일한 출세방법이라는 생각이 점차 엷어져 갔다.[51] 젊은이들이 농사와 글공부에만 전념하던 관행에서 벗어나 상공업에 눈을 돌리게 되었다. 특히 청말 광서(1872~1908)연간 30여 년 동안에는 연납이 더욱 광범하게 허락되었다. 19세기 중엽부터 제1차 중영전쟁(1840-1842)과 난징조약(1842)과 개항→ 태평천국운동(1850-1864)→ 제2차 중영전쟁(1856-1860)과 베이징조약(1860)→ 청·프랑스 전쟁(1884-1885)→ 청·일전쟁(1894-1895)→ 의화단 운동(1900)과 8국연합군의 베이징 점령 등 큰 사건이 연이어 일어났다. 그 과정에서 제국주의 세력들은 막강한 군사력을 배경으로 무역과 종교를 앞세워 중국에 진출해서 60여개 항구를 강제로 개항시켰고, 군대 주둔권, 조계·조차지 개설, 영사재판권·철로부설권·광산개발

---

50) 마민(신태갑·후걸 역), 2006, 제2·3장 참조.
51) 張仲禮, 1993, p.136

권·관세수취권 등을 탈취하였다. 중국은 서방 제국주의 세력의 강요로 세계시장에 편입되면서 아亞식민지로 전락해가고 있었다. 사회는 갈수록 복잡(인구의 격증과 이동, 재해, 전쟁)해지고, 국가의 재정은 갈수록 어려워지는데, 세금 징수는 오히려 감소하였으므로, 청조의 국력과 재정은 날로 약화되고 신사의 역량도 한계에 이르렀다. 이에 청조는 연납 가격까지 할인하면서[52] 매관매직(捐納)을 독려하였다.[53] 19세기 전반기에는 관료 가운데 과거시험을 통한 정도正途 출신 신사가 압도적으로 많았으나, 태평천국운동이 지난 19세기 후반에는 연납捐納을 통한 잡도雜途 출신 관료가 절반을 차지하였다. 그 때문에 심지어 시장의 무뢰들까지도 연납으로 공명功名(생원·감생 등 사인이나 官銜을 받음)을 얻는 어처구니없는 사태가 벌어지기도 하였지만, 상인이 연납으로 대거 공명을 얻어 신상이 됨으로써 상인의 위상제고에 중요한 계기가 되었다.

한편 '역신역상亦紳亦商'의 '신상' 가운데 ⓑ의 길, 즉 '유신위상'由紳爲商(신사의 상인화)의 길은 아직 주저하는 사람이 많았다. 신사의 뇌리에는 아직도 천상賤商 관념이 강했기 때문이다. 그러나 19세기 중엽부터 국제관계가 돌변하자 이른바 개명 신사들이 공개적으로 기업에 투신하는 경우가 증가하였다.[54] 청조 중앙정부나 지방관청에서도 오히려 관독상판官督商辦(내지

---

52) 張仲禮, pp.150-162, 255.
53) 章開沅·馬敏·朱英, 2000, pp.217, 219에 따르면, 그 80여 년 동안에 연납을 통하여 공명과 직함을 얻은 수가 얼마나 되었는 지는 분명치 않지만, 1816-1830년까지 15년 동안 연납감생만 20여 만이나 되었고, 청말 쑤저우(蘇州)의 紳商 가운데 85%가 연납자였고 겨우 15%만이 正途출신자였다. 또 張仲禮의 추산에 따르면, 도광(1820-1850) 30년 동안에 연납 감생의 수는 직예를 제외하고도 315,535명이나 되었다고 한다.(張仲禮, 金漢植 역, 1993, p.153) 한편, 로이드 이스트만은, 1850년 이전의 청조의 매관은 30%를 넘지 않았지만, 태평천국 운동이 끝난 뒤에는 연납으로 취득한 관료와 학위의 수가 다 같이 50%나 되었다고 한다. 로이드 E. 이스트만(이승휘 역), 1999, p.261 참조.
54) 全 資本 가운데 신사가 투자한 자본의 비율이 73%나 되었다. 19세기 후반의

官商合辦)을 적극 장려하였고, 심지어 장건張謇(1853-1926)[55]과 같은 과거 시험의 장원(1894) 출신자에게까지 '대생사창大生紗廠'을 개설하도록 권면(1895)하였다.

신사와 신상은 이렇게 돌변하는 시국을 '**천고변국**千古變局(유사 이래의 위기)'으로 인식하였고,[56] 절체절명의 망국亡國의 위기상황에서 살아남기 위해서 어쩔 수 없이 가치관이 변화될 수밖에 없었다. 증국번曾國藩을 필두로 한 대신사나 대상인들은, 새롭게 '상·공업의 역량이 곧 국부國富이고 국가 경쟁력'인 것과 신사와 상인의 협조가 절실함을 깨닫고, 전통적인 '경전耕戰'·'병전兵戰'과 함께 '상전商戰'을 주장하였다.[57] 설복성薛福成은 상인을 '사민의 중심적인 존재'로 표현하였고, 정관응鄭觀應은 '**병전**兵戰**을 배우는 것이 상전**商戰**을 배우는 것만 못하다**'[58]고 하였다. 이렇게 사회가 급변하는 과정에서 자연스럽게 상인의 발언권은 강화되었고 사회적 위상도 다른 어느 때보다 높아지게 되었다. 청일전쟁(1894) 뒤에는 신사의 상공업계 투신자가 더욱 증가하였다.

20세기로 넘어오면 상황은 더욱 급하게 변하였다. 청조는 1903년 8월에 '상부商部'를 설치하였고, 다음해 초에는 〈상회간명장정商會簡明章程〉(26조)[59]을 반포하여 각성에 '상회商會' 설립을 명령하면서 상업진흥책을 적극

한커우(漢口)의 경우, 대상인과 도매상의 과반수가 연납으로 공명을 가지고 있었다.

55) 제4편 제1장 참조.

56) 李鴻章,《李文忠公全集, 奏稿》, 卷24,〈復奏海防事宜疏〉에 "實爲數千年來未有之變局"이라 함.

57) 馬敏,《商人精神的嬗變-近代中國商人觀念研究》,〈二, 晚淸重商主義思潮之再思〉, 華中師範大學出版社, 2001.

58) 정관잉(이화승 역),《성세위언-난세를 위한 고언》, 책세상, 2003, 제7장〈商戰上〉

59)《大淸光緒新法令》第16冊,〈商部奏定部會簡明章程二十六條〉(마민〈신태갑·후걸 역〉, pp.181-185 참조).

추진하였다. 또 그 다음해(1905)에는 그동안 신사의 정치·사회적 지위를 보장해주던 과거제를 폐지하였다. 이제는 전국적으로 수백만의 동생, 백여만의 생원, 무수한 연납 감생, 수만의 공생과 거인은 새로운 길을 찾아야만 하였다.[60)

이처럼, 상인들이 자신들의 위상을 높이기 위해 부단히 노력한 결과, 그리고 국내외 여건의 돌변이 복합적으로 작용하여, 청 말에는 인간이면 누구나 갈망하는 권력·명예·재부財富를 한 몸에 지닌 존재, 즉 '신상'[61)이란 사회의 지배층이 탄생하게 된 것이다.

명·청시대 540여 년 동안 중국의 인구는, 명초에 8,500만 정도에서 청말에 4억 정도로, 거의 5배나 급증하였다. 그 때문에 최하 행정단위인 현縣의 인구는 명초에 평균 10만 정도에서 청 말에는 30여 만으로 증가하였다. 이렇게 인구가 격증하고 사회는 복잡해지는데, 관료의 수는 2만 5천 내외로 고정되어 있었고, 현의 행정을 담당하는 지현은 여전히 많아야 4-5명의 보조원 만 인정되었고 나머지는 믿을 수 없는 서리와 아역(衙役)뿐이었다. 더구나 지현은 회피제回避制에 묶여, 부임한 지역의 방언도 통하지 않았고 현지 물정에도 어두웠다. 그 때문에 지방행정과 질서유지에 공백 부분이 많았으므로, 국가 권력 측에서 뿐 아니라 평민의 처지에서도 '관치행정의 협조자'가 절실하였다.

이갑체제가 어느 정도 유지되던 명초에는 이장과 이노인이 그러한 역할을 담당하였다. 그러나 15세기에 들면서 이갑제 기능이 점차 약화되자, 그들을 대신하여 신사가 그러한 역할을 담당하기 시작하였다. 이렇게 하여 명 중기부터 청 말(이 시기에는 신상도 포함)에 이르기까지, 국가권력과 신사가 서로 협조하는 구조가 유지되었다. 명·청시대에 출간된 수많은 《관잠

---

60) 徐茂明, 2006.

61) 신상의 수는 청조가 멸망하는 1912년에는 2만2천에서 5만명 정도가 되었을 것으로 추측되고 있다. 마민(신태갑·후걸 역), 2006, pp.192-196

서官箴書》[62)]에는, 지방관이 임지에 부임하면 신사를 잘 대우하고 그들과 우의友誼를 유지하라는 내용이 많은 것은 그 때문이었다.

신사나 신상은 물론 사리私利를 추구하는 부정적인 행동도 많았다. 그들의 이러한 행동은 지방관의 묵인 아래에서만 가능한 것이었고, 노복奴僕·서리·무뢰無賴 등이 그들의 손발이 되었다. 그러나 그들의 이러한 사리 추구는 그들의 광범한 사회활동 가운데 극히 일면에 불과하였다.

신사와 신상은 지역사회에서 대단히 광범한 역할을 하였다.[63)] 첫째, 국가권력의 지방 통치의 보좌역을 담당하였다. 가장 중요한 것은 질서유지 역할이었다. 평화시기에는 보갑保甲에 간여하거나 자위조직을 만들어서, 전란 시기에는 단련團練과 향용鄕勇을 조직하여 국가에 협조하였다. 청말의 신정과 예비입헌 시기에는 중요한 사회조직(농·공·상·광·교육회 등)에 지도자로 참여하였고, 자의국과 자정원 의원을 거의 독식하였다. 그들은 또한 각종 건설공사를 돕고 광범한 자선사업과 구휼사업을 주도하였다. 지방의 정기시를 감독하고 조세의 할당과 징수에도 간여하였다. 그들은 중요한 사업의 건의(발의), 조언, 향촌여론의 환기, 노동력과 공사비의 염출, 공사의 감독, 관청과의 조율 등 모든 과정에 개입하거나 영향력을 행사하였다. 종족 보존, 아편 흡연 금지, 청말에 신식학당의 건설과 운영 등 교화도 그들의 몫이었다. 둘째, 국가권력에 대해서 향촌여론을 대변하기도

---

62) 지방관이 현지에 부임하여 참고하여야 할 사항을 기록한 책

63) 岑大利, 《鄕紳》, 北京圖書館出版社, 1998, pp.75-189; 徐茂明, 《江南士紳與江南社會(1368-1911)》, 北京, 商務印書館, 2004, pp.104-194; 王躍生, 〈淸代生監的社會功能初探〉, 《社會科學輯刊》1988-4; 陳寶良, 《明代儒學生員與地方社會》, 中國社會科學出版社, 2005, pp.96-412; ; 마민(신태갑·후걸 역), 2006, 제5장; 王衛平·黃鴻山, 〈江南紳商與光緖初年山東義賑〉, 王衛平, 《明淸時期江南社會史硏究》, 北京, 群言出版社, 2006; 吳金成, 2007, pp.364-371; Ch'u, T'ung-tsu(瞿同祖), Local Government in China Under the Ch'ing(范忠信 等 譯, 《淸代地方政府》, 法律出版社, 北京, 2003), Stanford University Press, 1962, Ch.10.

하였다. 신사는 지방관의 유임이나 추방운동, 조세감면 운동, 각종 재해 등의 문제가 발생할 때 향촌의 여론을 관청에 전달하는 대변자로서의 역할도 자임하였다. 셋째, 국가권력과 지역사회 사이의 이해의 대립, 지역 사이에 발생하는 갈등, 혹은 개인 사이의 갈등에 대한 조정자로서의 역할도 담당하였다. 그들의 이러한 다양한 활동은 국가권력의 의지·향촌의 여론·신사와 신상의 공의식이 복합적으로 작용한 결과였다. 신사와 신상은 이렇게 공의식의 발로와 사리추구, 즉 공公·사私의 양면성을 모두 가진 존재였다.

신사와 신상은 이렇게 국가권력과 평민, 양쪽의 희망에 따라 광범한 활동을 전개하였다. 그들은 이를 통하여, ① 위로는 관청과의 관계를 돈독히 하고, ② 향촌사회에 대해서는 자신들의 존재를 확인시켜 지배력을 공고히 하여, ③ 평소의 사리추구 행동도 어느 정도 합리화시킬 수 있었다.

그러나 청말에 사회의 지배층이 모두 신상은 아니었다. 여전히 순수한 신사와 신상이 혼재하였다. '신상' 사이에도 이념적으로는 상당한 괴리감이 있었다. 신상 가운데 '유신위상자(신사로 상업 경영자)'는 국가로부터 받은 공명과 지위에 근거한 사명의식이 있었고 그들 사이(순수 신사 포함)에 좌주문생관계와 '동류의식'이 있었다. 그러나 '유상위신자(상인으로 공명 획득자)'가운데에는 사명의식이나 동류의식이 박약한 경우도 있었다. 그들도 갖가지 공익사업에 참여하였지만, 그 이념은 신사가 가진 것 같은, 천하에 대한 사명의식이라기보다는, 자신들의 상업경영을 위한 편의성의 발로인 경우도 있었다. 공익사업 참여의 목적도, 때로는 상업경영 과정에서 야기되는 토착인과의 분쟁과 소송을 무마하고, 나아가서는 관청과 관계를 맺어 보호를 받아 유리한 입장에서 상업을 경영하기 위한 목적도 있었다.

제4편 과거시험에 목멘 인간군상

제1장 역대 장원의 향방向方

중국의 과거제도사 1300년 동안 시험은 대략 736회(隋代 제외, 오대·요·금 포함) 정도 실시되었다. 당대唐代부터 진사과에서 제1등으로 급제한 사람을 '장원'이라고 불렀는데, 당대부터 청말 과거제가 폐지(1905)되기까지 문과장원은 653명, 무과장원 284명(무과 1등도 관행 상 무과장원이라 부름), 제2등 방안 365명, 제3등 탐화 331명이 배출되었다.[1] 과거시험에서 장원으로 급제하는 것은 아마도 1천만 명 가운데 한명에 해당하는 행운이었다고 할 수 있다. 또한 그 1,300년 동안에 진사과 삼원三元(향시·회시·전시 모두 1등)은 13 명으로[2] 평균 100년에 한 번 출현하였다.

---

1)   許明芳 等, 〈中國歷代狀元·榜眼·探花與進士〉, 新京報 主編, 《科擧百年》, 北京, 同心出版社, 2006.

2)   蕭源錦, 《狀元史話》, 重慶出版社, 2004, p.135. 앞에서 여러 번 지적했듯이, 중국의 과거 급제자에 대한 통계는 연구자마다 다르므로, 추세만 이해하는 데 만족해야 한다.

역대 장원 가운데 재상에까지 오른 사람은 소수였지만, 서하西夏의 이준욱李遵頊처럼 장원출신으로 황제위에 오른 사람도 있었다. 그는 서하의 종실 제왕齊王 이언종李彦宗의 아들로, 서하西夏 천경天慶 10년(1203)에 장원급제하였고, 그 해에 부친을 이어 왕이 되었으며, 황건皇建 2년(1211)에 정변을 일으켜 양종襄宗을 폐위시키고 자립하여, 서하의 신종神宗(1211-1223)이 되었다.[3]

과거제가 폐지되면서 장원도 사라졌지만, '장원'이란 칭호만은 지금도 사용되고 있다. 속설에 **"삼백육십행, 행행출장원**三百六十行, 行行出狀元(모든 직업 가운데 어디나 장원이 나온다)"이란 속어가 있다. 오늘날에도 무슨 직종에서나 제일第一을 '장원'으로 표시하는 경우가 많다. 과거에서 장원 급제는 독서인이라면 누구나 오매불망 원하는 것이었으므로, 장원을 소재로 한 소설과 희곡은 대단히 많다.[4] 그 가운데 가장 사랑 받는 작품의 하나로 원말 고명高明의 걸작 희곡 비파기琵琶記를 들 수 있다(제1편 제4장 참조).

당대 장원[5]은 응당 251명이 있어야 하지만,[6] 94명은 성명조차 알 수 없고, 성명을 알 수 있는 157명 가운데 57명은 자료가 없다. 알 수 있는 사람 가운데 재상에까지 오른 장원은 10명(전체 장원의 3.98%)이었다. 한편, 다른 분석[7]에 따르면, 당대 진사과 장원 총 160명 가운데 고관 가정 출신은 38%(61명), 중소 관인가정 출신 13%(21명), 한소寒素 가정 출신은 49%(78명)였고, 고관에 오른 장원이 33.75%(54명), 중소 관인 임직이 28.75%(46명), 미사자未仕者(기록 없는 자 포함)가 37.5%(60명)였다. 당대에

---

3) 魯威, 《科擧奇聞》, 瀋陽, 遼寧教育出版社, 1990, p.13

4) 毛佩琦, 《中國狀元大典》, 雲南人民出版社, 昆明, 1999, pp.672-767; 蕭源錦, 2004, pp.306-372 2006. 본서에서는 분량에 제한이 있어 소설과 희곡은 생략한다.

5) 周臘生, 2006

6) 蕭源錦, 2004, p.51에서는 당대 장원은 146명이었다고 한다.

7) 許友根, 〈唐代進士科壯元分布研究〉, 劉海峰 主編, 2006-B

진사급제를 '등용문登龍門'이라 하며 존경하였고, 장원은 최고의 영예였다. 그러나 당대에는 아무리 장원이라도 관직을 얻기 위해서는 다시 이부吏部에서 주관하는 전선銓選을 통과해야 하였다.

○ 손복가孫伏伽(?-658)[8] : 성명이 알려진 중국 최초의 장원은 손복가였다. 당 고조 무덕 5년(622) 10월에 처음으로 과거를 실시하여 수재 1명, 진사 4명을 선발하였는데, 이 시험에서 장원 급제하였다. 그는 수나라 말기에 이미 만년萬年현 법조法曹(오늘날 사법관)의 직에 있다가 당조에 귀순하여 과거에 응시해서 장원 급제한 것이다. 말년에 대리시경을 거쳐 섬주陝州 자사에 이르렀다.

○ 배사겸裴思謙[9] : 당 문종 개성開成 3년(838)의 진사 급제자 40명 가운데 장원을 하였다. 배사겸은 당시 지방 관학의 학생 신분으로 유명한 무뢰배였지만, 환관 구사량仇士良을 매수하면서, '장원'이 아니면 급제도 필요 없다고 하였다고 한다. 구사량은 2왕1비二王一妃와 재상 4명을 살해한 패악무도한 인물이었지만 문종의 총애를 받으며 관인들의 생살여탈生殺與奪권을 쥐고 있었다. 진사과 책임을 맡은 지공거 고개高鍇는 평소 공정하기로 유명한 인물이었고, 이미 장원으로 택정한 다른 사람이 있었다. 그러나 배사겸을 장원으로 뽑아주도록 강요하는 구사량의 서슬 앞에서는 어쩔 수 없었다.

송대宋代에는 장원이 총 118명이었는데, 그 가운데 재보에 오른 사람은 21%(25명), 또 그 가운데 북송은 14명(북송 장원 69명 중 20.29%), 남송 11명(남송 총 49명 중 22.45%)[10]이었다. 송대에는, 장원의 위망威望이 대단하여, **"장원에 급제하는 것은 병사 수십만을 거느리고 동북지방을 회복하고 거**

---

8) 毛佩琦, 1999, pp.62, 247-250. 단, 하원수, 2021, pp.63, 86에서는 믿을 수 없다고 한다.
9) 綦曉芹, 2007, p.49
10) 周臘生, 2006

란족을 사막 밖으로 구축驅逐하고 개선하여 태묘에 보고하는 것보다 더한 영예"[11]로 생각하였다.

○ 호단胡旦(955-1034)[12] : 태종 태평흥국 3년(978)에 장원 급제하였다. 그는 과거시험에 응시하기 전에, **"과거에 응시해서 장원이 못되고, 사환仕宦하여 재상이 못된다면 (내 인생은) 헛 산 것"**이라는 포부를 밝혔다. 그는 과연 장원 급제하였고, 급제한 뒤 장작감승→승주 통판으로부터 관을 시작하여 차근차근 승진하다가 사관史官 시절에 시정時政을 논한 것이 태종의 비위를 거슬러서 중승으로 좌천되었다. 뒤에 거란에게 점령당한 연운16주를 수복하자는 〈평연의平燕議〉를 올린 것이 태종의 마음에 들어 사관으로 복직되어 수찬이 되고 승진을 거듭하였지만 두 눈이 실명되어, 비서감으로 치사하였다. 호단은 빈궁해서 사망했을 때 상을 치를 수도 없어 정관방停棺房에 두었다.

○ 왕증王曾(978-1038)[13] : 어려서 부친을 잃고 숙부집에서 자라면서 향유鄕儒 장진張震에게서 학문을 익혔다. 진종 함평 3년(1002)에 장원 급제하였는데, 송대 두 번 째 삼원三元이다. 송대에는 신新 진사에게 비단옷을 입고 금의환향하도록 휴가를 주었다. 그의 고향 청주부(오늘날 산동성 청주시) 주현관들은 삼원을 한 그에게 녹명연鹿鳴宴을 열어 성대히 영접하고, 그의 집 문에 '장원방狀元坊' 편액을 걸기 위해 만반의 준비를 하고 있었다. 또 백성들은 길 양편에 거의 10리를 늘어서서 학수고대하며 그가 오기를 기다리고 있었다. 그런데 정작 당사자 왕증은 평복을 입고 당나귀를 타고 조용히 청주부 아문으로 들어가 지부에게 인사를 올렸다. 지부는 왕증이 환영회에 만족하지 못한 것으로 생각하여 준비하는 관리를 벌하려고 하였다. 그러자 왕증은 **"저는 향친부로鄕親父老의 양육을 받고 자란 몸입니다. 이제 장**

---

11) 田況(1005-1063), 《儒林公議》卷上.(梁更堯, 2017, p.5 轉引)

12) 劉海峰, 2005, p.150.

13) 魯威, 1990, pp.14-15

원을 했으니 응당 위국위민爲國爲民해야 할 텐데 어찌 감히 부로님들의 환영을 받는다고 수고롭게 할 수 있겠습니까? 그래서 평복으로 갈아입고 길을 돌아서 성안으로 들어왔습니다"라고 말했다. 이 일은 오늘날까지도 청주인들의 미담으로 전해 오고 있다. 왕증은 그 뒤로 여러 지방관을 거치는 동안, 어려서 가세가 어려워 학업을 하기도 힘들었던 것을 생각해서, 가는 곳마다 봉록의 일부를 할애하여 학교를 세워 당지의 청소년에게 공부할 여건을 마련해주었다. 자기 고향 청주에는 집에 있던 도서 전부를 내놓고 학교도 세웠다. 또 재상이 된 뒤로는 인재 발굴에 노력하여 범중엄·여이간呂夷簡·포증(포청천) 등은 그가 적극 추천한 인재들이었다. 왕증은 숱한 인재를 발굴하여 추천하였지만 한 사람도 사적인 관계를 맺지 않았다. 범중엄은 왕증을 **"오랫동안 관직에 있으면서도 끝내 사적인 관계를 맺지 않은, 일대명상**一代名相**에 부끄럽지 않은 분"**이라고 평하였다.

○ 진량陳亮(1143-1194)[14] : 저지앙浙江 영강永康인, 호가 용천龍川이어서, 세상에서는 용천 선생이라 하였다. 남송 시대의 사상가요 문학가요 애국자였고, 경세제민적인 사공학事功之學'을 창도하였고 영강학파를 창립하였다. 주희와는 사이가 좋았지만 학문은 인정치 않았다. 어려서 재기발랄하였고 병사兵事를 논하기 좋아하였다. 효종 연간에, 무주婺州에서 해두解头(향시1등)로 천거되었다. 중흥론·시무時務·금나라와의 화의 반대 등 3번 상소하고 그 때문에 3번이나 하옥되었다. 50세 되던 소희 4년(1193) 장원 급제하여 첨서건강부판관공사簽書建康府判官公事에 제수되었으나 부임하기 전에 서거하였다.

○ 문천상文天祥(1236-1283)[15] : 그의 조상은 관직에 오른 사람이 없었고 부친도 일반 독서인이었다. 남송 말 보우 4년(1256)에 20세의 약관으로 601명 가운데 장원으로 급제하였다. 1276년 수도 임안(오늘날 杭州)이 원군

---

14) 毛佩琦, 1999, pp.135, 346-354

15) 毛佩琦, 1999, pp. 142-144, 355-369

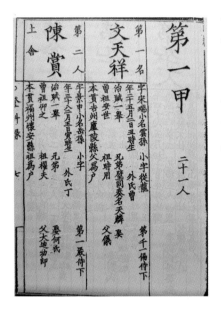

〈보우4년등과록〉, 문천상이 제1명 장원

에게 함락되자 단종(1276-1277)을 받들고 근왕군을 편성하여 대항하였으나 포로가 되어 원의 수도인 대도大都의 토굴에 감금되었다(1278). 원조의 세조 쿠빌라이칸이 그의 재능을 아껴 여러 번 벼슬을 권하였으나 끝내 거절하고 3년만에 참수되었다. 시에도 능하여 옥중에서 쓴 〈정기가正氣歌〉는 그의 투철한 민족정신과 불굴의 애국심이 구구절절 표현되어 있어, 후세의 충신과 의사들을 고무시켰다.

명대明代에는, 전시에서 장원을 정할 때 어명御名을 피하거나, 얼굴 모습이 못생겼거나, 이미 정한 장원의 이름이 마음에 안 들거나, 황제가 꾼 꿈의 내용 때문에 장원이 뒤 바뀌는 어처구니없는 일이 벌어지곤 하였다.[16] 명대의 장원은 모두 89명(부유한 가정 출신이 다수)이었는데, 그 가운데 대학사를 거친 장원은 19.1%(17명)였다. 또 전체 장원 가운데서 저지앙浙江출신 22.5%(20명), 지앙시江西출신 19.1%(17명), 지앙쑤江蘇출신 18%(16명), 푸젠福建출신 12.4%(11명)으로, 72%가 장강 이남 출신이었다.

○ 명대의 첫 장원 오백종吳伯宗(1334-1384)[17] : 지앙시江西성 금계 사람으

---

16) 黃明光, 2000, pp.78-80. 가정 23년(1544) 전시의 장원은 가정제가 원래 翟汝儼으로 정해놓았는데, 발표전 황제의 꿈에 雷聲을 들었다고 하면서 秦鳴雷로 바꾸어 발표하였다.

17) 毛佩琦, 1999, p.172; 周臘生, 2004, pp.222-226.

로, 부친은 원말 거인출신이었지만, 상학講學으로 연명하였다. 오백종은 홍무 4년(1371) 난징南京에서 거행한 향시에서 120명 합격자 가운데 해원解元으로 급제하고, 이어서 시행한 회시에서는 24등, 전시에서 장원을 하였다. 원래 전시의 결과는 곽충郭翀이 제1이었으나, 얼굴이 대단히 못생겨서 오백종을 장원으로 하였다. 명조를 개국하고 첫 장원이어서 홍무제는 대단히 기뻐하며 관복을 하사하고 일거에 예부원외외랑(정6품)으로 발탁하였다. 홍무 8년에 승상 호유용의 전횡에 굴하지 않다가 무고로 봉양에 귀양 갔다. 시무時務에 대한 상소를 올린 문장 가운데, 호유용의 전횡이 국환國患을 초래할 것이라는 내용이 홍무제를 감동시켜 다시 소환해서 관복과 초정鈔錠을 하사하였다. 관은 무영전대학사에 이르렀다.

○ 명대의 첫 삼원三元 황관黃觀(許觀, 1364-1402)[18] : 황관은 귀지(安徽省 池州) 사람으로, 부친이 빈궁하여 허 씨 집에 데릴사위로 들어갔으므로, 어려서는 모친의 성씨인 허 씨 성을 따랐다.(홍무 29년 예부우시랑, 정3품 때에 원래 성으로 회복) 그가 자라던 시기는 원말·명초의 동란기여서 원말의 학자 황후黃冔(1308-1368)의 촌숙村塾에서 공부하다가 스승이 원조를 위해 우물에 뛰어들어 순국하자 충절을 중시하게 되었고, 모옥(茅屋)을 짓고 독학하였다. 홍무 17년에 향시에 응시해서 제1명 해원으로 급제하였다. 그런데 마침 부친이 사망하여 3년 정우丁憂를 위해 다음 해 회시를 포기하였다. 홍무 23년(1390)에 거공생擧貢生(거인 자격으로 국자감에 입학)으로 국자감에 입감하였고 24년에 3월 회시와 4월 전시에서 내리 제1명으로 급제하여 명조의 첫 삼원이 되었다.[19] 당대唐代에는 "**삼십노명경, 오십소진사**三十老明經, 五十少進士"란 속언이 있었는데, 당시 황관의 나이는 겨우 만27세였다. 건

---

18) 魯威, 1990, pp.12-13; 周臘生, 2004, pp.56-58; 鄧洪波·龔抗云, 2006, 上卷, pp.517-519.

19) 그런데, 《明史》卷143, 黃觀전이나 〈選擧志〉, 商輅열전 등에는 황관이 삼원이었다는 기록이 없다. 그것은 아마도 영락제가 황관을 제명시켰기 때문일 것이다.

문 원년(1399)에는 시중으로 승진하고 방효유方孝孺와 제태(齊泰)와 함께 중용되었다.

연왕燕王이 '정난靖難의 변(1399-1402)'을 일으키면서 "문직간신文職奸臣"의 명단을 발표했는데 황관이 6번째에 올라 있었다. 건문 4년, 황관은 양쯔강 상유 각지에서 연왕 토벌을 위한 병사를 모집하면서 안경安慶에 이르렀을 때 건문제가 이미 죽고 연왕이 즉위했다는 소식을 듣고 강에 투신하였다. 당시 39세였다. 부인 옹씨와 두 딸과 가속들도 강에 투신하였다. 황관이 죽은 뒤, 영락제는 볏짚으로 황관 모양을 만들게 하여 그의 관복을 입히고 모자를 씌운 뒤에 갈기갈기 찢어서 거리에 매달게 하여 분을 표시했다. 또 황씨 구족九族이 멸족되었고 친구는 모두 감금되었으며 귀양간 사람이 100여 명이나 되었다.

○ 20일 장원 진안陳䢒20) : 푸젠福建 민현閩縣(오늘날 福州) 사람. 진안은 홍무 30년(1397)에 장원으로 급제하였다. 그런데 공교롭게도 그해에 진사 합격자 52명이 모두 남방 출신이었고, 주고관 3명도 모두 남방인이었다. 이에 북방 출신 거인들이 주고관 유삼오劉三吾가 남방출신이어서 북방출신을 배제했다고 항의하였다. 홍무제는 시독 장신張信 등 12명에게 다시 심사하도록 명령했지만, 결과는 원래 합격자를 그대로 보고하였다. 그러자 당연히 북방출신 거인들이 다시 항의하였고, 홍무제는 크게 노하여 동고관 뿐 아니라 장원으로 합격한 진안까지 처형토록 하고 유삼오는 이미 85세의 노령이었기에 사형만은 면제시키고 관직을 삭탈하고 충군充軍시켰다. 그리고 홍무제가 직접 답안지를 심사하여 한극충韓克忠 등 62 명을 합격시켰는데 모두가 북방 출신이었다. 진안은 장원에 급제한 지 겨우 20일이었다.

○ 길몽으로 삼원 급제한 상로商輅(1414-1486)21) : 상로는 저지앙浙江 순안

---

20) 周臘生, 2004, pp.230
21) 《明史》卷176, 〈商輅〉전; 魯威, 1990, pp.11-12; 周臘生, 2004, pp.246; 鄧洪波

淳安 사람으로 어려서 가정이 어려워 스승 홍사직洪士直의 집에서 지내며 학업을 익혔다. 어느 날 밤에 어떤 사람이 세 사람의 수급을 그에게 주는 꿈을 꾸고 다음날 스승에게 꿈이야기를 하니 길조라고 하였는데, 뒤에 과연 삼원 급제하였다. 그는 21세(선덕 10년, 1435)에 저지앙 향시에서 해원解元(향시 제1등)으로 급제하자, 사기충천하여 다음 해에 회시에 응시했으나 낙방하였다. 그러나 낙망하지 않고 자신의 학문이 부족함을 반성하고, 바로 국자감에 들어가(거인 자격으로 국자감에 입학한 사람을 擧監이라 함) 각고의 노력을 시작하였다. 매일매일을 그렇게 공부하면서 처음 3년을 보냈고, 두 번째 3년이 가까워 오자 제주祭主(총장) 이시면李時勉이 회시에 응시해보도록 종용하였다. 그동안의 행실로 보아 감생 가운데 가장 우수한 것을 알고 있었기 때문이다. 그러나 상로는 아직은 학업이 부족하다고 완곡하게 사양하였다. 다시 3년이 흘러, 그가 회시에 실패한 지 9년이 되었다. 상로도 이제는 충분하다고 생각하여 정통 10년(1445)의 회시에 응시하였다. 결과는 회시와 전시에 연이어 회원과 장원으로 급제하여, 명대에 두 번째 삼원 급제하였다.

상로는 처음 한림원 수찬으로 관직을 시작하였다. 정통 14년(1449)에 영종(1435-1449)이 토목보에서 오이라트족에게 포로로 잡혀간(土木堡의 變, 1449) 뒤에, 경태제(1449-1457)가 즉위하자 남경으로 천도하자는 여론이 있었으나 우겸于謙(1398-1457)과 함께 적극 반대하였다. 경태제가 8년 만에 죽고 영종이 다시 황제가 되자 복위 조서를 쓰라는 명령을 거역하여 삭탈위민削奪爲民되었다. 영종이 또 7년 만에 죽고 헌종 성화제가 즉위하자 성화 3년(1467)에 상로를 불러 입각시켰다. 그 뒤로 정상적으로 승진하면서 다양한 정책을 진언하여 헌종의 신임을 받았고, 13년에는 관직도 마지막 이부상서 근신전대학사에 올랐다. 그런데 당시 헌종은 환관 왕직汪直을

· 龔抗云, 2006, pp.645-647

총애하였고, 왕직은 특무기관인 서창西廠을 만들어 전권을 휘둘렀다. 상로는 왕직의 10대죄를 들어 두 번이나 파면할 것을 상주하였지만, 헌종은 서창만 중지시켰을 뿐 왕직의 전권은 묵인하였다. 그러자 이번에는 왕직이 상로를 무고하여 성화 18년 62세의 나이로 사직하였다. 상로가 귀향하자 왕직은 즉시 서창을 재건하고 특무활동은 극에 달하였다.

○ 아버지 덕에 장원이 된 장무수張懋修(1558-1639)[22] : 명말에 '구시재상救時宰相'으로 평가받은 내각 수보 장거정張居正(1525-1582)은 경수·사수·무수·간수·윤수·정수의 여섯 아들을 두었다. 장거정은 그 가운데 위의 세 아들에 대한 기대가 특히 커서, 유능한 인재들과 교유하도록 노력하였다. 만력 5년에 장원급제한 심무학沈懋學도 그 가운데 한 사람이었다. 그런데 명대의 대표적인 극작가로 《모란정牡丹亭》을 지은 탕현조湯顯祖(1550-1616)는 이를 거절하였으므로, 만력 5년과 8년에 연이어 낙방하다가 장거정이 죽은 후 만력 11년에야 진사가 되었다. 장거정의 큰아들 경수敬修는 만력 원년(1572) 8월에 순천부順天府(北京) 향시에 합격하였으나 다음 해 2월의 회시에서는 낙방하였다. 장거정은 대노하여 그해에 전시합격자 중에서 선발하는 서길사를 뽑지 않았다.

만력 5년 3월의 전시에서는 둘째 아들 사수嗣修가 방안(제1갑 제2)으로 합격하였다. 원래는 합격자 301명 가운데 제2갑 제2였는데 신종이 제1갑 제2로 올려주었다. 그런데 장자 경수는 사수와 함께 2월의 회시에 응시하였으나 두 번째로 낙방하였다. 만력 8년 3월, 장남 경수와 3남 무수가 나란히 진사에 합격하였다. 3남 무수는 장원이었다. 무수는 황제에게 3등으로 추천되었으나 신종이 장원으로 고쳤다. 장거정이 죽은 뒤에 전 재산을 몰수당하고 가족들은 모두 삭탈관직 당하고 유배될 때, 장자 경수는 천여 자의 혈서를 남기고 자결하였고, 무수는 우물에 뛰어들기도 하고, 단식도

---

22)　오금성, 2018, pp.230-232, 280-283, 341

하는 등 3번이나 자살을 시도하였으나 모진 생명은 끊지 못하였다. 천계 2년에 복권된 뒤에 68세의 고령으로 귀가하였다. 후대에 전하는 《문충공장태악선생문집文忠公張太岳先生文集》 46권의 절반 이상은 그가 수집한 자료이다.

청대淸代에는 112과에서 114명의 장원을 배출했다.[23] 그 가운데 가세를 알 수 있는 사람은 57명이었고, 그 가운데 관료 가정 출신이 51%(29명), 평민가정 출신 49%(28명)이었다.[24] 또 대학사에 이른 장원은 전체 장원 가운데 12.3%(14명)였다.[25]

호방 안의 수험생 모습 : 명대에는 공원貢院의 호사(號舍)마다 군대 1명이 지키고 있었다. 수험생 양수근(楊守勤)이 호방에서 졸다가 꿈에 신인이 도와주는 모습. 그 때문이었는지, 양수근은 만력 32년(1604)에 회원(會元, 회시 1등)에 이어 장원급제하였다. 毛佩琦, 《中國狀元大典》, 1999, p.535.

---

23) 순치 9년과 12년에는 만주족과 한족을 구분해서, 장원이 각 2명이었다.
24) 宋元强, 劉海峰 主編, 2006-B, p.365
25) 周臘生, 2006

○ 행운으로 얻은 장원 필원畢沅(1730-1797)[26] : 필원은 어려서 부친을 잃고 모친 밑에서 살면서, 심덕잠沈德潛에게서 금석학과 지리학을 배웠다. 건륭 18년(1753) 순천順天(北京) 향시에서 거인에 합격, 22년에 거인 신분으로 내각 중서에 임명되었다가 군기처의 군기장경群機章京에 임명되어 유지諭旨·당안檔案·주의奏議를 필사하는 일을 맡았다. 건륭 25년(1760) 3월 회시에 급제한 뒤, 4월 26일 전시를 보게 되었다. 전시의 전날 밤, 동료 저중광儲重光과 동봉童鳳 3인이 야근을 서게 되었다. 3인은 모두 다음날 전시를 준비중이었다. 저·동 2사람이 필원에게 말하기를, '**우리 두 사람은 서법書法이 좋아서 장원이 될 수도 있지만, 자네는 서법이 좋지 못하니 다른 생각하지 말고 우리 대신 수고해 주게**'라고 부탁하였고 필원이 허락하였다. 당시 청조의 관행은 전시에서 필법이 좋은 사람을 우대하는 경향이었기 때문이다. 그날 밤, 마침 산시陝西총독 황정계黃廷桂가 군기처에 〈신강둔전사의新疆屯田事宜〉에 대한 주접奏摺을 보냈는데 필원이 그 내용을 잘 읽어 두었다. 그런데 이튿날 전시의 책제가 바로 〈신강둔전사의〉였다. 필원은 얼씨구나 하고 가볍게 쓰고 나왔다. 독권관들이 대책對策들을 읽어본 결과, 필원의 답안지가 서법은 안 좋지만 내용은 대단히 깊이가 있어서 4등으로 황제에게 올렸다. 그 다음 날 건륭제가 보고 필원의 답안지를 극구 칭찬하면서 제1갑 제1명, 장원으로 올렸고, 저중광이 제2명 방안, 동봉은 제2갑 제6명으로 지정하였다. 저·동 두 사람은 전날 밤에 있었던 일을 듣고는 탄식할 수밖에 없었다.

○ 빼앗긴 장원 조익趙翼(1727-1814)[27] : 지앙쑤江蘇성 상주부常州府 양호陽湖(오늘날 武進縣) 출신이다. 3세부터 글자를 알았고 12세 때에 이미 하루에 7편의 글을 지었을만큼 총명하였다. 19세에 현학 생원이 되었고 베이징에

---

26) 趙而巽,《淸史稿》卷332,〈列傳〉119,〈畢沅〉; 毛佩琦, 1999, pp.476-486

27) 청사고 권485,〈趙翼〉전; 미야자키 이치사다(宮崎市定, 중국사연구회 역), 1992, pp.159-160.

유학하였다. 24세(건륭 15년, 1750)에 거인이 된 뒤 학관에 임명되었다가 건륭 19년에 내각중서의 직책으로 군기처에서 근무하였다. 35세 때인 건륭 26년에 전시의 제1갑 제3 탐화로 급제하여 한림원 편수에 임명되었다. 그 해의 전시에서 독권관들이 황제에게 올리는 우수 답안 10통 가운데 조익의 답안지를 1등으로 추천하였다. 그런데 건륭제가 10명의 이름 가운데 3등으로 추천된 산시陝西성 출신 왕걸王樂을 1등 장원으로 하고 조익을 오히려 3등 탐화로 정했다. 그 전 해의 전쟁 때 군마가 산시성을 통과하면서 많은 피해를 준 것을 상기하고 그에 대한 보상을 한 것이었다. 조익은 40세에 광시廣西성 진안鎭安부 지부에 취임, 창곡倉穀 담당 관리의 부정을 바로잡고 청렴한 정치를 펴자 백성들이 생사生祠를 세웠다. 44세에 광동성 광저우廣州부 지부에 임명되어 해도海盜 108명을 잡아 참형에 처하였다. 구이저우貴州성의 귀서貴西병비도로 근무하던 46세 때에 노모 봉양을 이유로 사직하고 귀향하여 저작에 몰두하는 한편 안정安定서원에서 강론하였다. 역사평론서《이십이사차기二十二史箚記》36권,《해여총고陔餘叢考》43권 등 고증학적인 중요 저작을 남겼다.

○ 중국 과거제도사에서 유일한 육수六首장원 전계錢棨(1743-1799)[28] : 지 앙쑤江蘇성 장주長洲 사람이다. 전계는 여러 번 동시에 낙방하다가 건륭 31년(1766)에야 안수案首(동시의 현시·부시·원시 3단계 모두 일등)로 생원이 되었다. 이어서 향시에 응시했으나 6번이나 낙방하다가 7번째인 건륭 45년(1780)에야 해원解元으로 향시에 급제하였고, 38세 되던 46년(1781)에 회시와 전시에서 169명 급제자 가운데 회원과 장원을 하여 청조 첫 삼원이 되었다. 전계는 중국 역사에서 유일한 육수장원이었다. 급제자를 발표하는 날 건륭제가 흥에 겨워 "**국조경백재, 춘방득삼원**國朝經百載, 春榜得三元" 이란 구절이 들어 있는 즉흥시 〈어제삼원시御製三元詩〉를 지었다. '**십전노**

28) 毛佩琦, 1999, p.219; 鄧洪波·龔抗云, 2006, 下卷, pp.1585-1586

인十全老人'의 고희古稀(그 전년)를 자축하는 의미에서, 이미 해원과 회원을 한 전계에게 장원을 준 것이었다. 관직은 처음에 한림원수찬에 제수되었지만, 그 뒤의 이력은 그리 화려하지 못하여 예부시랑으로 마쳤다.

○ 행운의 삼원 진계창陳繼昌(1791-1849)[29] : 진계창은 광시廣西성 구이린 桂林 출신으로 청대 두 번 째, 중국 최후의 3원 급제자였다. 청관淸官으로 이름난, 건륭 연간 재상 진홍모陳弘謀(1696-1771)의 증손이었다. 가경 17년(1813) 해원解元, 25년에 회원會元과 장원으로 급제하여 한림원편수에 임명되었다. 그는 회시를 볼 때 이미 병중病中이었는데 회원이라는 소식에 고무되어 겨우 전시에 응시하면서, 진사급제만 바랐는데(전시는 낙방이 없음) 장원까지 된 것이었다. 그런데 이번 시험은 전년에 처음 생긴 은과恩科여서 응시한 사람도 적었고 우수한 사람도 많지 않았다. 열권관閱卷官들이 아무리 봐도 쉽게 우열을 가릴 수 없어서 진계창을 제1갑 제2명으로 정했다. 그런데 열권관 가운데 조진용曹振鏞이, 건륭 46년(1781)의 장원 전계는 황제가 직접 '제1갑 제1명'이라고 적을 정도로 '십전노인'의 '칠십대수七十大壽'를 자축하면서 '천개문운天開文運'의 상서祥瑞라고 기뻐한 것을 상기하였다. 그래서 연로年老한 가경제를 기쁘게 하기 위해서, 이미 해원과 회원인 진계 창을 장원으로 올려 삼원으로 하자고 제안하니 다른 열권관이 동의하였다. 그래서 전계에 이어 청조 두 번째 삼원이 출현하는 어이없는 일이 일어났다. 그 때문에 **"회원천하재, 전원천하복會元天下才, 殿元天下福"**(會試의 1등은 文才가 가장 뛰어난 사람이고, 殿試의 장원은 세상에서 가장 복이 있는 사람)이란 속담이 생긴 것이다. 진계창의 관직은 지앙쑤江蘇 순무까지 지냈다.

○ 대표적인 신상紳商 장건張謇(1853-1926)[30] : 지앙쑤江蘇성 해문海門시 장 락진長樂鎮 출신으로 청말·민초의 대표적인 신상이라 할 수 있다. 부친은 농사와 소상小商을 겸업하던 가정에서 출생하였다. 장건은 15세에 생원이

---

29) 毛佩琦, 1999, p.226
30) 毛佩琦, 1999, pp.238, 524-533

捷報
貴府少大老爺張 諱 謇 恭應
殿試一甲第一名
賜進士及第
欽點翰林院修撰
報錄人王上林

장건張謇 사진과 장원급제 첩보(상하이 중국과거박물관 소장)

된 뒤 향시에 5번 낙방하다가 32세에 거인에 급제하였으나(광서 11년, 1885) 회시에는 낙방하다가 41세 때인 1894년에 장원 급제하였다. 과거시험 준비로 무려 35년을 허비한 셈이다. 청일전쟁 뒤에는 벼슬을 포기하고, 호광총독 장지동의 후원으로 지앙쑤성 난퉁南通에 대생사창(방직회사)를 설립하였는데, 이 회사는 이윤을 내는 유일한 사영 공장이었다. 1903년에 잠시 일본을 다녀온 후 열렬한 입헌주의자가 되었고, 1909년에 지앙쑤성 자의국 의장이 되었고, 중국교육회 회장을 지냈다. 신해혁명이 일어나자 손문에게 협력하여 난징南京 임시정부에서 실업부총장을 역임하였다. 후에 원세개 정부의 농상무총장을 역임하였다. 일생 동안 20여 개의 기업과 370여 개의 학교를 세웠다. 세상에서는 그를 '장원실업가'라 불렸는데, 평소 '실업구국實業救國'을 주장했던 그는 중국 방직업의 개척자로 불린다.

○ 마지막 장원 유춘림劉春霖(1872-1942)[31] : 광서 27년(1901) 8월 29일, 광서제는 신정新政의 일환으로 과거제에 대한 파격적인 상유를 발포하였다. **'명년부터 향시와 회시, 학교의 세·과 양시에서 팔고문을 폐지하고 책론을 시험보고, 무과거와 무과 동시童試를 폐지한다'**는 것이었다. 종래 말썽많던 팔고문을 폐지하고 정치와 사회의 실제문제를 출제한다는 것이다. 그 결과 1904년 4월의 마지막 은과恩科 회시와 5월의 전시에서도 나타났다. 합격자는 273명이었고, 장원 유춘림, 방안 주여진朱汝珍, 탐화 상연류商衍鎏가 뽑혔다. 합격자는 모두 일본 도쿄 법정대학에 유학하도록 권유하였다. 이때의 진사 가운데 심균유沈鈞儒는 중화인민공화국 첫 최고법원장, 담연개譚延闓는 국민정부 주석과 행정원장, 왕경王庚은 민국 시기에 중의원과 참의원 의장, 탕화룡湯化龍은 북양정부 교육총장과 중의원의장을 각각 지냈다.

유춘림은 일단 진사관進士館에 들어갔다가 도쿄 법정대학에 유학한 뒤 자정원 의원·푸젠福建 제학사·직예법정학교 감독 등을 역임하였고, 뒤에 원세개 정부 내사內史, 1937년 칠칠사변 뒤, 일본 침략군이 북경을 점령하고 위정권僞政權을 세우면서 베이징시장을 시키려 하였으나 거절하여, 격심한 고문에도 굴하지 않다가 1942년 베이징에서 사망하였다.

---

31) 劉海峰, 2004-4

제2장 과거 불운자의 향배向背

제1절 불운不運을 딛고 일어선 인재들

인간은 역사의 변화를 주도하면서 역사를 만들어 왔다. 비슷한 역사적 상황에서도 인간의 의지와 선택에 따라 다양한 결과가 나타났다. 고난은 사람을 성숙시킨다. 서양 중세 최고의 철학서적으로 평가되는 《철학의 위안》(525)은 보에티우스(?-524)의 최후의 저작인데, 안락한 집필실이 아니라 반역죄로 갇혀 처형될 때까지, 절망과 좌절을 곱씹던 감옥에서 집필하였다. 고대 로마의 사상가 세네카(기원전 4?-기원후 65)는 **"고난을 맛보지 않은 사람은 세상의 일면만 볼 뿐"**이라고 하였다.

한나라 무제(기원전 141-87) 때의 장군 이릉李陵은 보병 5천명을 이끌고 흉노 정벌에 나서서 처음에는 전과를 올렸지만, 돌아오는 길에 10배가 넘는 흉노군에게 포위되어 10여 일을 싸우다가 항복하였다. 이에 무제가 그의 가족을 멸하려 하자 사마천司馬遷(기원전 145?-91?)이 이릉의 고육지책을 변명하였다. 무제가 화가 나서 사마천을 궁형(생식기를 자르는 형벌)에 처했다. 당시로서는 사형보다 더 한 치욕이었지만, 사마천은 이를 전화위복으로 생각하여 《사기》저술에 몰두하였다. 사마천은 〈임안에게 보낸 편지〉에서 '**극형을 받으면서도 살아남은 것은 이 책을 끝까지 완성하고 싶었기 때문이오**'라고 하였다. 《사기》는 이렇게 처절한 여건에서 탄생하여 불후의 명저가 되었다.

중국의 과거제 1300년의 역사를 보면, 과거 응시자의 절대다수는 불운을 맛보았다. 이들 가운데 대부분은 자기 몸을 해하는 것으로 끝났지만, 하나의 왕조가 멸망하는 배경에 과거 불운자가 큰 역할을 한 사례도 있었다.

한평생 과거시험에 응시해서 만년에야 비로소 급제한 사람도 있다. 당나라 소종 천복 원년(901)에 급제한 조송曹松·왕희우王希羽 등 5명의 진사는 모두 70세가 넘은 노인이었다. 이들의 급제는 그들이 평생 과거시험에 매달려 온 것을 측은히 여겨 특별히 급제시킨 것이어서 그나마 다행이었다.

여러 면에서 뛰어난 성과를 거두어 역사에 기록된 인물들은 오히려 과거에 여러 번 낙방한 후에야 감연히 거업擧業(과거시험 공부)을 포기하고 자기의 재능을 살린 사람들이었다. 당대唐代에 한유·이고李翺·이상은李商隱 등은 여러 번 낙방했고, 한유의 재전再傳 제자이고 고문의 대가였던 손초孫樵는 10번이나 낙방했다. 당 말의 시인 정곡鄭谷은 16번이나 응시하였고, 한악韓偓은 24년이나 응시하였다. 당대 최고의 시인 이백과 두보, 송대의 시인 육유陸游와 사인詞人 신기질辛棄疾, 원대의 위대한 희극작가 관한경關漢卿·왕실보王實甫 등도 과거와는 거리가 멀었다.

《본초강목本草綱目》을 남긴 이시진李時珍(1518-1593), 《삼국지연의》를 남긴 나관중, 《수호전》을 남긴 시내암, 《서유기西遊記》를 남긴 오승은, 《요재지이》를 남긴 포송령, 《유림외사》를 남긴 오경재, 《홍루몽紅樓夢》을 남긴 조설근曹雪芹 등도 과갑출신이 아니었다.

명·청교체기에 3대 학자이자 사상가인 고염무(1613-1682)·황종희(1610-1695)·왕부지(1619-1692) 역시 거업의 길을 걷지 않았다. 그들은 과거제와 팔고문의 폐해를 통렬하게 비판하면서 실학과 경세학 연구를 제창하였는데, 이러한 학문은 청대·건륭 가경 연간에 고증학파의 원류가 되었다.

명 말의 화가 문징명文徵明은 향시에 10회나 낙방하였고, 그의 증손으로 명말에 문명文名을 떨친 문진맹文震孟은 11회 만에 회시에 합격하였다. 명말에 《만력야획편萬曆野獲編》을 남긴 심덕부沈德符(1578~1642)는 생원시절에 세시와 과고를 30여 회나 치렀고 68세에야 겨우 진사가 되었다. 청 중엽의 포세신包世臣은 향시를 6회 만에 합격하였고, 회시는 13회 째에야 겨우 합격하였는데 나이가 이미 61세였다.[1]

'**호랑이는 죽으면 가죽을 남기고 사람은 죽으면 이름을 남긴다**'는 속담이 있다. 당대의 유종원柳宗元·이상은李商隱, 명대의 송응성宋應星·탕현조湯顯祖 등은 과거에 급제한 뒤에 관료 생활은 순탄치 못했다. 그러나 그것을 극복하고 재능을 살려서 문화나 과기科技 영역에서 뛰어난 결과를 발휘하였다. 황병기(1936-2018)와 최희준(1936-2018) 두 사람은 서울대학교 법과대학 동기동창이고 동갑으로 같은 해에 생을 마감하였다. 만일 그들이 자기 전공을 살렸다면 아마도 평범한 변호사로 마쳤을 것이다. 그러나 자기의 재능을 살린 결과 '한국의 별'로 마감하였다.

○ 두보杜甫(712-770)[2] : 두보는 중국 최고의 시인으로 대략 1천5백여 수를 지었다. 시성詩聖으로 불렸으며, 이백과 병칭하여 이두李杜라고 일컫는다. 소년 시기에는 가정도 부유했고 영민해서 7세에 이미 시를 지었다. 개원 24년(736)에 향공鄕貢으로 진사 시험에 응시했으나 낙방하였다. 세상을 주

---

1) 范金民, 〈明淸江南進士數量·地域分布及其特色分析〉, 《南京大學學報》哲社版 1997-2; 夏維中·范金民, 〈明淸江南進士硏究之二−人數衆多的原因分析−〉, 《歷史檔案》 1997-4; 楊國强, 1997, pp.4-5 참조

2) 진정(金諍 지음, 김효민 역), 2003, p.142

유하다가 천보 6년(747)에 제과制科에 응시했으나, 재상 이림보李林甫의 사기극으로 응시자 전원이 낙방하였다. 그 뒤 10년 동안 장안에서 어렵게 지내면서, **"아침엔 부자집 문 두드리고, 저녁엔 고관이 탄 말 먼지 뒤집어쓰네, 먹다 남은 술과 안주로 배를 채우니, 어딜 가나 신산한 마음 뿐"**[3]이란 시귀처럼, 사방에 시문詩文을 바치며 청탁하였지만 효과는 없었다. 천보 14년(755) 10월에야 겨우 고향 봉선현에 돌아와 보니, **"문에 들어서자 들리는 통곡소리, 어린 아들은 이미 굶어 죽었다."**[4]

○ 한유韓愈(768-824)[5] : 당나라 때의 정치가·사상가·시인·문장가로 하양河陽(허난성 南陽) 출신이다. 선조가 창려昌黎(요녕성 錦州)에 살았으므로 '한창려'라 부르기도 했다. 한유는 관인집안에서 태어났으나, 태어난 지 얼마 안 되어 어머니를 잃었고, 3세 때에 아버지를, 14세에 형 한회韓會를 잃고 형수 밑에서 자랐다. 7세 때부터 독서를 시작하여 13세 때부터 문장에 재능을 보였다. 19세부터 21세까지 향공鄕貢 자격으로 진사과에 응시했으나, 세 번 연이어 낙방하였다.[6] 그러다가 25세(정원 8년, 792)에야 4번째에 진사과에 합격했다. 당시로서는 25세도 빠른 것이었다. 그러나 그 다음 해에 박학굉사과에 응시했으나 연속 3년 낙방하였다. 그 기간 동안에 세 번이나 재상에게 글을 올렸으나 모두 회답을 얻지 못하였다.

10년을 장안에서 **'백의진사白衣進士'**로 보내다가 29세 되던 정원 11년(795)에 선무절도사 장건봉의 막료(觀察推官)가 되어 3년 동안 근무하였다. 이 시기에 시인 맹교孟郊와 교분을 맺었고, 이고李翶와 장적(張籍)이 그 문하에 들어왔다. 33세 되던 정원 16년(800)에 장안에서 4번째 이부 전선銓選에 참가

---

3) 《杜詩詳註》卷1,〈奉贈韋左丞丈二十二韻〉

4) 《杜詩詳註》卷4,〈自京赴奉先縣咏懷五百字〉

5) 張昭遠 等,《舊唐書》卷160,〈韓愈傳〉; 卞孝萱·張淸華·閻琦,《韓愈評傳》, 南京, 南京大學出版社, 1998; 呂大防 等,《韓愈年譜》, 北京, 中華書局, 1991.

6) 韓愈,《昌黎文集》卷16,〈上宰相書〉에 "四擧于禮部乃得一, 三選于吏部卒無成"

하여 통과되었고, 35세에 국자감의 사문박사(四門博士)에 임명되었다. 정원 19년에 감찰어사로 승진되었는데, 당시 관중지역에 큰 가뭄이 들어 백성이 굶어죽거나 사방으로 유산하였다. 그런데 경조윤京兆尹(장안의 행정 담당자) 이실李實은 오히려 관중에 풍년이 들어 백성이 안거락업安居樂業하고 있다고 보고하였다. 한유는 발분하여 〈논천한인기장論天旱人饑狀〉 상소를 올렸다 가 이실의 참소로 연주連州(광동성 연주시) 양산陽山 현령으로 좌천되었다. 한 유는 그 뒤 국자감 제주祭主·경조윤京兆尹·이부시랑 등을 역임하였는데, 불교를 반대하다가 박해를 받아 지방을 전전하였다. 그는 문장가로서 당시 유행하던 화려한 형식의 변려騈儷체를 배격하고 고문古文(한대 이전의 자유로 운 형식을 중시하는 산문체)운동의 제창자로, 당대의 유종원, 송대의 소순·소 식·소철·왕안석·구양수(1007-1072)·증공과 더불어 당송팔대가唐宋八大家 로 불린다.

○ 온정균溫庭筠(812-870)[7] : 산시山西성 병주并州(太原) 출신으로, 당 태종 연간의 재상 온언박溫彦博의 후손이다. 문재文才가 뛰어나 이상은과 함께 '온이溫李'로 불렸고, 과거시험장에서 초안도 잡지 않고 팔짱을 8번 끼는 시 간에 8운八韻의 부賦를 지었다고 하여 온팔차溫八叉라 불렸다. 그러나 평소 에 소행이 단정치 못하고 반권력적인 행동이 많았으므로 재상에게 미움을 받아 매번 낙방하였고 끝내 급제는 못해서 생활이 대단히 어려웠다. 그 때 문에 과거시험장에서 남을 위해 대리시험을 봐주고 사례금을 받아서 창수 槍手(代打를 말함)라고 불렸고 선종 대중 9년(855)에는 시험장에서 쫓겨나기 도 하였다. 벼슬은 현위縣尉·절도사부관을 거쳐 국자감 조교로 마쳤다. 사 詞의 작가로도 유명하여, 당시 유행가요였던 '사詞'를 서정시의 위치로 끌어 올리는 데에 많은 공적을 남겼다는 평가를 받는다.

○ 소순蘇洵(1009-1066)과 삼소三蘇[8] : 당송8대가의 한 사람인 소순은 쓰촨

---

7) 村上哲見, 1980, pp.190-197

8) 陳曉芬, 《蘇洵》, 北京, 中國商務出版社, 1998, pp.1—22; 진정(金諍 지음, 김효민

四川성 미산眉山현의 부유한 가정에서 태어났으나, 부친은 문맹이었고 형은 진사급제하여 임관하였다. 그러나 본인은 독서를 싫어해서 사방을 주유하였다. 27세에야 비로소 발분하여 열심히 공부한 뒤, 경우 4년(1037)에 29세의 나이로 과거에 도전하였으나 낙방하였고, 38세 되던 경력 6년(1046)에 제과制科에 응시했으나 또 낙방하였다. 이에 크게 낙심하여 〈광사廣士〉라는 글을 남겼는데, **'단지 시험 한 가지 잣대만으로 인재를 평가하는 것은 잘못'**이라고 지적하였다. 48세 되던 가우 원년(1056)에 10여 인 가족을 남겨둔 채, 소식(1037-1101)·소철(1039-1112) 두 아들을 데리고 수도인 변경汴京으로 온 뒤, 형제가 개봉의 향시에 급제하고,[9] 다음 해 성시(구양수가 지공거였음)와 전시에 형제(소식 21세 제2명, 소철 19세 제5명)가 모두 진사 급제하였다. 소순은 감개무량하여, **"과거 급제가 쉽다고 하지 마오, 이 늙은이에게는 하늘에 오르는 것 같은 걸. 과거 급제가 어렵다고도 하지 마오, 아들놈들에게는 티끌을 줍는 것 같은 걸"**이라는 자조섞인 시를 남겼다. 두 아들 덕분에 한을 푼 기쁨과 자부심, 자신은 평생 뜻을 이루지 못한 쓰라림을 기막히게 표현하였다. 가우 3년(1058)에는 인종이 소순을 불렀으나 병을 핑계로 가지 않았다. 그러는 사이에 가산을 모두 탕진하였다. 가우 5년(1060)에야 한기韓琦의 추천으로 비서성 교서랑이 되었다.

○ 육유陸游(1125-1210)[10] : 남송 최고의 시인이다. 소흥 10년(1140)에 이부의 음보시험에 낙방하였고, 3년 뒤에 진사시험에 재차 낙방했다. 그러자 육유의 모친은 신혼기에 부부의 정이 깊었던 부인 당 씨를 꾸짖어 결국 이혼할 수밖에 없었고, 이 일은 육유의 평생 한이 되었다. 소흥 24년에도 진사시험에 응시했으나 미봉과 등록제를 무시하고 개입한 재상 진회秦檜의 간섭

역), 2003, pp.208, 211-212; 村上哲見, 1980, pp.168-171.

9) 본적지의 주에서 해시에 응시해야 되지만 기응(寄應, 타지에서 해시에 응시하는 것)하는 사례도 많았다.

10) 진정(金諍 지음, 김효민 역), 2003, pp.213-214

때문에 낙방하였다. 뒤에 육유가 '소이백小李白'이란 명성을 얻고 진회가 죽은 뒤인 38세(소흥 32년, 1162)가 되어서야 효종으로부터 진사출신 자격을 얻었다.

○ 오승은吳承恩(500-1582)[11] : 명대의 소설가로 회안(江蘇 淮安) 출신이다. 조부와 부친이 학관을 지내다 몰락하여 상업을 하던 집안에 서출庶出로 출생하였고 가정은 매우 빈곤하였다. 오승은은 어려서부터 대단히 총명하고 다재다능하여, 사숙私塾에 다닐 때는 신동으로 알려졌고 동시童試에 1등으로 합격하여 부학府學의 생원이 되었다. 세간에서는 '오승은이 과거에 합격하는 것은 일도 아니다'는 평판을 들었지만 과거시험에는 운이 없었다. 27세에 호부상서 엽기葉琪의 증손녀와 결혼하였고(가정 6년, 1527), 1529년에는 회안지부 갈목葛木이 세운 용계龍溪서원에서 독서하였다.

31세 되던 가을(가정 10년, 1531)에 학우들과 함께 배를 타고 난징에 가서 향시에 응시했으나 낙방하였고, 그 뒤에도 여러 번 낙방하였다. 거듭되는 낙방에 크게 실망하여 과거시험에 대한 불만이 팽배해갔다. 부친이 사망(가정 11년)한 뒤에는 가정을 책임져야 했지만 그에게는 그런 능력과 수단이 없었다. 겨우 매월 학교에서 지급하는 쌀 6두 외에 부친의 유산 약간이 있을 뿐이었다. 50세 때(1550)에야 회안淮安부 세공생으로 베이징北京 국자감에 들어가게 되어 관직을 알아봤으나 길이 없었고, 그나마 난징南京 국자감에서 독서하도록 배정되어, 10여년 동안 난징 국자감에서 학습하면서 문장을 팔아 연명하였다.

60세가 되어서야(1560) 대신大臣 이춘방李春芳(1510-1584)의 도움으로 저지앙浙江성 장흥長興현 현승(부현장, 정8품, 1년 녹봉 70-80석)에 임명되었으나 1년 반 남짓 근무할 때 그곳 부호로부터 부세 징수로 법을 어겼다는 모함을 받아 파직되었다. 사건은 곧 무혐으로 판명되었으나 관료사회의 부패에

---

11) 肖振才,《江南貢院》, 2007, pp.175-180,〈累試不第的神話之父吳承恩〉.

적응하지 못하고 실망하여 사임하고 회안으로 돌아왔다. 그 뒤 후광湖廣성 형왕부荊王府 교사(隆慶 2年, 1568)로 있다가 2년 만에 늙고 병들어 귀향하였다.

오승은이 지었다고 전해지는《서유기》에서는, 주인공 손오공(바위에서 태어난 원숭이)이 수십 가지의 변신술을 자유자재로 부리고, 근두운을 타고 10만 8천리를 단숨에 날아가기도 하며, 갖가지 무기도 자유자재로 쓸 수 있고, 상대방의 마음도 훤히 꿰뚫어보면서 수많은 악한과 요괴를 물리친다. 말하자면 강한 자를 무찔러 약자를 돕고(抑强扶弱), 악을 몰아내고 선이 이기도록 하는, '권선징악勸善懲惡'으로 독자들에게 대리 만족을 얻게 하는 소설이다. 손오공이 물리치는 악한과 요괴들은 당시에 부정부패와 고리대를 일삼던 관리나 통치계층을 상징한다는 해석도 있다. 오승은이 살던 명대明代 중기의 사회는 황제들(효종→무종→세종→목종→신종)이 정사를 게을리 하는 틈을 타서, 관료와 신사가 부정부패를 일삼아서 빈부의 격차가 심화되었고, 백성들은 고통으로 신음하다가 고향을 등지고 도망하기도 하고 대규모로 반란을 일으키기도 하였다. 특히 가정제(1521-1566)는 엄숭嚴嵩(1480-1567)같은 간신에게 대권을 맡겨 온갖 전횡을 일삼게 하였다. 이러한 시기에 손오공이 보여준 통쾌한 활약은, 힘이 없어 괴로움에 시달리는 백성들의 소망을 대변하는 것이었고, 오승은도 자신의 일생에서 이룰 수 없었던 꿈에 대한 갈망을 담아 서유기를 창작한 것이라 할 수 있다.

○ 이시진李時珍(1518-1593)[12] : 후광湖廣성 황저우黃州부 기주蘄州(湖北省 蘄春) 출신으로, 대대로 의약을 전업하는 가정에서 태어났다. 그런데 당시 사회에서는 의생醫生의 사회적 지위는 매우 낮았다. 그래서 의술이 뛰어났던 아버지 이언문李言聞도 이시진이 거업擧業(과거시험 공부)을 하도록 권유하였다. 이시진은 어려서부터 총명하여, 14살 때에 동시에 합격하여 생원이 되었

---

12) 張廷玉,《明史》卷299,〈李時珍〉傳.

다. 그러나 팔고문에는 흥미가 없었고 《시경》이나 《이아爾雅》에 나오는 새나 곤충에 관한 내용 혹은 의학서적을 주로 읽었다. 더구나 향시에 3번이나 낙방하자 과거시험을 포기하고 의학 공부에 매진하였다. 아버지는 낙심치 말고 계속하라고 권유하였지만, 그는 오히려 아버지의 처방전을 써주거나 산으로 돌아다니며 열심히 약초를 채집하였다.

이시진이 28세되던 해(가정 24년, 1545)에, 기주 일대에 큰 홍수가 나고 전염병이 돌았다. 이시진은 이때를 이용해서 가난한 백성들을 돕고 의술도 배울 겸 약통을 메고 돌아다니며 병을 고쳐주었다. 그 뒤에도 의술 공부를 열심히 한 결과 후광湖廣성 일대에 명의로 알려졌고, 37세에는 초楚 왕부에 초청되었다. 이 시기에 초 왕부와 부근 부호의 집에서 역대 의약서적을 빌려보면서 의학 지식을 쌓았다. 그 후 중앙 태의원太醫院에 태의로 추천되어 명의들과 교류하면서 더 많은 의학 서적들을 볼 수 있었다.

그런데 태의원에서는 자신의 뜻을 크게 펼칠 수 없다고 생각되어 1년 만에 병을 핑계로 귀향해서 백성의 진료를 하는 한편 약초를 캐고 표본을 수집하였다. 그가 밟은 땅은 후광湖廣·허베이河北·허난河南·지앙시江西·안후이安徽·지앙쑤江蘇 등 광대한 지역이었고, 천주봉·모산·무당산 등 높은 산에도 올라갔고, 800여 종의 문헌을 참고하였다. 이렇게 27년에 걸쳐 원고를 세 번씩 고치는 노력 끝에 《본초강목本草綱目》(만력6년, 1578)을 완성하고 18년 뒤인 1596년에 금능(南京)에서 간행되었다. 총 52권, 1천8백92종의 약재와 1만여 개의 처방을 기록하고, 각종 약재의 형태·효능·원산지·재배법·약 달이는 방법 등에 대하여 자세한 설명을 달았고, 이를 1천여 개의 그림으로 표시하였으며 이전 기록의 착오도 많이 바로 잡았다. 《본초강목》은 의약뿐 아니라 생물학·화학·광물학·지질학·천문학 등에 대해서도 공헌하였으므로 《백과전서》라고 불릴 만하고, 명말·청초의 경세실용학을 대표하는 서적이다.

○ 애남영艾南英(1583~1646)[13] : 명 말의 고문가인 애남영은 부친이 병부주사를 지낸 관료집안에서 태어났을 뿐 아니라 어려서부터 총명하고 학문을 좋아해서 7세에 벌써 〈죽림칠현론竹林七賢論〉을 지었다. 생원이 된 뒤에 구양수의 문장을 좋아하고 희극대가인 탕현조湯顯祖에게 사사하고 장세순張世純·나만조羅萬藻·진제태陳際泰 등과 함께 팔고문의 개혁에 노력하여 '임천사재자臨川四才子'로 불렸다. 그는 40세를 넘긴 천계 4년(1624)에야 거인이 되었는데, 다음 해 봄에 회시를 볼 때 주고관 정건학丁乾學이 출제한 문제 가운데 환관 위충현魏忠賢을 비난하는 문제가 있었고 당연히 그의 답안도 위충현을 비난하는 내용이 있었다. 이를 안 위충현이 대노하여 주고관은 관직을 삭탈하고 애남영은 3회의 과거시험을 금지시켰다. 숭정제가 즉위(1627)하면서 위충현은 자결하고 애남영은 회시에 참가 허락을 받았으나 몇 번이나 낙방하였다. 숭정 17년(1644)에 명이 망하자 애남영은 나천왕羅川王의 초청을 받고 항청기병抗淸起兵하였다. 뒤에 지앙시江西 지방이 청군에게 점령되자 푸젠福建의 복주福州에서 기병한 남명南明의 당왕唐王 정부의 병부주사와 감찰어사에 올랐다가 1646년에 연평延平에서 죽었다. 청조의 땅에 묻지 말라는 그의 유언에 따라 관을 나무 위에 놓았다.

○ 서홍조徐弘祖(1587~1641)[14] : 호號가 하객霞客이어서 서하객으로 더 알려져 있다. 남직예(南直隸)의 강음(江蘇省 江陰市)의 부유한 가정에서 출생하였다. 조상은 모두 독서인이었지만, 부친 서유면徐有勉은 공명에는 관심이 없고 산천 유람을 좋아하였다. 서하객도 어려서는 글 읽기를 좋아하여 책을 많이 읽었지만 주로 지경도지地經圖志를 읽었고 여행에 큰 뜻을 품고 있었다. 15세(만력 29년, 1601)에 동시에 응시했으나 낙방하였다. 부친은 서하객이 공명에 뜻이 없음을 알고 다시는 거업을 권하지 않았고, 오히려 책을 널

---

13) 張廷玉,《明史》卷288,〈艾南英〉傳.

14) 丁文江,《徐霞客先生年譜》, 王雲五 主編, 國學基本叢書, 商務印書館, 徐霞客遊記 附錄, 臺北, 1968.

리 읽도록 권유하였고, 본인도 열심히 책을 수집하여 읽었다. 19세 때에 부친이 죽었으나, 모친도 활달하여 서하객의 여행을 만류하지 않았다. 서하객은 22세(1608)에 여행을 시작하여 55세에 눈을 감을 때까지 30여 년 동안 동서남북 21개 성省 지역을 여행하였다. 산으로는 황산黃山·북방의 숭산嵩山·오대산·화산華山·항산恒山 등 명산에 올랐다.

서하객은 여행으로 얻은 자료를 일기 형식으로 남겼는데, 그가 죽은 다음 해에 다른 사람이 그의 글을 모아 《서하객유기徐霞客遊記》(10卷·12卷·20卷 본이 있음)로 출간하였다. 내용은 각 지역의 산천의 모습·풍토와 인정 등 다양한 현상·인문·지리·동식물 등을 자세히 기록하였다. 그 가운데 특기할 점은 먼저 양쯔강·상강湘江 등 중국의 중요한 강의 원류를 밝혀서, 《대명일통지大明一統志》의 오류를 바로 잡은 점이다.[15] 또한 세계 최초로 석회암의 변성을 과학적으로 연구하여, 종유석은 석회암이 녹은 물의 결정임을 밝혔다. 그리고 화산과 온천 등 지열 현상, 기후의 변화와 지형의 고도에 따라 식물 군락이 변화되는 자연 현상 등을 연구하였다. 그 밖에도 각지의 농업·수공업·교통상황, 명승고적, 소수민족의 취락 분포·풍토·인정·토사土司 사이의 전쟁·토지겸병 등에 대해서도 자세하게 기록하였다. 이러한 내용은 정사正史에는 없는, 대단히 귀중한 역사학·민족학적 자료이다. 서하객은 명대의 걸출한 지리학가·여행가·문학가로 일컬어지고, 《서하객유기》는 명말의 정치·경제·사회·종교, 여유학旅遊學·지학地學·문학·문화·경제 내지 동식물 생태 등 다양한 면에서 중요한 가치를 가진 '백과전서'로 평가된다.

○ 송응성(宋應星, 1587-1666)[16] : 지앙시江西성 펑신奉新현 출신, 종조부 송경(宋景)은 도찰원 좌도어사를 지냈고 자손 가운데 여러 명의 진사와 거인

---

15) 양쯔강의 원류는 《우공》禹貢에서는 "岷山導江"으로 기록하고 있으나 금사강金沙江의 발원지가 장강의 원류라고 바로잡았다.

16) 宋應星, 《天工開物》(崔炷 譯註), 傳統文化社, 1997, 〈책의 풀이〉.

도 배출하였다. 그러나 송응성이 자랄 때에는 가정이 쇠락하여, 형과 함께 작은 할아버지가 운영하는 가숙家塾에서 수학하였다. 29세(만력 43년, 1615)에 형과 함께 향시에 응시하여 1만여 명의 응시 생원 가운데 109명이 합격하였는데, 3등(형은 6등)이었다. 그러나 그 뒤 숭정(1628-1644) 초년까지 회시에 번번이 낙방하자 거업을 포기하였다. 숭정 4년(1631)에는 저지앙浙江성 동향桐鄕현 지현에 임명되었으나 노모 봉양을 위해 귀향하였고, 숭정 8년에는 미입류관未入流官인 지앙시성 분의分宜현 교유에 임명되었다. 그곳에서 근무하는 4년 동안 실로 불후의 명작《천공개물天工開物》(3권, 1637) 등 그의 중요한 저작이 이루어졌다. 교유는 지방 유학의 교사이지만, 당시에는 수업을 하는 일은 별로 없었기 때문에 아마도 시간을 내기가 쉬웠기 때문일 것이다. 숭정 10년에는 푸젠福建성 정주汀洲부 추관에 임명되었다가 4년 만에 귀향하였고, 1643년에는 안후이安徽성 호주亳州 지주에 임명되었으나 다음 해에 명이 망하면서 귀향하여 은둔생활을 하였다.

《천공개물》은 중국 최초의 농업과 수공업에 대한 유일한 백과전서라 할 수 있는 명저이다. 생산현장을 몸소 체험하고, 고금 도서를 광범하게 섭렵하고, 다양한 견문을 통해 당시의 산업 전반에 걸쳐 도판을 넣고 해설을 붙인 책이다. 그런데도 명말·청초는 동란기여서 학계의 주목을 끌지 못하여, 송응성의 이름은《명사》에도 빠져 있고, 중국의 중요한 서적이 망라된《사고전서四庫全書》에도 포함되지 못할 만큼 거의 300여 년 동안 잊혀졌다가 1920년대에야 처음으로 알려졌다.

○ 포송령蒲松齡(1640-1715)[17]: 산동성 치천현(現 山東省 淄博市 淄川区) 출신으로, 조상은 대대로 관직에 나아간 명문 가정이었지만 점차 쇠락하자, 부친 포반浦槃은 유학을 버리고 상업에 종사하였다. 포송령은 그의 네 아들

---

17) Hummel, Arthur, W., *Eminent Chinese of the Ch'ing Period*(《清代名人傳略》), 成文出版社, 臺北, 1970 pp.628-630; 김혜경, 《요재지이》(聊齋志異 - 꿈과 진실의 파노라마 (동양의 고전을 읽는다), 2006, 휴머니스트

가운데 셋째로, 어려서부터 경사經史를 한 번 들으면 전혀 막힘이 없던 수재였다. 19세에 동시에 응시하여 안수案首(縣試·府試·院試 모두 수석)로 통과하여 생원이 되었다. 이때 원시院試를 주관하던 학정 시윤장施潤章(1619-1683, 詩人)은 **"붓끝에 신기神氣가 어리고 글에서는 기이한 향내가 난다"**는 찬사를 하였다고 한다. 그러나 거기까지였다. 그 뒤 7번이나 향시에 낙방한 끝에 51세에 이르러 포기하였다. 22세 때에 같은 현의 명문가의 딸 유 씨와 결혼하였다. 그러나 가난 속에서 호구지책으로, 31살 때에는 1년 동안 같은 현 출신으로 양주揚州부 보응寶應현 지현이던 손혜孫蕙의 막우幕友를 지냈다. 그 나머지는 같은 현의 필제유畢際有의 집에서 30년 동안이나 숙사塾師로 살다가 70세에 집에 돌아왔다. 71세에 국자감의 공생貢生이 되었지만 곤궁한 생활은 여전하였고, 외롭고 고단하게 살다가 76살에 병사하였다.

포송령은 과거의 불운을 딛고, 문언체 단편소설인 《요재지이聊齋志異》(491편, 사후 51년 만인 1766년에 간행) 외에 장편소설 《성세인연전醒世姻緣傳》·《요재문집聊齋文集》·《요재시집聊齋詩集》, 《농상경農桑經》·《약수서藥祟書》·《일용속자日用俗字》등 많은 저작을 남겼다. 그의 대표작인 《요재지이》의 서문에는 숙사塾師 시절의 고단했던 심경이 다음과 같이 표현되어 있다.

"적막한 깊은 밤 온기도 없는 서재에 앉았노라면 등잔불은 희미하게 깜빡거리고 책상은 얼음처럼 차가웠다. … 겁도 없이 〈유명록幽明錄〉[18] 속편을 써 보려 하였지만, 혼자서 술잔에 의지하며 붓을 놀리다 보니 〈고분지서孤憤之書〉[19]가 되고 말았구나. 사대부의 심경을 이런 글에나 맡기고 말았으니 슬프기만 하구나!"

---

18) 육조시대 지괴문학(설화의 명칭으로 귀신, 인물 야담, 전설, 불교와 도교의 종교 설화 등을 담은 이야기)의 대표작이다.

19) 孤憤은 《한비자》(韓非子)의 한 편명. 세속과 타협하지 않는 고고함에서 생기는 고독과 분노·개탄을 담고 있다.

《요재지이》의 내용은 민간 설화를 소재로 한 귀신·요괴 등 환상적인 요소가 많은데, 실제로는 그것을 통하여 사회현실을 비판한 것이었다. 억울한 백성의 원한을 풀어주는 현명한 관료가 있고, 전통의 굴레 아래서도 꿋꿋이 자신의 삶을 개척하는 여걸들도 있으며, 세속에 물들지 않고 신의를 지키는 기인奇人에 대한 작품도 있다. 또 윤리 도덕·효행·형제간의 우애·친구간의 의리 등을 현창하는 내용도 있고, 부패한 관료들에게 핍박당하는 백성의 고통을 통렬하게 고발했다. 만주족의 만행을 묘사했고, 금전으로 모든 가치가 좌우되는 염량세태를 풍자했다.

그리고 〈가봉치賈奉雉〉·〈고폐사考弊司〉·〈석방평席方平〉·〈삼생三生〉·〈묘생苗生〉[20]·〈가평공자嘉平公子〉·〈엽생葉生〉·〈왕자안王子安〉·〈사문랑司文郎〉·〈우거악于去惡〉 등에서는 과거제, 특히 향시를 신랄하게 비판하였다. 〈왕자안〉에서는 과거시험에 번번이 낙방한 사람의 심정을 잘 묘사하고 있다. 그러나 포송령의 문학작품은, **'인생의 역경은 그저 실패로 끝나는 것만은 아니고, 진정한 승리와 성공의 계기가 될 수도 있다'**는 점을 일깨워 준다는 평가도 있다.

○ 오경재吳敬梓(1701-1754)[21] : 오경재는 안후이安徽성 전초全椒현 출신으로 오랫동안 난징에서 살다가 지앙쑤江蘇성의 양저우楊州에서 죽었다. 증조부 시기에 5명의 형제 가운데 4명이 진사에 급제하였고, 조부와 부친도 관직을 지낸 명문 신사 가문 출신이다. 유년시절에는 생활이 넉넉하였고 총명하였지만, 13세에 모친을 잃었다. 23세 때 생원에 합격하였지만 그해에 부친이 작고하였다. 그는 결혼을 하고도 가업에 힘쓰지도 않았고 부친의 권

---

20) 향시를 보고 시험에 자신이 있는 몇 사람이 華山에 올라 각기 자기가 지은 팔고문을 암송하는 모습을 본 묘생은 역겨워서 호랑이로 변하여 글 잘짓는 한 둘을 제외하고 모두 죽여버렸다는 내용이다. 팔고취사에 대한 포송령의 절치부심하는 생각을 엿볼 수 있다.

21) 龔廷明, 2011; 朴敏洙, 2009; 曺秉漢, 1987

고도 늘지 않고 팔고문 공부를 싫어하고 오히려 시詩·사詞·곡曲에 심취하였으므로 향시에 여러 번 낙방하였다. 부친이 죽은 뒤 일족이 재산 다툼을 하는 것을 보고 실망하여 가난한 사람들에게 재산을 나눠주기도 하였다. 33세 되던 옹정 11년(1733) 봄에 고향을 떠나 난징의 유흥가 진회秦淮 강변의 수정水亭에 문목산방文木山房이라는 서재를 지어놓고 살면서 문사들과 교류하며 가산을 탕진하였다. 36세(건륭 원년, 1736)에는 박학홍사과에 추천을 받았으나 병을 구실로 응시하지 않았다. 거업에도 뜻을 거두어, 만년에 생원 자격마저 자진 반납하였다. 건륭 16년(1751)에는 건륭제가 첫 번째 남순하면서 난징에 들렀다. 이때 신사를 초대하였는데 신사들이 다투어 헌시獻詩하여 황제의 눈에 들려 하였지만 오경재는 오히려 피하고 말았다.

50세 쯤에 과거제를 둘러싼 비리를 통렬히 비판한 풍자소설《유림외사》를 완성하였는데, 쑤저우蘇州·항저우杭州의 도시 풍경도 생생하게 묘사하였고, 24회부터는 난징의 산수를 생동감 있게 묘사하고 있다. 시기로는 명조 성화 23년(1487)부터 만력 23년(1595)까지 난징에서 발생한 사실을 적어 놓았다. 그 내용은 물론 사실은 아니지만, 내성문內城門 13좌, 외성문 18좌 등 실제로는 오경재가 살았던 당시의 난징의 사실을 적은 것이다.

《유림외사》제1회에 나오는 왕면王冕은 오경재의 이상을 반영한 긍정적인 인물로 평가된다. 이곳에서 왕면의 입을 빌려서, **"이 제도는 잘못된 것입니다. 장차 독서인들에게 이런 영달의 길이 열리면 지식·덕행·출사·은퇴를 모두 가벼이 여길 것입니다"**라고 팔고문을 비판하고 있다. 《유림외사》제2·3회에 소개된 늙은 동생 주진周進은 60세가 넘도록 생원도 못되고, 사숙私塾의 교사로 연명하는 처지였다. 어느날 친구들과 함께 성도省都에 가서 공원貢院을 둘러보았는데 호사號舍에 들어갔다가 비참한 심정에 호판號板에 머리를 박고는 기절해버렸다. 이에 여러 사람이 돈을 거두어 감생 자격을 얻어 주었다. 주진은 그 뒤 거인에 합격하고 진사에도 합격하여 학정이 되었다고 되어 있다.

《유림외사》제13-15회에 나오는 마이馬二(마순상. 오경재의 好友)선생은 번번이 향시에 낙방하여 24년을 늘선생으로 지내면서 팔고문에 묻혀 살았다. 제25회에 나오는 예상봉倪霜峯은 20세에 생원이 되었지만 그 후로 운이 따르지 않아 37년 동안이나 생원 신분으로 살면서 악기 수리로 근근이 생활을 이어갔다. 아들 여섯 가운데 하나는 죽고 넷은 살림이 어려워 팔아먹었고, 16세 된 막내는 연극단을 운영하는 포문경(鮑文卿)에게 양자로 주었고, 자신의 장례도 포문경의 도움으로 치렀다.

○ 이보가李寶嘉(1867-1906)[22] : 이보가는 지앙쑤江蘇성 무진(오늘날 常州) 사람으로 자는 백원伯元이다. 그는 조부·백부·부친이 모두 과거 출신 관료였던 관료의 집안에서 태어났다. 그러나 그가 3살 때 부친이 세상을 떠났고 부친의 사촌형인 이익청李翼淸이 그를 양육했다. 그 때문에 이보가는 유소년 시절에는 이익청이 동창東昌부 지부를 하던 산둥성에서 자라다가 1892년 이익청이 관직을 그만두자 상주로 돌아왔다. 이보가는 어려서부터 총명하였고 고향에서 선교사로부터 영어도 배웠다. 동시에서 1등으로 생원이 될 정도로 수재였으며, 전각에 뛰어났고 금석문 고증에도 소질을 보이는 등 매우 다재다능하였지만, 향시에 낙방하자 거업을 포기하였다. 백부 이익청이 연납捐納으로 현승 자리를 주선해 주었지만 현직에 임명되지 못하자 관직도 포기하였다. 그 뒤로 관료 사회의 부패를 목격하면서 사상이 바뀌었다.

30세(광서 22년. 1896)에 상하이上海로 와서[23] 《지남보指南報》를 창간하여 사회의 부조리를 지적하고 권선징악을 논하기 시작하였고, 다음 해 오월에는 《유희보遊戲報》, 1901에는 《세계번화보世界繁華報》를 창간하였다. 그 해에는 청조가 신정新政의 일환으로 경제특과를 시행했다. 이 시험에 응시하기 위해서는 상당한 능력을 인정받고 고위 관료의 추천을 받아야 되었고,

---

22) 중국 바이두. https://www.gerenjianli.com/
    Mingren/01/3aba81a28trcam6.html
23) 당시 상하이에는 외국 조계가 있어 비교적 자유로운 분위기였다.

합격하면 바로 관직에 임명되었다. 당시에는 연납이 만연하여 진사에 급제하고도 실직을 얻지 못하는 경우가 많았다. 그런데 이보가는 상하이에서 소설을 쓰며 이름이 널리 알려져 있었기에 어느 관료가 시험에 참가하도록 추천했지만, 오히려 이를 거절하고 응시하지 않았다.

1903년에는 상무인서관의 초빙으로 《수상소설繡像小說》(반월간)의 편집을 담당하였다. 37세 때인 1903부터 《세계번화보》에 《관장현형기官場現形記》를 연재하기 시작하였다. 19세기 중엽 이후의 중국은 서양 세력의 침략으로 반식민지 상태로 빠졌지만, 극히 일부의 개혁주의 관료 외에는 부정부패와 타락으로 일관하였다. 그 때문에 거업의 뜻을 버린 젊은 이보가로서는 도저히 묵과할 수 없는 상황이었으므로, 위로는 군기대신으로부터 하급관리까지 모든 관리의 뇌물·매관매직·협잡·독직瀆職·축첩(蓄妾) 등의 행위를 서슴지 않고 폭로하고 비판하였다. 이보가의 작품은 《관장현형기》외에도 《문명소사》·《중국현재기》·《활지옥活地獄》·《경자국변탄사庚子國變彈詞》등이 있다. 《관장현형기》는 그의 대표작으로, 1903부터 1905년까지 60회가 인쇄되었고, 그 뒤에는 작자가 폐결핵으로 40세에 사망하여 끝을 맺지 못했다.

제2절 불운을 화로 푼 사람들

○ 황소黃巢(820-884)[24] : 당나라 말기에 난을 일으켜 당나라 멸망의 원인을 제공했다. 황소의 난(875-884)은 청 말의 태평천국운동(1850-1864)과 함께 중국역사에서 가장 큰 규모의 반란이었다. 황소는 산동성 서부의 부유한 염상鹽商 가정 출신으로 말타기에 능하였고, 어려서부터 공부는 좋아하

---

24)　張昭遠 等,《舊唐書》卷200下, 黃巢列傳

지 않았지만 시를 짓는 재능은 있었던 듯하다. 일찍이 과거에 응시했지만 6번이나 낙방하자 결국 포기하고 말았다. 당시 과거는 재력과 인맥이 있어야 합격에 유리하였기 때문이다. 당시의 마음을 표현한 시 3수를 남겼는데, 그 가운데 2수가 〈국화시菊花詩〉[25]였다. 첫 번째 시는 **"가을바람 스산한데 화원에 가득 핀 국화, 꽃도 향기도 모두 차가워 나비도 오지 않네, 언젠가 내가 봄의 신神이 된 다면 복사꽃과 함께 피게 해주련만"**이라는 시였고, 두 번째 〈부제후부국不第後賦菊〉은 **"가을 중양절이 오길 기다려, 내 꽃이 핀 뒤에 백화百花를 죽이리라, 하늘 찌르는 향香을 장안에 퍼뜨려, 성안 가득 황금 갑옷 두르리라"**라는 시였다.

황소는 과거에 낙방한 뒤 소금을 밀매하였다. 전에는 자유로 유통되었으나, 안사의 난 때부터 전매품이 되어 국가의 중요한 수입원의 하나가 되었다. 1말에 10문(文)이던 것이 전매품이 된 뒤에는 무려 370문까지 오른 적도 있었다. 이에 소금 밀매업자가 발호하게 되었고, 정부에서 소금밀매자를 사형에 처하자 이들은 안전을 위해 무장도 갖추었다. 873년에 화북지방에 가을 추수가 불가능할 정도로 가뭄이 들었는데도 정부의 수탈이 끊이지 않자, 백성들이 방황하다가 황소 주위로 모여들었다. 다음 해(僖宗 乾符 원년, 874)에 역시 소금 밀매를 하던 왕선지王仙芝가 허난河南성에서 기병하자, 황소도 이에 호응해서 다음해(875)에 산동에서 농민을 모아 기병하여 왕선지와 합류하였다. 황소는 왕선지가 후베이湖北성 황매黃梅에서 패하여 죽자(878) 그의 군대까지 흡수한 뒤 두령이 되어 충천대장군沖天大將軍이라 자칭하였다.

황소는 기병한 이래 유동작전을 펴서 당군唐軍의 군사력이 약한 곳만 골라, 쓰촨(四川)지방을 제외한 중국 전체를 휩쓸고 다니면서 살육과 약탈을 자행하여 당조를 거의 빈사 상태에 빠뜨렸다. 880년에는 낙양을 점령하였고 881년에는 호왈呼曰 100만 대군으로 불어난 군사력으로 장안에 진입하

---

25) 宋, 張端義《貴耳集》卷下,〈題菊花〉

였다. 이때까지는 질서도 비교적 정연하였고 가난한 백성에게 재물을 나누어 주면서 미래를 약속하는 희망의 군대였다. 황소는 장안의 왕공 대신들을 학살하고 스스로 황제라고 일컫고 국호를 대제大齊라 하였다.

그런데 쓰촨으로 몽진하였던 당의 희종僖宗이 돌궐계 유목민족인 사타沙陀족 이극용李克用의 도움을 받아 반격에 나섰다. 관군이 장안을 완전히 포위하자, 대군이 모여 있는 장안에 식량공급이 완전히 끊겨버렸다. 부하들이 살인을 일삼고 부호의 재산을 약탈해도 막을 수가 없었다. 《구당서》와 《자치통감資治通鑑》에는 이때 장안에서 식인食人까지 하였다는 기록이 있다.[26]

정부군은 희종 중화 3년(883)에 장안을 탈환하였다. 황소는 당조에 항복한 주온(뒤에 朱全忠으로 개명, 後梁 건국자)의 배신으로 장안에서 퇴각하여 각지를 전전하다가 이듬해 자결하였다. 황소는 이때 당에 유학하여 빈공과에 급제한 신라 최치원이 지은 〈토황소격문討黃巢檄文〉을 읽고 놀라 침대에서 떨어졌다는 이야기가 《동국통감東國通鑑》과 《삼국사절요三國史節要》에 전한다. 당나라는 황소의 난이 끝난 지 23년 만에 주전충에게 망하고 말았다(907). 황소 진영에는 실의失意한 사인들이 있어 봉기하게 된 격문을 지어 조정의 부정부패를 비판하였는데, 특히 환관의 전횡·관료의 탐학과 과거시험의 불공평 등이었다.[27]

○ 이진李振 : 당조는, 황소가 쓰촨지방을 제외한 중국 전체를 소란에 빠뜨리자 지방정권으로 몰락하였는데, 황소의 부장이던 주전충이 마지막 황제 애제를 살해한 뒤, 낙양과 개봉을 수도로 정하고 양梁나라를 세우자(907) 망하고 말았다. 이진은 주전충의 부하였는데, 거의 20년 동안(860-879) 과거시험에 응시하였으나 번번이 낙제하여 고관들에게 통한을 품고 있었다. 천우 2년(905) 6월, 주전충이 이전 재상 배추裵樞 등 고관 30여 명을 황허의 지류에 있는 백마역에 모아 죽인 뒤에 그 시체를 황허에 던져버렸다. 이 사

26) 司馬光, 《資治通鑑》卷254-255, 僖宗 중화 2-3년.
27) 綦曉芹, 2007, p.91

건을 '백마역의 화(白馬驛之禍)'라 한다. 이때 이진이 **"이놈들은 자칭 청류**淸流 **라고 하니 모두 죽여 황허에 던져서 영원히 탁류가 되고 하십시오"**라고 하자, 주온이 웃으며 따랐다고 한다.

○ 장원張元(?-1044)[28] : 전시殿試에 여러 번 낙방하자, 송 인종 때 서하西夏로 망명하여 재상에 올랐고, 호수천好水川의 전투(1041)에서는 서하의 군사軍師로서 황제(李元昊)를 도와 송군을 대패시키는 등 송나라의 복심의 우환이 되었다. 송대에 ① 과거 합격자의 수를 대폭 늘리고, ② 전시에서 낙제를 시키지 않고, ③ 과거시험에 여러 번 낙제한 사람에게 특주명特奏名 제를 도입한 이유는, (1) 당말에 진사시험에 낙제한 황소가 반란을 일으켜 당나라를 멸망으로 몰아넣은 것, (2) 이진李振이 과거에 여러 번 낙방하자 주전충을 도와 당 왕조를 멸망시킨 것, (3) 송조에 들어와 발생한 장원張元 사건과 같은, 과거 실패자들의 분노와 반발을 줄이기 위한 것이었다. 그 때문에 송조는 특주명 선발의 대상을 북방의 요·서하·금·원과의 접경지역인 허베이河北·허동河東·산시陝西 등 3로 출신으로하여 특히 우대하였다.

○ 홍수전洪秀全(1814-1864)[29] : 광동성 화현花縣(오늘날 廣州市 花都區)으로 이주해 온 객가客家로, 중농中農의 3남으로 태어났다. 7세 때부터 촌숙村塾에서 공부를 시작하여 거업擧業(과거시험 준비)의 꿈을 키웠다. 두 형은 그의 공부를 위해 독서를 포기하였다. 13세(1827) 때 화현 유학의 현시에는 합격하였으나 광조우 부시府試에 낙제하였다. 다음 해부터 가정 형편이 어려워 농사를 도우며 독학하였고, 23세 때(1837) 세 번째 광조우 부시에 낙방하였다. 그 여파로 40일 동안이나 열병을 앓고 있을 때, 금발의 노인으로부터 지상의 악마를 퇴치하라는 사명과 칼을 받는 꿈을 꾸었다고 한다. 29세(1843)에 네

28) 진정(金諍 지음, 김효민 역), 2003, pp.208, 211-213; 村上哲見, 1980, pp.168-171; 裵淑姬, 1997.

29) 金誠贊, 〈太平天國과 捻軍〉, 서울대학교 동양사학연구실,《강좌중국사 Ⅴ-중화제국의 동요-》, 지식산업사, 1989; 큔, 필립 A., 〈태평천국의 난〉, 페어뱅크 주편(김한식 등 역),《캠브리지 중국사 10上, 청제국 말, 1800-1911》, 2007.

번째 부시에서도 낙방하자 거업을 포기하고, 병에 걸리기 전에 광주의 노상路上에서 얻은 프로테스탄트계의 그리스도교 입문서 《권세양언勸世良言》[30]을 읽은 기억을 토대로 고향에서 '배상제회拜上帝會'라는 종교결사를 창립하여 포교활동에 나섰다. 배상제회는 일종의 일신교一神教로서, 유儒·불佛·도교의 우상숭배를 부정하였고 신도들은 모두 평등한 형제라고 가르쳤다.

홍수전이 1851년 1월, 청조를 타도하고 평화롭고 평등한 지상천국을 수립할 것을 목적으로 거병하자 지방관의 가렴주구에 시달리던 농민들이 대거 가담하였다. 신앙심으로 뭉친 이들의 전투력은 막강했다. 봉기군은 단시간에 20만 명이 넘는 대군이 되었고, 홍수전은 국호를 '태평천국'이라 하고, 천왕天王이라 자칭하였다. 태평군은 후난湖南·지앙시江西·안후이安徽를 지나 난징南京(1853)을 점령하고 천경天京이라 개칭하였다. 당시 태평군의 세력은 중국 18개 성 가운데 16개 성에 영향이 미쳤다. 홍수전의 기병으로 중국의 인구는 크게 감소하였다.[31] 태평군 가운데 남왕南王 풍운산馮雲山·북왕 위창휘韋昌輝·익왕翼王 석달개石達開·예왕豫王 호이황胡以晃·간왕干王 홍인간洪仁玕, 문신 노현발盧賢撥·증검양曾劍揚·하진천何震川 등은 모두 과거시험에 실의자失意者였다.

그러나 태평군은 그 뒤 합리적인 통치수단을 제시하지 못하고 신탁神託에만 의존하였을 뿐 아니라 내부의 권력다툼으로 자멸하여갔다. 식량 보급도 끊겨 사람들이 굶주리고, 민심도 흩어졌다. 반면 청조는 신사층의 적극적인 협조와 외국 군대의 원조를 받아 난징을 회복하고 겨우 내란을 평정하였다. 홍수전은 난징이 함락되기 1개월 전에, 신의 은총을 믿으며 약도

---

30) 성경의 주요 부분을 발췌하고, 유교·불교·도교 등을 우상숭배와 미신으로 비판한 책이었다.

31) 허핑티(何炳棣)(정철웅 역), 《중국의 인구》, 책세상, 1994, p.290, 〈표40, 태평천국 당시 인구유실〉에 따르면, 江蘇·安徽·浙江 성 지방에서 심한 곳은 83%, 적은 곳도 48% 감소하였다.

청군위공태평군도淸軍圍攻太平軍圖 : 전쟁기간 중에 청조가 화가를 보내 그리게 한 그림. (龔書鐸 等,《圖說天下》, 吉林出版集團有限責任公司, 長春, 2007, p.164).

먹지 않다가 1864년 6월에 병사하였다.

이로 말미암아 청조의 통치력은 거의 땅에 떨어졌고 그 뒤 50여 년 동안은 신사의 등에 업혀 연명하였다. 난세에는 세상을 구원할 영웅을 기다리지만, 영웅이 세상을 구원한 예는 드물다. 초심을 유지하지 못하기 때문이다. **'영웅의 힘이 권력으로 변하면 폭력자가 되고 만다'.** 홍수전도 그랬다. 그는 한때 민중의 구세주였으나, 권력자가 된 뒤에는 민중 위에 군림하였다. 그 때문에 홍수전에 대한 평가는 청조→민국시대→ 공산 중국을 거치면서 반란의 수괴에서 혁명의 선구자로, 시대 따라 역사적 평가는 변하였다.

이로 보면, 과거제는 황제에게 충성하는 관료·사대부를 배출하는 제도였지만, 동시에 수많은 불평분자를 양산하는 기능도 하였다. 과거제는 황소나 이진과 같이 왕조 멸망의 원인을 제공하기도 하였지만, 멸망한 왕조를 계승한 신왕조도 새롭게 과거를 실시하였고, 홍수전의 태평천국에서도 변형된 과거제를 실시하였다. 그러므로 과거제는 운용 여하에 따라서는 황제의 중앙집권에 대단히 유리한 제도였다.

제3장 명·청시대 과거시험의 부정행위

　사람은 누구나 좀 더 나은 삶을 위해 최선을 다 한다. 중국의 전통시대에 서민이 출세할 수 있는 길은 관료밖에 없었고, 그 방법은 과거시험밖에 없었다. 그래서 백성들은 과거시험에 급제하는 것을 '**인생의 4가지 기쁨**(四喜) **가운데 하나**'로[1], 낙방하는 것을 '**4가지 슬픔**(四悲) **가운데 하나**'로 생각하였다. 과거제는 수나라 때 시작되어 폐지될 때까지 1300년 동안 경쟁이 갈수록 치열해졌다. 그 때문에 응시들은 관절關節(시험관 매수)·환권換卷(시험지 바꿔치기)·협대挾帶(커닝페이퍼 소지)[2]·모적冒籍(경쟁이 덜한 곳으로 가서 응

---

1)　① 오랜 가뭄 뒤에 단비를 만났을 때, ② 타향에서 옛 친구를 만났을 때, ③ 신혼 초야에 신부를 마주 보았를 때, ④ 진사에 급제하였을 때'. 洪邁(南宋, 1123-1202), 《容齋四筆》권8, 〈得意失意詩〉

2)　커닝 준비물은 ① 서점에서 작은 글자로 인쇄하여 파는 경전, ② 예상문제집, ③ 〈정문휘집(程文彙集)(시험이 끝난 뒤 우수한 답안지를 모아놓은 책, 《유림외사》 제13회 중 馬二先生 이야기) 등이었다

시)³⁾·창대槍代(대리시험)⁴⁾ 등 온갖 수단을 다 하여 목숨을 걸고 부정행위를 시도하였다.

조정에서 강력하게 단속하고 엄격한 처벌을 해도 부정행위는 갈수록 늘어만 갔다. 오늘날 중국에는 '**상유정책, 하유대책**上有政策, 下有對策(위에서 아무리 정책을 내 놓아도 아래서는 대책을 마련한다)'이라는 속언이 있다. 결국 시험장에서 자행되는 갖가지 부정행위 때문에 과장안科場案(부정행위 처벌 사건)⁵⁾은 과거제가 폐지되던 청말까지 계속되었다.

중국의 과거제도사에서 최초의 부정행위 기록은 당 현종 천보 10년(751)의 제거制擧 시험 때였다.⁶⁾ 그렇지만 당대唐代에는 통방通榜과 행권行卷 등 사전 운동이 인정되었으므로, 문벌귀족이 과거시험을 조종하고 온갖 비리를 일삼았다. '당대의 급제자 대부분이 부정해위로 합격하였다'고 해도 과언이 아니라는 학자도 있다.⁷⁾ 온정균溫庭筠(812-870)과 같이 공공연하게 대리시험을 쳐주는 사람도 있었다.

송대宋代에는 당대에 인정했던 통방과 행권을 금지시키고, 호명법糊名法(彌封法)·등록법謄錄法과 쇄원鎖院 등을 실시하여, 적어도 제도적으로는 전에 없이 객관적이고 공평성을 살린 제도로 정비되었다. 그렇다고 부정행위

---

3) 劉海峰,《導論》, 2005, pp.316-323. 雲南·貴州·四川·廣西에는 특히 모적자가 많았는데, 浙江·江西·湖廣·廣東에서 온 독서인들이 많았다.

4) 전통시대에는 사진기술이 없었기 때문에 槍代가 가능하였다. 槍手(대리시험을 위탁받은 자)를 많이 고용하는 것은 童試(주시·부시·원시) 때였다. 창수 고용은 신사나 대상인·대지주 등이 아니면 불가능 하였다. 廩保(보증 서주는 늠선생)·교관·지현·지부 등 곳곳마다 돈을 써야 했는데 명청시대에는 대개 7-8천 금이 들었다.

5) 商衍鎏, 1958, pp.288-319; 劉海峰, 2005, pp.300-307, 316-323; 李國榮,《淸朝十大科場案》, 2010; 宮崎市定(중국사연구회 譯), 1992, pp.119-121; 진정(金諍 지음, 김효민 역), 2003, pp.289-303

6) 村上哲見, 1980, p.182

7) 魯威, 1990, pp.154-155.

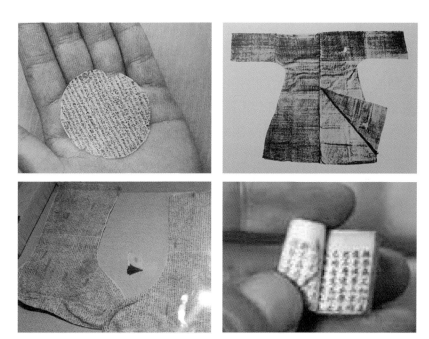

여러 종류의 협대挾帶(컨닝페이퍼, 난징 과거사박물관 소장)

가 없어질리 만무하였지만, 비교적 적었다. 가장 흔하게 동원되는 방법은 대리시험, 답안지 베끼기, 시험관·서리·아역 매수 등이었다. 그러나 이러한 방법은 적발될 위험이 컸으므로, 경쟁이 약한 곳으로 모적冒籍(거주지 바꾸기)하여 응시하거나 협대挾帶(불법 책자나 메모지 소지) 방법도 많았다. 응시생들은 작은 종이에 깨알같이 쓴 커닝 페이퍼를 2~3천 전의 거금을 들여 준비해서 숨겨 들어갔다.

○ 개보 6년 성시省試 과장안 : 송 태조 개보 6년(973)의 성시에서는 지공거인 한림학사 이방李昉의 주도로 장원 송준宋准 등 11명을 뽑았다. 태조가 합격자들을 접견하는 자리에서 이방과 동향인 무제천武濟川이 대답도 잘 못하는 등 가장 수준이 낮은 것을 발견하고 낙제시키려고 하였다. 그런데 이때 낙제자 들이 등문고登聞鼓를 두드리며 이방의 사사로운 정이 개입되

었다고 호소하였다. 이에 태조가 낙제 진사 360명의 명단을 받아 그 가운데 195명을 골라서, 이방이 합격시킨 송준 등과 함께 재시험을 보도록 전 중시어사 이보李寶 등에게 명령하였다. 시험이 끝나자 태조가 강무전에 나아가 시험지를 검열하여, 이방이 뽑았던 11명 가운데 송준은 그대로 장원으로 합격시켰지만 나머지 10명은 낙제시키고, 낙제했던 사람을 포함하여 모두 27명을 진사로 합격시켰다. 이방은 태상경으로 좌천되었다. 이 사건을 계기로, 송대부터 황제가 직접 시험하는 전시殿試가 생기게 되었다.

명대(1368-1644)에는 과장안이 여러 번 있었다.[8] 황제 가운데 아둔한 인물이 많아서 간신과 환관들의 전권을 막지 못했기 때문이다. 특히 세종 가정제(1522-1566)는 내각 수보 엄숭嚴嵩(1480-1567)을 총애하였는데, 엄숭은 여러 번 과장안을 일으켜 정적들에게 타격을 주었다. 또 희종 천계제(1621-1627)가 환관 위충현魏忠賢을 총애하자, 위충현도 과장안을 일으켜 반대파를 박해하였다. 천계4년(1624)의 과장안에서는 산동山東·저지앙浙江·지앙시江西·후광湖廣·푸젠福建 등의 향시 문제가 환관의 전권專權을 비판했다는 혐의로 각 성의 시험관을 파면하고 지앙시성의 주고관 정건학丁乾學은 하옥시켰다.[9]

○ 홍무 30년의 남북방南北榜 사건 : 중국의 양쯔강 이남지역은 송대부터 북방지역보다 인구도 많아지고 경제와 문화가 우위를 점하게 되었다. 그에 따라 진사과 합격자도 남방출신이 우위를 점하였다. 명 태조 홍무 30년 (1397)의 회시에서 주고관主考官 유삼오劉三吾와 백신도白信稻는 송종宋琮 등 52명을 합격시켰는데 모두가 남방 출신이었다. 이에 북방 출신 거인들은 유삼오가 남방출신이어서 북방출신을 배제했다고 항의하였다. 홍무제는 시독侍讀 장신張信 등 12명에게 다시 심사하도록 명령했지만, 결과는 유삼오가 비리나 위법을 저지르지 않았다면서 원래 합격자를 그대로 보고하

---

8) 張廷玉, 《明史》권70, 선거지2
9) 張廷玉, 《明史》권245, 〈丁乾學〉傳

였다. 그러자 북방출신 거인들이 다시 유삼오와 장신이 결탁하고 북방 출신 거인들의 답안 가운데 수준이 낮은 답안만을 골라 황제께 바쳤다고 상소하였다. 이에 홍무제는 대노하여 백신도와 장신, 장원으로 합격한 진안陳郊 등을 처형하고 유삼오는 이미 85세의 노령이었기에 사형만은 면제시키고 관직을 삭탈하고 충군充軍시켰다. 그리고 홍무제가 직접 답안지를 심사하여 한극충韓克忠 등 61명을 합격시켰는데 모두가 북방 출신이었다.

이 사건은 엄격하게 말하면 과거시험 부정 사건은 아니었다. 남북 사인들의 지역적인 갈등 정서는 이미 북송시대부터 시작된 것이 원대를 거쳐 명대까지 이어진 것이었다. 홍무제는 이미 '5대 의옥사건疑獄事件(5번의 황당한 사건)'[10]을 일으켜 10만여 명의 관료를 숙청하였으므로, 이를 목도해 온 유삼오가 사사로이 비리를 저지를 리는 없었다. 이 사건은 남방에서 기병起兵한 홍무제가 아직도 북방 몽골 지방에 호시탐탐 웅거하고 있는 원나라 세력을 의식해서, 북송시대에 '특주명特奏名' 제도를 만들어 북방 출신 독서인을 무마하였듯이, 자기도 북방 출신 독서인들을 우익으로 끌어들이려는 방법으로 추진한 것이었다. 유삼오는 바로 그러한 홍무제의 속뜻을 헤아리지 못하고, 북송의 구양수처럼 고지식하게 답안지의 수준만 반영하였기

---

10) 空印案(홍무 9년)·胡惟庸의 獄(13년)·郭桓의 案(18년)·李善長의 獄(23年)·藍玉의 獄(26년). 谷應泰, 《明史紀事本末》권13, 〈胡藍之獄〉; 趙翼, 《廿二史箚記》권32, 〈胡藍之獄〉; 檀上寬, 〈明王朝成立期의 軌跡〉, 《東洋史硏究》37-3, 1978 등 참조. ① 空印의 案 : 매년 지방관청의 결산보고 때의 空印(長官職印 없는 書類)을 사용하는 문제로, 많은 地方官을 處刑하였다. ② 胡惟庸의 獄 : 丞相 胡惟庸 등 15,000여 명 誅殺, 그 가운데에는 高官 및 江南 地主도 많았다. 이를 계기로 中書省을 폐지하고 6부를 獨立시켜 황제에 직속케 하고, 大都督部도 폐지하고 5軍都督府로 분리시켜서 황제에게 직속시켰다. ③ 郭桓의 案 : 戶部尙書 郭桓의 官糧 橫領을 빌미로 애꿎은 6부 尙書 全員을 誅殺하는 등 數萬名이 連累되었다. ④ 李善長의 獄 : 開國功臣 19명 등 1만 5천여명을 주살하였다. ⑤ 藍玉의 獄 : 功臣 등 15,000여명 주살하였다. 官僚機構를 整備하기 위한 최후의 장애물을 제거한 것이었다.

때문에 그런 화를 당한 것이었다.

홍무 30년의 '남·**북방 출신 사인의 갈등**'은 다음 해에 홍무제가 사망하여 결말을 보지 못하다가, 제4대 인종 홍희 원년(1425)에 이르러 현명한 내각대학사 양사기楊士奇(1365-1444)가 남방과 북방의 합격자의 정원을 배분하자는 상주를 하면서 해결되었다. 양사기의 방법은 회시의 답안지를 송대 이래의 전통 대로 미봉과 등록은 하되, 사전에 '남'과 '북'이라고 표기하고, 남방 출신을 60%, 북방 출신을 40%로 뽑게 하는 것이었다. 양사기는 구양수와 같은 남방의 지앙시江西성 출신이었지만, 구양수보다 대범하였다. 그런데 이 제도가 미처 시행되기 전에 황제가 죽었다. 그 2년 뒤인 선덕 2년(1427)에 다시 양사기의 주청으로 남권 55%·북권 35%·중권 10%로 정하였다.[11] 이러한 방법은 북방지역이나 기타 낙후 지역의 교육과 문화 발전을 촉진시키는 데에 큰 몫을 하였다.

○ 순천順天(北京) 향시 모적冒籍 사건[12] : 경태 4년에 순천(베이징) 향시의 합격자 가운데 윤성尹誠 등 7명이 모적자로 밝혀져 형부에 이첩되어 처벌받았다.

○ 당인唐寅(호 伯虎, 1470-1524) 무고안誣告案[13] : 당인은 쑤저우蘇州부 오현吳縣의 상인 가정에서 태어났다. 부친은 가정교사를 고용하면서 당인에게 거업을 권유하였다. 당인은 시·서·화에 모두 뛰어나 '삼절三絶'로 불렸

---

11) 南은 應天府(南京)·蘇松諸府·浙江·江西·湖廣·福建·廣東, 北은 順天府(北京)·山東·山西·河南·陝西, 中은 四川·廣西·雲南·貴州·鳳陽府·盧州府·滁州·徐州·和州를 포함함. Kracke, Jr, 1957, pp.264-266. 청대의 1889년에 南49, 北35, 中16으로 바뀌었다. 또 會試의 南·北·中卷은 康熙51年부터 省別 정원으로 바뀌었다.

12) 오금성, 2007-B, pp.197-198

13) 張廷玉, 《明史》卷70, 選擧志 2; 卷286, 〈程敏政〉·〈唐寅〉; 肖振才, 2007, pp.168-174; 판수즈(이화승 역), 《관료로 산다는 것-명대 문인들의 삶과 운명-》, 〈당백호〉, 더봄, 2020

으며, 그림은 심주沈周·문징명文徵明·구영仇英과 함께 '명사가'明四家라 하고, 시는 축윤명祝允明·문징명·서정경徐禎卿과 함께 '오중사재자'吳中四才子라 불렸다. 15세에 동시에 1등으로 합격하여 쑤저우蘇州부학 생원이 되었고, 29세인 홍치 11년(1498) 난징南京 향시에서 해원解元(1등)으로 합격하였으며, 다음 해 회시에 응시하여 급제하였다. 그해(1499) 회시의 주고관은 대학사 이동양李東陽과 예부우시랑 정민정程敏政이었는데, 이 시험에서 당인과 함께 합격한 강음 거부巨富의 아들 서경徐經이 돈을 써서 주고관 정민정의 동복童僕을 통해 시험문제를 빼돌렸다는 고발이 들어왔다. 정민정과 서경은 하옥되었고, 당인도 서경과 함께 상경한 것이 빌미가 되어 거인 자격마저 박탈당하고 하옥되었다. 그 뒤 시험문제 유출 사건은 증거가 없어 당인은 곧 풀려났지만 판결은 되돌려지지 않고 저지앙浙江지방의 서리로 강등되었다. 당인은 이일을 치욕으로 여겨 서리를 포기하였고, 거업도 포기하고 시와 그림으로 소일하며 세상을 떠돌았다. 만년에는 생활이 어려워 그림을 팔아 연명하였다. 친구인 문징명은 그의 전기에서, **"당인唐寅을 떠올리고 그의 유작 시를 읽을 때마다 눈물을 흘리지 않을 수 없었다. 세상에 선생 같은 재주를 가지고 태어나 어찌 이다지도 억울하게 생을 하직할 수 있단 말인가. … 선생을 질투하는 자의 음모였을 것이다. 재주와 풍류는 물론 그림 또한 천하 제일인데 누가 선생을 질투했단 말인가?"** 라고 하였다.

○ 유근劉瑾의 횡포[14] : 정덕 3년(1508)의 회시 때에는 정덕제의 총애를 믿고 온갖 횡포를 저지르던 환관 유근이 자신의 동향인 50명의 명단을 주고관에게 주었고, 주고관은 감히 뿌리치지 못하고 합격자를 50명 늘려 349명을 합격시켰다.

○ 오정吳情 부정 사건[15] : 가정 40년(1561)의 응천(南京) 향시의 주고관은 중윤中允 오정이었는데, 시험에서 동향인 무석 출신 13명을 거인으로 합격

---

14) 張廷玉,《明史》卷304,〈劉瑾〉.
15) 張廷玉,《明史》卷70, 選擧志2

시켰다. 사건이 발각되자 오정과 부고관 호걸豪傑은 외지로 귀양을 보냈다. 이 사건을 계기로 남방 출신의 한림원관은 응천 향시 주고에서 배제되었다.

○ 심동화沈同和·조명양趙鳴陽 부정사건[16] : 만력 44년(1616)의 회시에는 오강吳江 출신 심동화가 회원會元이고 조명양이 6등으로 합격하였다. 그런데 심동화는 평소에 목불식정目不識丁하는 문맹으로 알려졌다. 당연히 사인들이 들고 일어났다. 신종이 전체 합격자 344명에게 재시험을 명한 결과, 과연 심동화는 시험 문제조차 읽지 못해 백지로 제출하였다. 심동화를 형부에 보내 고문하자 결국 심동화의 답안지는 같은 마을의 조명양의 대필임이 밝혀졌다. 이에 심동화는 회원자격을 회수하고 충군充軍되었고, 조명양은 거인자격마저 박탈하고 충군되었다.

청대의 과장안(부정행위 사건)[17]은 명대보다 훨씬 많았고 엄격하게 처벌되었다. 청조는 입관하여 순치제가 친정을 시작(순치 8년,1661)하면서부터 신사에 대한 정책을 강화시켰다. 전국적으로 신사의 문사文社운동·언론출판·서원강학·포람전량包攬錢糧(세금 대납 행위) 등을 금지시켰다.[18] 그리고 과거시험에 나타나는 부정행위를 참수형에 처하는 등 엄격하게 다스렸다. 그럼에도 불구하고 과장안은 계속 발생하였다.

○ 정유丁酉(1657) 과장안 : 청조에 들어서 첫 번째 과장안은 세조 순치14년(1657)에, 순천(北京)과 강남 두 곳의 향시에서 발생하였다. 그해 8월 순

---

16)   張廷玉,《明史》卷70, 選擧志2; 鶴成久章,〈萬曆四十年科場弊案始末考〉, 南京,《科擧文化》2016年特刊

17)   孟森,〈科場案〉,《明淸史論著集刊》, 臺北, 1965; 王戎笙,〈淸初科場案研究〉,《淸史論叢》, 遼寧古籍出版社, 1995; 李國榮, 2010; 劉海峰·李兵, 2004, pp.396-404; 劉海峰,《導論》, 2005, pp.300-307; 미야자키 이치사다宮崎市定, 중국사연구회 역, 1992, pp.119-121; 진정金諍 지음, 김효민 역, 2003, pp.289-303

18)   오금성, 2007-A, 2편 제2장

천 향시의 주고관은 한림원 시독 조본영曹本榮이었고, 부고관 1명 외에 동고관은 대리시 좌우평사 이진업李振鄴과 장아박張我朴 등 14명이었다. 응시자가 5,700여 명에 달했는데, 각 부·주·현 출신 생원 4천명, 국자감의 공생과 감생 1,700 명이었다. 이 시험에서 정방正榜과 부방副榜 합격자가 206명으로 경쟁률이 27.7 : 1이나 되었는데, 합격자 가운데 고관대작의 자제가 많았다. 동고관 이진업이 25명에게서 회뢰를 받았던 것이다. 발표 뒤에 형과급사중 임극부任克溥의 상주와 낙방한 생원들의 고발에 따라, 순치제는 이진업·장아박 등 시험관 7명을 참수하고 가산을 몰수하고 가족은 만주의 상양보로 충군充軍하였고, 나머지 시험관들은 면직시켰다. 이진업에게 뇌물을 준 25명 등 수십 명이 하옥되었다. 순치제는 합격한 거인들에게 복시覆試(재시험, 이를 계기로 覆試가 시작됨)를 실시한 결과, 182명은 거인으로 합격시키고 8명은 탈락시키고 곤장 40대를 치고 충군시켰다.[19]

같은 해 난징南京 향시에서도 과장안이 발생하였다. 주고관 방유方猷와 부고관 전개종錢開宗이 닥치는 대로 뇌물을 받아, 합격자 120명 가운데 대부분이 뇌물로 합격한 자들이었다. 낙방한 생원들이 연이어 상소를 올리자 순치제는 방유와 전개종은 참수하고 나머지 동고관 모두를 교수형에 처하고 가속들을 충군시켰다. 순치제는 또 뇌물로 청탁한 합격자 수십 명을 베이징으로 압송하여 친히 복시를 주관하였다. 수험생들은 모두 형틀을 쓴데다 양 옆에서 칼을 든 병사 두 명이 감시하고 있어서 겁에 질려 제대로 글자를 쓰지도 못하였다. 그 가운데 '강좌삼봉황江左三鳳凰'으로 불리던 시인 오조건吳兆騫(1631-1684)은 재사였고 뇌물도 쓰지 않았지만, 사이가 안좋은 사람의 모함으로 복시에 참여하였고 겁에 질려 백지로 제출하였다. 모두가 곤장 40 대를 맞고 가족들과 함께 흑룡강 영고탑(오늘날 黑龍江 寧安)으로 유배되었다. 오조건은 그곳에서 23년 동안의 유배생활을 하면서

---

19) 劉海峰·李兵, 2004, p.377.

많은 시문을 남겼다. 그 시기는 마침 러시아가 흑룡강 유역으로 진출하던 시기여서, 시의 내용 가운데 그러한 상황을 많이 전해주고 있어 문학사 뿐 아니라 역사적으로도 귀중한 자료가 되고 있다.

그런데 베이징 과장안은 수도에서 일어났고 죄질이 더 심했는데도 순치제는 왜 강남의 과장안에 대해서 더욱 가혹한 처벌을 내렸을까? 그것은 아마도 400여 년 전에 원조가 남송 치하의 강남인들을 과거에서 차별했듯이, 청조가 입관하던 초기에 강남지방의 신사들이 청조에 대해서 끝까지 항거[20]한 것에 대한 경고였을 것이다.

○ 강희 38년 순천(北京) 과장안[21] : 강희 38년(1699)의 순천 향시 합격자의 대부분이 대신 자제였고, 더구나 성적도 모두 우수하였다. 내각 대학사급의 아들이 4~5명, 육부상서 급의 아들이 수십 명이었다. 주고관 이반李蟠과 부고관 강신영姜宸英이 고관들의 회뢰를 받았기 때문이었다. 낙제자의 불만이 팽배하자 강희제의 명령에 따라 이반과 강신영을 하옥하였다. 그런데 강신영은 그 2년 전에야 진사가 된 사람인데 실제 나이는 이미 70이 넘은 노인이어서 감옥생활을 견디지 못하고 옥사하고 말았다. 이반은 관외關外로 귀양을 보냈다. 강희제는 새로운 거인들을 불러 복시를 치르게 하여 4등 이하를 출락시켰다.

○ 강희 50년 강남 과장안[22] : 강희 50년(1711)의 강남 향시 합격자 가운데, 쑤저우蘇州 출신 13명 외에, 양저우揚州 염상의 자제들이 많았다. 주고관은 좌필번左必蕃, 부고관은 조진趙晉이었는데 당연히 생원들이 불복하였고, 1백여 명이 쑤저우 현묘관玄妙觀[23]에 모여 항의하였다. 조사 결과 비리가 확인되자 부고관 조진과 방명은 참수하고 주고관 좌필번은 감독 소홀

20) 吳金成, 2007-A, pp.211-213.
21) 劉海峰·李兵, 2004, pp.377, 400; 미야자키 이치사다, 1992, pp.223-224
22) 진정(金諍 지음, 김효민 역), 2003, p.293
23) 현묘관은 명대부터 사인들의 집단 모임의 장소로 이용되었다.

을 물어서 파면시켰다.

○ 옹정 4년의 문자옥[24] : 옹정 4년(1726)에는 향시 출제문제 때문에 문자옥文字獄(필화사건)이 일어났다. 그해 지앙시江西성의 향시에서 주고관인 예부시랑 사사정査嗣庭이 출제한 문제 가운데 "유민소지維民所止"(《시경》, 商頌 玄鳥)가 고발당했기 때문이다. 원문의 의미는 **"백성이 멈추어 사는 곳"**이란 뜻인데, 유維 자와 지止 자가 '옹정雍正'제의 머리를 자른 것이라는 엉뚱한 고발이었다. 격분한 옹정제는 즉시 사사정을 투옥시켰지만 옥사하자 시신을 능지처참하여 효시梟示하고 가산은 몰수하고 가족들을 죽이거나 유배보냈다. 이 사건은 사실은 옹정제가 과거제를 통해 득세하는 붕당 세력을 억제하기 위한 것이었다. 그 때문에 옹정제는 연납捐納을 장려하기도 하였다.

○ 건륭 9년(1744) 베이징 향시안[25] : 건륭 9년에는, 시험장에서 부정행위자를 적발하면 한 명 당 상금 3냥을 준다는 조령을 내렸다. 그 결과 그 해에 거행된 베이징 향시에서는 청대에 가장 많은 부정행위가 적발되었다. 그 해 베이징 향시의 제1장에서는 커닝자료를 감추고 들어가다 적발된 생원이 21명, 답안지를 백지로 낸 생원이 68명, 답안을 완성하지 못한 생원이 329명, 시험문제와 답안이 일치하지 않은 생원이 276명이나 되었다. 이어서 실시된 제2장에서는, 제1장에서 적발된 생원 21명이 목에 가호枷號를 걸친 채 공원貢院 대문 앞에 서 있는데도, 커닝자료를 감추고 들어가다 적발된 생원이 21명, 엄격한 검색에 놀라 공원에 들어가기를 포기하고 커닝페이퍼를 길에 버리고 달아난 생원이 2,800 여명이나 되었다. 공원의 대문 앞 길거리에는 커닝용 '승두소권蠅頭小卷(잔 글씨로 쓴 종이)'이 마치 눈이 내린 것처럼 널려 있었다. 커닝자료를 감추고 들어가다가 적발된 생원 42명은 〈흠정과장조례欽定科場條例〉에 따라서, 가호枷號하여 한 달 동안 시내를

---

24) 진정金諍 지음, 김효민 역, 2003, p.301
25) 趙而巽,《清史稿》卷108, 〈選擧志〉3; 李國榮, 2010, pp.136-159

가호枷號 처벌도

돌게 한 뒤 생원 자격을 박탈하고 평생 응시하지 못하게 하였다. 그 가운데 몇 명은 고관의 자제였기에 부친도 처벌되었다. 건륭제는, 앞으로 그러한 범법자가 생기면 부父와 사師도 연좌시키도록 조령을 내렸는데, 그 명령은 1백여 년이 지난 도광 25년(1845)에야 정지되었다.

○ 건륭 14년 전시의 과장안 : 건륭 14년(1749)에는, 전시에 응시한 공사貢士(회시 합격자) 가운데 독권관과 내통한 사실이 발견되었다. 건륭제가 친히 대책문을 열람하는 과정에서, 전시에서 1·2·3·5등으로 추천된 공사가 대책문에 자기 이름을 암시하는 글자를 적어 넣은 것을 발견하였다. 이에 5등까지로 추천된 공사를 모두 최하위로 강등시키고, 내통한 독권관은 형부에 넘겨 치죄하였다.

○ 건륭 48년 광시廣西성 향시 과장안 : 건륭 48년(1783)에는, 남부 광시성 향시에서 소수민족 토사관土司官(소수민족의 세습 족장)의 아들 잠조岑照가 영안永安주 지주知州 엽도화葉道和에게 뇌물을 주고 눈감게 한 뒤에 후베이湖北성의 거인 조문조(曹文藻)에게 대리시험을 부탁해서 1등을 하였다. 사건이 발각되자 잠조와 지부 엽도화는 사형에 처하고 조문조는 유배되었다.

○ 건륭 60년 회시 과장안 : 건륭 60년(1795) 회시에서 저지앙浙江성 출신 왕이어王以鋙(이복 동생)와 왕이함王以銜(이복 형) 형제가 각각 1등과 2등으로 합격하였다. 그런데 주고관인 좌도어사 두광내(竇光鼐)와 사이가 나빴던 황제의 총신 화신王以銜이 왕 씨 형제의 답안에 모두 "**왕도는 인정에 근본을 둔다**(王道本乎人情)"는 구절이 있는 것을 근거로 주고관과 내통한 증거라고

모함하였다. 건륭제는 1등을 한 왕이어에게 전시 응시를 금지시키고 2등을 한 왕이함은 4등으로 강등시켰고 두광내는 4품으로 강등시킨 뒤에 휴직시키고, 부고관 2명은 면직시켰다. 그리고 전시가 끝난 뒤 황제에게 추천된 10명의 대책을 확인 한 뒤에 호명糊名한 부분을 뜯어 번호를 대조해 보니 바로 2등 했던 이복형 왕이함이 장원이었다. 이에 건륭제가 신하들에게 **"누가 취한 것인가"**라고 묻자 예부상서 기효람紀曉嵐이 **"신이 취했습니다"**라고 대답했고, 황제가 재차 **"누가 확정한 것인가"**라고 묻자 화신이 **"신이 했습니다"**라고 대답하였다. 그러자 건륭제가 **"그럼 설마 두 사람이 또다시 사통한 것인가"**라고 힐문하자, 화신이 **"신들은 이번 열권閱卷할 때 아주 공평하게 했습니다. 절대로 사사로움은 없었습니다"**라고 대답했다. 이에 황제가, **"왕씨 형제가 회시에서 1·2등을 한 것은 우연이고 과제科第의 높고 낮음은 천명인데 사람이 어떻게 막을 수 있겠는가"**라고 하면서 왕이함을 장원으로 확정하고 한림원 수찬에 임명하였다. 동생 왕이어는 가경 6년(1801)에 전시에 급제하였다. 그리고 두광내 등 고시관은 죄를 면해 주어 또 한 차례의 피바람을 면할 수 있었다.

○ 함풍 8년 순천(北京) 향시 과장안[26] : 함풍 8년(1858)에는 순천 향시에서, 청대에 발생한 과거시험 부정행위 가운데 가장 광범하고 심각한 사건이 발생하였다. 시험장의 부정행위로 최고위 관료가 참수형을 당했는데 바로 1품 대관 백준柏葰이었다. 백준은 몽골의 정람기인正藍旗人으로 도광 6년(1826)에 진사에 합격하여 한림원 편수에 임명되었다. 그 뒤에 이·호·형·공부의 시랑을 역임하였고, 도광 23년(1843)에는 정사로 조선에도 다녀갔다. 그 후로 도찰원 좌도어사·병부와 호부 상서·내각대학사 등을 역임하였다. 함풍 6년(1856)에는 군기대신에 임명되고 병부를 관장하였으므로, 재상직을 두지 않았던 청조에서 실질적인 재상의 지위에 오른 사람이었다.

---

26) 李國榮, 2010, pp.187-255

백준은 그 해에 순천 향시의 주고관에 임명되었다. 그런데 시험과정에서 청조를 진동시킬 정도로 심각한 부정행위가 발각되어 90여 명이 참수형 이하 유배형에 이르기까지 각종 처벌을 받았는데, 주고관 백준도 주범으로 인정되어 마지막에 참수형을 당했다.

1품 대관 백준이 참형 당한 원인에 대해서는, 관찬서에 버금가는《청사고淸史稿》는 물론, 각종 필기류筆記類·《청패류초淸稗類鈔》·《청조야사대관淸朝野史大觀》등 야사류, 청대사의 대표 저작인 소일산蕭一山의《청대통사淸代通史》등 이전의 거의 모든 저작들이, 평소에 백준과 불화가 심했던 권신 소순肅順·단화端華 일파가 이번 과장안을 이용하여 정적을 제거한 것으로 되어 있다.

함풍제의 명령에 따라 조사관들이 합격자들의 답안지를 조사하는 과정에서 부정행위가 개입된 것으로 보이는 답안지 50매가 발견되었고, 더욱 철저히 조사하자 그 가운데 12매는 부정행위가 틀림없다는 결론에 도달하였다. 그래서 그 답안지를 제출한 생원을 불러 신문하자, 동고관 뿐 아니라 정고관 백준까지 부정에 연루된 정황을 발견하게 되었다. 동고관 가운데 33세로 이미 한림원 편수에 있던 포안(浦安)은 병부주사 이학령李鶴齡으로부터 나홍역羅鴻繹이란 생원을 합격시켜달라는 부탁을 받고 약속해 두었다. 그러나 자기 혼자서는 완벽하게 성공할 수 없었기에 정고관 백준에게 부탁하여 내락을 받은 후에, 다른 동고관이 일단 낙제점을 준 나홍역의 답안지를 찾아내 다른 사람의 답안지와 바꿔치기 해서 합격시켰다. 그렇지만 나홍역이 제출한 묵권墨卷(답안지 원본)과 등록관이 옮겨 쓴 주권硃卷의 내용이 서로 달랐다. 또 동고관 정정계程庭桂는 아들 정병채程炳采가 좋은 돈벌이 기회라고 여기고 여러 생원에게서 뇌물을 받은 다음 부친에게 암호 편지를 보냈다. 그러나 정정계는 양심에 가책을 느껴 그들을 합격시키지는 않았지만, 그럴 경우 자수해야 하는데도 자수를 하지 않은 것도 발각되었다.

1858년은 남방에서는 태평천국군이 양쯔강 유역을 휩쓸고 있었고, 애로호 사건으로 촉발된 제2차 중영전쟁(1856-1860)으로 영국과 프랑스 연합군이 광저우와 상하이를 점령한 뒤에 베이징의 코앞인 톈진天津으로 쳐들어오던 시기였다.

함풍제의 처분은 엄중했다. 정고관 백준은 너무도 고관이었기에 일단 감봉형에 처한 뒤, 신중을 기하기 위해 참형에 처하기로 한 날에 친왕과 구경九卿등 중앙 고관들을 불러 의견을 물었으나 아무도 말이 없어서 결국 베이징 서남 채시구菜市口 부근의 남관법장南關法場에서 참형에 처해졌다. 숙순肅順 일파가 간여했다는 지금까지의 논지는 사실이 아니었다. 동고관 포안·부정합격한 나홍역과 그 일을 청탁한 병부주사 이학령·동고관 정정계의 아들 정병채는 참수되었다. 정정계는 법대로 하면 사형감이었지만, 부정을 저지르지 않아서 일단 해임되었다가 뒤에 변경으로 유배되었다. 부고관 주봉표朱鳳標는 공모하지는 않았으나 부정 적발에 게을리했다는 죄목으로 벌봉 처분을 받았고, 다른 부고관들은 면직되었다. 부정행위로 합격한 거인들은 생원자격까지 박탈당했다. 이러한 엄청난 부정을 발견하지 못한 시험 사무 담당관과 첫 조사를 명령받은 관료들도 처리가 미지근했다 하여 처벌을 받았다. 모두 90여 명이 참수형 이하 각종 중형을 받은 엄청난 사건이었다.

시험장의 부정행위는 생원의 입학시험인 동시부터 과거시험의 마지막 전시까지 어느 시험에나 있었다. 특히 동시의 경우에는 전국적으로 항상 부정행위가 있었는데 50-60%가 대리시험이었다. 《유림외사》제26회에는 안칭安慶부 7개 현에서 모인 동생에 대한 부시府試가 찰원察院에서 실시될 때, 포문경飽文卿·포정새飽廷璽 부자가 지부의 부탁을 받고 고사 감독을 하면서 보았던 작폐들이 묘사되어 있다. **"남의 글을 대필하는 사람, 답안지를 넘겨받아 베끼거나, 돌돌 만 종이를 던지고, 벽돌을 깨서 써주기도 하고 어깨너머로 훔쳐보기도 하였다. 어떤 동생은 뒤를 보러간다는 핑계를 대고 찰원의 담장 쪽으로 가서 토담의 벽돌을 빼고 그 구멍으로 손을 내밀**

어 문장을 받으려다가 포정새에게 들켰다." 향시와 회시는 동시보다는 적었지만 커닝페퍼를 숨겨 들어가는 경우가 많았는데 대부분이 예상문제를 적은 것이었고, 심지어 전시에도 예상문제를 숨겨 들어간 경우가 있었다. 이러한 부정해위는 이미 순치 연간부터 늘어가다가 건륭 연간에 극에 달하였다. 청 중후기의 서법가요 학자인 거인 포세신包世臣(1775-1855)은 자기가 11번이나 낙방하는 과정에서 고시장에서 듣고 본 바를, 응시생마다 "**세자소본**細字小本**을 휴대하지 않은 자가 없었다**"[27]고 전하고 있다. 청말의 풍계분馮桂芬은 "**시험의 비리는 10명 가운데 7-8명이 저지르고 있다**"[28]고 하였다.

청대에는 과거시험장의 부정행위를 막기 위해서 수험생이 공원에 들어갈 때 몸수색을 대단히 엄격하게 하였다. 수험생이 휴대하는 저고리와 양탄자 등은 모두 홑겹으로 제한하였고, 건조식품은 반드시 절개하여 검사하였고, 붓과 벼루 등 모든 용구에 대해서도 상세한 규정이 있었다. 그렇지만 수험자가 많을 때는 1만 명을 넘기도 하였기 때문에, 검사하는 사병들도 보통 힘든 일이 아니었다. 그래서 아침에는 엄격하게 검사하다가 오후에는 소홀이 될 수밖에 없었다. 앞에 입장하는 수험자만 본보기로 엄격하게 조사하고 뒤에 들어오는 수험자는 검사하는 시늉만 하는 경우도 있었다. 동치 원년(1862)의 장원 서부徐郙가 그 대표적인 사례였다.[29] 그는 회시 입장 때 고의로 맨 나중에 입장하였다. 그때도 조사는 대단히 엄격했지만 반너머 조사하면서 지쳐버린 사병들이 '전부 마쳤다'고 소리친 후로는 그냥 술술 들여보냈다.

---

27) 李國榮, 2010, p.142. 포세신은 33세(1808)에 거인이 되었지만 회시에서 여러 번 낙방하자 포기하였다.

28) 《淸朝經世文續編》권10(장중례, 258, 각주 104 轉引)

29) 魯威, 1990, p.151

○ 연납捐納제[30] : 과거시험장의 부정행위와 관련하여 또 한 가지 생각해 볼 문제는 연납제이다. 연납제는 명 중기부터 국가의 재정이 어려울 때 '기부' 형식으로 돈을 받고 학생 자격을 주거나 관직(대개는 명목상의 지위)에 임명하던 제도였다. 청조는 명조의 제도를 모방하여 국가의 재정이 어려워질 때마다 생원·감생[31] 자격은 물론이고, 관직까지 팔았다. 강희제 때인 1680년대에 채택되었고, 옹정(1722-35) 연간에는 자연재해 복구나 군비 마련 혹은 상평창에 예비 곡식을 저장하기 위해 채용하였고, 더구나 과거 출신(이를 正途라 함) 관료를 억제할 목적으로도 연납제를 이용하였다.[32]

18세기 말에는 서북 변경에서 일어난 여러 차례의 전쟁 비용을 충당하기 위해서 연납을 행하였다. 태평천국 이전의 19세기 전반기에는 연납으로 감생 학위를 얻은 자가 35만 이상이었고,[33] 19세기 중엽에는 태평천국 반란 진압비를 마련하기 위해서 전례 없이 많은 연납을 행했으므로, 태평천국이 끝난 19세기 후반에는 대개 53만이 넘었던 것으로 추측된다.

더구나 함풍(1851-1861) 연간부터 연납액을 낮춘 덕에 재정 수입을 어느 정도 확보할 수 있었다. 어떤 관직을 얻기 위해 태평천국 전에는 은 1만 냥을 냈다면 난 발생 뒤 에는, 중앙에서는 200 냥, 지방에서는 100 냥을 냈다. 그 때문에 '**관료의 수가 백성보다 많아졌다**'는 비아냥까지 나왔다.[34] 1860년 이후의 4-7품 지방관 가운데에는 연납으로 입사한 관료의 수가

---

30) 許大齡,《淸代捐納制度》, 香港, 龍門書店, 1950; 張仲禮, 1993, pp.150-162

31) 감생은, 명대에는 국자감에 입학한 正途 학생을 의미하였으나, 청대에는 정도를 통하여 국자감에 입학한 학생은 貢生이라 하였고, 연납으로 입학한 학생만을 감생이라 하였다.

32) 張仲禮, (1953), pp.167-168; 近藤秀樹, 1963 (上).

33) 최근의 연구에 따르면, 도광(1821-1850) 연간에 연납으로 감생 자격을 얻은 수가 30만 이상이었다고 하니, 평균 매년 1만명이었다. 余英時,〈試說科擧在中國史上的功能與意義〉, 新京報 主編, 2006.

34) 張仲禮, pp.150-162, 255.

정도正途로 입사한 관료보다 많았다.[35] 그 때문에 청 중기부터는 점차로 진사 과잉상태가 나타났는데, 청 말의 광서(1874~1908) 연간부터는 연납출신은 금액의 다소에 따라 바로 관직에 임명되는 경우도 있었지만, 진사출신은 오히려 10여 년을 기다려야 할 정도였다.[36]

과거 시험장의 부정행위는 고관이나 부호가 시험관에게 '**비밀리**'에 뇌물을 주어 발생한 것이었다. 그런데 연납은 '**공공연**'하게 국가에게 돈을 주고 공명功名을 사는 것이었다. 비밀인가 공공연한 것인가, 관리 개인인가 국가 공공기관인가의 차이일 뿐, 금전을 건네고 부정을 저지르는 것은 같은 것이었다. 청조는 공공연하게 뇌물을 받으면서도, 암암리에 행해지는 과거 시험장의 비리는 엄격하게 처벌하는 모순을 범한 것이었다.

---

35) 何炳棣, 1987, pp.52~55

36) 近藤秀樹, 1963 (下), pp.74~77 참조.

결어

과거제는 사서·오경 중심의 유교 경전을 한문으로 대답하는 '논술'시험이었고, 외형상 모든 사람에게 공평하게 개방된 객관적인 시험이었다. 그때문에 과거제는 모든 독서인들이 계층상승의 희망을 안고, 그 합법성과 정당성을 인정하는 제도였다. 과거제는 황제가 사회의 유력층인 독서인과 신사층을 우익으로 확보하여, 통치질서를 안정적으로 유지하는 데 결정적인 힘을 발휘하였다. 과거제는 우수한 관료를 선발하려는 시험제도였지만, 실제로는 정치·사회·경제·문화가 서로 어울려 움직이게 하는 **'엔진과 같은 기능을 한 제도'**였다. 청조는 그렇게 막중하고 다양한 기능을 가진 과거제를 폐지해버렸다. 그리고 그 때문에 당시 4억 정도의 중국인에게 몰아친 '후폭풍'은 대단히 거셌다.

첫째는, **'황제 독재체제의 붕괴'**였다. 과거제가 폐지되면서, 2,100여 년 전에, '진시황이 천하를 통일하고 시작한, 대대로 세습하며 법 위에 군림해오던, 신神적인 존재로서의 황제(군주) 독재체제가 붕괴'되고 궁극적으로 **'삼권분립체제'**가 성립되었다. 가장 상징적인 사건은 '신해혁명(공화혁명, 1911.10.10.)'으로 청조가 붕괴되고 중화민국정부가 성립(1912.1)된 것이었다. 그 당시의 신사들은, **"나라가 망한 것은 이때**(國亡於此時, 1905)"라고 하면서, 심지어 **"과거를 폐지한 해**(1905)**가 민국 원년**(廢科擧之年爲民國元年)"이라고 하였다. 또 '원래 인재를 키우던 학교가 과거를 폐지한 뒤에는 반란세력을 양성하는 소굴로 변했다'고 하면서, **"학생들이 혁명을 이끈 것은 과거를 폐지한 때문"**이라고 하였다. 그리고 **"만일 과거제가 이전대로 시행되었다면, 천하가 이렇게 혼란에 빠지지도 않았을 것이고, 신해혁명도 일어나지 않았을 것"**이라고 하였다. 당시인들은 이구동성으로, 1905년의 과거제 폐지는 단순히 제도 하나를 폐지한 것에 그치지 않고 **'청조 붕괴의 선성**先

聲'이라고 생각하였다. '황제가 신사를 버리니 신사도 황제를 버린 것'이었다.

황제 독재체제가 붕괴되면서 '관료의 지위와 성격도 변화'되었다. 관료는 한 몸에 '명예 · 권력 · 재부財富 · 학자'[1]로서의 위상을 지니면서, '천자의 신하로서, 천자와 분치分治한다'는 자부심과 '천하에 대한 사명감'을 가진 존재였다. 그러나 그 뒤의 관료에게는 그러한 자부심이나 사명감은 없어졌고, 궁극적으로는 단지 국민의 공복公僕이 되었다.

황제 독재체제가 붕괴되면서 '삼권분립체제'가 성립하였다. 전에는 행정과 입법 · 사법이 확실하게 분리되지 않은 상태였다. 그런데 과거제가 폐지되고 자정원과 자의원이 설립되면서 입법부가 독립하였고, 대리원大理院(1906)을 중심으로 사법부가 독립되어 삼권분립체제로 나아가게 되었다. 청조는 새로운 법전 편찬을 추진하는 단계에서 소멸되었지만, 청 말에 추진한 사법부 분립의 의지가 민국시기에 들어 사법부 성립의 기초가 되었다.[2]

둘째 '교육의 내용 · 목적과 기능이 변화'되었다. 과거제가 1300년 동안 꾸준히 지속될 수 있었던 것은 '오로지 교육의 힘'이었다. 전통시대의 학교는 주로 유교경전을 암기시키는 '과거시험의 제1단계'였지만, 이제는 모든 교육이 신식학당체제로 전환되었다. 소학 · 중등 · 고등 학당에서 기본 교양을 가르치고 대학에서 인문 · 사회 · 자연 · 공학 · 의학 · 예능 등 전문 지식을 교육하여 '다양한 전문가를 배출'하게 되었다. 학교가 비로소 '인재를 양성'하는 본래의 기능을 되찾게 된 것이다.

셋째 사회가 '지위地位지향성(Status Orientation) 사회에서 목적지향성

---

1) 관료들은 자기가 학자임을 과시하기 위해 개인의 문집(文集)을 편찬하면서 자신이 관료 시절의 공문서(公文書=上奏文 · 科擧試驗 答案紙)와 자작 시 · 잡문 등을 문집에 삽입하였다.

2) 關曉紅, 2017, pp.201-203, 367-370

(Goal Orientation) **사회**'로 변화되는 계기가 되었다. 종전의 사회는 요역徭役을 면제받는 **특권적 '신사'**와 요역을 부담하는 **피지배 '서민'**의 이중 구조였다. 그 때문에 서민의 목표는 2-3만 명에 불과한 관료가 되는 것이 유일한 길이었고 그 유일한 방법은 과거시험이었다. 사회에서는 남자가 거업擧業(과거시험공부)을 하지 않으면 '자포자기'로 간주하였고, 과거에 급제하면 **'인재'**, 낙방하면 **'범인**凡人'으로 여겼다. 과거제는 **'지식과 사고방식과 행동양식까지 통제'**하였으므로, 모든 지식인은 '유교적 교양을 유일한 가치관'으로 삼고 사회에 군림하는 **'문화적 특권층'**이었다. 그러나 이제는 자기의 '재능과 목표'에 따라 다양한 진로를 선택하게 되어 **'지식과 가치관이 다원화'** 되었다. 또한 전문 지식인[3]·무관武官, 귀국 유학생, 법관·경찰, 기업인 등이 대량으로 배출되었으므로, '지식인'이란 자부심과 '특권'이 사라졌다.[4] 이제 사·농·공·상 사민四民 개념과 계층이 사라지고,[5] 지도자로부터 서민까지 모두가 **'법 앞에 평등한 국민'**이 되었다. 중국사회는 이제 종전과는 전혀 다른 모습의 **'새로운 사회'**, 보편적인 **'지성사회'**로 변모되어갔다.

넷째 **'여성이 남존여비의 굴레에서 해방되어 인간으로서의 존엄성과 천부적인 권리를 인정'**받게 되었다. 전체 인구의 절반이나 되는 여성은 고래

---

3) 신교육을 받는 학생 수가 1905년에 258,873명에서 12년에는 거의 3백만 명으로, 1905년의 무려 12배나 증가하였다. 민국시기에는 더욱 가파르게 증가하여 1936년에는 학교 수 32만에 학생 수 1,860만 명이 되었다.

4) 신지식인들 사이에는 과거시대에 신사가 공유했던 '동류의식'이나 천하에 대한 '사명감'같은 건 없었다. 심지어 '지식인은 1911년 이전에 모두 죽어 없어졌다'고 하는 사람도 있었다. 何懷宏, 2011, pp.332-333.

5) 청말까지 편찬된 《地方志》의 戶口, 職業 항목에는 '士農工商'의 네 부류(四大類)로 되어있다. 그런데 민국시기에 편찬된 지방지에는 '士'가 없어지고, 그 대신 黨務員·公務員·學生·律師·工程師·會計師·醫生·記者·戰務員·郵務員·路員·農人·商人·負販·礦工·工人·勞工·警察·伶人·雜業 등 23개 항이 소개되고 있다. '士'가 소멸된 것은 과거제가 폐지되면서 四民社會도 해체되었음을 의미한다. 焦忠祖 等, 《阜寧縣新志》(民國23년, 1934 排印本), 戶口 〈職業〉.

로 인구통계에는 삽입되어 세역稅役의 부과대상이 되기도 하였지만, 학교교육·과거응시·관료 입사에는 철저하게 배제되었다. 축첩蓄妾은 사회의 관행이 되어 있었고, 전족纏足은 여성들의 삶을 빼앗았고, 나아가서는 농가 여성들의 노동력을 빼앗는 막대한 경제적 손실의 원인이 되었다. 여성해방의 첫 단계는 여성의 전족을 금지한 것(1902)이었다. 1905년 9월에 원세개와 장지동 등 6대신이 올린 상주문 가운데, '**과거시험 즉시 폐지와 신식학당 설립**'을 건의한 내용에 뒤이어서, "**또 학당을 설립하는 것은 ⋯ 사람마다 교육을 받게 하려 함입니다. ⋯ 여성과 어린이도 교육을 받게 해야 합니다. 전국 방방곡곡 누구나 교육을 받게 한다면 어찌 부강富强을 이룰 수 없겠습니까?**"[6]라는 구절이 포함되어 있다. 여성을 포함하는 '**국민교육**', '**보통교육**'을 피력한 것이었다. 이를 실현시키기 위해서, 과거제가 폐지된 뒤, 1907년에 학부學部에서는 〈강박교육장정强迫教育章程〉을 발포해서 모든 국민의 학당 취학을 독려하고, 〈여자소학당장정〉과 〈여자사범학당장정〉을 만들어 여성교육을 정식 학제로 편입시켰고, 민국시기에 들어가서 여성교육이 완전히 정착되었다.[7]

다섯째, '**군인의 지위와 영향력이 강화되고, 무관**(신군의 장교)**이 새로운 전문 엘리트로 부상**'하였다.[8] 19세기 중엽부터 연이어 발생한 내우외환에

6) 楊學爲 主編, 《中國考試史文獻集成》제6권(淸), 고등교육출판사, 2003, 北京, pp.789-791.

7) 關曉紅, 2017, pp.373-376; 김유리, 〈청말의 여자교육 제도와 그 실상〉, 《서원에서 학당으로》, 한국학술정보, 2007, pp.399-426. 여성교육은 아편전쟁 직후에 선교사들이 구안(口岸)도시에 세운 교회학교로 시작하였지만 초등학교 수준이었고 종교교육 위주였다. 1897년에는 양계초 등이 여성교육을 변법자강의 한 부분으로 생각하고, 정관응(鄭觀應) 등과 협조하여 상하이에 중국여학당을 설립한 것을 계기로 여학교를 설립하기 시작하였다.

8) 이치코 주조, 2007, pp.652-658; 마리안 바스티·브뤼게르, 〈사회변화의 추세〉, 페어뱅크 주편(김한식 등 역), 《캠브리지 중국사 11下, 청제국 말, 1800-1911》, 2007, pp, 894-905.

자극되어, 의식 있는 신사들은 망국의 위기의식이 높아갔다. 그리고 나라와 민족을 보호할 수 있는 존재로서 팔기八旗와 녹영綠營 대신 강력한 '**신식 군대의 건립**'이 급선무로 인식되었다. 태평천국 운동이 끝난 뒤 전개된 자강운동의 방향이 군수산업에 집중되었던 것은 그 때문이었다. 청조는 청일전쟁에서 패하자(1895), 12월에 독일식의 조직·훈련·전술을 모방한 군 부대 2개를 조직하도록 명령하였다. 이렇게 탄생한 것이 장지동의 자강군自强軍과 원세개의 신건육군新建陸軍이었다. 청조는 신정을 시작하면서 서둘러 각성에 무비武備학당 건립을 명하였다(1901.9.11). 1903년 말에 이르면 거의 모든 성에 무비학당이 건립되었으며, 1906년에는 전국에 총 36개의 무비학당에 6,307명의 생도가 있었고, 1911년에는 거의 70개에 달하는 사관학교가 세워졌다. 무비학당 졸업생은 신식 군대의 군관으로 임명되었고, 문관보다 오히려 우대되고 승진도 빨랐으므로 새로운 엘리트로 부상하였다. 신사조차 신군의 장교를 희망하는 사례도 있었다.

여섯째 '**도시와 농촌의 격차가 심화되면서 향촌질서가 재편**'되었다.[9] 명·청시대에는, 성도省都나 대부大府 이상의 대도시를 제외하면, 도시와 농촌의 사회·문화적 차이가 그리 크지 않았다. 전에는 향촌에도 도시 못지않게 많은 신사가 거주하였다.[10] 신사는 관료로 출사하는 기간에는 향리를 떠나 있었지만 대개 가족은 남아 있었고, 정년한 뒤에는 고향에 돌아와 독서와 농경을 겸하면서 사숙私塾을 경영하거나, 지방관과 협력하여 향촌

9) 吉爾伯特 羅兹曼 主編(Gilbert Rozman) 主編,《中國的現代化》, 江蘇人民出版社, 1988, pp.246-248; 何懷宏, 2011, p.328; 羅志田, 2006.

10) 潘光旦·費孝通(최만원 역),《중국의 신사계급》, 갈무리, 서울, 2019, p.180에서는, 19세기 후반에는 최소 40% 이상의 신사가 농촌에 거주하였을 것으로 추측한다. 또 Fairbank는, 청말에 신사의 약 96%가 향촌에 거주했다고 한다. 費正淸(Fairbank),《美國和中國》, 世界知識出版社, 1999, p.32. 과거(科擧) 시대에 신사가 향촌에 많이 거주했던 것은 유학의 입학시험인 동시와 향시는 반드시 본적지에서 응시해야 되었기 때문이다.

의 공익을 위해 다양한 역할을 수행하였다. 사숙과 서원[11]도 도시와 향촌에 거의 같은 수준으로 존재하였다. 그런데 과거가 폐지되면서 과거를 통한 계층상승의 희망이 사라지자, 도시와 비슷하게 존재하던 향촌의 사숙이 지역에 따라서는 졸지에 1/20로 줄었다.[12]

그와는 반대로 신식학당은 주로 대도시나 중소도시인 향鄕·진鎭에 신설되었다. 그런데 향촌에 존재하던 사숙과는 달리, 도시의 신식학당은 너무 멀었으므로 향촌의 자제들은 신식학당에 입학하기 위해 도시로 나갈 수밖에 없었다. 신식학당은 학비도 훨씬 비쌌고, 체제비와 교재비도 만만치 않았으며,[13] 무엇보다 학업기간이 너무 길었다. 그 때문에 자제를 신식학당에 보낼 수 있는 농촌 가정은 겨우 1–2%에 불과하였고, 따라서 향촌에서 신식 학문을 접할 기회는 과거科擧시대보다 대폭 줄어들었다.[14] 그 때문에 신지식인은 대개 도시나 부유한 가정 출신이었다.[15]

그런데 고등학교나 대학에 진학하기 위해 도시로 나간 청년들은 졸업 후에도 고향에 돌아오지 않고 계속하여 도시에 거주하는 경우가 많았다. 외국에 유학한 뒤 귀국한 지식인들 역시 그러하였다.[16] 도시는 농촌보다 생활 여건이 나았고, 자치조직이나 사단社團·상공업 등 일자리를 찾을 기회가 많았기 때문이다. 그러자 신사도 향촌 생활을 버리고 도시로 이주하

---

11) 서원은 19세기 말기에 가까워질수록 도시에 건설되는 경향이 증가하였다. 蒂榮曼·格里姆, 〈廣東的書院與城市體系〉, 施堅雅(Skinner) 主編(葉光庭 等 譯), 《中華帝國晚期的城市》, 北京, 中華書局, 2000.

12) 그러나 지역에 따라서는 사숙이 습자 등 기초 교육을 담당하면서 민국시대까지도 존재하였다. 劉曉東, 2010, p.62; 關曉紅, 2017, pp.200–201; 阿部洋, 1966, pp.798–810 참조.

13) 林志宏, 2012, p.423

14) 桑兵, 1995, p.157; 關曉紅, 2017, p.319.

15) 로이드 E. 이스트만(이승휘 역), 1999, p.269.

16) 로이드 E. 이스트만(이승휘 역), 1999, p.271.

는 수가 증가하였다.[17] 부유한 지주도 농촌을 떠났다. 수시로 발생하는 재해로 몰락하게 된 농민들도 도시로 도시로 모여들었다. 그 때문에 도시화의 속도가 빨라졌고, 개항장 등 슈퍼급 도시도 출현하였다.[18] 이러한 상황이 복합적으로 작용하여 도시와 농촌의 사회·경제·문화적 격차가 더욱 벌어졌지만, 정부는 1949년까지 농촌을 방치했다.

이렇게 전통적인 향촌 리더가 사라진 자리에 새로운 리더가 대두하였다.[19] 지역에 따라서는 노쇠한 신사, 패상敗商·토호土豪·고리대업자·무식한 지주·무뢰·회도會道의 두목 등이 농촌사회를 지배하게 되었다. 향촌에서는 그들을 토호열신土豪劣紳·무뢰·악패惡覇라 불렀고, 촌장村長을 곡식의 '좀'으로 여겼다.

이렇게 '도·농 사이의 격차'가 심화되던 것과 함께 국민의 식자율도 일시적으로 하강하였다. 1880년대 중국인의 식자율은 남성 30-45%, 여성 2-10%, 남여 평균 20% 내외였을 것으로 추측하고 있다.[20] 그런데 신정이 추진되고 과거제가 폐지된 뒤부터 신식학당은 격증하였지만, 그때부터 1930년대에 이르기까지 전국 평균 식자율은 오히려 지속적으로 하강하여, 소학 졸업 정도의 인구도 총인구의 17%밖에 안 되었다.[21] 1910년 초, 어사 조병린趙炳麟의 상주에도, '신식 교육으로 전환되는 과도기에 일시적으

---

17) 徐茂明, 2006, pp.404-405; 何懷宏, 2011, p.331-332

18) 알랭 루, 2010, p.32

19) 劉大鵬, 《退想齋日記》(1990) : 민국15년(1926) 4월 24일(음 3월13일); 劉大鵬, 同書, 민국15년 8월 14일(음 7월 7일); 徐茂明, 2006, p.404; 何懷宏, 2011, p.331-332

20) Rawski, Evelyn S., *Education and Popular Literacy in Ch'ing China*, The University of Michigan Press, Ann Arbor, 1979, p.23

21) 한 통계에서는, 1912년에는 신식 소학당의 재적생이 2,933,387 명으로 전국민의 겨우 0.5%에 불과하였다고 한다. 魯威, 1990, p.264; 陳遠, 〈科擧終結之後的中國敎育體系〉, 新京報 주편, 《科擧百年》, 北京, 同心出版社, 2006, p.115; 桑兵, 1995, p.399.

로 교육받은 자의 수가 줄어들고 있다'고 지적하였다.[22)

1905년의 과거제 폐지는 결과적으로 보면, ①황제 독재체제, ②사회의 계층구조와 가치관, ③교육과 문화, ④사士(사대부→신사)' 계층의 성격 등을 한 번에 바꿔버린 엄청난 사건'이었다.[23)

과거제 폐지를 선포하자, 엄복嚴復(1854-1921)은, '**우리나라 수천 년 동안 일어난 일 가운데, 고대의 〈폐봉건, 개천맥**廢封建, 開阡陌〉(진시황의 개혁) **과 같은 엄청난 변혁**이어서, 나같은 천학미식淺學微識자로서는 앞으로 일어날 결과는 감히 예측할 수 없다'고 하였다.[24) 장시간 중국을 관찰했던 선교사 엘렌(Allen Y. John, 林樂知, 1836-1907)은, "**과거제 폐지는 한·당 이래 나라를 온통 부패시킨 뿌리와 몸통을 하루아침에 도려낸 사건으로, 앞으로 중국의 앞날에 상상할 수 없는 놀라운 영향을 미칠 것**"이라고 하였다.[25) 어떤 학자는 '**청조 소멸의 원인은 과거제 폐지로 귀결된다**'고 하였다.[26) 길버트 로즈만이 편찬한 책[27)에서는 여러 곳에서, 과거제를 폐지한 1905년을 '**중국의 현대화를 시작한 해**'로 보고 있다. 특히 프레데릭 모트(F.W.Mote) 등 2인이 집필한 제9장에서는, '**1905년의 과거제 폐지는 한 시대의 종말임과 동시에 새로운 시대의 시작이었다. 그 중요성으로 보면 신해혁명보다 오히려 더 중요한 전환점이었다**'고 하였다. 또 로즈만 등 3인이 집필한 결론(제15장)에서는, '**현실적인 면이나 상징성으로 볼 때, 1905년**

---

22) 關曉紅, 2017, p.198.

23) 劉海峰·李兵, 2004, pp.427-431; 劉海峰 主編, 〈科擧制百年祭〉, 2006; 肖振才, 2007, p.202-230

24) 嚴復, 〈論敎育與國家之關係〉, 《東方雜志》第2卷 第3期, 1906(王栻 主編, 《嚴復集》第1冊, 北京, 中華書局, 1986).

25) 林樂知, 〈中國敎育之前途〉, 《萬國公報》第39冊, 臺北, 華文書局, 1968 影印本, p.24014; 林志宏, 2012, p.388

26) 肖振才, 2007, p.221

27) 吉爾伯特 羅玆曼 主編(Gilbert Rozman), 1988, pp.335, 634-635.

의 과거제 폐지는 구시대와 신시대를 일도양단一刀兩斷하는 표지였고, 1861년 소련의 농노제 폐지[28]와 1868년 일본의 메이지유신과 그에 이은 폐번廢藩(1871)과 비견되는 사건이었다'고 평가하였다.

이상 본서의 내용을 종합해 보면, 다음 2가지의 결론을 도출할 수 있다. 첫째, 중국이 세계 4대문명 발상지의 하나로, 광대한 영토와 방대한 인구·다기한 언어와 방언에도 불구하고, 고대의 역사와 문화의 정체성을 현대까지 유지시킬 수 있었던 '기둥'은 과거제였고, 그 과거제를 유지시키게 한 '주춧돌'은 교육이었다. 과거제가 창시될 수 있었던 것은 공자시대 이래 '사학私學'이 지속되었기 때문이고, 교육이 면면히 지속될 수 있었던 것은 '과거제의 자극' 때문이었다. '교육[29]과 과거제는 서로 보완하면서 중국 고대의 정체성을 현대까지 유지시키는 원동력'이 되었다. 둘째, 1905년의 과거제 폐지는 무의식 중에 '중국의 현대화를 시작하겠다는 선언'이었고, '구시대·구중국에서 신시대·신중국으로 전환되는 이정표里程標'였다.(S.D.G.)

---

28) 1861년 러시아 제국의 황제(차르) 알렉산드르 2세가 농노제 폐지 칙령을 내리고 2,300만 명(인구의 34%)이나 되는 농노를 해방시켜 주었다.

29) 교육이 나라와 민족의 정체성과 언어를 대대로 유지하는 원동력이 된 사례로 유대민족도 있다. 로마제국에게 나라를 잃고 전 세계로 뿔뿔이 흩어졌던 유대인이 오늘날과 같이 나라와 정체성을 유지할 수 있는 배경에는 끈질기게 교육을 이어 온 힘 때문이었다. 교육은 참으로 '백년대계'임에 틀림없다.

참고문헌

1. 史料

《康南海自編年譜》, 北京, 中華書局, 1992

顧炎武, 《顧亭林詩文集》, 北京, 中華書局, 1959

顧炎武, 《日知錄》, 臺北, 商務印書館, 1956

谷應泰, 《明史紀事本末》, 臺北, 三民書局, 1956

沈桐生 等 輯, 《光緒政要》, 江蘇廣陵古籍刻印社, 1991

《光緒朝東華錄》, 北京, 中華書局, 1958

丘濬, 《大學衍義補》, 上海書店出版社, 2012

歐陽修 等, 《新唐書》, 北京, 中華書局, 1975

屈大均, 《廣東新語》, 北京, 中華書局, 1985

《大淸會典事例》, 北京, 中華書局, 1976

董浩 編, 《全唐文》, 北京, 中華書局, 1983

杜佑, 《通典》, 北京, 中華書局, 1988

馬端臨, 《文獻通考》, 浙江古籍出版社, 1988

《名公書判淸明集》(中國社會科學院宋遼金元史研究室), 北京, 中華書局, 1987

《明實錄》中央研究院歷史語言研究所, 校引本.

《淸實錄》, 北京, 中華書局, 1985

朴趾源, 《熱河日記》, 1932年 刊本; 景仁文化社 影印本

房玄齡 等, 《晉書》, 北京, 中華書局, 1974

班固, 《漢書》, 北京, 中華書局, 1962

范仲淹, 《范文正公集》, 康熙44年 刊本

司馬遷, 《史記》, 北京, 中華書局, 1959

徐珂 編, 《淸稗類鈔》, 北京, 中華書局, 1984

徐弘祖, 徐霞客遊記(上下), 上海古籍出版社, 1980/1987

Semedo(Alvaro Semedo, 중국명 曾德昭), 何高濟 譯, 《大中國志》, 上海古籍出版
    社, 1998

宋濂 等, 《元史》, 北京, 中華書局, 1976

沈德符, 《萬曆野獲編》, 北京, 中華書局, 1980

《御定全唐詩》, 北京, 中華書局, 1960

梁啓超, 《飮冰室合集》, 上海, 中華書局, 1941

楊學爲 主編, 《中國考試史文獻集成》第6卷(淸), 北京, 高等敎育出版社, 2003

黎靖德, 《朱子語類》, 中華書局, 1994

葉夢珠, 《閱世編》, 明清筆記叢書, 上海古籍出版社, 1981

吳敬梓, 《儒林外史》, 上海古籍出版社, 1984

汪康年(1860-1910), 《汪穰卿筆記》, 上海書店, 1997

王溥 等, 《唐會要》, 北京, 中華書局, 1955

王世貞, 《弇山堂別集》, 北京, 中華書局, 1983

王守仁, 《陽明全集》, 上海古籍出版社, 1992

王定保, 《唐摭言》, 上海古籍出版社, 1978

龍文彬, 《明會要》(臺北, 世界書局, 交點本)

魏徵, 《隋書》, 北京, 中華書局, 1974

劉大鵬, 《退想齋日記》, 太原, 山西人民出版社, 1990

利瑪竇(何高濟 等 譯), 《利瑪竇中國札記》, 北京, 中華書局, 1983

李延壽, 《南史》, 北京, 中華書局, 1975

李鴻章, 《李文忠公全集, 奏稿》, 長春, 時代文藝出版社, 1998

張舜徽, 《張居正集》(1-4), 武漢, 湖北人民出版社, 1987-1994

張昭遠 等, 《舊唐書》, 北京, 中華書局, 1975

張廷玉, 《明史》, 北京, 中華書局, 1974

丁文江, 《徐霞客先生年譜》, 王雲五 主編, 國學基本叢書, 商務印書館, 徐霞客遊記
　　　附錄, 臺北, 1968.

程春宇, 《士商類要》(天啓6年刊)

趙而巽, 《清史稿》, 北京, 中華書局, 1976

趙翼, 《廿二史箚記》, 世界書局, 1968

朱國楨, 《皇明史概》, 揚州, 江蘇廣陵古籍刻印出版社, 1992

朱熹, 《晦庵集》(四庫全書本)

《中國狀元譜》(內部資料)

陳邦瞻, 《宋史紀事本末》(全3冊), 北京, 中華書局, 1977

陳壽, 《三國志》, 北京, 中華書局, 1982

《天下書院總志》(全3卷), 臺北, 廣文書局影印本, 1974

脫脫 等, 《宋史》, 北京, 中華書局, 1977

海瑞, 《海瑞集》, 北京, 中華書局, 1962

洪邁, 《容齋隨筆》, 上海古籍出版社, 1978

黃佐, 《南雍志》

《欽定續文獻通考》, 臺北, 新興書局, 1965

童璜 等 纂, 《欽定學政全書》, 文海出版社, 《近代中國史料叢刊》本

참고문헌

〈지방지〉

《鉛山縣志》(同治12年刊本)

《饒州府志》(同治11年刊本)

《阜寧縣新志》(焦忠祖 等, 民國23년, 1934 排印本)

《延平府志》(嘉靖4年刊本)

《通城縣志》(同治6年刊本)

《阜寧縣新志》(焦忠祖 等, 民國23年, 1934 排印本)

2. 著書

김유리, 《서원에서 학당으로》, 한국학술정보, 서울, 2007

김인현 등, 《통으로 읽는 중국사》, 삼양미디어, 2011

김태완, 《책문-새대의 물음에 답하라》, 서울, 소나무, 2004

김혜경, 《聊齋志异》- 꿈과 진실의 파노라마(동양의 고전을 읽는다), 휴머니스트,
　　　2006

金衡鐘, 《淸末 新政期의 硏究-江蘇省의 新政과 紳士層-》, 서울대학교출판부,
　　　2002

로이드 E. 이스트만(이승휘 역), 《중국 사회의 지속과 변화, 1550-1949》, 돌베개,
　　　1999.

류웨이·장첸이(허유영 역), 《중국 역사 대장정》, 웅진지식하우스, 2009

마민(신태갑·후걸 역), 《중국 근대의 신상》, 신서원, 2006

미야자키 이치사다(宮崎市定, 중국사연구회 역), 《중국의 시험지옥-과거(科擧)》, 청
　　　년사, 1992

————(宮崎市定, 임대희 등 역), 《구품관인법의 연구》, 소나무, 2002

————(宮崎市定, 차혜원 역), 《중국사의 大家 수호전을 歷史로 읽다》, 푸른역사,
　　　2006

閔斗基, 《中國近代史硏究》, 一潮閣, 1973

박한제, 《대당제국과 그 유산-호한통합과 다민족국가의 형성-》, 세창출판사,
　　　2015

박한제 등, 《아틀라스 중국사》, 사계절, 2015 증보판.

潘光旦·費孝通(최만원 역), 《중국의 신사계급》, 갈무리, 서울, 2019

발레리 한센(신성곤 역), 《열린 제국 : 중국, 고대-1600》, 까치, 2005

潘光旦·費孝通(최만원 역), 《중국의 신사계급》, 갈무리, 서울, 2019

裵淑姬,《宋代科擧制度와 官僚社會》, 三知院, 2001

宋應星(崔炷 譯註),《天工開物》, 傳統文化社, 1997

알랭 루(정철웅 역),《20세기 중국사》, 도서출판 책과함께, 2010

앤 팔루던(이동진, 윤미경 역),《중국 황제》, 갑인공방, 2002

梁鍾國,《宋代士大夫社會研究》, 三知院, 서울, 1996

吳金成,《中國近世社會經濟史研究－明代紳士層의 形成과 社會經濟的 役割－》, 一
　　　潮閣, 서울, 1986(→日本語譯:《明代社會經濟史研究－紳士層의 形成과 その
　　　社會經濟의 役割－》, 汲古書院, 東京, 1990)

───,《國法과 社會慣行：明淸時代社會經濟史研究》, 지식산업사, 2007(2007－
　　　A, → 中譯:《國法與 社會慣行：明淸時代社會經濟史研究》, 北京, 浙江大學
　　　出版社, 2020)

───,《矛·盾의 共存：明淸時代江西社會研究》, 지식산업사, 2007(2007－B, →
　　　中譯:《矛與盾的共存：明淸時代江西社會研究》, 南京, 江蘇人民出版社,
　　　2018)

───,《장거정, 시대를 구하다》, 지식산업사, 2018

왕카푸(김효민 역),《팔고문이란 무엇인가》, 글항아리, 2015

윌리엄 T. 로(Rowe, William T., 기세찬 역),《청 : 중국 최후의 제국》, 너머북스,
　　　2014

이근명,《남송시대 복건 사회의 변화와 식량 수급》, 신서원, 2013

───,《왕안석평전》, 신서원, 2021

李成珪,《中國古代帝國成立史研究－－秦國齊民支配體制의 形成－》, 一潮閣, 1984

자크 제르네(金永濟 譯),《傳統 中國人의 日常生活》, 신서원, 1995.

張仲禮(金漢植 等 譯),《中國의 紳士》, 신서원, 1993

全淳東,《明王朝成立史研究》, 도서출판 개신(충북대학교 출판부), 청주, 2000

정관잉(이화승 역),《성세위언－난세를 위한 고언》, 책세상, 2003

曹永憲,《대운하와 중국 상인 : 회·양 지역 휘주상인 성장사, 1415－1784》, 민음
　　　사, 2011

진정(金諍 지음, 김효민 역),《중국과거문화사》, 동아시아, 2003

판수즈(이화승 역),《관료로 산다는 것－명대 문인들의 삶과 운명－》, 더봄, 2020

何柄棣(曹永祿 外 譯),《中國科擧制度의 社會史的 研究》, 東國大學校 出版部,
　　　1987

河元洙,《唐代 進士科와 士人에 관한 研究》서울대학교 博士學位論文, 1995.

하원수,《과거제도 형성사》, 성균관대학교 출판부, 2021

한영우,《과거, 출세의 다리》(1－4), 서울, 지식산업사, 2013

참고문헌

허핑티(何炳棣, 정철웅 역), 《중국의 인구》, 책세상, 1994

히라다 시게키(平田茂樹, 김용천 역), 《과거와 관료제》, 동과서, 2012

桂栖鵬, 《元代進士研究》, 蘭州大學出版社, 2001

龔篤清, 《明代科擧圖鑑》, 岳麓書社, 長沙, 2007

龔書鐸 等, 《圖說天下》, 吉林出版集團有限責任公司, 長春, 2007

郭培貴, 《中國科擧制度通史－明代卷》, 上海人民出版社, 2015

關曉紅, 《科擧停廢與近代中國社會》(修訂版), 北京, 社會科學文獻出版社, 2017

綦曉芹, 《科擧》, 重慶, 重慶出版社, 2007

吉爾伯特 羅玆曼 主編(Gilbert Rozman, 國家社會科學基金 '比較現代化' 課題組
    譯), 《中國的現代化》, 江蘇人民出版社, 1988.

金瀅坤, 《中國科擧制度通史－隋唐五代卷》, 上海人民出版社, 2015

魯威, 《科擧奇聞》, 瀋陽, 遼寧敎育出版社, 1990

都興智, 《中國科擧制度通史－金代卷》, 上海人民出版社, 2015

鄧洪波等, 《長江流域的書院》, 武漢, 湖北敎育出版社, 2004

鄧洪波, 《中國書院史》, 上海, 中國出版集團 東方出版中心, 2004

鄧洪波·龔抗云, 《中國壯元殿試卷大全》(上卷), 上海敎育出版社, 2006

利瑪竇(何高濟 等譯), 《利瑪竇中國札記》, 北京, 中華書局, 1983

馬   敏, 《商人精神的嬗變－近代中國商人觀念研究》, 武漢, 華中師範大學出版社,
    2001

毛佩琦, 《中國狀元大典》, 昆明, 雲南人民出版社, 1999

蒙思明, 《元代社會階級制度》, 燕京學報(專號) 16, 1938(北京, 中華書局, 1980)

武玉環·高福順, 《中國科擧制度通史－遼代卷》, 上海人民出版社, 2015

樊樹志, 《江南市鎭：傳統的變革》, 上海, 復旦大學出版社, 2005

卞孝萱·張淸華·閻琦, 《韓愈評傳》, 南京, 南京大學出版社, 1998

傅璇琮, 《唐代科擧與文學》, 西安, 陝西人民出版社, 2007(原刊 1986)

費正淸(Fairbank), 《美國和中國》, 世界知識出版社, 1999

謝靑·湯德用 主編, 《中國考試制度史》, 合肥, 黃山書社, 1995

商衍鎏, 《淸代科擧考試述錄》, 北京, 三聯書店, 1958

桑兵, 《晚淸學堂：學生與社會變遷》, 上海, 學林出版社, 1995

徐茂明, 《江南士紳與江南社會(1368-1911)》, 北京, 商務印書館, 2004

徐梓, 《元代書院研究》, 北京, 社會科學文獻出版社, 2000

蘇州市城建檔案館·遼寧省博物館 編, 《姑蘇繁華圖》, 北京, 文物出版社, 1999

蕭源錦, 《狀元史話》, 重慶出版社, 2004

施堅雅 主編(葉光庭等 譯), 《中華帝國晚期的城市》, 北京, 中華書局, 2000.

新京報 主編,《科舉百年》, 北京, 同心出版社, 2006

信立祥,《漢代畫像石綜合研究》, 文物出版社, 北京, 2000

梁啓超,《戊戌變法》, 上海人民出版社, 1957

———,《中國近三百年學術史》, 東方出版社, 1996

楊國强,《百年嬗蛻-中國近代的士與社會-》, 上海三聯書店, 1997

梁庚堯,《宋代科舉社會》, 上海, 東方出版中心, 2017

楊東勝 主編,《姑蘇繁華圖》, 北京, 中國書店, 2009.

梁方仲,《中國歷代戶口·田地·田賦統計》, 上海人民出版社, 1980

呂大防 等,《韓愈年譜》, 北京, 中華書局, 1991.

余英時,《士與中國文化》, 上海人民出版社, 1987

吳宣德,《江右王學與明中後期江西教育發展》, 南昌, 江西教育出版社, 1996

吳松弟,《中國移民史》, 福州, 福建人民出版社, 1997

吳承明,《中國的現代：市場與社會》, 北京, 三聯書店, 2001

吳宗國,《唐代科舉制度研究》, 遼寧大學出版社, 瀋陽, 1992

吳志堅,《中國科舉制度通史-元代卷》, 上海人民出版社, 2015

王凱旋,《明代科舉制度考論》, 瀋陽出版社, 2005

王國維,《宋元戲曲史》, 上海古籍出版社, 1998

王德昭,《清代科舉制度研究》, 香港, 中文大學出版社, 1982.

王炳照·徐勇,《中國科舉制度研究》, 石家莊, 河北人民出版社, 2002

王先明,《近代紳士--一個封建階層的歷史命運》, 天津人民出版社, 1997

王學泰,《發現另一個中國》, 北京, 中國檔案出版社, 2006

王紅春,《明代進士家狀研究》, 上海, 上海書店出版社, 2017

袁征,《宋代教育》, 廣州, 廣東高等教育出版社, 1991

劉餗,《隋唐嘉話》, 北京, 中華書局, 1979

劉海峰·莊明水,《福建教育史》, 福州, 福建教育出版社, 1996

劉海峰·李兵,《中國科舉史》, 上海, 東方出版中心, 2004

劉海峰,《科舉學導論》, 武漢, 華中師範大學出版社, 2005

——— 編,《科舉百年祭》, 武漢, 湖北人民出版社, 2006(2006-A)

——— 編,《科舉制的終結與科舉學的興起》, 武漢, 華中師範大學出版社,
    2006(2006-B)

劉曉東,《明代的塾師與基層社會》, 北京, 商務印書館, 2010

李正富,《宋代科舉制度之研究》, 臺北, 1967

李國鈞,《中國書院史》, 長沙, 湖南教育出版社, 1994

李國榮,《清朝十大科場案》, 北京, 人民出版社, 2010

참고문헌

李　兵,《書院與科擧關係硏究》, 武漢, 華中師範大學出版社, 2005

李世愉·胡平,《中國科擧制度通史-淸代卷》, 上海人民出版社, 2015

李時岳,《中國反洋敎運動》, 北京, 新華書店, 1958

李孝悌,《淸末的下層社會啓蒙運動: 1901-1911》, 石家莊, 河北敎育出版社, 2001

岑大利,《鄕紳》, 北京圖書館出版社, 1998

張家駒,《兩宋經濟中心的南移》, 武漢, 湖北人民出版社, 1957

章開沅·馬敏·朱英,《中國近代史上的官紳商學》, 武漢, 湖北人民出版社, 2000

章柳泉,《中國書院史話》, 北京, 敎育科學出版社, 1981

張正藩,《中國書院制度考略》, 南京, 江蘇敎育出版社, 1985

張希淸,《中國科擧制度通史-宋代卷》, 上海人民出版社, 2015

丁鋼·劉琪,《書院與中國文化》, 上海敎育出版社, 1992

趙光懷,《吏員制度與秦漢政治》, 濟南, 山東人民出版社, 1992

趙子富,《明代學校與科擧制度硏究》, 北京, 北京燕山出版社, 1995

周道祥 主編,《江南貢院史話》, 南京出版社, 2008

周臘生,《明代狀元奇談·明代狀元譜》, 北京, 紫禁城出版社, 2004

周宗奇,《血光之災-淸代文字獄紀實-》, 北京, 中國靑年出版社, 1998

陳東原,《中國敎育史》, 臺北, 臺灣商務印書館, 1966

陳　玲,《明信片淸末中國》, 北京, 中國人民大學出版社, 2004

陳寶良,《明代儒學生員與地方社會》, 北京, 中國社會科學出版社, 2005

陳義彦,《北宋統治階層社會流動之硏究》, 臺北, 嘉新水泥公司, 1977

陳正祥,《中國文化地理》, 香港, 三聯書店, 1981

陳曉芬,《蘇洵》, 北京, 中國商務出版社, 1998

肖振才,《江南貢院》, 北京, 堂代中國出版社, 2007

馮印淙,《紫禁城的宮殿》, 北京, 紫禁城出版社, 2002

何懷宏,《選擧社會-秦漢至晚淸社會形態硏究》, 北京大學出版社, 2011

許大齡,《淸代捐納制度》, 香港, 龍門書店, 1950

黃明光,《明代科擧制度硏究》, 桂林, 廣西師範大學出版社, 2000

黃留珠,《秦漢仕進制度》, 西安, 西北大學出版社, 1987

侯力,《科擧制度與唐代社會》, 長沙, 岳麓書社, 1998

東晉次,《後漢時代の政治と社會》, 名古屋, 名古屋大學出版會, 1995

山本隆義,《中國政治制度の硏究》京都, 1968

五十嵐正一,《中國近世敎育史の硏究》, 東京, 國書刊行會, 1979

前野直彬,《韓愈の生涯》, 東京, 秋山書店, 1976

井上進,《顧炎武》, 東京, 白帝社, 1994

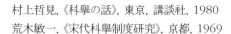

村上哲見,《科擧の話》, 東京, 講談社, 1980

荒木敏一,《宋代科擧制度研究》, 京都, 1969

Chaffe, John W.(양종국 역),《배움의 가시밭길 : 송대 중국인의 과거생활》, 신서
　　원, 2001

Ch'u, T'ung-tsu(瞿同祖), *Local Government in China Under the Ch'ing*(范
　　忠信 等 譯,《淸代地方政府》, 法律出版社, 北京, 2003), Stanford
　　University Press, 1962.

Elman, Benjamin A., *A Cultural History of Civil Examinations in Late
　　Imperial China*, Univ., of California Press, 2000

Elvin, Mark, *The Pattern of Chinese Past*(李春植 등 역,《중국역사의 發展形
　　態》, 신서원, 1989), Stanford University Press, 1973

Hsu, Cho-yun, *Ancient China in Transition : An Analysis of Social
　　Movility, 722-222B.C.*, Stanford U.Pr., 1965.

Hummel, Arthur, W., *Eminent Chinese of the Ch'ing Period*(《淸代名人傳略》
　　), 成文出版社, 臺北, 1970

Hymes, Robert P., *Statesmen and Gentlemen: the Elite of Fu-Chou,
　　Chiang-hsi, in Nothern and Southern Sung*, Cambridge, Cambridge
　　U.Pr., 1986

Lee, Thomas H.C., *Government Education and Examinaton in Sung
　　China*, H.K., 1985

Meskill, John, *Academies in Ming China, A Historical Essay*, The
　　University of Arizona Press, 1982

Rawski, Evelyn S., *Education and Popular Literacy in Ch'ing China*, The
　　University of Michigan Press, Ann Arbor, 1979

3. 論文

金誠贊, 〈太平天國과 捻軍〉, 서울대학교 동양사학연구실,《강좌중국사 Ⅴ-중화제
　　국의 동요-》, 지식산업사, 1989

金渭顯, 〈契丹의 敎育과 科擧制度考〉,《明知大論文集》17, 1986

김유리, 〈청말의 여자교육 제도와 그 실상〉,《서원에서 학당으로》, 한국학술정보,
　　2007

마리안 바스티·브뤼게르, 〈사회변화의 추세〉, 페어뱅크 주편(김한식 등 역),《캠브

참고문헌

리지 중국사 11下, 청제국 말, 1800-1911》, 2007, pp, 894-905

朴敏洙, 〈《儒林外史》를 통해 본 淸初 江南 지역의 士人과 商人〉, 《東亞文化》47輯, 2009

─────, 〈魏晉南朝 貴族制의 展開와 그 性格〉, 서울대학교동양사학연구실 편, 《講座中國史Ⅱ-門閥社會와 胡·漢의 世界-》, 지식산업사, 1989(→ 1989A)

林漢濟, 〈胡漢體制의 展開와 그 構造〉, 서울대학교동양사학연구실 편, 《講座中國史Ⅱ-門閥社會와 胡·漢의 世界-》, 지식산업사, 1989(→ 1989B)

裵淑姬, 〈송대 특주명제의 실시와 그 성격〉, 《동양사학연구》58, 1997

吳金成, 〈명대 提學官制의 一 연구〉, 《東洋史研究》6, 1973

─────, 〈明代 殿試의 策題에 대하여〉, 《東洋史學研究》8·9合輯, 1975

─────, 〈睿親王 攝政期의 淸朝의 紳士政策〉, 《韓㳓劤博士停年記念史學論叢》, 知識産業社, 1981(1981-A)

─────, 〈中國의 科擧制와 그 政治·社會的 기능─ 宋·明·淸時代의 社會의 階層移動을 中心으로─〉, 歷史學會, 《科擧》, 一潮閣, 1981

─────, 〈明·淸時代의 國家權力과 紳士〉, 《講座中國史 Ⅳ -帝國秩序의 完成-》, 서울, 知識産業社, 1989

─────, 〈明·淸 王朝交替와 紳士〉, 《中國學報》43, 2001

─────, 〈중국의 과거제-그 이념과 정치·사회적 영향-〉, 《한국사 시민광좌》46, 2010

─────, 〈신사〉, 《명청시대 사회경제사 입문》, 이산, 2007

─────, 〈명중기의 사회변화〉, 서울대학교 동양사학과, 《新編講座中國史》(明淸篇, 下), 지식산업사, 印刷中

柳元迪, 〈唐 前期의 支配層-舊貴族과 官僚基盤의 擴大-〉, 서울대학교동양사학연구실 편, 《講座中國史Ⅱ-門閥社會와 胡·漢의 世界-》, 지식산업사, 1989

李成九, 〈春秋戰國時代의 國家와 社會〉, 서울대학교동양사학연구실 편, 《講座中國史Ⅰ-古代文明과 帝國의 成立-》, 지식산업사, 1989

李成珪, 〈戰國시대 국가와 소농민 생활-李悝 '盡地力之敎'의 재검토를 중심으로〉, 《古代 중국의 理解》1, 1994, 서울, 지식산업사.

─────, 〈諸子의 學과 思想의 理解〉, 서울대학교동양사학연구실 편, 《講座中國史Ⅰ-古代文明과 帝國의 成立-》, 지식산업사, 1989

이치코 주조, 〈정치·제도 개혁(1901-1911년)〉, 페어뱅크 주편(김한식 등 역), 《캠브리지 중국사 11下, 청제국 말, 1800-1911》, 2007.

張義植, 〈淸末의 과거제 廢止過程 研究-신학교제와 과거의 통합화를 중심으로-〉, 《역사학보》103, 1984

———, 〈淸末 과거제 改廢에 대한 각계의 반응과 구과거층의 대책〉, 《동양사학연구》28, 1988

全淳東, 〈明代監生의 履修制에 대하여〉, 《論文集》(忠北大) 31, 1986

———, 〈明代儒學敎官의 科擧應試資格에 대하여〉, 《湖西史學》11, 1983

鄭夏賢, 〈皇帝 支配體制의 성립과 展開〉, 서울대학교동양사학연구실 편, 《講座中國史 Ⅰ-古代文明과 帝國의 成立-》, 지식산업사, 1989

曹秉漢, 〈淸 中期 八股科擧制下의 社會心理와 在野的 士人文化의 形成-《儒林外史》의 社會思想을 중심으로-〉, 《釜山史學》13輯, 1987

曹永憲, 〈明淸交替와 揚州 鹽商-淸初 '恤商·裕課' 政策의 성격과 관련하여-〉, 《中國學報》43, 2001

崔震奎, 〈太平天國 科擧制度의 歷史的 性格〉, 《明淸史硏究》7, 1997

쿤, 필립 A., 〈태평천국의 난〉, 페어뱅크 주편(김한식 등 역), 《캠브리지 중국사 10 上, 청제국 말, 1800-1911》, 2007

河元洙, 〈宋代 士大夫論〉, 서울대학교동양사학연구실 편, 《講座中國史 Ⅲ-士大夫 社會와 蒙古帝國-》, 지식산업사, 1989

河元洙, 〈唐代 明經科의 性格〉, 《東洋史學硏究》42, 1993

———, 〈唐 後半期 진사과와 사인들간의 사적 紐帶〉, 《東洋史硏究》56, 1996,

———, 〈應試者의 입장에서 본 당대의 科擧-예부시의 성격에 관한 일 시론〉, 《歷史敎育》96, 2005

高明士, 〈賓貢科的起源與發展-兼述科擧的起源與東亞士人共同出身之道-〉, 《唐史論叢》, 陝西人民出版社, 1995

顧頡剛, 〈武士與文士之蛻化〉, 《史林雜識初編》, 中華書局, 北京, 1963

龔廷明, 〈淸代科擧與《儒林外史》〉, 天一閣博物館, 《科擧與科擧文獻國際學術研討會》(上), 上海書店出版社, 2011.

孔正毅, 〈科擧制度與隋唐五代的圖書出版事業〉, 《江南貢院》11, 2017

郭培貴, 〈明代進士群體社會流動的再考察〉, 天一閣博物館, 《科擧與科擧文獻國際學術研討會》(上), 上海書店出版社, 2011

郭蘊靜, 〈略論淸代商業政策和商業發展〉, 《史學月刊》1987-1

邱 捷, 〈淸末文獻中的廣東'紳商'〉, 《歷史研究》2001-2

金中樞, 〈北宋科擧制度研究〉(上下), 《新亞學報》6-1·2, 1964

羅志田, 〈數千年中大擧動-科擧制的廢除及其部分社會後果-〉, 新京報 主編, 《科擧百年》, 北京, 同心出版社, 2006

黨銀平, 〈唐代賓貢進士的放榜方式〉, 《文史雜志》2000-6

참고문헌

戴寶寶, 〈簡述中國少數民族科擧政策〉, 《江南貢院》11, 2017

───, 〈明代出自應天府鄉試的壯元人數初考〉, 《科擧文化》2018-1

東方曉, 〈讀年畵說科擧〉, 《江南貢院》4, 2015

馬　敏, 〈'紳商'詞義及其內涵的幾點討論〉, 《歷史研究》2001-2

萬　明, 〈晚明的地方精英與鄉村控制〉, 萬明 主編, 《晚明社會變遷問題與研究》, 北京, 商務印書館, 2005

孟　森, 〈科場案〉, 《明淸史論著集刊》, 臺北, 1965

毛曉陽·金甦, 〈淸代文進士總數考訂〉, 《淸史研究》2005-4

范金民, 〈明淸江南進士數量·地域分布及其特色分析〉, 《南京大學學報》(哲社版) 1997-2

范金民, 〈淸代蘇州城市文化繁榮的寫照-《姑蘇繁華圖》-〉, 《國計民生-明淸社會經濟研究-》, 福建人民出版社, 福州, 2008

傅興國, 〈科擧制度-中國對人類政治文明的一大貢獻〉, 劉海峰 主編, 《科擧百年祭》, 湖北人民出版社, 武漢, 2006

謝　放, 〈'紳商'詞義考析〉, 《歷史研究》2001-2

徐茂明, 〈科擧之廢與江南士紳之蛻變〉, 王衛平, 《明淸時期江南社會史研究》, 北京, 群言出版社, 2006

石　錦, 〈試論明淸時代的官商和紳商〉, 《國史釋論》, 1988

蕭啓慶, 〈元代科擧與菁英流動；以元統進士爲中心〉, 蕭啓慶, 《內北國而外中國-蒙元史研究》, 中華書局, 2007

蕭功秦, 〈從科擧制度的廢除看近代以來的文化斷裂〉, 新京報 主編, 《科擧百年》, 北京, 同心出版社, 2006

蕭春雷·查本恩, 〈千年科擧百年反思〉, 劉海峰 主編, 《科擧百年祭》, 湖北人民出版社, 武漢, 2006

孫國棟, 〈唐宋之際社會門第之消融〉, 香港, 《新亞學報》4-1, 1959

宋元强, 〈略論科擧制度的社會作用：以淸朝爲例〉, 劉海峰 主編, 《科擧制的終結與科擧學的興起》, 華中師範大學出版社, 武漢, 2006

梁啓超, 〈公車上書請變通科擧摺〉, 中國史學會編, 《戊戌變法》第2册, 上海人民出版社, 1957

楊聯陞, 〈科擧時代的赴考旅費問題〉, 《淸華學報》1961-2,

楊齊福, 〈淸末廢科擧的社會效應〉, 劉海峰 主編, 《科擧制的終結與科擧學的興起》, 華中師範大學出版社, 武漢, 2006

嚴耕望, 〈新羅留唐學生與僧徒〉, 《嚴耕望史學論文集》下(綜合編), 上海古籍出版社, 2009

嚴　復, 〈論敎育與國家之關係〉, 《東方雜志》第2卷 第3期, 1906

余英時, 〈試說科舉在中國史上的功能與意義〉, 新京報 主編, 《科學百年》, 北京, 同心
　　出版社, 2006

Elman, Benjamin A., 〈中華帝國後期的科擧制度〉, 劉海峰 主編, 《科舉制的終結與
　　科舉學的興起》, 華中師範大學出版社, 武漢, 2006.

呂子辰 · 夏靑, 〈太平天國的科擧考試〉, 《江南貢院》4, 2015

余秋雨, 〈十萬進士〉, 《收穫》, 上海, 1994-4期

易惠莉, 〈科擧制下湖南士人的生活和精神狀態-以長沙楊恩壽爲例-〉, 《中國近代史》
　　2006-11

———, 〈科舉考試對士大夫的整合〉, 劉海峰 主編, 《科舉百年祭》, 湖北人民出版社,
　　武漢, 2006

吳宣德, 〈《南雍志》洪武二十六年太學學生人數證僞〉, 《明史研究論叢》第十輯, 古宮
　　出版社, 2012

吳啓琳, 〈明成化,弘治時期的地方豪强與地方社會〉, 《明史研究論叢》第十輯, 古宮出
　　版社, 2012

王躍生, 〈淸代生監的社會功能初探〉, 《社會科學輯刊》1988-4

———, 〈淸代'生監'的人數計量及其社會構成〉, 《南開學報》1989-1

王戎笙, 〈淸初科場案硏究〉, 《淸史論叢》, 遼寧古籍出版社, 1995

王立平, 〈元代地方官學的建築規模及學田〉, 北京, K23《宋遼金元史》, 復印報刊資料
　　, 1993-2.

王笛, 〈淸末新政與近代學堂的興起〉, 《近代史硏究》1987-3

王興亞, 〈明代抑商政策對中國經濟發展的影響〉, 《鄭州大學學報》2002-1

魏光奇, 〈淸末民初地方自治下的'紳權'膨脹〉, 李長莉 等 主編, 《中國近代社會史研究
　　集刊》第1輯, 2006

劉宗棠, 〈簡論淸代書院制度的特點及其興衰〉, 《中國石油大學學報》(社科版) 25-1期
　　, 2009.

劉晋鋒, 〈科擧終結百年"無人喝彩"〉, 劉海峰 主編, 《科舉百年祭》, 湖北人民出版社,
　　武漢, 2006

劉海峰, 〈中國科擧史上的最後一榜進士〉, 《廈門大學學報》(哲社版) 2004-4

———, 〈科舉制百年祭〉, 劉海峰 主編, 《科舉制的終結與科舉學的興起》, 華中師範
　　大學出版社, 武漢, 2006.

魏光奇, 〈淸末民初地方自治下的'紳權'膨脹〉, 李長莉 · 左玉河 主編, 《中國近代社會
　　研究集刊》第1輯, 北京, 2006

李伯重, 〈有無"13,14世紀的轉折"?〉, 《多視覺看江南經濟史(1250-1850)》, 三聯書

店, 北京, 2003

李　兵,〈科擧 : 中國的第五大發明〉,《科擧文化》2018-1

李治安,〈元代鄕試新探〉, 北京, K23《宋遼金元史》, 復印報刊資料, 2000-2

林樂知,〈中國敎育之前途〉,《萬國公報》第39冊, 臺北, 華文書局, 1968 影印本

林志宏,〈世變下的士變 : 科擧廢除和知識階層的定位(1900s-1930s)〉, 甘懷眞 편,
　　《身分‧文化與權力-士族硏究新探》, 國立臺灣大學出版中心, 2012

林立平,〈唐後半期人口南遷及其影響〉,《江漢論壇》1983-9

張永霖,〈圖版說明〉, 蘇州市城建檔案館‧遼寧省博物館 編,《姑蘇繁華圖》, 北京, 文
　　物出版社, 1999.

張海英,〈明中葉以後'士商滲透'的制度環境-以政府的政策變化爲視覺〉,《中國經濟
　　史硏究》2005-4, 以下 2005-A)

───,〈明淸社會變遷與商人意識形態-以明淸商書爲中心-〉, 復旦大學,《古代中國
　　 : 傳統與變革》, 復旦大學出版社, 2005(2005-B)

田　强,〈南宋初期的人口南遷及影響〉,《南都學壇》1998-2

鄭克晟,〈元末的江南士人與社會〉,《東南文化》, 1990-4

鄭若玲,〈'累人'的科擧〉, 劉海峰編,《科擧制的終結與科擧學的興起》, 武漢, 華中師範
　　大學出版社, 2006

───,〈淸代朱卷集成'的社會學硏究價値-以社會流動的考察爲例〉, 天一閣博物館
　　 편,《科擧與科擧文獻國際學術硏討會》(上), 上海書店出版社, 2011

趙利棟,〈1905年前後的科擧廢止‧學堂與士紳階層〉, 新京報 주편,《科擧百年》, 北
　　京, 同心出版社, 2006

周道祥,〈科擧制度槪述〉,《江南貢院史話》, 南京, 南京出版社, 2008

───,〈江南貢院與鄕試〉,《江南貢院史話》, 南京, 南京出版社, 2008

───,〈考場案例〉,《江南貢院史話》, 南京, 南京出版社, 2008

───,〈名人與貢院〉,《江南貢院史話》, 南京, 南京出版社, 2008

周臘生,〈歷代壯元遭際考索〉, 劉海峰 主編, 劉海峰 主編,《科擧制的終結與科擧學
　　的興起》, 華中師範大學出版社, 武漢, 2006.

陳明光,〈漢代鄕三老與鄕族勢力蠡測〉,《中國社會經濟史硏究》2006-4

陳　遠,〈科擧終結之後的中國敎育體系〉, 新京報 主編,《科擧百年》, 北京, 同心出版
　　社, 2006

蒂榮曼‧格里姆,〈廣東的書院與城市體系〉, 施堅雅(Skinner) 主編(葉光庭 等 譯),
　　《中華帝國晚期的城市》, 北京, 中華書局, 2000

鶴成久章,〈萬曆四十四年科場弊案始末考〉,《科擧文化》2016年特刊

韓　昇,〈科擧制與唐代社會階層的變遷〉,《廈門大學學報》(哲學社會科學版) 1999-

4

何炳棣,〈明清進士與東南人文〉,《中國東南地區人才問題國際研討會論文集》, 浙江
　　大學出版社, 1993,

賀躍夫,〈晚清士紳與中國的近代化〉,《中山大學學報》(社科版) 1993-3

夏維中·范金民,〈明清江南進士研究之二－人數衆多的原因分析－〉,《歷史檔案》
　　1997-4

何懷宏,〈1905：終結的一年〉,《選擧社會－秦漢至晚淸社會形態研究》, 北京大學出
　　版社, 2011

許檀·經君健,〈淸代前期商稅問題新探〉,《中國經濟史研究》1990-2

許明芳 等,〈中國歷代狀元·榜眼·探花與進士〉, 新京報 主編,《科擧百年》, 北京, 同
　　心出版社, 2006

許　凡,〈論元代的吏員出職制度〉, 北京, K23《宋遼金元史》, 復印報刊資料, 1985-
　　1

許友根,〈唐代進士科壯元分布研究〉, 劉海峰 主編, 2006-B

胡 靑,〈科擧制；古代書院發展的基礎化動力〉, 劉海峰 主編,《科擧制的終結與科擧
　　學的興起》, 華中師範大學出版社, 武漢, 2006.

黃盛璋,〈唐代戶口的分布與變遷〉,《歷史研究》1980-6

黃鴻山,〈江南紳商與光緒初年山東義賑〉, 王衛平,《明清時期江南社會史研究》, 北京
　　, 群言出版社, 2006

谷川道雄,〈北魏官界における門閥主義と賢才主義〉,《名古屋大學文學部十周年記念
　　論文集》1954

――――,〈蘇綽の六條詔書について〉,《名古屋大學文學部研究論文集》史學, 15,
　　1967

大久保英子,〈書院(2), 淸代の書院と社會〉, 多賀秋五朗 編著,《近世アジア教育史研
　　究》, 東京, 文理書院, 1966

檀上寬,〈明王朝成立期の軌跡〉,《東洋史研究》37-3, 1978

浜口重國,〈隋の天下統一と君權の强化〉,《秦漢隋唐史研究》(下), 東京大學出版會,
　　1966

濱島敦俊,〈民望から鄕紳へ―十六·七世紀の江南士大夫－〉,《大阪大學大學院文學
　　研究科紀要》41, 2001

森田憲司·溝口雄三,〈宋代の社會と文化〉, 松丸道雄等 編,《中國史》3, 山川出版社,
　　東京, 1997

上野直明,〈科擧制と雇用〉,《唐代社會經濟の構造的研究》, 東京, 1982

西川利文,〈漢代博士弟子制度について－公孫弘の上奏文解釋を中心として〉,《鷹陵

史學》(佛敎大學) 16, 1991

阿部洋,〈清末における學堂の設立と運營〉, 多賀秋五朗 編著,《近世アジア敎育史研
　　　究》, 東京, 文理書院, 1966

礪波護,〈宋代士大夫の成立〉, 小倉芳彦 編,《文化史》, 大修館書店, 東京, 1968

林友春,〈書院(1), 書院と學校との性格上の關連〉, 多賀秋五朗 編著,《近世アジア敎
　　　育史研究》, 東京, 文理書院, 1966

川上恭司,〈科擧と宋代社會－その下第士人問題－〉,《待兼山論叢》21, 1988

青山定雄,〈隋唐宋三代に於ける戶數の地域的考察(1・2)〉,《歷史學研究》(舊)
　　　6-4・5, 1936

鶴成久章,〈萬曆四十年科場弊案始末考〉, 南京,《科擧文化》2016年特刊

Ch'u, T'ung-tsu(瞿同祖), Chinese Class Structure and Its Ideology, *Chinese
　　　Thought and Institution*, J.K. Fairbank ed., Chicago, 1957

Durand, John D., "The Population Statistics of China, A.D. 2-1953",
　　　Population Studies 13-3, 1960

E. A., Kracke, Family Vs. Merit in Chinese Civil Service Examinations
　　　Under the Empire, *Harvard Journal of Asiatic Studies*, 10, 1947

Hartwell, Robert M., Demographic, Political, and Social Transformation of
　　　China, 750-1550, *Harvard Journal of Asiatic Studies*, V.42-2, 1982

Ho, Ping-ti(何炳棣), "An Estimate of the Total Population of Sung-Chin
　　　China", *études Song in Memoriam étienne Balazs*, Ser. 1, Mouton &
　　　Co., 1970

P.A. Herbert, Civil Service Recruitment in Early Tang China: Ideal and
　　　Reality,《大阪大學語言文化研究》12호, 1986

Kracke, E.A., "Region, Family and Individual in Chinese Examination
　　　System", in John K. Fairbank ed., *Chinese Thought and Institutions*,
　　　Chicago: University of Chicago Press, 1957

Shiba, Yoshinobu(斯波義信), "Urbanization and Development of Markets in
　　　the Lower Yangtze Valley", John Winthrop Haeger, *Crisis and
　　　Prosperity in Sung China*, Tuscon, 1975

Twitchett, Denis, "The Fan Clan's Charitable Estate, 1060-1760",
　　　Confucianism in Action, Edited by David Nivison and Arthur
　　　Wright, Stanford, Calif., Stanford U. Pr., 1959

Wright, Mary, "The Rising Tide of Change", *Itroduction to China in
　　　Revolution*, the First Phase, 1900-1913, Yale U.P., 1968

색인

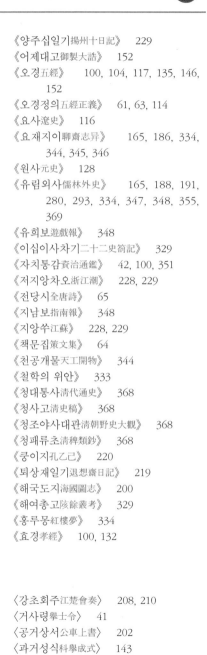

책명 · 작품명

《가정도성기략嘉定屠城記略》　229
《관잠서官箴書》　312
《관장현형기官場現形記》　349
《구당서舊唐書》　256, 351
《권세양언勸世良言》　353
《논어論語》　19
《당척언唐摭言》　257
《대명일통지大明一統志》　343
《대장경大藏經》　114
《동국통감東國通鑑》　351
《만국공보萬國公報》　219
《만력야획편萬曆野獲編》　335
《맹자절문孟子節文》　152, 156
《모란정牡丹亭》　326
《몽구蒙求》　100
《문충공장태악선생문집文忠公張太岳先生文集》　327
《문헌통고文獻通考》　27, 75, 81
《본초강목本草綱目》　334, 341
《비파기琵琶記》　137, 318
《사고전서四庫全書》　344
《사서四書》　100, 113, 117, 127, 132, 135, 146, 152, 161
《사서집주四書集註》　113, 127, 135,
《삼경신의三經新義》　25
《삼국사절요三國史節要》　351
《삼국지연의三國志演義》　40, 138, 249, 334
《서상기西廂記》　136
《서유기西遊記》　334, 340
《서하객유기徐霞客遊記》　343
《성세인연전醒世姻緣傳》　345
《세계번화보世界繁華報》　348, 349
《소학小學》　100, 132
《수상소설繡像小說》　349
《수서隋書》　57
《수호전水滸傳》　84, 138, 271, 334
《앵앵전鶯鶯傳》　136

《양주십일기揚州十日記》　229
《어제대고御製大誥》　152
《오경五經》　100, 104, 117, 135, 146, 152
《오경정의五經正義》　61, 63, 114
《요사遼史》　116
《요재지이聊齋志异》　165, 186, 334, 344, 345, 346
《원사元史》　128
《유림외사儒林外史》　165, 188, 191, 280, 293, 334, 347, 348, 355, 369
《유희보遊戲報》　348
《이십이사차기二十二史箚記》　329
《자치통감資治通鑑》　42, 100, 351
《저지앙차오浙江潮》　228, 229
《전당시全唐詩》　65
《지남보指南報》　348
《지앙쑤江蘇》　228, 229
《책문집策文集》　64
《천공개물天工開物》　344
《철학의 위안》　333
《청대통사淸代通史》　368
《청사고淸史稿》　368
《청조야사대관淸朝野史大觀》　368
《청패류초淸稗類鈔》　368
《쿵이지孔乙己》　220
《퇴상재일기退想齋日記》　219
《해국도지海國圖志》　200
《해여총고陔餘叢考》　329
《홍루몽紅樓夢》　334
《효경孝經》　100, 132

〈강초회주江楚會奏〉　208, 210
〈거사령擧士令〉　41
〈공거상서公車上書〉　202
〈과거성식科擧成式〉　143
〈광사廣士〉　338

〈구현령求賢令〉　41
〈구현조求賢詔〉　41, 56
〈국화시菊花詩〉　350
〈권학문勸學文〉　102
〈권학편勸學篇〉　203
〈낙제落第〉　26
〈남송공거등과표南宋貢擧登科表〉　266
〈논천한인기장論天旱人饑狀〉　337
〈단가행短歌行〉　40
〈등과기고登科記考〉　255
〈등과록登科祿〉　193
〈등과후登科後〉　68
〈무구정광대다라니경無垢淨光大陀羅尼經〉　25, 114
〈보우사년등과록寶祐四年登科祿〉　273
〈부·주·현 지방자치장정〉　233
〈북송공거등과표北宋貢擧登科表〉　266
〈상회간명장정商會簡明章程〉　311
〈성유광훈聖諭廣訓〉　177
〈소흥십팔년동년소록紹興十八年同年小祿〉　273
〈순치제즉위조順治帝卽位詔〉　194, 302
〈신강둔전사의新疆屯田事宜〉　328
〈신축조약辛丑條約〉　206
〈아방궁부阿房宮賦〉　74
〈양사론養士論〉　27, 131
〈영사詠史〉　44
〈왕자안王子安〉　165, 186, 346
〈원통진사제명록元統進士題名錄〉　127
〈은조恩詔〉　302
〈입정과거추광학교접立停科擧推廣學校摺〉　216
〈재하제再下第〉　68
〈정기가正氣歌〉　322
〈정묵程墨〉　162
〈죄기조罪己詔〉　208
〈주정학당장정奏定學堂章程〉　213, 226
〈죽림칠현론竹林七賢論〉　342
〈진사제명비進士題名碑〉　193
〈청명상하도淸明上河圖〉　287

〈토황소격문討黃巢檄文〉　351
〈폐지조칙〉　220
〈학교격식學校格式〉　144
〈학교금례學校禁例〉　156, 179
〈훈사와비문訓士臥碑文〉　179
〈흠정과장조례欽定科場條例〉　365
〈흠정학당장정欽定學堂章程〉　213

인명

강유위康有爲　163, 202, 203, 204, 205, 227
경정향耿定向　160
고공섭顧公燮　193
고명高明　137, 318
고염무顧炎武　61, 147, 148, 160, 162, 164, 296, 297, 298, 335
고조高祖　28, 30, 36, 41, 58, 59, 106, 112, 246, 255, 308, 319
고종高宗　62, 63, 64, 70, 86, 90, 97, 106, 255, 256, 258, 265, 271
공손홍公孫弘　31, 36, 38, 73, 248
공영달孔穎達　61
공자孔子　17, 18, 19, 21, 22, 27, 32, 38, 41, 61, 78, 93, 113, 121, 131, 135, 141, 144, 178, 192, 243, 244, 278, 290, 299, 346, 381, 396
관한경關漢卿　136, 334
광서제光緒帝　202, 203, 204, 205, 208, 210, 217, 226, 228, 233, 332
구사량仇士良　319
구양수歐陽脩　88, 94, 278, 279, 337, 338, 342, 359, 360
구준丘濬　162, 279
길버트 로즈만Gilbert Rozman　380
나관중羅貫中　138, 334
노신魯迅　220, 224
담사동譚嗣同　205
담약수湛若水　153

동중서董仲舒　30, 31, 36, 38, 248
두보杜甫　65, 334, 335
마테오 리치Matteo Ricci　159, 161
맹교孟郊　67, 68, 336
맹자孟子　19, 100, 103, 104, 152, 156
모기령毛奇齡　195
무제武帝　28, 30, 31-34, 36-39, 44, 47,
　　49, 50, 73, 141, 144, 149, 152, 153,
　　157, 247, 249, 291, 323, 324, 333,
　　334, 357-360
무측천武則天　62, 64, 69-71, 95, 114,
　　253, 255, 256, 259
묵자墨子　19, 21, 243
문제文帝　27, 28, 29, 31, 36, 44, 45, 47,
　　50, 53, 54, 56, 57, 63, 64, 86, 89,
　　94, 96, 97, 106, 122, 126, 131, 156,
　　158, 161, 162, 172, 173, 177, 183,
　　184, 188, 189, 193, 203, 209, 210,
　　220, 225, 227, 232, 238, 239, 247,
　　264, 266-268, 270, 271, 276, 291,
　　294, 302, 303, 314, 324, 332, 342,
　　355, 358, 359, 361, 362, 365, 370,
　　371
문진맹文震孟　335
문징명文徵明　335, 361
바이안伯顏　119, 120
박지원朴趾源　176, 292
방현령房玄齡　58
방효유方孝孺　324
배사겸裵思謙　319
백거이白居易　64, 65, 70, 71, 73, 76, 396
백준柏俊　367, 368, 369
범양 노씨盧氏　257
범중엄范仲淹　102, 105, 149, 262, 279,
　　285, 321
범증范增　27
부의　233
보에티우스Boethius　333
사마광司馬光　42, 88, 94, 103
사마염司馬炎　42

사마예司馬睿　42
사마의司馬懿　40, 42
사마천司馬遷　334
사사정查嗣庭　365
사천택史天澤　122, 128
상로商輅　324, 325, 326
상앙商鞅　16, 23
상연류商衍鎏　214, 332
서계徐階　153, 154, 155
서광계徐光啓　160
서하객徐霞客　343
석달개石達開　353
설원초薛元超　258
세네카　333
소순蘇洵　279, 337, 338, 368
소식蘇軾　27, 93, 94, 100, 131, 279, 324,
　　330, 337, 338
소일산蕭一山　368
소철蘇轍　278, 279, 337, 338
손복가孫伏伽　55, 59, 319
손오공　340
송렴宋濂　130
송응성宋應星　335, 343, 344
순자荀子　19, 243
시내암施耐庵　138, 334
신기질辛棄疾　334
심덕부沈德符　335
아널드 토인비　8
알바로 세메도Alvaro Semedo,　159
애남영艾南英　165, 186, 342
야율초재耶律楚材　121
양계초梁啓超　202, 203, 204, 205, 222,
　　227, 238, 376
양사기楊士奇　360
양제煬帝　55, 56, 57
엄복嚴復　380
엄숭嚴嵩　340, 358
여몽정呂蒙正　98, 279
여이간呂夷簡　321
여조겸呂祖謙　111

연왕燕王　324
염약거閻若璩　195
엽기葉琪　339
엽적葉適　278, 286
엽춘급葉春及　158
오경재吳敬梓　165, 188, 280, 293, 334, 346, 347, 348
오백종吳伯宗　142, 322, 323
오승은吳承恩　334, 339, 340
오응기吳應箕　157
온정균溫庭筠　94, 337, 356
온팔차溫八叉　337
왕개운王闓運　230
왕국유王國維　137
왕도곤汪道昆　308
왕망王莽　32, 33, 249
왕부王符　341
왕부지王夫之　164, 335
왕선지王仙芝　350
왕수인王守仁　153, 155, 158, 306
왕실보王實甫　136, 137, 334
왕안석王安石　85, 86, 89, 94, 102, 103, 104, 105, 112, 149, 279, 337, 385
왕종철王宗哲　127, 128
왕증王曾　320, 321
왕직汪直　325, 326
왕통王通　58
우구데이　121
우승유牛僧孺　71, 259
원세개袁世凱　205, 213, 216, 217, 238, 331, 332, 376, 377
위원魏源　200
위징魏徵　57, 58
위충현魏忠賢　156, 157, 342, 358
유근劉瑾　361
유기劉基　130, 334, 340, 343
유방劉邦　27, 28
유병충劉秉忠　122
유삼오劉三吳　324, 358, 359
유종원柳宗元　76, 280, 335, 337

유종주劉宗周　160
유춘림劉春霖　214, 332
육구연陸九淵　111
육유陸游　334, 338, 339
이극용李克用　351
이단분李端棻　203
이덕유李德裕　259
이동양李東陽　361
이릉李陵　333, 334
이림보李林甫　336
이몽양李夢陽　306
이백李白　65, 334, 335, 339
이상은李商隱　19, 74, 152, 217, 293, 298, 327, 334, 335, 337
이시면李時勉　325
이시진李時珍　334, 340, 341
이춘방李春芳　339
이홍장李鴻章　201, 205, 206, 231
장거정張居正　156, 162, 163, 208, 308, 326, 385
장건張騫　77, 311, 330, 331, 336
장량張良　27
장무수張懋修　326
장백희張百熙　213
장사성張士誠　131
장존인張存仁　171
장지동張之洞　201, 203, 204, 208, 210, 213, 216, 231, 238, 331, 376, 377
장택단張擇端　287
적인걸狄仁杰　64, 71, 253
전계錢棨　329, 330
정성공鄭成功　305
정이程頤　35, 67, 100, 120, 147, 204, 277
정호程顥　110, 113, 135
제갈량諸葛亮　40
조광윤趙匡胤　83, 92
조설근曹雪芹　334
조익趙翼　328, 329
조조晁錯　29, 38, 40
조조曹操　38, 40, 41, 42, 43, 49

좌종당左宗棠　201
주권硃卷　184, 368
주돈이周敦頤　113, 135
주승朱升　130
주여진朱汝珍　214, 332
주온朱溫　80, 351, 352
주원장朱元璋　130, 131
주전충朱全忠　80, 260, 351, 352
주치삼朱峙三　224, 229
주희朱熹　94, 102, 111, 112, 113, 126,
　127, 135, 278, 321
증공曾鞏　279, 337
진계창陳繼昌　330
진승陳勝　27
진시황秦始皇　38
진안陳郯　324, 329, 359
진우량陳友諒　131
진헌장陳獻章　153
진홍모陳弘謀　330
진회秦檜　87, 338, 339, 347
채경蔡京　103, 104, 112
최치원崔致遠　78, 351
최희준　335
칭기스칸　119, 121
쿠빌라이 칸　119, 120, 122, 133, 322
탕현조湯顯祖　137, 326, 335, 342
태종太宗　32, 42, 60, 61, 77, 83, 87, 89,
　92, 96, 98, 115, 116, 121, 133, 208,
　231, 255, 256, 266, 267, 279, 280,
　320, 337
포세신包世臣　335, 370
포송령蒲松齡　165, 186, 334, 344, 345,
　346
포증包拯　94, 321
풍국용馮國用　130
풍운산馮雲山　353
필원畢沅　328
하심은何心隱　306
한기韓琦　132, 157, 338

한신韓信　27
한유韓愈　65, 66, 75, 76, 280, 334, 336,
　337
한탁주韓侂冑　113, 135
항우項羽　27
허형許衡　122
현종玄宗　59, 62, 63, 64, 71, 72, 75, 80,
　254, 255, 256, 281, 356
홍타이지　171
호단胡旦　320
홍수전洪秀全　115, 198, 199, 352, 353,
　354
홍승주洪承疇　171
홍인간洪仁玕　353
환공桓公　15
황병기　335
황소黃巢　96, 260, 349, 351
황종희黃宗羲　154, 164, 306, 335
황좌黃佐　158

용어

ㄱ

가숙　108, 286
가연 잡세　232
가족윤리　248
가호　365
각자도생　231
감생　292
갑골문자　13
강간약지　249
강남 과장안　364
강무전　95, 358
강좌삼봉황　363
강학　81, 153, 264
강회　153, 299

개간정책 294
개과취사 171
개항장 379
객가 352
거감 150
거란족 117, 319
거업 107, 199, 278, 286, 306, 334, 340, 375
거인 72, 126, 293, 296, 312
── 복시 188
결채자보 302
경력신정 102, 285
경림연 97, 190
경사국자감 144
──대학당 204, 211, 215
경의 87, 161, 253
──진사 86, 117
경제중심지 281, 285, 300
──특과 205, 212, 348
경조부 71
경조윤 337
계고 148
계묘학제 214
계층분화 247
── 상승 73, 244, 295
──의 성격 380
──이동 245
고공원외랑 64, 76
고등소학당 213, 225
고리대 304, 340, 379
고붕 144, 173
고시관 92, 166
곡강연 69
공감 150, 151
공거상서 202-203
공경대부 248, 299
공립학교 222
공명 136, 211, 235, 306, 310, 372
공사 166, 222, 313
──의 수 166

공·사의 양면성 314
공소 307
공예학당 224
공원 86, 126, 161, 186-187, 347, 365
── 설치 79
공의식 291, 298
공익사업 264, 305
공자묘 141, 192, 299
──시대 381
공조 246, 247, 250
공회 235
과거급제 74
──시험 3회 체감 213, 214
──제 35, 39, 130
───의 개혁 209
───의 사회통합기능 196
───의 영향 93, 237
───의 이념 48, 253
── 폐지 162, 219, 230
── 폐지 조칙 217, 220
과거체계 152, 291, 297
──출신자 256, 268, 271-275, 277
──필유학교 142
──합격자 267, 269, 272
과고 149, 173, 177
과시법 32
과장안 180, 356, 358
관독상판 310
관료가문 출신 195, 237, 273, 277
──귀족 254, 258
──사회 88, 268, 271
──선발제 230, 285
──예비군 297
──임용자 269
──제 26, 130
관본위 사상 231
관세자주권 198
관인사회 257
──선발제 25, 34, 43, 73, 78, 243
관절 147, 355

관직경력자 290, 293, 300
—— 회피제 263
관찰사 258
관치행정의 협조자 312
관품 43, 251
관학 49, 101, 159, 211, 250, 291
——대신 213
——의 생도 59, 71
광둥 상인 305
광무학당 224
광복회 215
광산개발권 309
—— 채굴 200
광회 235
교니활자 114
교서 108, 338
교안 206
교육개혁 102, 226, 232
——비 226
——활동 264
——회 235, 313
교정관 184
교통혁명 281
교회학교 222
구란 136, 287
구생선 305
구세주 354
구시재상 163, 326
구일재령 41
구적의 횡행 301
구중국 381
구품관 291
구품중정법 229, 250, 251
——제 43, 46, 47, 78, 254
구현조 28, 36, 41, 56
국민교육 376
국법 304
국사원 126
국자감 60, 61, 103, 131, 150, 168, 180, 337

——시 86, 178
국자학 50, 55, 57, 60, 117, 122, 131
국족 116, 117
군공 129, 256, 269
군공보관 84, 270
군공작 26
군관학교 236
군국제도 28
군기대신 213, 349
——장경 328
——처 234, 328, 329
군대 주둔권 309
군벌귀족 260
—— 황제 260
군사지휘권 234
——학당 201, 222, 228
군수산업 377
군제개혁 204
군주 독재 체제 211
군현제 23
——학 33, 34, 38, 58, 131, 249
궁수 280
궁형 334
권농정책 294
권선징악 340, 348
권학소 235
귀족문화 48
균전제 54
근왕기병군 301
금군 84
금화 176
급제 73
기독교도 205
기유종상 182

ㄴ

난징 국자감 339
—— 임시정부 331

──조약   198, 308, 309
남관   62, 253
남관법장   369
남관 정책   62, 259
남명   305
──군   301
──정권   305
남북방 사건   358
남북조시대   43, 47, 78, 108, 252, 253
남선제   117
남송시대   86, 135, 265, 267, 269, 272
남인   124, 194
남조시대   42, 50
남존여비   375
낭관   30
내각의 수보   153
내임관   127
노복   294
노비소유권   291
녹명연   320
녹영   377
녹취율   117, 166, 266
녹취자   266, 270
논술시험   29, 35
농노제 폐지   381
농업기술의 획기적인 진보   284
──생산력   245, 284
──혁명   281
농회   235
누시부제   191, 231
누거부제자   66, 73
늠선생   145, 147, 149, 177
능력우선주의   18, 21, 93
닝보 상인   305

ㄷ

다양한 사회변화   19, 300
단대귀족   262, 275

──생원   294
단련   199, 313
당고의 옥   39
──화   130
당대의 과거제   62, 253
──── 관료사회   255, 275
──── 급제자   356
──── 학교   59, 79
당대 장원   318
당송팔대가   131, 280, 337
대가   248
대동란   247, 301
대리원   374
대생사창   311, 331
대족   247-249
대책   168, 191, 259
대학사   211, 322
대호족   44, 250
도시국가   13
──혁명   281
도쿄법정대학   214, 332
독권관   191, 328, 329, 366
독무   154, 211, 226, 231
독서인   114, 196, 263
동고관   184, 324
동남호보   231
동류의식   156, 250, 297, 300, 314
동림서원   156
──운동   157
──파   156, 160, 306
동몽교육   22, 38, 153
동사   235, 307
──회   235
동생   144, 160, 203, 220
──의 원시   150
동시   138, 144, 148, 163, 172, 195, 199
──의 경쟁률   175
동아시아문화권   7, 77
동지   156, 299
── 의식   156

동진 42, 252
동창 156, 335
동향의식 299
득선 69
득해거인 86
등과록 73, 193, 273, 322, 397
등록법 79, 92, 147, 184, 214, 356
등문고 357
등용문 69, 73, 319

ㄹ

라오예 291
러일전쟁 215, 218
로마제국 24, 381
류쿠 201

ㅁ

마감관 188
마미항 201
막우 345
만리장성 24, 398
만세사표 17, 396
만주족의 고향 208
──── 만행 346
말업 304
매관매직 310, 349
맹아 단계의 진사과 57
메기효과 7
메이지유신 205, 381
명경과 35, 56, 63, 116, 256
명대의 과거제 143
명륜당 173
명말의 폐습 302
명사관 195
──안 180
명조의 멸망 301

명 중기 300
모의시험 80
모적 147, 355, 357
──── 사건 360
목불식정 362
목적지향성 사회 374
몽골 문자 119
──인 123, 129, 193, 194
──제국 119, 120
──진사과 118
──학 131
몽학관 237
무고안 360
무관 168, 236, 376
무뢰 16, 199, 308, 313, 379
무비학당 236, 377
무술변법 180, 205, 218, 220, 222
──선시 121
──정변 212
무영전대학사 323
묵가집단 21, 27
묵권 184, 368
묵의 63
문관고시 236, 238
──선발제도 236, 238
문기 293
문목산방 347
문·무 학당 설립 209
문벌귀족 45-50, 64, 71, 92, 229, 252,
       254, 258, 261
─────사회 57
무비학당 209
문사 122, 299, 347
──동인 306
──운동 362
문생 184
문신우위 84
문음제도 60, 258
문자 통일 23
──옥 182, 365

문직간신 324
문집 193
문학장고 33
문화적 특권층 375
미입류관 344
민족차별 123, 129

ㅂ ─────────────

박사제자 31, 38
───────원 32, 38
───────과 34
박학굉사과 65, 76, 205
────홍사과 195, 347
반관 297
────적인 활동 297
반두 136
반면교사 8
반원 봉기 127, 194
반청운동 157
──── 혁명사상 228
발공 177
발해 103, 210, 285
────시 117
방략책 63
방문 176, 193, 291
방방 87, 187
방시제 286
방안 98, 168, 286
배상금 204
배상제회 199, 353
백가사상 20, 252
백과전서 341, 343
백년 이래의 대환 296
백록동서원 112, 156
백마역의 화 352
백만 거인 231
백의공경 69
────진사 77, 336

백일유신 205
번역과거 182
번진 84, 259
베이징 과장안 364
──── 국자감 339
────조약 200, 308, 309
──── 향시안 365
벽소 30, 33, 35, 254, 259
────권 47
────제 78, 254, 259
변려 337
────체 337
변법 상유 208
별두시 92
병농일치 53
병전 311
보갑 313
보록인 293
보시 104-105, 278
────의 경쟁률 106
보신가 152, 295, 298
보통교육 376
보호와 우대 302
복감대신 189
복사의 동인 157
복시 363
봉건제 23, 244
────질서 22, 245
봉지예부회시 189
부고관 184, 362
부공 178
부국강병 정책 16
부방 128, 134, 167, 185, 363
────제 129
부시 144, 173, 199, 353
부정부패 99, 239, 302, 340
────행위 92-93, 143, 186, 253, 355
부·주·현 유학 102, 141, 144, 158, 175, 180
부학생 147, 149, 175

북선제 117
북송시대 85, 151, 267, 273, 274, 359
북양정부 238, 332
──함대 201
북위 43
북조시대 43, 46, 108, 229, 252, 282
분과체감법 214, 218
분서갱유 27, 38, 162
불공대천의 원수 203, 222
불국사 114
불야성 286
불평등조약 198, 208
붕당의 폐해 297
붕우적 정의 156, 299
비밀결사 운동 197
비방 128, 134
빈공과 77, 351
──진사 77

ㅅ

사 계층 27
사공학 321
사관 188, 320
사단 222, 235
사대부 91, 148, 261, 263, 289, 297, 298
──계층 262
──문화 264
──사회 262, 264, 272, 275
──의 성립 273
사립학당 222
사문박사 337
──학 54, 57, 60, 105, 150
사범학당 225, 234
사법부 374
사봉관 253
사부진사 117
사서의 45, 162
사숙 38107, 153, 281, 292, 378

사시 80
사심 172, 214
사액 111, 113
사의 시대 244
사인 146, 172, 297
──강학 58, 102, 132, 153, 264
──공의 297, 299
사직 258, 259, 325
사창 158, 264, 311, 331
사타족 351
사학 17, 22, 34, 38, 49-50, 79, 101, 132, 153, 157, 249
──의 전통 38
사회계층의 유동성 265, 279
── 관행 247, 304
──변화 19, 22, 277, 281, 282, 294, 300, 304, 376, 389, 390
──유동 170, 275
──적 계층이동 22, 237, 263, 294
사회조직 313
산곡 135, 136
산시 상인 305
산장 111, 123, 128, 134, 180
산학 60
삼국지의 세계 39
삼권분립체제 373-374
삼년 일공제 98
삼대정 305
삼도병용제 290
삼로 246, 247
삼백육십행, 행행출장원 318
삼번의 난 305
삼사법 103-104
3성 6부 259
삼십노명경, 오십소진사 66, 323
삼원 127, 324, 330
삼유로 164
삼장 시험 79
삼절 360
상거 62, 85

상공   291, 304
상과   36, 56, 182
상부   311
상업혁명   281
상유정책, 하유대책   93, 356
상유천당, 하유소항   285
상인의 자아의식   307
상적   97, 243, 307
상전   311
상회   235
새로운 사회   375
―― 시대   281
색목인   123, 129
생도   77, 79, 146, 153, 236, 293, 377
생원   132, 138, 144, 146, 220, 293
――가   291
――동사   297
――의 세시   150
서길사   168
서리 출직   269
서민가문   237, 273
――문화   281, 287
―― 출신 관료   277-278
서법   33, 35
서양문화   212
서원   81, 101, 107, 108, 153, 178, 204,
     378
――강학   362
――의 폐쇄   156
서족 출신   256
서창   326
서판발췌과   76
――――시   65
서포   94
서하   114, 173, 318
서학   60, 102, 180, 200, 204
석가탑   114
석갈의 예   192
선당   305
선진시대   244

선후책   220, 234
설서   123
성리학   113
성시   60, 70, 72, 75, 85, 87, 117, 266
―― 경쟁률   266, 268
―― 과장안   357
―― 합격률   88
성원   279
성취   244
세계 4대문명 발상지   7, 12
――제국   61, 77, 119, 130
세공   132, 177
세공생   339
세금 감면정책   199
세습귀족   244-245
세시   149, 173
세족   16, 44, 45, 260
세출예산   226
세폐   118, 267
세호   150
소농 경영   245
소리   249
소설   135
소이백   339
소호숙, 천하족   285
송대 사대부사회   272, 273
――사회   262, 264, 278
――의 교육기관   102
――의 과거제   277
――의 관료사회   275
――의 사회변화   277
――의 진사과   85
―― 재상   274
송사   65, 182, 281, 308
쇄원제도   92, 356
쇄청시   92
수구세력   122, 205
――파 신사   204
수령관   122, 129
수재   35, 231, 264, 319

——과　29, 35, 56, 57, 59
수찬　128, 168, 320
숙사　159, 181, 225
순천 과장안　364
—— 향시　328, 360
—— 향시 과장안　367
승두소권　365
시모노세키조약　201
시무　55, 63, 180, 205, 321, 323
——책　56, 63, 64
시부진사　86
시비법　284
시사　122, 299
시성　146, 335, 344, 358
시첩시　204
식자율　379
신건육군　377
신교육의 발전 정도　225
신관　330
신권 정치　13
신금　298
신라 유학생　77
신문 발행부수　228
신분질서　246
신사　208, 222, 233, 261, 289-290, 298
——공의　156, 299
——의 반청운동　179
——의 특권적 지위　230
——층　353
신사민론　306
신상　208, 222, 233, 303, 311
신석기시대　12
신식학당　211, 220, 222, 223, 227, 378
——————— 설립　376
——————— 학생수　221
———————체제　374
신·언·서·판　76
신유학　109, 112, 134
신자유주의　93
신정　180, 211-212, 227, 232, 348

—— 추진　218
신중국　381
신지식인　378
신지식층　236
신해혁명　212, 230, 231, 331, 373, 380
실사구시　163
실업구국　331
십과거인　56
십만진사　231
십전노인　329
씨족공동체　12

ㅇ

아행　304, 308
악록서원　112
안록산의 난　62
안사의 난　80, 256, 259, 350
안수　329, 345
애로호 사건　199
양명학　153
양무파 신사　204
양송시대　272, 273
억상정책　304
여진국자학　117
——문자　118
——부주학　117
——족　194
——태학　117
역사제도　151
역신역상　309
역참　166, 189, 397
연납　178, 185, 236, 306, 348, 365, 371,
　　372
연사　246, 247, 250
연성공　121
연애　137, 260
연운 16주　115
연횡책　20

열권관   330
──대신   188
열전등재자   273
염상   72, 349
염철사   258
염포   280
영강학파   321
영고탑   363
영사재판권   198, 309
영외의 관   258
영토할양   198
예감   151
──생   152, 178, 295
예공생   178
예교주의   48
예부상서   143
──시랑   330
──원외랑   142
예비입헌   222, 227, 233
오경박사   31, 39, 47, 50
오관   47, 50
5대10국   81, 83, 85, 261, 266
5대 의옥사건   294, 295, 359
오십년전이십삼   280
오이라트족   325
오자등과   100, 101
오호십육국   43, 46, 50
와자   123
왕전제   249
외국 유학생   234
요역 우면   106
용계서원   339
용골차   284
용관   268
우공   178
우당   259
우면   148, 289, 291
원나라   141
원대의 과거시험   123
──의 사학   132

──의 서원   133
──의 학교   131
원말의 대동란   142
원시   144, 173-174, 345
원외관   62, 253
월고   148
월천음사   122
위구르 문자   119
위·진·남북조시대   49, 50, 78, 260, 282
위학   135
유가   34, 117, 248, 339
──사상   34, 374
유교경전   374
유교무류   18, 19, 32, 244, 290
유교주의   131
유구琉球   201, 301
유도방란공게   157
유동작전   350
유리창   224
유목민족   42
유민소지   365
유복   148, 160, 176, 291
유상   308
유상위신   309, 314
유성시   271
유신위상   309
────자   314
유의   281
유학교육   249
──생   77, 228
──의 풍조   250
유호   121, 128
육수장원   329
율령체제   61, 258
율학   60, 102, 116
──과   116
은공   178
은과   182, 330
은영연   127, 167, 168, 191
은장   280

은허　12
음보　269
음보관　270
─── 제　84, 276
응천부　142
의문　174
의사회　233, 235
의장　90, 305
의학　159, 180
의행　159
의화단 배상금　232
─────운동　206, 215, 233, 309
이갑제(이갑체제)　153, 294
이당　259
이십취일　190
이앙　284
이원　246, 247
이중체제　116
이학　79, 111
이화원　203
인구이동 파동　283
인문주의　122
인쇄술　79, 101
─────의 발달　113
일대명상　321
일조편법　308
일품백삼　69
임자　30, 35, 129
─── 제　78, 151, 254
임천사재자　342
입헌정치　211, 215, 226
─────주의자　233, 331

ㅈ ──────────────

자강운동　200, 201
자유평등사상　232
자은사　69
자의국　233, 234, 235, 313

자정원　233, 235, 313
잡극　135, 136, 287
잡도　129, 177
─── 출신 관료　310
장서각　91
장원　73, 98, 317
─── 교　98
─── 방　98, 320
─── 실업가　331
─── 의 위망　319
장행회　87
적벽대전　40
저지앙 상인　305
적분법　151
전국시대　15-16, 19-21, 24-25, 27-28,
　　　　　33, 38-39, 243-245, 252, 259
─────의 4군자　20
전려　168
전매품　350
전문 지식인　236, 375
전법　25
전선　70, 75, 79, 84, 96, 253, 257, 319
전시　30, 85, 89, 95-96, 167, 190, 358
─── 의 과장안　366
─── 의 책제　302
─── 제도　79
전연지맹　267
전작권　291
전족　376
전호　248
절대군주제　230, 234
점성도　285
정고관　184, 189, 368, 369
정과　182
정관의 치　61
정난의 변　324
정당정치　219
정도　177, 372
─── 출신 신사　310
정람기인　367

정방   185, 363
정사   81, 108
정유 과장안   362
정주명   266, 267, 268
정·주학   134
정체성   22, 381
제거   57, 62, 70-71, 85, 95, 195, 253
——시험   356
제과   30, 182, 266, 336, 338
제명비   97, 127
제민지배   249
제생   249
제2차 중영전쟁   199, 200, 309, 369
제1차 중영전쟁   198, 305, 309
제자백가 사상   243
제정일치   13
제주   337
제학관   146, 158
조계   200, 309
조고   193, 195, 205
조세감면 운동   314
조약 체제   200
조용조제도   54
조차지   201, 309
족보의 가규   159
족학   159
존왕양이   15
종교결사   199, 353
종법봉건제   13
——————의 유제   244
종실과거   182
——적 군사봉건제   46
종족결합   248, 261
——의식   299
——집단   159
종주권   201
좌사   184
좌주문생   96, 299, 314
주고관   358, 363
주구점   11

주마간화   68
주전파   106
주·현시   144
주현제도   116
——학   72, 105, 285
——학교   105, 285
——칠현   48
중국동맹회   215
——의 신석기인   12
——— 인구   281
——— 현대화   381
중동철로   208
중앙집권제   25
————화   231
중앙학교   77, 150
중정관   43, 250
증광생   147, 149, 177
지공거   166
지방 관학의 교과서   152
——————— 동시   159
——————— 정원   147
지방자치단체   235
——지   159, 293
——학교   105
지상천국   353
지성사회   375
지식인 계층   131, 250
——— 써클   250
지역할당제   94
지위지향성 사회   374
지정은제   308
직하의 학   20
——학사   20
진교병변   83
진군   43,
진납매관   269, 270
——보관   84
진사과   55-57, 64-65
——— 합격자   358
진사 과잉상태   372

──관 332
──시험 293
──의 가문배경 273
──의 사회적 위망 254
──제명비 168
──출신 256, 270, 372
───자 194
──향회 126
집경로학 144
집단행동 297
집약농업 284

ㅊ

찰거제 29-30, 32, 34-38, 47, 56, 250
───의 관행 75
창명 87, 191
창수 337
책명 14
책문 28, 38, 97
──시험 35
책시 157
책제 168, 191
처사 122
천경 199
천고변국 311
천만 수재 231
천상 304
천자문생 96
천하에 대한 사명감 374
천하의 삼대환 120
철도 부설 200
철로부설권 309
철제 농기구 245
첩경 63, 64, 65
첩보 175
청관 330
청군의 입관 301
청담 46

──사상 48
청대의 과거제 182
──── 과장안 362
──── 국자감 177
──── 서원 179
청동기 11, 12, 13
청류 352
청류세력 39
청요직 168, 193
청의 43, 250
청일전쟁 180, 201, 218, 309, 311, 331
──── 붕괴의 선성 230, 373
──── 소멸의 원인 380
──── 타도 230
청탁 147
청·프랑스 전쟁 201, 309
초등소학당 225
촌락 공동체 245
촌숙 352
총동 235
추밀원 84
추천제 142
춘추시대 14, 16, 20, 39, 80, 107, 244
──전국시대 243-244
춘추학 30
춘풍득의 68
충군 359, 362
충천대장군 350
취학률 225
치발 171, 303
친귀내각 234

ㅋ ㅌ ㅍ

카멜레온 222
케식 129
타이완사건 201
탁류세력 39
탁본 113

색인

탁지사 258
탐화 98, 168
태극서원 133
태상경 358
태의원 341
태자사인 33
태평천국 115, 199, 201, 353, 371
───군(태평군) 199, 305, 353, 368
───운동 199, 309, 310, 377
태학 31, 34, 36, 57, 60, 104, 117, 249
───의 교육과정 104
태화전 191
톈진염상 305
───조약 200
토목보 325
토비 199
토사 343, 366
───관 366
토호 379
───열신 379
통방 73, 79, 253, 279, 356
특권층 298
특무기관 326
특주명제도 85, 99, 128, 266, 267, 268, 352, 359
파제 162
팔고문 162, 164, 195, 200, 209
───취사 203
─── 폐지 204, 209, 222
8국 연합군 206, 209, 215, 218
팔기 377
───과거 182
───과거제 118
팔왕의 난 42, 50
패상 379
편수 168
폐번 381
폐봉건, 개천맥 380
폐신열금 302
포람전량 362

푸젠로 95

ㅎ

학교시 176-177
───제 33, 290
───체계 152, 290
학부 221, 224
─── 통계 221
학신 235
학전 105, 106, 112
학정 173, 177, 221
한국의 별 335
한대의 교육 34
한림원 126, 168
한림원편수 330
한문 45, 252
한인 123, 194
───세후 121
한전제 249
한지 120
합종설 20
항청기병 342
해도 329
해두 321
해서 173, 292
해시 85, 86
───의 경쟁률 265
해액 265
해외 유학 장려 209
해원 86, 190, 279, 323, 329, 361
행권 73, 356
───의 솜씨 75
행정 경비 226
향공 59, 71, 79, 336
─── 거인 72
───진사 67
향동 235
향삼로 246-247, 249

향시 60, 72, 117, 138, 161, 293
—— 과장안 366
——의 경쟁률 164, 185
—— 시험관 161
—— 합격자 수 164
향신 188, 290, 293
——공의 299
향약 264
향용 199, 313
향촌 리더 379
——여론 313
——질서 377
향품 43, 44, 251
허보 225
혁명 230
—— 단체 215
——당 228
——의 선구자 354
현량방정 28
현묘관 364
현삼로 246-247
현시 199
——의 경쟁률 173
현재주의 이념 47
협대 147, 355, 357
협서 94
형부상서 143
형왕부 340
호강 246-248
호명 147, 184, 214, 367
——법 79, 92, 356
——식 97
호수천의 전투 352
호족 31, 39, 44, 46, 229, 246, 247, 248,
    249, 250, 261
화북의 인구 282
——지방 282
화이사상 196
화폐 발행 200
환권 355

황건의 난 40
황소의 난 260, 349
황제권 강화정책 252
——의 안정 231
황제제도 23
—— 독재체제 373, 380
회관 307
회도 379
회뢰 236
회시 117, 138, 166, 189, 202, 293
—— 과장안 366
——복시 190
——의 경쟁률 296
—— 녹취 189
—— 답안 189
회원 329
회원천하재, 전원천하복 193, 330
회자 120
회피제 54, 235, 312
회회학 131
효렴 36
——과 30, 34, 36
후기 구석기 11
후이저우 상인 305
후폭풍 218
훼학폭동 224
휴한농법 284
흉노군 333
흥학당 238
흥현장 91
희녕신법 102